应用型本科院校"十二五"规划教材/经济管理类

International Settlement

国际结算

主　编　佟明亮　李　莹
副主编　张　舰　孙艳萍
　　　　刘世鹏　王维娜

 哈爾濱工業大學出版社
HARBIN INSTITUTE OF TECHNOLOGY PRESS

内容简介

本书是应用型本科院校经管类教材,为探求更为合理有效的应用型人才培养方案,突出体现规范性、应用性、新颖性。本书主要包括以下内容:国际结算概述;国际结算中的票据;国际结算方式(一):汇款和跟单托收;国际结算方式(二):信用证;国际结算方式(三):银行保函、备用信用证和保付代理;国际结算中的单据;国际结算中的融资方式;非贸易结算的种类和方式。

本书的每章开始都有与本章知识紧密相联的引导案例,在每章中还有合适的案例及小资料,每章的后面还附有前沿知识或背景知识等阅读资料。这不仅有利于拓展学生的视野,而且有利于激发学生的社会责任感,同时增加了本教材的可自学性与可读性。

本书适合管理类专业本科生学习使用,也是一本较好的教师参考书,同时也是广大国际结算爱好者自学的理想读本。

图书在版编目(CIP)数据

国际结算/佟明亮,李莹主编. —哈尔滨:哈尔滨工业大学出版社,2012.7(2015.7重印)
应用型本科院校"十二五"规划教材
ISBN 978-7-5603-3678-7

Ⅰ.①国…　Ⅱ.①佟…②李　Ⅲ.①国际结算-高等学校-教材　Ⅳ.①F830.73

中国版本图书馆 CIP 数据核字(2012)第 163164 号

策划编辑	杜　燕　赵文斌　李　岩
责任编辑	苗金英
出版发行	哈尔滨工业大学出版社
社　　址	哈尔滨市南岗区复华四道街 10 号 邮编 150006
传　　真	0451-86414749
网　　址	http://hitpress.hit.edu.cn
印　　刷	哈尔滨市工大节能印刷厂
开　　本	787mm×960mm 1/16 印张 19 字数 408 千字
版　　次	2012 年 7 月第 1 版　2015 年 7 月第 2 次印刷
书　　号	ISBN 978-7-5603-3678-7
定　　价	34.80 元

(如因印装质量问题影响阅读,我社负责调换)

《应用型本科院校"十二五"规划教材》编委会

主　任　修朋月　竺培国

副主任　王玉文　吕其诚　线恒录　李敬来

委　员　（按姓氏笔画排序）

丁福庆　于长福　马志民　王庄严　王建华

王德章　刘金祺　刘宝华　刘通学　刘福荣

关晓冬　李云波　杨玉顺　吴知丰　张幸刚

陈江波　林　艳　林文华　周方圆　姜思政

庹　莉　韩毓洁　臧玉英

序

  哈尔滨工业大学出版社策划的《应用型本科院校"十二五"规划教材》即将付梓,诚可贺也。

  该系列教材卷帙浩繁,凡百余种,涉及众多学科门类,定位准确,内容新颖,体系完整,实用性强,突出实践能力培养。不仅便于教师教学和学生学习,而且满足就业市场对应用型人才的迫切需求。

  应用型本科院校的人才培养目标是面对现代社会生产、建设、管理、服务等一线岗位,培养能直接从事实际工作、解决具体问题、维持工作有效运行的高等应用型人才。应用型本科与研究型本科和高职高专院校在人才培养上有着明显的区别,其培养的人才特征是:①就业导向与社会需求高度吻合;②扎实的理论基础和过硬的实践能力紧密结合;③具备良好的人文素质和科学技术素质;④富于面对职业应用的创新精神。因此,应用型本科院校只有着力培养"进入角色快、业务水平高、动手能力强、综合素质好"的人才,才能在激烈的就业市场竞争中站稳脚跟。

  目前国内应用型本科院校所采用的教材往往只是对理论性较强的本科院校教材的简单删减,针对性、应用性不够突出,因材施教的目的难以达到。因此亟须既有一定的理论深度又注重实践能力培养的系列教材,以满足应用型本科院校教学目标、培养方向和办学特色的需要。

  哈尔滨工业大学出版社出版的《应用型本科院校"十二五"规划教材》,在选题设计思路上认真贯彻教育部关于培养适应地方、区域经济和社会发展需要的"本科应用型高级专门人才"精神,根据黑龙江省委书记吉炳轩同志提出的关于加强应用型本科院校建设的意见,在应用型本科试点院校成功经验总结的基础上,特邀请黑龙江省9所知名的应用型本科院校的专家、学者联合编写。

  本系列教材突出与办学定位、教学目标的一致性和适应性,既严格遵照学科体系的知识构成和教材编写的一般规律，又针对应用型本科人才培养目标及与之相适应的教学特点，精心设计写作体例，科学安排知识内容，围绕应用讲授理论，做到"基础知识够用、实践技能实用、专业理论管用"。同时注意适当融入新理论、新技术、新工艺、新成果，并且制作了与本书配套的PPT多媒体教学课件，形成立体化教材，供教师参考使用。

《应用型本科院校"十二五"规划教材》的编辑出版，是适应"科教兴国"战略对复合型、应用型人才的需求，是推动相对滞后的应用型本科院校教材建设的一种有益尝试，在应用型创新人才培养方面是一件具有开创意义的工作，为应用型人才的培养提供了及时、可靠、坚实的保证。

希望本系列教材在使用过程中，通过编者、作者和读者的共同努力，厚积薄发、推陈出新、细上加细、精益求精，不断丰富、不断完善、不断创新，力争成为同类教材中的精品。

黑龙江省教育厅厅长

前　言

随着我国对外经贸事业的进一步发展,国际结算业务日益增多,与此相关的国际惯例与做法日新月异。尤其需要指出的是,我国于2009年7月实施了跨境贸易人民币结算试点,全球范围内从2007年7月1日起生效了《跟单信用证统一惯例》(UCP600),从2010年7月1日起生效了《2010年见索即付保函统一规则》(URDG758),国际结算电子化趋势进一步加强。上述最新变化亟待有关专业学生和从业人员准确掌握,灵活运用,以趋利避害。近年来,随着我国高等教育的迅速发展,有关国际结算的教科书大量涌现,我们之所以在同类教材众多的情况下,仍然编写这一教材,主要是因为与以往的同类教材相比,本教材在写作过程中力求突出以下几点:

1. 与时俱进,内容新颖

本教材将以下最新内容纳入其中:2007年7月1日起生效的《跟单信用证统一惯例》(UCP600)、2010年7月1日起生效的《2010年见索即付保函统一规则》(URDG758)、国际结算电子化、跨境贸易人民币结算。

2. 贴近学生,强化应用

在教材编写上,注重理论与实际的融会贯通。体现专业应用能力、实践能力和技能专长的培养;教材难易适度,理论联系实际,突出趣味性;做到定位准确、贴近教学、贴近学生,真正为培养应用型人才服务。本教材通过大量经典案例详细阐释规则,并附有实际业务中常用的若干示样与图示,目的是使学生能在最短时间内熟练掌握和灵活运用。

3. 严格规范,合理配套

本教材在内容上认真贯彻国家标准及规范,抓住重点,合理配套;每章前有引导案例和导读;例题典型,案例新颖;每章后配有习题和阅读资料,便于学生练习。

4. 确保质量,精选资料

本教材是由一批具有多年高校教学经验的教师担任编写任务,合力编写的,以确保教材质量。同时,本书精选资料,力求资料新、数据新,能够真实地反映出学科的新动态。

本教材由佟明亮(哈尔滨德强商务学院)、李莹(黑龙江外国语学院)任主编并总纂,由张舰(哈尔滨理工大学远东学院)、孙艳萍(哈尔滨工业大学华德学院)、刘世鹏、王维娜(哈尔滨德强商务学院)担任副主编,孙佳、潘启荣(哈尔滨德强商务学院)参与编写。具体分工如下:

佟明亮(第一章、第三章和第四章);李莹(第五章);张舰(第六章);孙艳萍(第七章);刘世鹏(第八章);王维娜(第二章)。

由于编者水平有限,本教材又是一个探索性、阶段性的成果,疏漏在所难免,敬请各位专家、读者批评指正,以便我们进一步修订与完善。

编 者
2012年5月

目 录

第一章　国际结算概述 ········· 1
第一节　国际结算的概念、基本种类与内容 ········· 2
第二节　国际结算的发展及其涉及的国际惯例 ········· 3
第三节　国际结算的银行网络 ········· 13

第二章　国际结算中的票据 ········· 20
第一节　票据概述 ········· 21
第二节　汇票 ········· 25
第三节　本票 ········· 33
第四节　支票 ········· 35

第三章　国际结算方式（一）——汇款和跟单托收 ········· 46
第一节　国际结算方式概述 ········· 47
第二节　汇款 ········· 48
第三节　跟单托收 ········· 64

第四章　国际结算方式（二）——信用证 ········· 83
第一节　信用证的定义、特点及作用 ········· 84
第二节　信用证的当事人、形式及内容 ········· 91
第三节　信用证的业务流程 ········· 105
第四节　信用证的种类 ········· 117
第五节　信用证的风险及防范 ········· 127

第五章　国际结算方式（三）——银行保函、备用信用证和保付代理 ········· 147
第一节　银行保函 ········· 148
第二节　备用信用证 ········· 165
第三节　银行保函和备用信用证的风险及防范 ········· 171
第四节　保付代理 ········· 177

第六章　国际结算中的单据 ········· 203
第一节　单据概述 ········· 204
第二节　商业单据 ········· 208

第三节　运输单据······213
　　　第四节　保险单据······227
　　　第五节　其他单据······234
第七章　国际结算中的融资方式······240
　　　第一节　国际贸易融资概述······241
　　　第二节　进口融资方式······243
　　　第三节　出口融资方式······250
　　　第四节　国际贸易融资中的风险及防范······263
第八章　非贸易结算的种类和方式······278
　　　第一节　非贸易结算项目范围······279
　　　第二节　信用卡······281
　　　第三节　外币兑换业务······285
　　　第四节　旅行支票······286

第一章 Chapter 1

国际结算概述

【学习要点及目标】

本章是对国际结算基本情况的概述,为后续章节的学习打下基础。通过对本章的学习,要了解国际结算的演进过程;掌握国际结算的概念和国际结算方式的具体内容;明确国际结算的研究对象及办理国际结算的银行网络。

【引导案例】

我国某公司以CIF价格向美国出口一批货物,合同的签订日期为6月2日。到6月28日由日本东京银行开来了不可撤销即期L/C,金额为××万日元,证中规定装船日期为7月份,偿付行为美国的花旗银行。我中国银行收证后于7月2日通知出口公司。7月10日我方获悉国外进口商因资金问题濒临破产倒闭。在此情况下,我方应如何处理?

分析:

1. 由于两个业务行,开证行(东京银行)、偿付行(花旗银行)都是资信很高的银行,我方可以办理出口手续,将货物出口。

2. 理由:信用证业务中,开证行承担第一性的付款责任。

3. 因此,我方应在7月份按时发货并认真制作单据,交单议付,由议付银行向东京银行寄单,向花旗银行索偿。

(资料来源:http://news.xinhuanet.com/fortune/2011-07-01/c_121608104.htm.)

第一节　国际结算的概念、基本种类与内容

一、国际结算的概念

国际结算(International Settlement)是指为了清偿国际间债权债务关系或跨国转移资金而发生在不同国家之间的货币收付活动。从定义中可以看出，清偿国际间的债权债务关系以及跨国资金转移是国际结算的基本目的，国际结算是其手段。

随着国与国之间联系的加强，必然发生各种各样的国际交往，如政治、经济、文化等。在这些交往中所产生的债权债务或其他资金必须在一定的时期内结清，如中国某公司向英国一商人出售一批货物，英国商人便成为债务人，我某公司成为债权人，资金将从英国转移到中国。引起国际结算的原因很多，如国际贸易、提供或接受劳务、对外投资或利用外资、政府间的资金收付、旅游、赔款、出国留学等，它们都须通过银行来结算。由于国际结算业务涉及面很广，所以能否做好这项工作，不仅涉及自身利益，而且直接关系到一国的对外关系。通过国际结算，使国际间的货币收付及时实现，债权债务按期结清，资金流动得以顺利进行，这对促进一国与他国的经济、贸易、金融的合作、交流和发展，发挥着积极的作用。

作为一种跨国经济行为，国际结算是银行的一项重要的中间性业务。和银行资产负债等信用业务不同的是，国际结算业务并不使用自己的资金，而仅通过向客户提供服务的形式收取手续费，因此成本低、风险小，只要有足够的业务空间，就能稳定地获得丰厚的收入。

二、国际结算的种类

根据引起国际间债权债务关系的原因，国际结算分为国际贸易结算和国际非贸易结算两大类。

(一)国际贸易结算

国际贸易结算是指国际间因贸易而产生的(包括有形贸易结算和服务贸易结算中的贸易从属费用结算)货币收付和债权债务的结算。国际贸易结算是国际结算的基础，在国际结算中处于主导地位，其目的是清偿国际贸易债权债务关系。

(二)国际非贸易结算

国际非贸易结算是指由其他经济活动和政治、文化交流所引起的(包括服务贸易结算中的非贸易从属费用结算及其他)货币收付的结算。

三、国际结算的基本内容

国际结算主要包括四方面的内容：国际结算的支付手段(主要是票据)、国际结算的方式、

国际结算的单据和以银行为中心的支付系统。

(一)国际结算的支付手段

票据是国际结算的重要内容之一。当代国际结算基本上都是非现金结算,为了表明资金的转移收付关系,需要使用一定的支付手段即信用工具,而这些信用工具就是票据。票据主要包括汇票、本票和支票。

(二)国际结算的方式

以一定的条件实现国际货币收付的方式称为国际结算方式。国际结算方式是国际结算的中心内容。传统的结算方式有三种,即汇款、托收和信用证,保函、保理等则属新的支付方式。不同的方式,对款项的安全和资金周转的影响是不同的。汇款和托收属于商业信用,信用证、保函和保理属于银行信用。在进出口贸易中,"信用"是指在货物的交接和货款的支付上由谁承担付款和提供货物所有权单据的责任。在汇款和托收项下,买方负责付款,卖方负责提交装运单据;在信用证项下,银行代表买卖双方负责付款和提交单据。采用何种方式,应根据商品情况、市场情况、双方当事人的资信情况而定。支付方式可以单独使用,也可以结合使用,如信用证与汇款、信用证与托收、汇款或托收与保函备用证结合等。

(三)国际结算的单据

单据在国际结算中占据重要的地位。特别是在国际贸易中,单据代表着货物,买方是凭单付款而非凭货付款,而卖方在货物出运以后拿到了代表货物所有权的提单就可以向当地银行进行融资。所以,在国际贸易结算中,不论采用何种方式,都有一个单据交接的问题。单据的交接就代表了货物的交接。

(四)以银行为中心的支付系统

以银行为中心的现代电子转账划拨支付体系,是国际间资金得以安全有效结算的基础设施。可以说,目前世界上的国际结算是以银行为中枢来进行的。一个良好的支付系统是完成国际结算的重要条件。

第二节 国际结算的发展及其涉及的国际惯例

一、国际结算的演变和发展趋势

(一)国际结算的演变

国际结算起源于国际贸易活动,它随着国际贸易的发展而发展,并且国际结算的发展对国际贸易具有一定的反作用。国际贸易是人类社会发展到一定阶段的产物,社会生产力和社会分工不断发展,生产出可供交换的剩余产品,并且在国家形成以后,才产生了国际贸易。人类社会进入奴隶制社会后便开始在国与国之间进行商品交易,从此产生了国际结算。最初的国际结算是通过以物换物来实现的,即易货。易货贸易作为一种贸易方式,其价值的实现过程和结算过程是统一的,商品交换的完成即结算的结束,这是一种原始落后的结算方式,体现了当时商品交换的特点,其实它在原始社会内部就产生了。在封建社会,由于也是自然经济占统治地位,商品流通不发达,所以易货这种方式也随处可见。即使是在商品经济高度发达的今天,局部地区或在特殊情况下依然存在着易货贸易方式。

1. 现金结算

易货贸易要求交易双方的交易需要和交易时间必须一致。随着商品经济的发展,加入交换的商品和人越来越多,若依然以易货为主,就会使交换过程效率过低、成本过高,特别是在国际贸易中,其困难程度是不可想象的。继易货之后,出现了以货币为媒介的现金结算。不过,现金结算并不是完全替代了易货,长时间内二者是共存的。公元前5世纪,便开始有了初级阶段的现金结算,这时是以输送黄金、白银来进行结算的。现金结算冲破了物物交换的局限性,因为货币作为商品交易的媒介,为人们普遍接受,使国际贸易能以比以前更高的效率进行。

2. 利用信用工具的非现金结算

14、15世纪,资本主义开始萌芽,地中海沿岸成为欧洲的贸易中心;到了15世纪末16世纪初,贸易中心又移到大西洋沿岸,殖民地的不断开拓使它们的贸易范围波及亚洲、非洲和美洲。随着贸易的扩大,以运送白银、黄金了结债权债务的方式,已不能适应国际贸易的需要。因运送白银、黄金风险大、效率低、成本高、清点不便,既浪费时间又积压资金,于是商人们开始使用"字据"来代替白银、黄金,这个"字据"就是票据的前身。国际结算的业务量越大,使用票据的优越性就越能显现出来,它不仅避免了风险,而且节省了时间和费用,从而促进了贸易的发展。这个阶段是票据代替现金、金钱被单据化的开始阶段,非现金结算只是部分取代了现金结算,并未占主导地位。到了18世纪后半叶,资本主义有了较快的发展,大工业生产代替了小手工作坊和个体生产方式,导致生产力空前提高,产品大大增加,商品经济技术进步,交通和通信设施不断完善,国际贸易活动几乎遍布全球,国际间政治、文化等的交往和交流也越来越多。

3. 以银行为中介的转账结算

现代资本主义银行取代旧式高利贷银行以后,由于银行的资信要高于任何一个商人,买卖双方的直接结算演变为通过银行进行间接结算。银行之所以能成为国际结算的中心,完全是由其性质和职能决定的。银行有它自己的机构网点或代理机构网点,设在买方或卖方驻地,它们经营买卖各国外汇或套汇的业务,它们了解各国贸易和外汇管制情况,因此,贸易结算自然地分工到银行,从而使买卖双方集中精力开展贸易。货款结算完全通过银行办理,卖方可将货运单据经银行寄出,索取货款,银行则配合收款。卖方也可自行寄送货运单据给买方,由买方经银行汇回货款。在办理结算业务的同时,银行向当事人提供信用保证,或以单据为抵押向当事人融通资金,从而在更大程度上介入国际结算的全过程。到19世纪末20世纪初,交单付款的单据交易方式已相当完善,贸易规模的不断扩大导致商人们的贸易资金严重不足,融资需求日渐迫切,终于使得银行加入国际结算业务中,并最终成为国际结算的业务中枢。银行信用的加入,给各方面都带来了诸多好处。对于银行来说,为商人们提供国际汇兑和单据交易服务,以及相关的贸易融资,是一项利润丰厚而又相对安全的业务。对于商人们来说,以银行为中介的国际结算业务体系有着支付安全、结算效率高、结算成本低和利于融资等众多好处。此后的国际贸易结算业务出现了结算和融资信贷相结合的新特点,并且提单和保险单也渐次演变成可转让的物权凭证和保险凭证。这一切又大大促进了国际贸易的发展。

4. 从凭货付款到凭单付款

到了18世纪以后,随着国际贸易的进一步发展,社会分工迅速向国际领域扩展,运输业、保险业及银行业纷纷成为独立的部门。由于银行信用卓著,使得买卖双方都愿意通过银行来办理结算。商人们也不再自己驾船出海,而是委托船东运送货物,船东们为了减少风险又向保险商投保,这样,提单、保险单等相继问世。为了明确买卖双方的责任,与此同时,价格术语也逐步形成并为所有国家共同遵循。这种变化给国际贸易带来深刻的影响:买卖双方"凭单付款"的合同代替了以往"凭货付款"的合同,到19世纪末20世纪初,这种"凭单付款"就已相当完善了。买方之所以可以凭着单据付款而不是货物,是因为单据代表了货物,进而银行履行付款义务的依据也变成了单据而非货物。例如,在使用信用证时,只要出口商能提交符合信用证规定的单据,银行就必须承担付款的责任,而不管货物如何;反之,货物符合合同规定而单据与信用证要求不符,银行就可以拒绝付款。这样的做法,可使银行免于介入买卖双方的贸易纠纷,并且使不熟悉商品专业知识的银行能非常方便地办理国际结算。由于单据代表着货物,银行就不再仅仅简单地替买卖双方结算,它可以用单据作为抵押向进出口商进行资金上的融通。如银行凭相符的单据垫付货款给出口商,再凭单据向进口商索取货款归还垫款。同时,为了减少单据的在途时间,除了使用航空途径来寄送单据外,银行业普遍使用快邮(或快递)。快邮是比一般航邮更为快捷的递送方式。这种方式严格按照预先确定的计划赶班发运,运输衔接紧密,并且由专人负责、优先处理,具有迅速、准确、安全、方便的特点。各个国家都有办理快邮业务的机构。1980年7月15日,中国邮政正式开办全球邮政特快专递业务(EMS)。为进一步满足市场需求,1985年成立了中国速递服务公司(作为国家邮政局所属的专业邮政速递公司),负责全国邮政特快专递业务的生产、经营和管理。除EMS外,国际上的四大快递公司,即联邦快递集团(FEKEX)、联合包裹运送服务公司(UPS)、敦豪国际公司(DHL)和天地公司(TNT)也活跃在我国,目前占据了中国国际快递业务80%的市场份额,其中DHL业务规模最大。

(二)国际结算的发展趋势

为了使银行能更有效地为国际贸易服务,目前国际结算已出现了一些新的发展趋势。

1. 国际结算的电子化和网络化趋势

随着现代通信技术的发展及其在银行业的应用,国际结算已经可以通过国际电子清算系统进行,这迅速提高了银行处理结算业务的效率。现在国际上已经形成三大国际清算系统,即

CHIPS、CHAPS 以及 SWIFT。高效、安全的资金转移网络的建立,加快了资金的周转和利用速度,促进了国际贸易总量以及结算业务量的增加。

(1)三大清算系统

①CHIPS。CHIPS(Clearing House Interbank Payment System)是一个国际化的跨国大额美元收付清算电脑网络,是"纽约银行同业电子清算系统"的简称。这个系统不仅是纽约市的清算系统,也是所有国际美元收付的计算机网络中心,由纽约的美国银行以及设在纽约的外国银行组成。每天,世界各地的美元清算最后都要直接或间接地在这一系统中处理,它承担着世界各国95%的美元结算,一天的处理金额高达14 000亿美元。

此系统成立于1970年夏季,在20世纪90年代初已有140家成员银行,其中2/3为外国成员银行。在纽约以外的其他城市收付结算,需要通过美国联邦储备系统的FEDWIRE (FEDERAL WIRE TRANSFER SYSTEM)来进行。为了方便识别每一笔的美元收付,防止误付的出现,CHIPS建立了一套通用的代号分配给每个成员行,使用CHIPS时,必须使用规定的代号或号码,否则将被视为不合格的付款,须承担更多的费用。中国银行于1986年作为我国首家银行加入了CHIPS。

CHIPS的特点体现为:a.允许事先存入付款指示,即参加银行除可以在当日调拨资金外,还可以事先将付款指示存入中央计算机系统,然后等到解付日当日再将此付款通知传送到收款银行。b.完善的查询服务功能。中央计算机能即时将每笔资金调拨情况存入文件,这就使得参与行的账务管理员能够随时查询自己银行的每笔提出或存入款项,并及时调整头寸。c.自动化程度高。CHIPS灵活的记录格式使得发报行和收报行能进行高效的计算机自动处理,大大减少了人力资源的浪费。d.安全性好。CHIPS将四台Unisys A15大型计算机组成两套系统,实行两套系统互相备份,每套系统又是双机互为备份,并有蓄电池储备及双燃发动机保证电源供应。付款电文都经保密并加MAC传送,很好地保证了电文的传输安全。

②CHAPS。它是英国伦敦同业银行自动收付系统(Clearing House Automated Payment System)的简称。该系统不仅是英国伦敦同城的清算交换中心,也是世界所有英镑的清算中心,但一般的银行不能直接参加交换,需先通过少数的清算中心集中进行,包括外国银行在伦敦设立的分行都需在其往来的银行进行初级清算,然后才能通过CHAPS进行终极清算。所以,较CHIPS而言,CHAPS在清算的数量和通信设备上都逊色一些。

CHAPS系统的使用结束了英国用电报调拨资金的做法,它以高度自动化、计算机化的信息传递部分地取代了依靠票据交换的方式,CHAPS成员可以为本行并且可以代替其他银行或其客户与成员之间进行当日资金交换,它还能使以伦敦城之外的交换银行为付款人的部分交易(1万英镑以上)实现当日结算,而且,一些银行的客户与银行联机后办理相互间收付款时,可以通过银行与CHAPS联机的计算机进行结算,使客户加入清算中,这也是CHAPS的特点之一。

③SWIFT。该系统全称为全球银行金融电讯协会(Society for Worldwide Interbank Financial

Telecommunications,简称环银电协),总部设在比利时首都布鲁塞尔,于1973年成立,1977年正式启用。它属国际银行的通讯系统,专门为国际银行业服务。SWIFT在荷兰阿姆斯特丹和美国纽约都设有环球计算机数据通讯网运行中心,在各会员国设有地区处理站,只要接入SWIFT系统的计算机终端,会员就可按照标准数据格式向全球任何地方的另一家SWIFT会员发出表示业务种类的SWIFT电文,后者的计算机终端在极短的时间内即可接收到该SWIFT电文,并可对其进行自动处理。其创始会员为欧洲和北美洲15个国家的239家大银行,之后,其成员银行数逐年迅速增加。从1987年开始,非银行的金融机构,包括经纪人、投资公司、证券公司和证券交易所等也开始使用SWIFT。到2001年底,全球已有196个国家和地区的7 457个金融机构使用SWIFT。

该系统是目前世界上最大的金融清算与通讯组织,可以与世界各地大银行的计算机主机取得联系,瞬息就能完成跨国的银行业务。其业务范围包括客户汇款、银行资金调拨、外汇交易、贷款存款付息、托收、股票以及跟单信用的通知索汇。它每天24小时营业,只要会员行的设备正常,任何时候都可接收电报,而且速度极快,发出电讯一两分钟内就会得到收电银行的回应。该系统保密性能好,可自动编制与核对密押,不会丢失。SWIFT对收发电讯规定了一套标准化的统一格式,可以避免会员银行之间传递文件文字或翻译上的误解和差错。各会员行通过该网络系统进行相互间的业务通讯往来,必须按照统一规定的电报格式代码发报。各种不同的业务使用不同的发报格式,如MT100是客户付款格式,MT200是银行头寸调拨格式,每种格式里面又有不同的代码以区分电文内容。

SWIFT虽然只是一个电讯系统,并非支付系统,也不提供支付清算服务,但是,通过覆盖近百个国家的环球计算机通讯网络,通过SWIFT标准金融信息的传输,实现银行间低成本、高效益、及时准确的信息交换和自动化的业务处理,使得各国银行积极加入该组织,从而使SWIFT网络在全球迅速得到广泛的应用。目前,SWIFT电讯系统已成为国际金融通讯和国际结算的主体网络。中国银行于1983年加入SWIFT,是SWIFT组织的第1 034家成员行,并于1985年5月正式开通使用。之后,各国有商业银行及上海和深圳的证券交易所也先后加入SWIFT。进入20世纪90年代后,中国所有可以办理国际银行业务的外资和侨资银行以及地方性银行纷纷加入SWIFT,SWIFT的使用也从总行逐步扩展到分行。1995年,SWIFT在北京电报大楼和上海长话大楼设立了SWIFT访问点SAP(SWIFT ACCESS POINT),它们分别与新加坡和中国香港的SWIFT区域处理中心主节点连接,使国内用户使用SWIFT更加安全可靠。

【小资料1.1】
电报、电传和SWIFT电文的费用比较

发电成本低廉是SWIFT通信方式的一大特点。假设对发往美国的300个字符(约合50个单词)的电文进行价格上的比较:

电报(CABLE):50字×CNY3.60=CNY180.00

电传(TELEX):1分钟×CNY25.00=CNY25.00

SWIFT:以每 325 个字符为一个收费单位,每一个收费单位的价格为 EUR0.315,约合 CNY2.27。

(资料来源:蒋琴儿,秦定.国际结算:理论实务案例[M].北京:清华大学出版社,2007.)

(2) EDI 技术

EDI 是指在两个或两个以上用户之间,按照协议将一定结构特征的标准经济信息,经数据通信网络在电子计算机系统之间进行交换和自动处理。它是以计算机数据通信网络技术为基础发展起来的现代信息处理和通信技术,是"无纸化技术"。它把商务活动中票证和单据流转的相关环节,通过标准化商业文件的联网传输和自动处理整合在一起,为客户提供快速、准确的国际结算业务,被称为是对传统贸易结算方式进行的一次划时代结构性变革。联合国标准化组织将 EDI 描述成"将商业行政事务处理按照一个公认的标准,形成结构化的事务处理报文数据的格式,从计算机到计算机的电子传输方法"。更准确地说,EDI 是按照标准协议,对具有一定结构性的标准型经济信息,经过电子数据通信网络,在商业贸易伙伴中的计算机系统之间进行交换和自动处理。EDI 起源于 20 世纪 60 年代末的西欧和美国;80 年代美国和西欧发达国家开始采用 EDI 方式进行贸易;90 年代初,EDI 以突飞猛进的势头迅速发展。许多国家认定,EDI 将是未来国际贸易的唯一途径。

EDI 技术的应用使企业依据标准格式,在贸易与结算中直接以电子方式进行数据交换。在贸易和结算流程中所产生的商业文件,如订单、合同、发票、订货运输单、交货通知书(运输部门)、进出口报关单(海关)、进口报检单(商检)和结汇单(银行)等,均可转换成国际 EDI 标准形式(UN/EDIFACT)以电子方式通过 EDI 中心来传输文件。

EDI 为国际贸易和国际结算带来了巨大的经济效益和社会效益,主要表现在:实现无纸贸易;变革贸易和结算方式;降低成本和费用;节省时间,提高工作效率,从而增强竞争能力;用更先进的方式进行资金管理;为企业提供更好的决策支持信息;企业可与贸易伙伴更快捷地建立更密切的关系,增加贸易机会。

(3) 电子信用证

电子信用证(ELECTRONIC CREDIT),就是从信用证的开立到传递、议付、索汇及审单等全部通过计算机来处理,使影响结算速度的单据最终消失。因为随着国际贸易发展的需要,传统的纸面文件正开始被 EDI 技术下的电子单据所取代,国际贸易开始向"无纸贸易"发展,这为信用证的电子化提供了充分的准备。电子信用证有助于提高速度、安全性和银行工作效率。电子信用证在具体使用中由于还存在一些诸如法律、技术等问题,目前它还不能最终取代传统的跟单信用证。

2. 国际结算和贸易融资结合更加紧密

国际贸易融资又叫国际结算融资,是指围绕国际结算的各个环节发生的资金和信用融通的经济活动。在贸易活动中,卖方总是希望尽快收回货款和融通周转资金,而买方则希望推迟付款或从银行得到融资。由于银行具有资金和信用上的优势,在进出口商符合银行的规定条件时,银行乐于提供国际贸易的融资服务。

国际贸易融资是国际商业银行的一项重要业务,所有的商业银行都把贸易融资放在重要位置,这是因为国际贸易融资的发展不仅会提高银行的收益,而且能促进银行其他业务的发展。在现代国际结算中,贸易融资与国际结算是相互促进的,一方面贸易融资以国际结算为基础并依附于国际结算,另一方面贸易融资又能促进国际结算,融资越方便,对客户越有吸引力,国际结算业务也就会不断增加。同时,国际贸易融资和国际结算业务风险较小、收益率高,不仅有利于银行吸收存款,增强银行资金实力,还有利于改善银行资产质量,提高收益。

为了适应市场的快速变化,满足客户的要求,银行在开展融资业务时,不断推出更加方便、快捷的手段。这种新变化表现在以下几方面:

(1)融资方式更加多样化

传统的国际贸易融资主要是对进出口商的短期资金融通,如进出口押汇、票据贴现和打包贷款等。现代的贸易融资则更加灵活和多样化,如进口融资与出口融资并重,加快发展中长期贸易融资等。

(2)融资方法更简便、灵活

为适应国际贸易的迅速发展,满足客户的需求,国际商业银行在开展融资业务时,不断推出方便快捷的新服务手段。其中授信额度是一个突出表现,它是银行根据客户的资信、偿还和经营状况而授予在本行内办理结算业务的客户凭借信用融资的最高融资限额。银行与客户签订授信额度协议后,可以较灵活地使用各种资金便利,如银行提供的信用贷款、账户透支、信用卡透支、对外担保、票据承兑、开立信用证等,从而极大地方便了贸易,促进了贸易的发展,同时又使银行业增加了业务,扩大了收益。

3. 单据的标准化

从 20 世纪 70 年代开始,经过 30 多年的努力,单据标准化的进程虽然很缓慢,但仍有进展,除海运提单以外,其他标准格式的使用还不是很普遍。采用标准化制单不仅可以减少制单、审单的时间,而且能够减少由于各国习惯和法律不一致产生的纠纷。有关各方一致认为,随着国际经济合作的不断发展,单据的标准化是一定能实现的。

4. 货到付款被重新推崇的趋势

适应当前的国际贸易买方市场的形势,货到付款即赊销方式成为主要的贸易方式,在一些发达国家之间的结算业务中,60%以上采用了赊销方式。这种方式处理单据的业务量比信用证、托收等方式少一些,但结算效率更高。

5. 国际结算难度加大趋势

由于国际结算工具的多样化、结算方式的多样化、结算内容的多样化和结算对象的多样化,国际结算的难度不断加大。结算方式往往结合起来运用,如交易大型成套设备采用汇款中的付款(订金)和延期付款信用证;以投标方式采购大型成套设备时需开立投标、履约、退还预付金保函,有时还要开立信用证,或用备用信用证代替保函。国际结算的这种变化需要结算经办人必须具有较高的技术水平和业务素质。

二、国际结算涉及的国际惯例

（一）国际惯例和国际商会

1. 国际惯例

国际惯例是在长期的国际交往实践中约定俗成的，为国际社会公认的国际交往行为的惯常模式、规则、原则等，对当事人之间的关系、权利和义务有明确的规范。世界经济发展到今天，其国际化、一体化的程度越来越高，使得国际贸易惯例在国际惯例体系中的地位日益显赫，一般提到国际惯例时多指国际经贸惯例。

国际惯例的特点主要有以下几方面：

（1）具有国际性

国际经贸活动是世界范围内进行的，因此作为调整经贸关系的惯例也具有国际性，它被许多国家和地区认可，成为各国的共同行为准则。

（2）一般不具有强制性

国际惯例不同于国际公约、条约和协定，与各国国内立法也有区别，任何国家或组织都不可能也不需要对它拥有权利和义务，一般情况下它也不能直接约束有关国家或公民，一方当事者不能强制另一方采用。对国际惯例，当事者可自行决定是否采用，因此国际惯例不具有法律上的强制性。但是，某项国际惯例一旦为某国承认并采用，或者当事者在公约、条约、协定或合同中引用或认定，该项国际惯例就具有法律约束力，当事者不得违反惯例中的规定，必须履行其中的义务。

（3）具有相对稳定性

国际惯例是在长期的经贸活动中，经过反复使用、约定俗成而历史地形成的，是经贸活动的历史产物，因此具有相对的稳定性。若经常变动，就不成其为规范，失去了权威性，也不可能在国际经贸活动中发挥规范和调整作用。可见，稳定性是国际惯例必备的本质特点。无论是成文的，还是不成文的国际惯例，都具有一定的稳定性。但稳定又不等于一成不变，它也要随客观条件、环境的变化而适时地修改和完善，否则就跟不上国际经贸活动发展的步伐，难免被淘汰。

国际惯例具有推动和促进国际经贸活动的发展，避免经贸活动中的法律冲突，促进世界经济新秩序的建立等作用。

2. 国际商会

国际惯例大多是由国际性的商业组织或团体编纂和解释的，其中最为重要的机构当属国际商会。国际商会（Internation Chamber of Comerce，ICC）由美国商会发起，成立于1919年，总部设在巴黎，是由来自世界各国的生产者、消费者、制造商、贸易商、银行家、保险家、运输商、法律经济专家等组成的国际性的非政府机构。其宗旨是：在经济和法律领域里，以有效的行动促进国际贸易和投资的发展。其工作方式为：制定国际经贸领域的规则、惯例，并向全世界推广；与各国政府以及国际组织对话，以求创造一个利于自由企业、自由贸易、自由竞争的国际环境；促进会员之间的经贸合作，并向全世界商界提供实际的服务等。

ICC通过其下设的十几个专业委员会和数十个工作组，制定了许多国际商业领域的规则和惯例，如国际贸易术语、国际贸易结算规则等，为全世界广泛采用。

自1979年以来，国际商会通过多种途径探讨与我国建立联系，发展业务合作关系。1981年6月，国际商会第139届理事会决定，将所谓"国际商会中华民国国家委员会"改为团体会员。1986年12月，中国国际商会与国际商会进行了第一次会晤，经过谈判，国际商会执行局于1988年6月决定将"同际商会台北商业理事会"改名为"中华国际商会中国台北商业理事会"。在此情况下，中国国际商会逐步加强了和国际商会的业务联系和往来，国际商会多次表示，中国在国际贸易中起着越来越重要的作用，但由于该会章程条款所限，中国当时还不能成为该会会员。该会因此数次提出，愿先协同我国的国际商会成立合作委员会，以保持和发展双方的业务合作。1991年6月，双方在巴黎宣布成立了"国际商会－中国国际商会合作委员会"。1994年11月18日，国际商会在巴黎召开第168届理事会，正式接纳我国为会员国。

1995年1月1日，由中国贸促会牵头组建的ICC CHINA，其目前的会员单位兼顾了国有、集体、乡镇、私营、三资企业等多种成分，包括了制造、外贸、金融、运输、保险、轻纺、商业等领域，较广泛地代表了中国经济的各个部门、各种成分、各个层面。ICC CHINA代表中国企业界、金融界参与国际商务事务和各种国际贸易规则的制定等工作，同各国商界、企业、双边和多边国际组织以及包括中国政府在内的各政府机构展开对话。

（二）国际结算中的主要惯例

国际结算中涉及的惯例很多，包括成文及不成文的，国际结算实务中使用较多的几个惯例如下：

（1）《托收统一规则》（1995）

1958年产生了《商业单据托收统一规则》，1978年改名为《托收统一规则》（Uniform Rules for Collection, ICC. Pub. NO. 322，简称URC322），1995年，重新颁布URC522，1996年1月1日开始实行。

（2）《跟单信用证统一惯例》（2007）

1929年产生了《商业跟单信用证统一惯例》，之后经过了7次修订。《跟单信用证统一惯例》（Uniform Customs and Practice for Documentary Credits, ICC. Pub. NO. 500，1993 Revision，简称UCP500），于1994年1月1日施行直到2007年7月1日。《跟单信用证统一惯例》是国际银行界、律师界、商界、学术界都自觉遵守的准则，是最为成功的非官方规定。由于时代的进步和科技的发展，我们遵守并使用了13年的UCP500被UCP600代替。新惯例UCP600于2006年10月25日在巴黎BNP Paribas银行会议大厅举行的ICC银行技术与惯例委员会2006年秋季例会上，以点名（Roll Call）形式，经71个国家和地区ICC委员会以105票（其中，中国内地3

票、中国香港2票、中国台北2票)赞成通过,并于2007年7月1日正式实施。

(3)《见索即付保函统一规则》

1992年,《见索即付保函统一规则》(Uniform Rules for Demand Guarantee ICC. Pub. NO. 458,简称URDG458)颁布。URDG458适应性较强,对于保函所依据的基础交易的种类不加限制;明确了见索即付的保函是独立性的保函,不依附于基础合同,因而可以避免银行被卷入基础合同的纠纷中,规定了银行承担第一性的赔付责任,且仅凭保函所规定的单据后索赔文件的表面状况决定是否支付,而无论委托人是否同意,受益人的索赔也较为简单,无须司法文件或仲裁决议,通常只需凭汇票及说明委托人违约的受益申请即可索赔;对担保与反担保的关系费用,转让及款项的让渡等均作出了明确的规定。因此,自其颁布后,被越来越多的国家和地区的银行界、工商界及司法界所认可,成为一个日益普及的统一规则。

(4)《合约保函统一规则》

1978年,国际商会第325号出版物,它是针对投标保函以及还款保函制定的规则。它最大的缺陷是,规定受益人索赔时必须提供或在合理时间内补交证明委托人违约的文件,如法院判决或仲裁庭决议等,这对于受益人来说条件过严;而担保行为了判断委托人是否违约,往往被迫卷入委托人与受益人之间的合约纠纷中,对银行亦不利。该规则对保函的性质及担保人付款责任性质等重要问题也未予明确。因此,《合约保函统一规则》没有被广泛地接受和使用。在这种情况下,国际商会于1992年制定了第458号出版物。但"458"生效后,"325"仍继续生效。

(5)《国际备用证惯例》

1998年,《国际备用证惯例》(International Standby Practices, ICC. Pub. NO. 590,简称ISP98)颁布,1999年1月1日开始实行。ISP98是结合备用信用证特点,在参照UCP600和ICC458的基础上制定的,它在适用于备用信用证的同时也适用于商业信用证,适用于国际信用证的同时也适用于国内信用证。

(6)《2010年国际贸易术语解释》

2010年修订的《2010年国际贸易术语解释》(International Rules for the Interpretation of Trade Terms, Incoterms 2010)于2010年1月1日颁布实施。

(7)《国际保理业务惯例规则》

2000年国际保理商联合会制定的《国际保理业务惯例规则》(Code of International Factoring Customs)颁布实施。

(8)《跟单信用证统一惯例(UCP500)关于电子交单的附则(eUCP)》(2002)

(9)《跟单信用证项下审核单据的国际标准银行实务ISBP》(2003)

它是ICC第645号出版物。2007年7月1日UCP600实行后,国际商会又出版了ISBP第681号出版物。

第三节 国际结算的银行网络

在现代国际结算活动中,银行作为不可替代的中介服务机构,正在扮演着越来越重要的角色。办理国际结算业务的银行,必须在业务所涉及的范围内建立广泛的网络。因为国际结算是实现不同国家之间的资金转移,这种转移是通过银行之间的转账进行的,不可能由一家银行直接把款付给收款人,必须通过银行间的清算来完成。所以,在全球范围内,建立起资金划转畅通的账户网络是国际结算业务顺利进行的关键和前提条件。若海外没有业务网点,无论是国际贸易结算还是出口信贷、银团贷款等融资活动,都将难以开展。

一、银行海外网络的构成

在海外设立银行网络是一项综合性的战略,为了更好地参与国际业务,更好地在国际竞争中不断发展壮大,每一个商业银行都需要根据自身的具体情况和发展需要建立一套健全的组织系统,以使得其国际业务能够顺利开展。总地来看,银行网络可通过设立分行、建立代理行和附属银行及兼并当地银行等方式形成。

(一)代表处

代表处(Represent Office)是银行设在境外最简单的非营业性办事机构。它不能吸收存款、发放贷款或进行其他的业务活动,通常只有一两名职员,仅仅是在某一地理范围内接洽、联络其总行和该地或该国客户之间的业务,为总行提供当地的政治、经济、法律、银行业务等方面的信息。代表处的资金和一切支出均由总行提供。当预期的市场业务量太少,不值得投资建立分行或者是当地机会不确定的时候,或者是银行在决定是否进一步扩大之前想以最小的成本了解市场的时候,设立代表处是最合适的了。代表处通常是设立更高层次机构的一种过渡形式,往往是设立分行的准备。

(二)办事处

办事处(Agency Office)是银行设在境外的能够转移资金和发放贷款,但不能在东道国吸收当地存款的金融机构。办事处与母行属于同一个法人,介于代表处和分行之间。办事处不是经营全面业务的银行,无权吸收当地客户的活期存款,但它可以吸收外国活期存款,可以持有信贷金额,运用由国内银行调来的资金。许多外国商业银行的办事处充当着本国政府财务代理人的角色,并且在国外买卖证券,对国内企业进出口融资。办事处有时还将多余的资金拆放给同业或对当地的工商企业提供贷款。由于办事处不接受当地存款,所以不受法定准备金率的约束。

(三)分行、支行

海外分行是总行在国外开设的营业性的机构,或者说是总行在海外的派出机构,是总行的一个组成部分。它的全部资金来源都由总行提供,盈亏亦由总行承担。在各行总行的财务报表中,均包括了其海外分行的各类资产负债、全部收益、费用以及利润或亏损。

在海外开设分行(Dranch)的好处是:银行可以不失掉本国跨国企业的国内及海外业务,同时海外分行还可与当地企业开展业务往来,这样银行将取得分行提供的当地业务的直接收入,特别是与当地企业的业务往来能使分行增加盈利,海外分行还能提供接近海外资金市场的途径,这些国际资金市场经常能以比本国更具吸引力的利率提供投资或利用外资的机会。在外汇管制较为宽松的国家,海外分行一般都可以经营东道国法律允许经营的所有银行业务,包括存贷款业务、信托业务等,但必须遵守东道国的法律,并接受东道国有关当局的监管。

根据国际惯例,一家银行在不同国家设立的分支机构虽属于同一个法人,在管理体制上隶属于它的总行,但在信用证业务处理中,在国外的分支行被视为相互独立的另一家银行。例如,中国银行在北京的总行和在纽约的分行议付的信用证,北京的总行作为开证行也可以因单证不符而拒付,并且在纽约分行发生的信用证纠纷也不应涉及国内的总行。但对于非信用证业务,总行和海外的分行则仍视为同一法人。

分行下设的营业性机构是支行(Sub-branch)。支行在业务经营上类似于分行,只是它直接属分行管辖,规模比分行小,层次比分行低。

(四)附属银行

附属银行(Subsidiary Bank)又称"子银行",是国内银行在国外按东道国法律注册的独立银行,是一个独立的法人机构。其资本全部或大部由国内银行持有,其他资本可能为东道国或其他外国银行所有,由于国内银行占有全部或大部分的股权,因此国内银行拥有对附属银行的控制权,但其一切经营都得按当地的法律和规定办理,并受东道国金融监管当局的监管。

(五)联营银行

联营银行(Affiliated Bank)在法律地位、性质和经营特点上与附属银行类似,也是按所在国法律注册的独立银行,但国内母银行仅占其部分股权,不能完全控制该银行,而不同之处是,任何一家外国投资者拥有的股权只能在50%以下,即拥有少数股权,其余股权可以由两国或多国投资者合资,也可以由外国投资者通过购买当地银行部分股权而形成。其业务经营品种与范围依注册规定或参股银行的性质而定,通常经营租赁、代理融通和商业业务,存款业务的规模一般都比较小。联营银行的最大优势是可以集中两家或多家参股者。

(六)国际银团银行

国际银团银行(Cxmsortium Bank)产生于20世纪60年代中期,在70年代初期得到迅速发展,现在大多数跨国银行都参与了银团银行,许多跨国公司还同时参加多家国际银团。银团银行通常是由两个以上不同国籍的跨国银行共同组建的公司性质的合营银行,任何一个投资者所持有的股权都不得超过50%。作为一个法律实体,银团银行有自己的名称和特殊功能,它既接受母行委托的业务,也开展自己的业务活动。其业务范围一般包括:对超过母行能力的大额、长期贷款作出全球性辛迪加安排;承销公司证券;经营欧洲货币市场业务;安排国际间的企业合并和兼并;提供项目融资和公司财务咨询等。与其他形式的银行相同,银团银行具有以下特点:组成银团银行的母行大多是世界著名的跨国银行;银团银行的注册地多为一些国际金融中心或离岸金融中心;银团银行经营的业务大多是单个银行不能或不愿意经营的成本高、风险大、专业技术强、规模和难度较大的业务;其业务对象主要是各国政府和跨国公司,很少向普通消费者提供小额零售业务。

（七）代理行

根据协议,本国银行与外国银行相互提供代理服务,这家外国银行即为本国银行的代理行（Correspondent Bank）。代理行是现今办理国际结算、进行资金收付和银行之间进行资金调拨清算的重要机构,在银行结算网络中居于十分重要的地位。代理行在资金及管理上与国内银行无任何隶属关系,它完全是一家独立的国外银行,只是根据双方的协议,在规定的业务范围内彼此提供结算、融资、咨询、培训等方面的服务。

建立代理行的好处是:市场进入的成本最少并能适应服务规模的需要;无须进行员工及设施投资;代理行当地的知识和经验都非常丰富,可更为方便地提供服务。代理行关系建立以后,由于种种原因也可中止,如该代理行倒闭或在经营上发生重大问题,政府在国别政策上突然改变,不准与代理行所在国继续往来等等。

在我国的各银行和非银行金融机构中,以中国银行的跨国经营、设置海外网络的历史最长并较成体系。起初只是在个别国家的金融中心设立机构,经营一些品种单一的零售业务,后来逐步发展,目前已有549家海外机构,在20多个国家和地区有近6 000家代理行。其他如中国交通银行、中国工商银行及中国建设银行等在世界各主要城市也有分支机构,并且还在不断地开拓和发展。

二、代理行的建立

（一）建立代理行的优势

虽然形成海外网络的途径有许多,但代理行的建立是非常重要的,在数量上它要远远超过海外分行、附属银行及代表处。在资金方面,代理行几乎不需要任何投资,利用原行的设备、技术和场所就可提供许多服务;在外汇管制方面,代理行是当地的银行,对外资银行的种种规定或限制与它无关,且熟悉当地的法规及习俗;在人员方面,不仅无须配备任何管理人员,而且相反,国内可派遣人员接受代理行提供的培训。因此,建立海外代理行已成为海外银行网络最实用、最重要的一种方式,它成为一家银行开展各项国际业务的基础。目前代理行之间相互代理的业务范围越来越大,已从单纯办理国际贸易和非贸易结算,发展到资金拆放、外汇买卖等货币市场业务和发行、投资各种证券等资本市场业务;相互参与银团贷款、签订有关互惠协议;彼此为对方设立分支机构提供协助;相互提供信息、咨询;共同举办业务研讨会、培训人员等。所以,建立海外代理行网络是非常重要的。

(二)建立代理行的方式

银行的境外机构布局是银行发展国际业务、扩大利润来源、增强国际竞争力的基础。我国各商业银行国外代理行,一般是由总行统一部署的。总行根据对外经济和金融业务的发展需要,有选择地和国外银行指定的分支机构直接进行外汇业务往来。有时,与某一地区或某国外银行建立代理行是由分行向总行提出建议,然后由总行出面与国外的银行具体协商、签订协议,再通知国内各分行。出现这种情况的原因是大量国际结算业务是在各分行,特别是口岸分行进行的,当分行有建立新的代理关系的需要时,即可向总行提出建议,分行是不能直接对外签订代理行协议的。也可能有这样的情况,国外的银行主动向我分行或总行提出建立代理行的要求,总行在作必要的了解和考察后,按以上方式操作和处理。

(三)建立代理行的步骤

由于代理行要相互代为处理委办的业务,所以代理行之间必须签订代理协议,规定代理的业务范围、收费办法、开立账户、约定透支或垫款的金额,有关款项的调拨方法,以及交换签字样本和电报密押表等,这是建立代理行关系的基本条件。商业银行在国外建立代理行,通常需要经过以下两个步骤。

1. 考察对方银行的资信

资信是代理行关系得以建立与稳健发展的基础,因而事先做好资信调查与评估工作就显得非常重要,具体来说,需要通过各种渠道了解对方国家的各项法规、政策及商业习惯,如外汇管制宽严、金融政策及法规、外汇管制政策、进出口贸易管理规定、对外国银行的政策与限制等;了解对方银行的基本情况,如该行历史沿革、政治背景、经济实力(包括资本额及其构成、资产负债总额及其构成、经营损益等情况)、经营作风、经营范围、服务质量、管理水平以及该行在世界及其本国银行界中所处的地位。

进行资信调查的方法和途径主要有:利用母行的综合调查资料;利用有关分行的调查资料;委托境外分行、代理行、驻外商务机构或国外资信咨询机构代为调查;参考《银行年鉴》;参考该银行的年报资料等。通过这些资料,重点分析该行的资产负债表、损益表以及现金流量表,对其流动比率、速动比率和财务结构比率进行分析和评估。在摸清对方资信情况的基础上,确定建立代理行关系的层次。代理行关系的层次通常分为三种:一般代理行关系;账户行关系;议定透支额度关系。

2. 签订代理行协议

在资信调查与评估的基础上,拟相互建立代理行关系的两家银行应签订代理行协议(Agency Arrangement),以明确代理行关系及约定有关事项。

代理行协议的内容主要包括:①指定可代理业务的分支行。由于代理行协议是由双方的总行签署的,而大量地分散于各自的分支机构,因此在协议中双方都要指定一定的分支机构,确定双方名称、地址。只有被指定的分支机构才能得到控制文件(Control Documents)，才能相互代理有关的业务。②规定相互代理业务的范围。相互代理的业务范围是从满足实际需要出发考虑的，大多包括汇款业务(解付电、信、票汇)、托收业务(跟单及光票的托收)、信用证业务(通知、保兑、议付及偿付等)、资信调查等。除这些基本业务之外，如我们前面提到过的，随着两国及两行关系的不断发展，代理业务的范围可扩大至货币、资本市场及信息交流、人员培训等方面。③开立账户。代理行之间的收付清算都是通过往来账户的借和贷来进行的，所以要涉及在代理行开设账户的问题。需要说明的是，并不是在所有的代理行都要开设账户，只在那些处于东道国的金融中心或货币清算中心的代理行才考虑设置账户。这是因为处于上述中心的代理行相对业务量较大，且大都是资金实力雄厚、信誉卓著、设备先进、服务效率高的知名银行，在这样的银行开设账户后，这种开有账户的代理行就叫账户代理行(Depository Bank)，而未开账户的称非账户代理行(Non-depository Correspondent)，这种代理行相互之间不开立账户，因此在业务往来中产生的收付一般通过第三者银行(碰头行)来结算。银行之间相互建立非账户行关系，多发生在与本国经贸或银行业务往来有限的国家或地区。若双方商定开立账户，可由一方在对方开立对方货币账户，或者双方相互在对方开立对方货币账户，同时在代理行协议中要说明设置账户的条件，如有无铺底资金，数额多少；有无存款利息，利率多少；是否允许透支，利率及额度多少；账户费用标准及收取方式；对账单如何交递及频次等等。一家国际性的大型商业银行，其在海外设置的账户行仅仅只是它在海外的代理行的一小部分。如中国银行与海外200多个国家和地区的5 000多家银行建立了代理行关系，而它在海外的账户行不过百家。

3. 相互交换并确认控制文件

控制文件是代理行之间在业务往来中用来核对和查验对方发来的电函和凭证等的真实性的文件，主要包括印鉴、密押和费率表。双方签订代理协议后，必须交换控制文件，这是保证业务安全顺利进行的重要条件。

(1) 印鉴

印鉴(Specimen of Authorized Signatures Book)是银行列示的所有有权签字人的签字额度、有权签字范围、有效签字组合方式以及亲笔签字字样等。印鉴是代理行用来核对对方行发来的业务文件和凭证签章的真实性、有效性的依据。大多数的代理行都专为对方印制签字印鉴样本，以便根据样本来审核委托书的签字，一方面可以减少附件数目和简化手续；另一方面可以用来核对往来的信汇报单或信用证等的真伪。印鉴须由双方银行的总行互换，以后各行印鉴如有增补，则由增补的总、分行寄至与其有业务往来的对方银行。若对国外发来的文件或凭证上的签字有怀疑，应立刻向对方查询以判定真伪。印鉴册上的被授权签字的人是有级别的，不同的级别其相应的签字额度、有权签字的范围是不同的，上至总经理下到一般的职员都能作为有权签字人。若有人事变动应及时更换签字并通知对方。签字大都是将自己的名字以不易模仿的方式进行书写，不能使用正楷或印刷体，以防假冒。

(2) 密押

密押(Test Key)是代理行双方用以确证对方发来的委办业务电讯文件的真实性、有效性的密码组合。收电行接到电函时,首先要核验密押,相符后才能进一步处理。密押由一组数字组成,包括:电讯拍发的月份和日期、业务使用的货币、业务的金额、连续顺序号等。密押没有一定的格式,属绝密文件,代理行双方须指定可以信任的专人负责保管和使用,密押文件必须存放在专用保险柜内。密押可由代理行中的一方寄送给另一方,双方共同使用,也可各自使用自己的密押。由于密押的机密性,为确保安全,各国银行一般在使用一段时间后就要更换新密押。

(3) 费率表

费率表(Schedule of Terms and Conditions)是代理行代办各项业务的收费标准。它确定国外代理行办理业务所收取的手续费和佣金率。收费表中各项费率的制定必须合理适当。如果费率定得过高,则会削弱商业银行的竞争力,影响业务的开展;如果费率定得过低,则会影响商业银行的收益。若代理行关系良好,彼此可约定优惠办法。

关 键 名 词

国际结算(International Settlement)　　纽约银行同业电子清算系统(CHIPS)
全球银行金融电讯协会(SWIFT)　　英国伦敦同业银行自动收付系统(CHAPS)
代理行(Correspondent Bank)　　印鉴(Specimen of Authorized Signatures Book)
密押(Test key)　　费率表(Schedule of Terms and Conditions)
控制文件(Control Documents)

思 考 题

1. 什么是国际结算?简述国际结算的种类。
2. 论述国际结算的演变。
3. 目前国际结算存在什么特点及发展趋势?
4. 国际结算的海外网点如何建立?
5. 为何要在国外建立代理行?
6. 代理行协议中的控制文件有哪些?作用如何?
7. 代理行协议包括哪些内容?
8. 国际惯例有什么特点和作用?

【阅读资料】

英国《银行家》杂志最新公布的2011年全球前1 000家银行排名显示,中国有三家银行跻身全球十大银行之列,分别是工商银行、建设银行和中国银行。

该杂志排名的依据是银行的一级资本实力,这是衡量银行大规模借贷和承受冲击能力的重要指标。

榜单显示,今年美国银行再度蝉联冠军,摩根大通、汇丰及花旗分列第二至第四位。中国工商银行从去年的第7位升至第6位,建设银行和中国银行跻身十强。在上升速度最快的十大银行中,中国银行业占据五席。

在银根一再紧缩和监管机构对资本金充足率标准不断提高的压力下,国内银行业已掀起新一轮的"融资潮"。农业银行在今年1月5日决定发行500亿元次级债;中国银行5月17日至5月19日发行了320亿元次级债。股份制银行也在行动,招商银行和中信银行都已宣布增发A+H股,分别集资600亿元和260亿元。

中国各大银行也是全球盈利最丰厚的银行,工行去年的盈利高达325亿美元,位列全球之首;建行以264亿美元的盈利列第二位;摩根大通排名第三。该杂志预计,过去三年内,中国国内银行利润飙升了95%,目前占全球银行业总利润的比重超过五分之一。

(资料来源:http://news.xinhuanet.com/fortune/2011-07/01/c_121608104.htm.)

本章参考文献

[1] 姜学军.国际结算[M].大连:东北财经大学出版社,2006.
[2] 王学惠,王可畏.国际结算[M].北京:北京交通大学出版社,2009.
[3] 刘铁敏.国际结算[M].北京:清华大学出版社,2010.
[4] 张东祥.国际结算[M].3版.武汉:武汉大学出版社,2004.
[5] 苏宗祥.国际结算[M].北京:中国金融出版社,2003.

第二章
Chapter 2

国际结算中的票据

【学习要点及目标】

通过本章学习要求学生理解票据的概念、性质;汇票、本票和支票的必备项目和票据行为;在实际应用中,汇票、本票和支票有哪些具体的法律规定。

【引导案例】

2010年12月18日,A省甲公司与B市乙公司签订联营协议,协议约定甲公司负责组织供应煤炭,乙公司负责销售。同年12月22日,双方签订工矿产品购销合同,约定甲公司供应乙公司混煤6 000吨,单价190元/吨,总金额1 140 000元。2011年1月5日签订补充协议约定:2011年1月工矿产品购销合同生效,单价随行就市。乙公司给付编号CB/01—00132629银行承兑汇票一张作为预付货款。该汇票票面记载:出票人乙公司,承兑行丙银行,票面金额200万元,出票日期和到期日分别为2010年12月29日和2011年3月29日。

协议签订后,甲公司未能按时供货,且后来所供煤炭质量根本不符合双方约定。实际上,在双方签订协议时,甲公司就根本没有货源,更没有履行协议的能力。甲公司在拿到汇票后,意图利用贴现后所得现金购买煤炭,以便进行供货。

2011年1月16日,甲公司持银行承兑汇票向丁银行申请贴现。丁银行受理了甲公司的贴现申请,并分别于2011年1月22日和1月25日两次将贴现款项197万元全部支付完毕,成为该银行承兑汇票的持有人。其后,丁银行在该银行承兑汇票法定提示付款期限内向承兑人丙银行提示付款,但该行拒付该票据金额,将票据退回。之后,丁银行将拒付事实在法定期限内通知了背书人甲公司。

2011年4月2日,丁银行依据《中华人民共和国票据法》(简称《票据法》)第61条、第68条、第70条的规定,向A省C区人民法院(简称一审法院)起诉,要求该承兑汇票的全部票据债务人(出票人乙公司、背书人甲公司、承兑人丙银行)清偿汇票金额及利息,并承担连带责任。

一审法院经审理认为:本案所涉银行承兑汇票,形式完备,各项必要记载事项齐全,符合票据法及相关规定,应认定为有效票据;乙公司与甲公司签订购销合同后,乙公司预付货款,甲公司陆续供货,建立了真实的买卖关系;丁银行未在留存于该行的贴现协议上签章,但履行了贴现协议约定的支付贴现款的义务,其付款行为明示贴现协议已生效;丁银行虽未审查双方交易的增值税发票复印件即受理贴现申请,是审查中的不足之处,但是票据本身的真实性及双方存在的真实交易关系,决定丁银行为甲公司办理贴现手续,与票据法并不违背,不存在票据法规定的重大过失取得不符合《票据法》规定的票据的情形,依法享有票据权利,汇票到期后,丁银行有权向背书人甲公司、承兑人丙银行、出票人乙公司行使追索权,要求清偿汇票金额及从汇票到期日起到清偿日止按中国人民银行规定的利率计付利息,各票据债务人承担连带清偿责任。法院根据《中华人民共和国民事诉讼法》第120条、《票据法》第10条、第12条、第22条、第54条、第61条第2款第1项、第68条、第70条之规定作出一审判决:一、丙银行支付丁银行CB/01—00132629号银行承兑汇票,金额200万元及从2011年3月29日起至清偿之日止按中国人民银行规定的利率计付的利息;二、甲公司、乙公司对上述票据债务承担连带清偿责任。

(资料来源:百度文库.)

上述案例中出现的汇票在贸易结算过程中是主要的结算工具,除了汇票外还有没有其他的结算票据?在结算过程中应该如何运用?能否避免发生票据风险?我们应该如何防范?带着这些问题进入本章的学习。

第一节 票据概述

一、票据的概念及其发展历程

(一)票据的概念

票据有广义和狭义之分。广义的票据是指商业上的权利单据(Document of Title),作为某人不在他实际占有下的金钱或商品的所有权的证据。这种权利单据要正式书写负责交付货币或商品的人,还要书写有权索取货币或商品的人。前者是债务人,后者是债权人,双方缔结一项简单要约,形成了对于金钱或货物权利的书面凭证,这种凭证形成了广义的票据。其凭证的权利是可以转让的,因此票据具有可以流通转让的特性,即票据又是流通证券。

狭义的票据是以支付金钱为目的的证券,由出票人在票据上签名,无条件地约定由自己或另一人支付一定金额,可以流通转让。若约定由出票人本人付款,则是本票;若由另一人付款,则是汇票或支票。本章研究的票据是狭义的票据,即汇票、本票和支票。

(二)票据的产生与发展

票据起源于中国,早在中国的唐宋时期,就有了票据的雏形,唐代的"飞钱"类似于汇票,"贴"类似于银行支票;宋代的"便钱"类似于即期汇票,"饺子"类似于本票。

随着工业革命的发展,西方国家也出现了票据,并且发展速度非常快。在欧洲,票据起源于 12 世纪,意大利的兑换商发行的"兑换证书"类似于本票;15 世纪,商品买卖多以票据接收;16 世纪,从法国开始有背书制度;17 世纪,有的国家开始进入票据成文法时期;18 世纪,英国使用支票;19 世纪,各国票据制度逐步健全,1882 年英国颁布《票据法》(*Bill of Exchange Act*),成为世界票据法的典范。

二、票据的性质

票据是非现金结算工具,它能够代替货币使用,因为票据有以下特性。

(一)流通性

根据英国《票据法》第八条规定:除非票据上写出"禁止转让"字样,或是表示它是不可转让的意旨以外,一切票据不论它是采用任何形式支付票款给持票人,该持票人都有权把它流通转让给别人。这就是票据的流通性(Negotiability)。票据所有权通过交付或背书进行转让。

(二)无因性

票据是一种不要过问原因的证券,这里所说的原因是指产生票据上的权利义务关系的原因。票据的原因是票据的基本关系,它包括两个方面的内容:一是指出票人与付款人之间的资金关系;另一是指出票人与收款人,以及票据的背书人与被背书人之间的对价关系。从事实上看,任何票据关系的产生也是有一定原因的,票据当事人的权利义务就是以这些基本关系为原因的,这种关系称为票据原因。但是票据是否成立,不受票据原因的影响。票据当事人的权利与义务,也不受票据原因的影响。对于票据当事人来说,他无须调查这些原因,只要票据记载合格,他就取得票据文义载明的权利。票据的这种特性就称为无因性(Non-causative Nature),这种无因性使票据得以流通。

(三)要式性

票据的作成,从形式上看记载必要项目必须齐全,各个必要项目必须符合规定,才能使票据产生法律效力。各国的票据法对这些必要项目都作了详细的规定,使票据文义简单明了,根据文义来解释票据,明确当事人的债权。

票据的要式性(Requisite in Form),有时也可说成票据是书面形式要件,即指票据的记载内容必须符合票据法规定,它就是有效的票据。它的权利义务,全凭票据上的文义来确定,不需要过问票据基本关系的原因,这才有利于票据的转让流通,所以我们常说票据是要式不要因。

（四）提示性

票据上的债权人（持票人）请求债务人（付款人）履行票据义务时，必须向付款人提示票据，请求付给票款，这就是票据的提示性（Presentment）。如果持票人不提示票据，付款人就没有履行付款的义务，因此票据法需要规定票据的提示期限，超过期限，付款人的责任即被解除。

（五）返还性

票据的持票人领到支付的票款时，应将签收的票据交还付款人，该票据经正当付款即被解除责任而归还至付款人，表明票面上的债权债务关系已经被了结。由于票据的返还性（Returnability），它不能无限期地流通，而是在到期日被付款后结束其流通。

三、票据的功能

（一）支付与结算作用

票据最原始最简单的作用是作为支付手段代替现金使用，不仅可以节省清点现钞的时间，而且比随身携带现金安全可靠。在国际贸易结算中，非现金结算必须使用一定的支付工具，以结清债权债务关系。

（二）信用与融资作用

票据不是商品，不含有社会劳动，它只是建立在信用基础上的书面支付凭证。出票人在票据上立下书面的支付信用保证，付款人或承兑人允诺按照票面规定履行付款义务。

（三）流通作用

票据作为一种支付工具，经过背书可以转让给他人，再背书还可以再次转让，连续的背书转让使票据在市场上广泛流通，形成一种流通工具，节约了现金的使用，扩大了流通手段。

四、票据法及其法系

（一）西方票据法

为了保障票据正常使用和流通，保护票据当事人的合法权益，促进商品发展，各国纷纷制定票据法，重点是将票据流通规则制定为法律。

英国于1882年颁布施行的《票据法》（Bill of Exchange Act）是起草人查尔姆（Chalmers）总结历来的习惯法、特别法，以及许多判例而制定的。该法共计97条，1~72条订立汇票全面法规，73~82条订立支票法规，83~89条订立本票法规；1957年另订立支票法8条，对于以前的支票法规作了修正和补充。

美国于1896年制定《统一流通票据法》（Uniform Negotiable Instruments Law）。它是起草人Crawford在习惯法和判例的基础上制定的。1952年制定、1962年修订的《统一商法典》

(Uniform Commercial Code)的第三章商业票据(Commercial Paper)中,对汇票、本票、支票和存单作了详细的规定。美国的票据法是在英国票据法的基础上加以发展而成的。英国、美国及一些英联邦成员国如加拿大、澳大利亚、印度、巴基斯坦的票据法均属英美法系。

1930年法国、德国、瑞士、瑞典、意大利、日本、拉美国家等二十多个国家在日内瓦召开国际票据法统一会议,签订《日内瓦统一汇票本票法公约》(Uniform Law for Bills of Exchange and Promissory Notes signed Geneva, 1930),次年又签订了《日内瓦统一支票法公约》(Uniform Law for Cheques at Geneva, 1931)。这两项法律一般合并称为《日内瓦统一票据法》,是比较完善的票据立法,由于英美未派代表参加签字,所以参加签字并遵守统一法的成员国家形成了大陆法系。

联合国国际贸易法委员会(United Nations Commission on International Trade Law)想要消除两个法系的差异,于1971年成立国际流通票据工作组(Working Group on International Negotiable Instruments),1973年拟订了《国际汇票与国际本票公约草案》(Draft Convention on International Bills of Exchange and International Promissory Note)和《国际支票公约草案》(Draft Convention on International Cheques),经过十余年的讨论修订,于1986年6月16日~7月11日交联合国国际贸易法委员会第19届会议审议,至1987年8月经上述委员会第20届会议正式通过,定名为《国际汇票和国际本票公约》、《国际支票公约》,并于1990年6月30日前开放签字,该汇票、本票公约共9章90条。

(二)我国票据法

《中华人民共和国票据法》由第八届全国人民代表大会常务委员会第十三次会议于1995年5月10日通过,自1996年1月1日起施行。该票据法从结构上来说,属于大陆法系,从实质内涵来看,按照英美法系,特别是参照英国票据法的体裁而制订,并且参考了国际汇票与国际本票公约以及国际支票公约草案。中国票据法共111条,分总则、汇票、本票、支票、涉外票据的法律适用、法律责任及附则共7章。

涉外票据是指出票、背书、承兑、保证付款等行为中既有发生在中国境内,又有发生在中国境外的票据,其所适用的法律如下:

①汇票、本票出票时的记载事项,适用出票地法律。
②票据的背书、承兑、付款和保证行为,适用行为地法律。
③票据追索权的行使期限,适用出票地法律。
④票据的提示期限,拒绝证明的方式、期限,适用付款地法律。
⑤票据丧失时,出票人请求保全票据权利的程序,适用付款地法律。

第二节 汇 票

一、汇票的定义

《英国票据法》关于汇票的定义是：汇票是一人向另一人签发的，要求即期或定期或在可以确定的将来时间，向某人或指定人或持票来人支付一定金额的无条件书面支付命令。(A bill of exchange is an unconditional order in writing, addressed by one person to another, signed by the person giving it, reguiring the person to whom it is addressed to pay on demand or at a fixed or determinable future time a sumcertain in money to or to the order of a specified person, or to bearer.)

我国《票据法》规定：汇票是出票人签发的，委托付款人在见票时或者在指定日期无条件支付确定的金额给收款人或持票人的票据。

二、汇票的主要关系人

(一) 出票人

出票人(Drawer)是开立汇票，签发和交付汇票的人。出票人在承兑前是主债务人，承兑后是从债务人，他对汇票付款承担的责任是保证汇票按其文义被承兑和付款，并保证如果汇票遭到退票，他将偿付票款给持票人或被迫付款的任何背书人。

(二) 付款人

付款人(Drawee)又称为受票人，是接受汇票的人，也是接受支付命令的人。因其未在汇票上签名，他不是汇票债务人。付款人对汇票承兑和签名后就成为承兑人，他以自己的签名表示他同意执行出票人发给他的无条件命令。他所承担的责任是按照他的承兑文义保证到期日付款。

(三) 收款人

收款人(Payee)是收取票款的人，他是第一持票人。出票人开出汇票，立即交给收款人，他第一个持有汇票，从而产生对于汇票的权利，所以收款人是主债权人，他所持有的汇票是一项债权凭证，他可以要求付款，也可背书转让他人。

(四) 背书人

背书人(Endorser)是指收款人以背书交付的方法，转让汇票，把汇票卖给他人。收款人背书后成为第一背书人，以后汇票继续转让，还有第二、第三背书人，他们是汇票的债务人，对于汇票付款承担的责任是保证汇票将按其文义被承兑和付款，并保证如果汇票遭到退票，将偿付票面款项。

（五）被背书人

被背书人(Indorsee)是接受背书的人。当他再转让时,他就成为另一个背书人,如果他不转让,则将持有汇票,就成为第二持票人,所以被背书人是汇票的债权人,最后被背书人必将是持票人。

（六）持票人

持票人(Holder)指收款人或被背书人或来人,也即现在正在持有汇票的人。

（七）保证人

保证人(Guarantor)是由一个第三者对于出票人、背书人、承兑人或参加承兑人作成保证行为的人。经过保证签字的人就是保证人。他与被保证人承担相同的责任。

【小资料2.1】

正当持票人

正当持票人(Holder in Due Course),是经过转让而持有汇票的人。根据《英国票据法》第二十九条的规定,正当持票人应具备的条件是:①他的前手背书是真实的;②汇票票面完整正常;③取得汇票时没有过期;④不知道汇票曾被退票,也不知道转让人的权利有何缺陷,他自己支付对价善意地取得汇票。

三、汇票的必备项目

（一）汇票上写明"汇票"字样

汇票上注明"汇票"字样,如 Bill of Exchange；Exchange；Draft。《英国票据法》认为可以不写票据名称,从实际业务上看,写出票据名称可给有关当事人不少方便。

（二）无条件的支付命令

必须使用祈使句,以动词开头,作为命令式语句,且不带有任何附加条件,凡是附带条件的支付命令违背了汇票定义,将使汇票无效。

正确:Pay to ABC Co. or order the sum of US dollars one thousand only.

错误:Would you please pay to ABC Co. or order the sum of US dollars one thousand only.

错误:Pay to ABC Co. providing the goods they supply are complied with contract the sum of ten thousand US dollars.

（三）出票地点和日期

出票地点应该与出票人的地址相同,《英国票据法》认为汇票未注明出票地点也可成立,此时就以出票人的地址作为出票地点,或者汇票交付给收款人加列出票地点。国际汇票注明出票地点,就应按照出票地点的国家法律来确定必要项目是否齐全,汇票是否成立和有效。

《英国票据法》认为,汇票未注明出票日期仍然有效,当它交付后,收款人应补加出票日期。

(四)付款时间

付款时间又称付款期限。

1. 即期付款

即期付款汇票,又称即期汇票,是指持票人提示汇票的当天即为到期日。即期汇票无须承兑。若汇票没有明确表示付款期限,即为见票即付的汇票。

2. 远期付款

(1)指定将来日期付款:On 31th July fixed pay to _____

(2)见票后若干天/月付款:At 60 days after sight pay to _____

(3)出票日后若干天/月付款:At 30 days after date pay to _____

(4)说明日后若干天/月付款:At 60 days after 1st May, 2012 pay to _____

(5)延期付款,一般是指装运日/交单日/其他特定日以后若干天付款:At 30 days after the date of shipment of documents。

(五)一定金额

必须支付一定金额的货币,否则票据无效。所谓"一定"金额,意指任何人都可以计算出来,或可以确定的金额,因为汇票除了写明应付的确定金额外,有时还可带有利息、分期付款、支付等值其他货币等条款。例如:

Pay to the order of ABC Co. the sum of one thousand US dollars plus interest calculated at the rate of 6% per annum from the date hereof to the date of payment.

At 30 days after date pay to the order of ABC Co. the sum of one thousand US dollars by ten equal consecutive monthly instalments.

Pay to the order of ABC Co. the sum of one thousand US dollars converted into sterling equivalent at current rate of exchange.

注意,汇票金额要用文字大写和数字小写分别表明,大写与小写要相符。

(六)付款人名称和付款地点

付款人也可称为受票人,它是接受命令的人。因为他没有签字,可以接受付款,也可以拒绝付款。但我国习惯上按付款职能将其称为付款人。付款人的地址必须书写清楚,以便持票人向它提示要求承兑或付款。

(七)收款人名称

汇票的收款人通常称为"抬头"。根据抬头的不同写法,能够确定汇票的可流通性或不可流通性。习惯上汇票只写收款人名称,不写地址。汇票抬头有三种写法:

1. 限制性抬头

限制性抬头的汇票,不得转让他人。例如:

(1) Pay to John Davids only

(2) Pay to John Davids not transferable

2. 指示性抬头

指示性抬头的汇票,用背书和交付的方法转让。例如:

(1) Pay to the order of ABC Co.

(2) Pay to the ABC Co. or order

(3) Pay to ABC Co.

3. 来人抬头

《英国票据法》允许来人作为收款人,《日内瓦统一票据法》不允许来人作为收款人。来人抬头的汇票仅凭交付而转让,不需背书。例如:

(1) Pay to bearer

(2) Pay to ABC Co. or bearer

只要写上 bearer 字样,在它前面是否写有具体收款人名称,均视为来人抬头。

(八) 出票人名称

凡在票据上签字的人就是票据债务人。换言之,他要对票据付款负责任,如果签字是伪造的,或是未经授权的人签字,则应视为无效。在公司名称前面写上"For"或"On behalf, of"或"For and behalf of"或"Per pro."字样,并在个人签字后面写上职务名称,例如:

For ABC Co. Ltd. London

John Smith Manager

必要加载项目中,票据名称、无条件支付命令、确定金额、付款人、收款人、出票人、出票日期为绝对必要记载项目;出票地点、付款地点、付款日期为相对必要记载项目。出票地点不记载,默认为出票人法定地址;付款地点不记载,默认为付款人法定地址;付款日期不记载,默认为即期付款。而绝对必要记载项目缺少,汇票就不产生法律效力。

四、汇票的其他记载事项

汇票除了必要记载事项以外,还可以有票据法允许的其他记载项目,这些事项记载与否并不影响汇票的法律生效。但是,这些条款一旦被接受,即产生约束力。

(一) 成套汇票

成套汇票各张汇票面额和内容是完全相同的,每张必须有编号,各张要交叉注明全套张数,其中任何一张付款后,其余各张即不再付,意指不能重复付款。俗称"付一不付二"或"付二不付一"。例如:

Pay this first bill of exchanges(second of the same tener and date being unpaid)

(二)担当付款行

当汇票是以某公司作为付款人时,为了方便付款,出票人可根据他与付款人的约定,写出付款人的账户行作为担当付款行。例如:

A bill drawn on ABC Co. ,London
payable by Bank of Europe ,London

(三)利息与利率

汇票上可以记载利息与适用的利率以便计算。

(四)用其他货币付款

汇票可以记载使用其他货币支付,并注明汇率,但是这种记载应不与付款地法律相抵触。

(五)提示期限

出票人在汇票上可以规定提示期限,也可不规定提示期限,还可规定在指定的日期以前不得提示要求承兑。

(六)免作退票通知或放弃拒绝证书

出票人或背书人可在他的签名旁记载放弃对持票人的某种事项要求。例如:

(1)John Smith—Notice of dishonour excused
(2)John Smith—Protest waived

意指退票后无须发给他退票通知,或不要作成拒绝证书,即可向他追索,他对汇票仍是负责的。

(七)无追索权

出票人在票面写上"无追索权"(Without Recourse)字样,或在他自己签名上记载"无追索权",或"对我们没有追索权"字样,就是免除对出票人的索权。背书人也可作同样记载,是为了免除对背书人的追索权。例如:

(1)Without recourse to us
(2)For ABC Co. Ltd . London signature

五、汇票的票据行为

票据行为有狭义与广义之分,狭义的票据行为是以负担票据上的债务为目的所做的必要形式的法律行为,包括出票、背书、承兑、参加承兑、保证。广义的票据行为除上述狭义的票据行为外,还要包括票据处理中有专门规定的行为,如提示、付款、参加付款、退票、追索等行为。

(一)出票

发出汇票包括两个动作,一个是写成汇票并在汇票上鉴字,另一个是将汇票交付收款人。

交付,意指实际的或推定的所有权从一个人转移至另一个人的行为。汇票的出票(Drawn)、背书、承兑的票据行为在交付前都是不生效的,并且是可以撤销的。只有将汇票交付出去后,出票、背书和承兑行为才开始生效,并且是不可撤销的。

(二)背书

背书(Indorsement)是指汇票背面的签字。持票人是收款人或被背书人时,要把票据权利转让给别人,必须在票据背面签字并经交付,则汇票权利即由背书人转移至被背书人。只有收款人或被背书人才能有权背书汇票。背书包括两个动作,一个是在汇票背面签字,另一个是交付给被背书人。只有经过交付,才算完成背书行为,使其背书有效和不可撤销。背书有五种,特别背书、空白背书、限制性背书、带有条件背书和托收背书。

(三)提示

持票人将汇票提交付款人要求承兑或要求付款的行为叫做提示(Presentmem/Presentation)。票据是一种权利凭证,要实现权利,必须向付款人提示票据,以便要求实现票据权利。提示可以分为两种,承兑提示和付款提示。

①承兑提示,远期汇票向付款人提示要求承兑。

②付款提示,即期汇票或已承兑的远期汇票向付款人或承兑人提示要求付款。

由此表明即期汇票只需一次提示,把承兑和付款一次完成。远期汇票需两次提示,承兑和付款先后完成。

【小资料2.2】

提示时间的规定

票据种类	票据法	提示时间
即期票据付款提示	英国票据法	汇票、本票出票后1个月;支票出票后(同地)10日
	日内瓦统一法	汇票出票后1年
	中国票据法	汇票、本票出票后1个月;支票出票后(同地)10日
见票远期承兑提示	英国票据法	出票日期1个月
	日内瓦统一法	出票日期1个月
	中国票据法	出票日期1个月
远期票据付款提示	英国票据法	到期日起10日
	日内瓦统一法	到期日及以后2日
	中国票据法	到期日起10日

(四)承兑

承兑(Acceptance)是指远期汇票的付款人表示同意按照出票人命令付款的票据行为。付款人承兑汇票后成为承兑人,他的签名表明他已承诺付款责任,愿意按照承兑文义保证付款,他不得以出票人的签字是伪造的、背书人无行为能力等理由来否认汇票的效力。

承兑包括两个动作,一是写明"已承兑"字样和签字;二是将已承兑汇票交付持票人。这样承兑就是有效的和不可撤销的。国际银行业务习惯上是由承兑行发出承兑通知书给持票人,用来代替交付已承兑汇票给持票人。见票后若干天付款的汇票,承兑日就是见票日。由此推算到期日,待到期日承兑行主动付款记入持票人账户。承兑行为一旦做出,承兑人就是汇票的主债务人,出票人退居从债务人位置。汇票的承兑有两种,即普通承兑和限制承兑。

1. 普通承兑

普通承兑(General Acceptance)是承兑人对出票人的指示不加限制地同意确认,通常所称的承兑即指普通承兑。

2. 限制承兑

限制承兑(Qualified Acceptance)是指承兑时,用明白的措词改变汇票承兑后的效果。

(五)付款

票据的最终目的是付款(Payment)。即期汇票提示日即为付款到期日,见票后若干天付款的远期汇票从承兑日推算到期日。持票人在到期日提示汇票,经付款人或承兑人付款以后,汇票即被解除责任。

(六)退票

退票(Dishonour)是指持票人提示汇票要求承兑时遭到拒绝,或持票人提示汇票要求付款时遭到拒绝,也称拒付。除了拒绝承兑和拒绝付款外,付款人避而不见、死亡或宣告破产,以致付款事实上已不可能时,也称为拒付。

汇票在合理时间内提示,遭到拒绝承兑时,或汇票在到期日提示遭到拒绝付款时,持票人有权向背书人和出票人追索票款。在行使追索权之前要把遭到拒付的事实充分地通知所有前手。《英国票据法》规定持票人若不作成退票通知,并及时发出,即丧失其追索权。《日内瓦统一票据法》认为退票通知仅是后手对于前手的义务,不及时通知退票并不丧失追索权。但如因未及时通知,造成前手遭受损失时,应负赔偿责任,其赔偿金额不超过汇票金额。发出退票通知有两种方法,第一种方法是持票人应在退票后 1 个营业日内将退票事实通知前手背书人,前手应于接到通知后 1 个营业日内再通知他的前手背书人,一直通知到出票人。接到退票通知的每个背书人都有向其前手进行追索的权利。如持票人或背书人未在规定时间内将退票通知送达前手背书人或出票人,则该持票人或背书人对未接收到通知的前手丧失追索权。第二种方法是持票人将退票事实通知全体前手,如此则每个前手即无须继续向其前手通知了。

遭到拒付的证明文件叫做"拒绝证书"(Protest)。拒绝证书是由拒付地点的法定公证人作出证明拒付事实的文件。

(七)追索

追索权是指汇票遭到拒付,持票人对其前手背书人或出票人有请求其偿还汇票金额及费用的权利。行使追索权的对象是背书人、出票人、承兑人以及其他债务人,因为他们要对持票人负连带的偿付责任。持票人是票据上的唯一债权人,他可向对汇票负责的任何当事人取得偿付。追索(Recourse)的票款应包括:汇票金额、利息、作成退票通知、拒绝证书和其他必要的费用。持票人或背书人必须在法定期限内行使其追索权,过期后不受法律保护。《英国票据法》规定,保留追索权的期限为6年,《日内瓦统一票据法》规定持票人对前手背书人或出票人行使追索权的期限为1年,背书人对其前手背书人则为6个月。

(八)参加承兑、参加付款

参加承兑(Acceptance for Honour)是汇票遭到拒绝承兑而退票时,非汇票债务人在得到持票人同意的情况下,参加承兑已遭拒绝承兑的汇票。在因拒绝付款而退票,并已作成拒绝证书的情况下,非票据债务人可以参加支付汇票票款。参加付款者要出具书面声明,表示愿意参加付款,说明被参加付款人的名称,并由公证人证明后,即成为参加付款人。

参加付款(Payer for Honour)与参加承兑的作用同为防止持票人行使追索权,维护出票人、背书人的信誉,而且两者都可指定任意债务人作为被参加人。所不同的是参加付款人无须征得持票人的同意,任何人都可以作为参加承兑人,而参加承兑须经持票人的同意,同时参加付款是在汇票遭拒绝付款时的行为,而参加承兑则是在汇票遭拒绝承兑时的行为。

(九)保证

汇票一般是以非汇票债务人作为保证人,出票人、背书人、承兑人、参加承兑人均可作为被保证人。保证人与被保证人所负的责任完全相同,为承兑人保证(Guarantee)时,应承担付款的责任。为出票人、背书人保证时,应承担担保承兑和担保付款的责任。一般情况下都是对汇票金额全部付款加以保证,等于是为承兑人保证。保证行为可在汇票上作出、或在粘单上作出,保证形式并不统一。

六、汇票的种类

(一)按照三个当事人居住地不同分类

当汇票出票人、付款人、收款人的居住地中有两个是在不同的国家,汇票流通在两个国家时,它被称为国际汇票。国际结算使用的汇票多为国际汇票。当汇票出票人、付款人、收款人的居住地是在同一个国家,汇票仅在一个国家内流通时,它被称为国内汇票。

(二)按照付款时间不同分类

按照付款时间不同分类有即期汇票和远期汇票。

(三) 按照收款人的不同分类

按照收款人的不同,汇票可分为记名式汇票、指示式汇票和来人汇票。记名式汇票不可转让,指示式汇票可通过背书转让,来人汇票直接交付转让。

(四) 按照出票人的不同分类

当汇票出票人均是商人或商号时,它称为商业汇票;当汇票出票人是银行时,它被称为银行汇票。

(五) 按照汇票是否跟随单据分类

当汇票不附带单据时,它被称为光票;当汇票附带单据时,它被称为跟单汇票。

第三节 本 票

一、本票的定义

《英国票据法》关于本票的定义是:本票是一人向另一人签发的,保证即期或定期或在可以确定的将来时间,向某人或指定人或持票来人支付一定金额的无条件书面支付承诺。(A promissory note is an unconditional promise in writing made by one person to another signed by the maker engaging to pay on demand or at a fixed or determinable future time a sum certain in money to or to the order of a specified person or to bearer.)

我国《票据法》认为:本票是出票人签发的,承诺自己在见票时无条件支付确定金额给收款人或持票人的票据。

二、本票的基本关系人

由于本票是承诺,出票人同时也是付款人,所以本票的基本关系人只有两个,出票人和收款人。出票人是签发本票的人,是本票的主债务人。收款人,是本票的债权人,可以转让本票。

三、本票的必备项目

根据《日内瓦统一票据法》的规定,本票必须具备以下几项:①写明其为"本票"字样;②无条件支付承诺;③收款人或其指定人;④出票人签字;⑤出票日期和地点;⑥付款期限;⑦确定金额;⑧付款地点。

四、本票的种类

(一) 商业本票

商业本票(Trader's Notes)是以贸易公司作为出票人而发出的即期本票。由于出票人的信誉不甚卓著,所以商业本票的收款人不愿接受。现在签发即期商业本票作为支付工具已经几乎没有了。

(二)银行本票

本票广泛地应用于银行,由商业银行签发即期付给记名收款人的不定额的银行本票可以当做现金,交给提取存款的客户。商业银行还发行即期定额付给来人的银行本票(Banker's Notes),又称银行券。客户拿现钱购买后,便于携带,也可当做货币,互相支付。但是,如果各大商业银行竞相发行即期定额付给来人的银行本票,流通到市场上,容易造成货币投放量骤增,扰乱国家纸币发行制度。因此,各国不允许商业银行发行定额不记名(来人)的本票。

(三)国际小额本票

国际小额本票(International Money Order)是由设在货币清算中心的银行作为签票行,发行该货币的国际银行本票,交给购票的记名收款人持票,带到该货币所在国以外的世界各地旅游时,如需用钱,即将本票提交当地任何一家愿意兑付的银行,经审查合格,即可垫款予以兑付。

五、本票与汇票的异同点

(一)本票与汇票的相同点

①本票的收款人与汇票的收款人相同。
②本票的制票人类似于汇票的承兑人。
③本票的第一背书人类似于已承兑汇票的收款人,他与出票人是同一人。

(二)本票与汇票的不同点

①基本当事人不同。本票有两个基本当事人,即制票人和收款人,汇票有三个基本当事人,即出票人、付款人、收款人。一般常说"制成"本票(to make a promissory note),因此制成人(Maker)就是制票人。我们还说"开出汇票"(to draw a bill of exchange),因此出票人就是 Drawer。

②付款方式不同。本票的制票人自己出票自己付款,所以制票人向收款人承诺自己付款,它是承诺式的票据。汇票是出票人要求付款人无条件地支付给收款人的书面支付命令,付款人没有义务必须支付票款,除非他承兑了汇票,所以汇票是命令式或委托式的票据。

③名称的含义不同。本票(Promissory Note)英文直译为"承诺券",它包含着一笔交易的结算。汇票(Bill of Exchange)英文直译为"汇兑票",它包含着两笔交易的结算。

④承兑事项不同。本票不需要承兑和参加承兑,而远期汇票必须承兑,也有可能发生参加承兑。

⑤签发份数不同。本票一式一份,而汇票往往成套签发,以一式两份为最常见。

因为本票没有承兑,所以《英国票据法》主张远期本票只有 after date,没有 after sight。但《日内瓦统一票据法》认为可有 after sight 本票,须持票人向制票人提示请他"签见"(Visa),从签见日期起算,确定到期日。如制票人拒绝签见,从提示日起算。

⑤国际本票遭到退票,无须作成拒绝证书;国际汇票遭到退票,必须作成拒绝证书。

⑥主债务人不同。本票的主债务人是制票人,汇票的主债务人,承兑前是出票人,承兑后是承兑人。

⑦本票不允许制票人与收款人作成相同的一个当事人;汇票允许出票人与收款人作成相同的一个当事人。

第四节 支 票

一、支票的定义

《英国票据法》关于支票,简单说是以银行作为付款人的即期汇票。详细地说,支票是银行存款客户向他开立账户的银行签发的,授权该银行即期支付一定数目的货币给某人或其指定人或来人的无条件书面支付命令。(Briefly speaking, cheque is a bill of exchange drawn on bank payable on demand. Detailedly speaking, a cheque is an unconditional order in writing addressed by the customer to a bank signed by that customer authorizing the bank to pay on demand a sum certain in money to or to the order of a specified person or to bearer.)

我国《票据法》规定:支票是出票人签发的,委托办理支票存款业务的银行或者其他金融机构在见票时无条件支付确定的金额给收款人或者持票人的票据。

二、支票的主要关系人

由于支票是汇票的一种特殊形式,其本质与汇票一样,仍然是无条件的支付命令,其主要关系人也与汇票一样是出票人、付款人与收款人。

三、支票的必备项目

根据《日内瓦统一票据法》的规定,支票必须具备以下几项:①写明其为"支票"字样;②无条件支付命令;③付款银行名称和地点;④出票人名称和签字;⑤出票日期和地点;⑥写明"即期"字样,如未写明即期者,仍视为见票即付;⑦一定金额;⑧收款人或其指定人。

四、支票的种类

(一)按照收款人的不同分类

按照收款人的不同分类,支票可分为记名支票和来人支票(又称不记名支票)。取款时前者持票人必须在支票背后签章才可支取票款;后者持票人无须在支票背后签章即可支取,它可仅凭交付而转让。

(二) 按照支票是否划线分类

按照支票是否划线分类,可以分为划线支票和非划线支票。前者只能转账付款;后者可以现金付款。支票的划线可分为普通划线和特别划线两种。普通划线是指在平行线中没有指定转账银行名称,对转账银行没有限制;特别划线是指支票带有横过票面的两条平行线,中间有一家银行名称,限制了转账银行。

(四) 按照支票是否保付分类

按照支票是否保付分类可分为保付支票和普通支票(即未经保付的支票)。

五、支票的止付

在支票实务中,如果支票遗失或毁坏,出票人可以止付支票,作为一种安全措施。当出票人止付支票后,受票行兑付支票的一切责任和授权都宣告终止。

六、支票与汇票的异同点

支票是汇票的一种,所以支票与汇票有许多共性。但支票要发挥其支付作用,它又具有许多不同于汇票的特殊性。

①支票是银行存款客户作为出票人,以他的开户行作为受票人签发的书面支付命令,授权它借记出票人账户,支付票款给收款人。因此,出票人是银行客户,受票人是开户银行,支票是授权书。汇票的出票人、受票人是不受限定的任何人,汇票是委托书。

②支票是支付工具,只有即期付款,没有承兑,也没有到期日的记载。汇票是支付和信用工具,它有即期、远期等几种期限,它有承兑行为,也可有到期日的记载。

③支票的主债务人是出票人。汇票的主债务人是承兑人。如在合理时间内未能正当提示要求付款,支票的背书人解除责任,但出票人不能解除责任。如遇延迟提示受到损失时,出票人只能解除受到损失的数额,而汇票的背书人和出票人均被解除责任。

④支票可以保证付款。为了避免出票人开出空头支票,保证支票提示时付款。

⑤划线支票的受票行要对真正所有人负责付款;而即期汇票或未划线支票的受票行,要对持票人负责付款。

⑥支票可以止付,汇票承兑后即不可撤销。

⑦支票只能开出一张,汇票可以开出一套。

关 键 名 词

汇票(Bill of Exchange) 本票(Promissory Note)
支票(Cheque) 背书(Indorsement)
承兑(Acceptance) 拒付(Dishonour)
追索(Recourse)

思 考 题

1. 汇票的主要关系人有哪些?
2. 汇票的必要记载项目有哪些?
3. 汇票、本票和支票的区别有哪些?
4. 票据在使用过程中应注意哪些问题?

【阅读资料】

中华人民共和国票据法

(1995年5月10日第八届全国人民代表大会常务委员会第十三次会议通过根据2004年8月28日第十届全国人民代表大会常务委员会第十一次会议《关于修改〈中华人民共和国票据法〉的决定》修正)

第一章 总则

第一条 为了规范票据行为,保障票据活动中当事人的合法权益,维护社会经济秩序,促进社会主义市场经济的发展,制定本法。

第二条 在中华人民共和国境内的票据活动,适用本法。

本法所称票据,是指汇票、本票和支票。

第三条 票据活动应当遵守法律、行政法规,不得损害社会公共利益。

第四条 票据出票人制作票据,应当按照法定条件在票据上签章,并按照所记载的事项承担票据责任。

持票人行使票据权利,应当按照法定程序在票据上签章,并出示票据。

其他票据债务人在票据上签章的,按照票据所记载的事项承担票据责任。

本法所称票据权利,是指持票人向票据债务人请求支付票据金额的权利,包括付款请求权和追索权。

本法所称票据责任,是指票据债务人向持票人支付票据金额的义务。

第五条 票据当事人可以委托其代理人在票据上签章,并应当在票据上表明其代理关系。

没有代理权而以代理人名义在票据上签章的,应当由签章人承担票据责任;代理人超越代理权限的,应当就其超越权限的部分承担票据责任。

第六条 无民事行为能力人或者限制民事行为能力人在票据上签章的,其签章无效,但是不影响其他签章的效力。

第七条 票据上的签章,为签名、盖章或者签名加盖章。

法人和其他使用票据的单位在票据上的签章,为该法人或者该单位的盖章加其法定代表人或者其授权的代理人的签章。

在票据上的签名,应当为该当事人的本名。

第八条 票据金额以中文大写和数码同时记载,二者必须一致,二者不一致的,票据无效。

第九条 票据上的记载事项必须符合本法的规定。

票据金额、日期、收款人名称不得更改,更改的票据无效。

对票据上的其他记载事项,原记载人可以更改,更改时应当由原记载人签章证明。

第十条 票据的签发、取得和转让,应当遵循诚实信用的原则,具有真实的交易关系和债权债务关系。

票据的取得,必须给付对价,即应当给付票据双方当事人认可的相对应的代价。

第十一条 因税收、继承、赠与可以依法无偿取得票据的,不受给付对价的限制。但是,所享有的票据权利不得优于其前手的权利。

前手是指在票据签章人或者持票人之前签章的其他票据债务人。

第十二条 以欺诈、偷盗或者胁迫等手段取得票据的,或者明知有前列情形,出于恶意取得票据的,不得享有票据权利。

持票人因重大过失取得不符合本法规定的票据的,也不得享有票据权利。

第十三条 票据债务人不得以自己与出票人或者与持票人的前手之间的抗辩事由,对抗持票人。但是,持票人明知存在抗辩事由而取得票据的除外。

票据债务人可以对不履行约定义务的与自己有直接债权债务关系的持票人,进行抗辩。

本法所称抗辩,是指票据债务人根据本法规定对票据债权人拒绝履行义务的行为。

第十四条 票据上的记载事项应当真实,不得伪造、变造。伪造、变造票据上的签章和其他记载事项的,应当承担法律责任。

票据上有伪造、变造的签章的,不影响票据上其他真实签章的效力。

票据上其他记载事项被变造的,在变造之前签章的人,对原记载事项负责;在变造之后签章的人,对变造之后的记载事项负责;不能辨别是在票据被变造之前或者之后签章的,视同在变造之前签章。

第十五条 票据丧失,失票人可以及时通知票据的付款人挂失止付,但是,未记载付款人或者无法确定付款人及其代理付款人的票据除外。

收到挂失止付通知的付款人,应当暂停支付。

失票人应当在通知挂失止付后三日内,也可以在票据丧失后,依法向人民法院申请公示催告,或者向人民法院提起诉讼。

第十六条 持票人对票据债务人行使票据权利,或者保全票据权利,应当在票据当事人的营业场所和营业时间内进行,票据当事人无营业场所的,应当在其住所进行。

第十七条 票据权利在下列期限内不行使而消灭:

(一)持票人对票据的出票人和承兑人的权利,自票据到期日起二年。见票即付的汇票、本票,自出票日起二年;

(二)持票人对支票出票人的权利,自出票日起六个月;

(三)持票人对前手的追索权,自被拒绝承兑或者被拒绝付款之日起六个月;

(四)持票人对前手的再追索权,自清偿日或者被提起诉讼之日起三个月。

票据的出票日、到期日由票据当事人依法确定。

第十八条 持票人因超过票据权利时效或者因票据记载事项欠缺而丧失票据权利的,仍享有民事权利,可以请求出票人或者承兑人返还其与未支付的票据金额相当的利益。

第二章 汇票

第一节 出票

第十九条 汇票是出票人签发的,委托付款人在见票时或者在指定日期无条件支付确定的金额给收款人或者持票人的票据。

汇票分为银行汇票和商业汇票。

第二十条　出票是指出票人签发票据并将其交付给收款人的票据行为。

第二十一条　汇票的出票人必须与付款人具有真实的委托付款关系，并且具有支付汇票金额的可靠资金来源。

不得签发无对价的汇票用以骗取银行或者其他票据当事人的资金。

第二十二条　汇票必须记载下列事项：

(一)表明"汇票"的字样；

(二)无条件支付的委托；

(三)确定的金额；

(四)付款人名称；

(五)收款人名称；

(六)出票日期；

(七)出票人签章。

汇票上未记载前款规定事项之一的，汇票无效。

第二十三条　汇票上记载付款日期、付款地、出票地等事项的，应当清楚、明确。

汇票上未记载付款日期的，为见票即付。

汇票上未记载付款地的，付款人的营业场所、住所或者经常居住地为付款地。

汇票上未记载出票地的，出票人的营业场所、住所或者经常居住地为出票地。

第二十四条　汇票上可以记载本法规定事项以外的其他出票事项，但是该记载事项不具有汇票上的效力。

第二十五条　付款日期可以按照下列形式之一记载：

(一)见票即付；

(二)定日付款；

(三)出票后定期付款；

(四)见票后定期付款。

前款规定的付款日期为汇票到期日。

第二十六条　出票人签发汇票后，即承担保证该汇票承兑和付款的责任。出票人在汇票得不到承兑或者付款时，应当向持票人清偿本法第七十条、第七十一条规定的金额和费用。

第二节　背书

第二十七条　持票人可以将汇票权利转让给他人或者将一定的汇票权利授予他人行使。

出票人在汇票上记载"不得转让"字样的，汇票不得转让。

持票人行使第一款规定的权利时，应当背书并交付汇票。

背书是指在票据背面或者粘单上记载有关事项并签章的票据行为。

第二十八条　票据凭证不能满足背书人记载事项的需要，可以加附粘单，粘附于票据凭证上。

粘单上的第一记载人，应当在汇票和粘单的粘接处签章。

第二十九条　背书由背书人签章并记载背书日期。

背书未记载日期的，视为在汇票到期日前背书。

第三十条　汇票以背书转让或者以背书将一定的汇票权利授予他人行使时,必须记载被背书人名称。

第三十一条　以背书转让的汇票,背书应当连续。持票人以背书的连续,证明其汇票权利;非经背书转让,而以其他合法方式取得汇票的,依法举证,证明其汇票权利。

前款所称背书连续,是指在票据转让中,转让汇票的背书人与受让汇票的被背书人在汇票上的签章依次前后衔接。

第三十二条　以背书转让的汇票,后手应当对其直接前手背书的真实性负责。

后手是指在票据签章人之后签章的其他票据债务人。

第三十三条　背书不得附有条件。背书时附有条件的,所附条件不具有汇票上的效力。

将汇票金额的一部分转让的背书或者将汇票金额分别转让给二人以上的背书无效。

第三十四条　背书人在汇票上记载"不得转让"字样,其后手再背书转让的,原背书人对后手的被背书人不承担保证责任。

第三十五条　背书记载"委托收款"字样的,被背书人有权代背书人行使被委托的汇票权利。但是,被背书人不得再以背书转让汇票权利。

汇票可以设定质押;质押时应当以背书记载"质押"字样。被背书人依法实现其质权时,可以行使汇票权利。

第三十六条　汇票被拒绝承兑、被拒绝付款或者超过付款提示期限的,不得背书转让;背书转让的,背书人应当承担汇票责任。

第三十七条　背书人以背书转让汇票后,即承担保证其后手所持汇票承兑和付款的责任。背书人在汇票得不到承兑或者付款时,应当向持票人清偿本法第七十条、第七十一条规定的金额和费用。

第三节　承兑

第三十八条　承兑是指汇票付款人承诺在汇票到期日支付汇票金额的票据行为。

第三十九条　定日付款或者出票后定期付款的汇票,持票人应当在汇票到期日前向付款人提示承兑。

提示承兑是指持票人向付款人出示汇票,并要求付款人承诺付款的行为。

第四十条　见票后定期付款的汇票,持票人应当自出票日起一个月内向付款人提示承兑。

汇票未按照规定期限提示承兑的,持票人丧失对其前手的追索权。

见票即付的汇票无需提示承兑。

第四十一条　付款人对向其提示承兑的汇票,应当自收到提示承兑的汇票之日起三日内承兑或者拒绝承兑。

付款人收到持票人提示承兑的汇票时,应当向持票人签发收到汇票的回单。回单上应当记明汇票提示承兑日期并签章。

第四十二条　付款人承兑汇票的,应当在汇票正面记载"承兑"字样和承兑日期并签章;见票后定期付款的汇票,应当在承兑时记载付款日期。

汇票上未记载承兑日期的,以前条第一款规定期限的最后一日为承兑日期。

第四十三条　付款人承兑汇票,不得附有条件;承兑附有条件的,视为拒绝承兑。

第四十四条　付款人承兑汇票后,应当承担到期付款的责任。

第四节　保证

第四十五条　汇票的债务可以由保证人承担保证责任。

保证人由汇票债务人以外的他人担当。

第四十六条　保证人必须在汇票或者粘单上记载下列事项：

(一)表明"保证"的字样；

(二)保证人名称和住所；

(三)被保证人的名称；

(四)保证日期；

(五)保证人签章。

第四十七条　保证人在汇票或者粘单上未记载前条第(三)项的，已承兑的汇票，承兑人为被保证人；未承兑的汇票，出票人为被保证人。

保证人在汇票或者粘单上未记载前条第(四)项的，出票日期为保证日期。

第四十八条　保证不得附有条件；附有条件的，不影响对汇票的保证责任。

第四十九条　保证人对合法取得汇票的持票人所享有的汇票权利，承担保证责任。但是，被保证人的债务因汇票记载事项欠缺而无效的除外。

第五十条　被保证的汇票，保证人应当与被保证人对持票人承担连带责任。汇票到期后得不到付款的，持票人有权向保证人请求付款，保证人应当足额付款。

第五十一条　保证人为二人以上的，保证人之间承担连带责任。

第五十二条　保证人清偿汇票债务后，可以行使持票人对被保证人及其前手的追索权。

第五节　付款

第五十三条　持票人应当按照下列期限提示付款：

(一)见票即付的汇票，自出票日起一个月内向付款人提示付款；

(二)定日付款、出票后定期付款或者见票后定期付款的汇票，自到期日起十日内向承兑人提示付款。

持票人未按照前款规定期限提示付款的，在作出说明后，承兑人或者付款人仍应当继续对持票人承担付款责任。

通过委托收款银行或者通过票据交换系统向付款人提示付款的，视同持票人提示付款。

第五十四条　持票人依照前条规定提示付款的，付款人必须在当日足额付款。

第五十五条　持票人获得付款的，应当在汇票上签收，并将汇票交给付款人。持票人委托银行收款的，受委托的银行将代收的汇票金额转账收入持票人账户，视同签收。

第五十六条　持票人委托的收款银行的责任，限于按照汇票上记载事项将汇票金额转入持票人账户。

付款人委托的付款银行的责任，限于按照汇票上记载事项从付款人账户支付汇票金额。

第五十七条　付款人及其代理付款人付款时，应当审查汇票背书的连续，并审查提示付款人的合法身份证明或者有效证件。

付款人及其代理付款人以恶意或者有重大过失付款的，应当自行承担责任。

第五十八条　对定日付款、出票后定期付款或者见票后定期付款的汇票，付款人在到期日前付款的，由付款人自行承担所产生的责任。

第五十九条　汇票金额为外币的，按照付款日的市场汇价，以人民币支付。

汇票当事人对汇票支付的货币种类另有约定的，从其约定。

第六十条　付款人依法足额付款后，全体汇票债务人的责任解除。

第六节 追索权

第六十一条 汇票到期被拒绝付款的,持票人可以对背书人、出票人以及汇票的其他债务人行使追索权。

汇票到期日前,有下列情形之一的,持票人也可以行使追索权:

(一)汇票被拒绝承兑的;

(二)承兑人或者付款人死亡、逃匿的;

(三)承兑人或者付款人被依法宣告破产的或者因违法被责令终止业务活动的。

第六十二条 持票人行使追索权时,应当提供被拒绝承兑或者被拒绝付款的有关证明。

持票人提示承兑或者提示付款被拒绝的,承兑人或者付款人必须出具拒绝证明,或者出具退票理由书。未出具拒绝证明或者退票理由书的,应当承担由此产生的民事责任。

第六十三条 持票人因承兑人或者付款人死亡、逃匿或者其他原因,不能取得拒绝证明的,可以依法取得其他有关证明。

第六十四条 承兑人或者付款人被人民法院依法宣告破产的,人民法院的有关司法文书具有拒绝证明的效力。

承兑人或者付款人因违法被责令终止业务活动的,有关行政主管部门的处罚决定具有拒绝证明的效力。

第六十五条 持票人不能出示拒绝证明、退票理由书或者未按照规定期限提供其他合法证明的,丧失对其前手的追索权。但是,承兑人或者付款人仍应当对持票人承担责任。

第六十六条 持票人应当自收到被拒绝承兑或者被拒绝付款的有关证明之日起三日内,将被拒绝事由书面通知其前手;其前手应当自收到通知之日起三日内书面通知其再前手。持票人也可以同时向各汇票债务人发出书面通知。

未按照前款规定期限通知的,持票人仍可以行使追索权。因延期通知给其前手或者出票人造成损失的,由没有按照规定期限通知的汇票当事人,承担对该损失的赔偿责任,但是所赔偿的金额以汇票金额为限。

在规定期限内将通知按照法定地址或者约定的地址邮寄的,视为已经发出通知。

第六十七条 依照前条第一款所作的书面通知,应当记明汇票的主要记载事项,并说明该汇票已被退票。

第六十八条 汇票的出票人、背书人、承兑人和保证人对持票人承担连带责任。

持票人可以不按照汇票债务人的先后顺序,对其中任何一人、数人或者全体行使追索权。

持票人对汇票债务人中的一人或者数人已经进行追索的,对其他汇票债务人仍可以行使追索权。被追索人清偿债务后,与持票人享有同一权利。

第六十九条 持票人为出票人的,对其前手无追索权。持票人为背书人的,对其后手无追索权。

第七十条 持票人行使追索权,可以请求被追索人支付下列金额和费用:

(一)被拒绝付款的汇票金额;

(二)汇票金额自到期日或者提示付款日起至清偿日止,按照中国人民银行规定的利率计算的利息;

(三)取得有关拒绝证明和发出通知书的费用。

被追索人清偿债务时,持票人应当交出汇票和有关拒绝证明,并出具所收到利息和费用的收据。

第七十一条 被追索人依照前条规定清偿后,可以向其他汇票债务人行使再追索权,请求其他汇票债务人支付下列金额和费用:

(一)已清偿的全部金额;

(二)前项金额自清偿日起至再追索清偿日止,按照中国人民银行规定的利率计算的利息;

(三)发出通知书的费用。

行使再追索权的被追索人获得清偿时,应当交出汇票和有关拒绝证明,并出具所收到利息和费用的收据。

第七十二条　被追索人依照前二条规定清偿债务后,其责任解除。

第三章　本票

第七十三条　本票是出票人签发的,承诺自己在见票时无条件支付确定的金额给收款人或者持票人的票据。

本法所称本票,是指银行本票。

第七十四条　本票的出票人必须具有支付本票金额的可靠资金来源,并保证支付。

第七十五条　本票必须记载下列事项:

(一)表明"本票"的字样;

(二)无条件支付的承诺;

(三)确定的金额;

(四)收款人名称;

(五)出票日期;

(六)出票人签章。

本票上未记载前款规定事项之一的,本票无效。

第七十六条　本票上记载付款地、出票地等事项的,应当清楚、明确。

本票上未记载付款地的,出票人的营业场所为付款地。

本票上未记载出票地的,出票人的营业场所为出票地。

第七十七条　本票的出票人在持票人提示见票时,必须承担付款的责任。

第七十八条　本票自出票日起,付款期限最长不得超过二个月。

第七十九条　本票的持票人未按照规定期限提示见票的,丧失对出票人以外的前手的追索权。

第八十条　本票的背书、保证、付款行为和追索权的行使,除本章规定外,适用本法第二章有关汇票的规定。

本票的出票行为,除本章规定外,适用本法第二十四条关于汇票的规定。

第四章　支票

第八十一条　支票是出票人签发的,委托办理支票存款业务的银行或者其他金融机构在见票时无条件支付确定的金额给收款人或者持票人的票据。

第八十二条　开立支票存款账户,申请人必须使用其本名,并提交证明其身份的合法证件。

开立支票存款账户和领用支票,应当有可靠的资信,并存入一定的资金。

开立支票存款账户,申请人应当预留其本名的签名式样和印鉴。

第八十三条　支票可以支取现金,也可以转账,用于转账时,应当在支票正面注明。

支票中专门用于支取现金的,可以另行制作现金支票,现金支票只能用于支取现金。

支票中专门用于转账的,可以另行制作转账支票,转账支票只能用于转账,不得支取现金。

第八十四条　支票必须记载下列事项:

（一）表明"支票"的字样；
（二）无条件支付的委托；
（三）确定的金额；
（四）付款人名称；
（五）出票日期；
（六）出票人签章。

支票上未记载前款规定事项之一的，支票无效。

第八十五条 支票上的金额可以由出票人授权补记，未补记前的支票，不得使用。

第八十六条 支票上未记载收款人名称的，经出票人授权，可以补记。

支票上未记载付款地的，付款人的营业场所为付款地。

支票上未记载出票地的，出票人的营业场所、住所或者经常居住地为出票地。

出票人可以在支票上记载自己为收款人。

第八十七条 支票的出票人所签发的支票金额不得超过其付款时在付款人处实有的存款金额。

出票人签发的支票金额超过其付款时在付款人处实有的存款金额的，为空头支票。禁止签发空头支票。

第八十八条 支票的出票人不得签发与其预留本名的签名式样或者印鉴不符的支票。

第八十九条 出票人必须按照签发的支票金额承担保证向该持票人付款的责任。

出票人在付款人处的存款足以支付支票金额时，付款人应当在当日足额付款。

第九十条 支票限于见票即付，不得另行记载付款日期。另行记载付款日期的，该记载无效。

第九十一条 支票的持票人应当自出票日起十日内提示付款；异地使用的支票，其提示付款的期限由中国人民银行另行规定。

超过提示付款期限的，付款人可以不予付款；付款人不予付款的，出票人仍应当对持票人承担票据责任。

第九十二条 付款人依法支付支票金额的，对出票人不再承担受委托付款的责任，对持票人不再承担付款的责任。但是，付款人以恶意或者有重大过失付款的除外。

第九十三条 支票的背书、付款行为和追索权的行使，除本章规定外，适用本法第二章有关汇票的规定。

支票的出票行为，除本章规定外，适用本法第二十四条、第二十六条关于汇票的规定。

第五章 涉外票据的法律适用

第九十四条 涉外票据的法律适用，依照本章的规定确定。

前款所称涉外票据，是指出票、背书、承兑、保证、付款等行为中，既有发生在中华人民共和国境内又有发生在中华人民共和国境外的票据。

第九十五条 中华人民共和国缔结或者参加的国际条约同本法有不同规定的，适用国际条约的规定。但是，中华人民共和国声明保留的条款除外。

本法和中华人民共和国缔结或者参加的国际条约没有规定的，可以适用国际惯例。

第九十六条 票据债务人的民事行为能力，适用其本国法律。

票据债务人的民事行为能力，依照其本国法律为无民事行为能力或者为限制民事行为能力而依照行为地法律为完全民事行为能力的，适用行为地法律。

第九十七条 汇票、本票出票时的记载事项，适用出票地法律。

支票出票时的记载事项，适用出票地法律，经当事人协议，也可以适用付款地法律。

第九十八条 票据的背书、承兑、付款和保证行为，适用行为地法律。

第九十九条　票据追索权的行使期限,适用出票地法律。
第一百条　票据的提示期限、有关拒绝证明的方式、出具拒绝证明的期限,适用付款地法律。
第一百零一条　票据丧失时,失票人请求保全票据权利的程序,适用付款地法律。

第六章　法律责任

第一百零二条　有下列票据欺诈行为之一的,依法追究刑事责任：
（一）伪造、变造票据的;
（二）故意使用伪造、变造的票据的;
（三）签发空头支票或者故意签发与其预留的本名签名式样或者印鉴不符的支票,骗取财物的;
（四）签发无可靠资金来源的汇票、本票,骗取资金的;
（五）汇票、本票的出票人在出票时作虚假记载,骗取财物的;
（六）冒用他人的票据,或者故意使用过期或者作废的票据,骗取财物的;
（七）付款人同出票人、持票人恶意串通,实施前六项所列行为之一的。
第一百零三条　有前条所列行为之一,情节轻微,不构成犯罪的,依照国家有关规定给予行政处罚。
第一百零四条　金融机构工作人员在票据业务中玩忽职守,对违反本法规定的票据予以承兑、付款或者保证的,给予处分;造成重大损失,构成犯罪的,依法追究刑事责任。
由于金融机构工作人员因前款行为给当事人造成损失的,由该金融机构和直接责任人员依法承担赔偿责任。
第一百零五条　票据的付款人对见票即付或者到期的票据,故意压票,拖延支付的,由金融行政管理部门处以罚款,对直接责任人员给予处分。
票据的付款人故意压票、拖延支付,给持票人造成损失的,依法承担赔偿责任。
第一百零六条　依照本法规定承担赔偿责任以外的其他违反本法规定的行为,给他人造成损失的,应当依法承担民事责任。

第七章　附则

第一百零七条　本法规定的各项期限的计算,适用民法通则关于计算期间的规定。
按月计算期限的,按到期月的对日计算;无对日的,月末日为到期日。
第一百零八条　汇票、本票、支票的格式应当统一。
票据凭证的格式和印制管理办法,由中国人民银行规定。
第一百零九条　票据管理的具体实施办法,由中国人民银行依照本法制定,报国务院批准后施行。
第一百一十条　本法自1996年1月1日起施行。

本章参考文献

[1] 蔡慧娟.国际结算[M].北京:清华大学出版社,2010.
[2] 王学惠,王可畏.国际结算[M].北京:北京交通大学出版社,2009.
[3] 刘铁敏.国际结算[M].北京:清华大学出版社,2010.
[4] 张东祥.国际结算[M].3版.武汉:武汉大学出版社,2004.
[5] 苏宗祥.国际结算[M].北京:中国金融出版社,2003.

第三章
Chapter 3

国际结算方式（一）——汇款和跟单托收

【学习要点及目标】

汇款和跟单托收是建立在商业信用基础上的结算方式，是国际结算的基本方式，既可在贸易项下使用，也可应用于非贸易。其中汇款和托收的含义、种类、业务流程、特点是本章的重点，应熟记并学会应用；掌握结算中银行头寸划拨的方法；结合国际商会《托收统一的规则》，学习跟单托收中对有关当事人基本义务的规定，分析两种结算方式的利弊。

【引导案例】

中国某一出口商A向美国一进口商B出口一批货物，进口商B要求其结算方式由预付货款改为采用D/P，与此同时采用FOB贸易术语。试问：如果当时由于种种原因，出口商不得不接受进口商提出的交易条件，他应如何避免由此而产生的风险？

分析：

D/P结算方式下出口商的交单以进口人的付款为条件，属于商业信用，因此收汇风险较大。而采用FOB贸易术语交运货物的通常做法是：由出口人在合同规定的交货期内在装运港将货物装上买方指定的货轮，即完成交货义务。此后，出口商在D/P方式下凭其取得的海运提单连同其他商业单据向进口人索款，待进口人付款后取得货物的提货权。

采用上述结算方式和贸易术语对出口商最大的风险在于：进口商的资信和进口商与船公司勾结骗货的可能性。出口商可以采取以下措施来规避风险：

①出口商应对进口商的资信有充分了解。

②出口商对进口商指定的运输公司和运输代理进行必要的资信调查。

③出口商可以在运输单据上加上适当的限制性条款，如在海运提单的收货人一栏加注"凭托运人指示"或"凭某某银行指示"等，这样可以加强对进口商的制约。

④一旦出口商发现进口商有问题,应在货物被提走之前以托运人的身份果断通知运输公司扣留货物,待问题解决后再解除扣留令。

⑤出口商还可投保出口信用险,以规避收汇风险。

(资料来源:徐洪亮.国际结算惯例与案例[M].北京:对外经济贸易大学出版社,2007.)

第一节 国际结算方式概述

一、国际结算方式的含义

国际结算方式是指国际间由于贸易或非贸易往来而发生的债权债务,采取一定的形式,按照一定的条件,使用一定的信用工具,进行货币收付的程序和方法。国际结算方式也叫国际支付方式,即国际间债务人对债权人清偿债务的方式。通常是指在一定的条件下,通过银行实现一定金额货币预期转移的方式。

国际结算方式的具体内容包括:买卖双方为了保证买方可靠地获得代表货物所有权的单据及卖方安全地收汇,所采取的交单与付款的方式;结算过程中,买方、卖方和相关银行之间各自权责的确定;订明具体的付款时间、使用货币、所需单据和凭证;相关银行之间的汇款头寸划拨安排;交易双方为了加速资金的周转,以提高经营效益,结合结算方式,争取银行融资的安排。

二、国际结算方式的分类

(1)从汇兑的方向考察,可划分为顺汇法和逆汇法。

顺汇法(Remittance)又称汇付法,它是付款人主动将款项交给银行,委托银行采用某种结算工具支付给收款人的结算方式。由于在这种结算方式下资金的流动方向与结算工具的传递方向相同,故称顺汇法,如:汇款方式。

逆汇法(Reverse Remittance)又称出票法,是由收款人(债权人)出具汇票,委托银行向国外的付款人(债务人)收取一定金额的结算方式。由于在这种结算方式下资金的流动方向与结算工具的传递方向相反,故称逆汇法,如:托收方式和信用证方式。

(2)从提供信用的角度,可分为以商业信用为基础的结算方式和以银行信用为基础的结算方式两类。

以商业信用为基础的结算方式是指银行对结算中的收付双方均不提供信用,只是接受委托,办理款项的收付,如汇款方式和托收方式。以银行信用为基础的结算方式是指银行为交易提供信用保证的结算方式,如:信用证方式和银行保函方式等。

(3)按结算工具和使用方式划分,国际结算方式可以分为汇款、托收、信用证、保理等。

三、选择国际结算方式时应考虑的因素

选择国际结算方式时应考虑很多因素,其中比较重要的三个因素如下:

(一)信用因素

在国际贸易中,由于买卖双方分处不同的国家或地区,任何一种贸易结算方式都会涉及信用问题。先钱后货交易是买方提供信用,先货后钱交易是卖方提供信用,银行居间提供信用保证或资金融通是银行提供信用。这些都是在选择结算方式时应考虑的信用因素。在国际贸易中,究竟是由买方授信,还是由卖方授信,或由银行授信,都涉及买卖双方的资金安全,所以信用因素是结算方式中的核心问题。选择何种结算方式在一定程度上以买卖双方的信用、货物的市场销售情况为转移。如卖方应考虑买方的资力是否雄厚、信用是否良好、经营是否稳健、处事是否踏实,然后决定使用商业信用,还是采用银行信用。

(二)时间因素

时间因素即指货款在什么时候转移。它涉及买卖双方资金周转的快慢和所得利润的多寡。货款交付的迟早和授信期限的长短,对买卖双方的经济利益有非常直接的联系。货款交付一般有两种情况:一是在卖方发运货物之前,买方先行付款,这种方式当然对卖方有利,但占压了买方资金;二是卖方发货后,在一定时间后向买方收款,这显然对卖方不利。

(三)货币因素

货币因素即指使用什么货币来进行结算。由于对外贸易一般涉及两个国家,涉及两种货币,以什么货币来进行结算,就会涉及由哪一方来承担汇兑风险的问题,而且与授信时间的长短有密切关系。从国际贸易习惯看,国际结算使用的货币有三种:出口国货币、进口国货币、第三国货币。此外,根据各国货币汇率波动趋势,还有硬货币和软货币之分。出口方希望接受硬货币,进口方愿意支付软货币。

第二节 汇 款

一、汇款的定义及其当事人

(一)汇款的定义

汇款也称国际汇兑(International Exchange)或国外汇兑,它是付款人或债务人通过本国银行运用各种结算工具将款项付给国外收款人的一种结算方式,属于顺汇。它是产生最早和最简单的结算方式,也是其他各种结算方式的基础。因为任何一笔结算都要发生资金的转移,即使像托收、信用证,最终也是通过汇款来了结的。银行接受客户委托把资金汇出的业务称为汇出业务;接受联行或代理行的委托,办理解付汇款的业务称为汇入业务。从其发生的原因来

说,汇款包括私人间债权债务的结算,政府或单位机构之间债权债务的结算;有贸易方面的,也有非贸易方面的。汇款除平常概念的汇款(可分为电汇、信汇、票汇)外,一般还包括旅行支票、旅行信用证以及外币兑换等广义的汇款。本节主要介绍贸易项下的汇款。

(二)汇款的当事人

汇款的当事人有四个:

汇款人(Remitter),是委托银行将款项汇付国外收款人的一方,在进口业务中通常是买方。

收款人(Payee or Beneficiary),即汇款的接受者,在进出口业务中通常是卖方。

汇出行(Remitting Bank),接受汇款人的委托,办理汇出汇款的银行。汇出行有义务按照汇款人的指示向其联行或代理行发出付款委任书,委托他们向付款人解付汇款。汇出行对邮递中的延误、遗失、电讯的失误等不负责任,对其作为汇入行的联行或代理行办理此业务汇款业务中的失误也不负责任。

汇入行(Paying Bank),受汇出行的委托,解付汇款的银行,即将款项交给收款人的银行,又叫付款行或解付行。汇入行通常是汇出行的联行或代理行。

上述当事人中,有可能汇款人和收款人是同一个人。当汇款人要求汇出款项,而汇款人自己去取款时,即属这种情况。

汇款的当事人除上述四个外,可能还有一个,即第三家银行。如果汇入行和汇出行之间没有建立账户联系,这个第三家银行就要参与进来,代替汇出行向汇入行付款及汇入行入账。

二、汇款方式的种类及其业务程序

根据汇出行通知汇入行付款的方式,或支付委托书、汇款委托书的传递方式不同,汇款可以分为电汇、信汇和票汇三种方式。

(一)电汇

电汇(Telegraphic Transfer, T/T, Cable Transfer)是汇出行应汇款人的要求,用电报(Cable)、电传(Telex)或 SWIFT 委托付款行向收款人付款的方式。使用电传和 SWIFT 的居多。该方式的最大优点是资金调拨速度快、安全,目前使用最普遍。

电汇可以用电报,也可以用电传或 SWIFT。电报是用电信信号传递文字、图标、相片、文件等信息的一种通信方式,一般以字数计价。电传(Teletypewriter Exchange)也称用户电报,是发报银行利用装设在本单位的专用电传机,直接上机操作与本地或国内外用户通信的一种电报通信方式。电传有专线电传和国际电传两种,前者是与有关的联行设了专线,随时都可拍发,费用固定,不因多发而多付费用;后者不设专线,可发往世界任何有电传的银行,费用按分钟分地区计算,但比电报费用低。而 SWIFT 比国际电传费用还要低,只需一次交纳会费 3 万美元,分支机构可免费,其余安装费等约几千美元。以往(20 世纪 70 年代以前),电汇多采用电报,由于加押电报是按字数计价的,不仅费用高,而且错漏多,所以使用信汇方式比较多。而现在汇款业务中大部分是电汇业务,和信汇及票汇相比,电汇的费用依然很高,但由于其速度快,使资金在途时间短,节约的在途资金利息足以弥补所支付的电讯费用。

1. 电汇的业务流程

在进出口贸易中,电汇业务流程如图 3.1 所示。

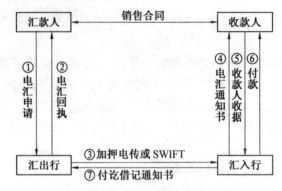

图 3.1 电汇业务流程

①汇款人填写汇款申请书,交款项、汇费,并在申请书上说明使用电汇方式;②汇出行审核后,汇款人取得电汇回执;③汇出行发出加押电报/电传/SWIFT给汇入行,委托汇入行解付款项给收款人;④汇入行收到核对密押后,缮制电汇通知书,通知收款人收款;⑤收款人收到通知书后在收据联上盖章,提示汇入行;⑥汇入行借记汇出行账户,并解付款项给收款人;⑦汇入行将付讫借记通知书寄给汇出行,通知它款项已解付完毕。

2. 采用电报或电传的电汇方式

采用电报或电传方式汇款的格式如下:

FM:(汇出行名称)
TO:(汇入行名称)
DATE:(发电日期)
TEST:(密押)
OUR REF. NO.(汇款编号)
NO ANY CHARGES FOR US(我行不负担费用)
PAY(AMT) VALUE (DATE) TO(付款金额、起息日)
BENEFICIARY(收款人)
MESSAGE(汇款附言)

ORDER（汇款人）
COVER(头寸拨付)
例如：
FM：BANK OF ASIA, FUZHOU
TO：THE HONGKONG AND SHANGHAI BANKING CORP. , HONGKONG
DATE：21TH MAY
TEST 2356 OUR REF. 208TT0737 NO ANY CHARGES FOR US PAY HKD10000. VALUE21TH MAY TO HKABC100 QUEEN's ROAD CENTRAL ORDER FUZHOU LIGHT IMP. AND EXP. CORP. MESSAGE COMMISSION UNDER CONTRACT NO.1001 COVER DEBIT OUR ACCOUNT.

3. 采用 SWIFT 系统的电汇方式

为了保证自动支付系统明确无误地识别会员，SWIFT 系统编制了一套银行识别码（BIC），现已获得了广泛的应用，利用它可以精确地识别有关金融交易中的金融机构。例如：BKCHCNBJ300 是中国银行上海分行的 BIC，其中前四位 BKCH 是银行代码，CN 是国家代码，BJ 是方位代码，300 是分行代码。

为了安全有效地传递客户信息、清算资金头寸，SWIFT 系统为各种各样的金融信息设计了一整套标准化的统一格式，例如，MT100 是客户汇款信息，MT400 是托收项下的付款通知。

例如，FRANZ CO. LTD. 指示 OESTERREICHISCHE LAENDERBANK, VIENNA 向 JANSSEN CO. LTD. 在 ALGEMENE BANK NEDERLAND, AMSTERDAM 开立的荷兰盾账户支付 NLG1,958.47（假设该两家银行之间有直接的荷兰盾账户关系）。

（二）信汇

信汇（Mail Transfer M/T, Letter Transfer）是汇出行应收款人的要求，用航邮信函的方式通知汇入行向收款人付款的方式。其速度慢、费用低。目前实务中少用。

收款人委托银行信汇时，同样要出具汇款申请书，只不过在"汇款种类"栏中要注明是信汇。汇出行此时向汇入行发出的付款委托叫做"信汇委托书（M/T Advice）"或"支付委托书（Payment Order）"，委托书的内容主要包括下列项目：①收款人姓名、地址或其开户行的名称、地址及账户号和户名；②货币金额大小写；③汇款人名称地址；④汇款人附言；⑤头寸调拨的方法和起息日；⑥汇入行名称、地址；⑦编号和汇出日期；⑧汇出行签字（要双签，其中一人为甲级签字，只有这样，汇入行方能汇款）。

信汇委托书一般一式多联，包括正副收条、通知书、传票等。

汇入行收到委托书后，首先要核对委托书上的签字，以证明所收到的指示确实是汇出行发出的，这可以通过同汇出行的授权签字样本上有权代表该行签字者的签字相核对来证实。还要注意委托书上有无"电报证实"或"副本"字样，如有就必须查明未凭电报或副本付款的情况下方能凭以付款。若汇出行在汇入行开有账户，则账户上要有足够的资金，或在委托书上已注有合理的偿付指示。然后再通知收款人,或直接入其账户,或让其携带证明身份的文件前来银行解款。

1. 信汇的业务流程

在进出口贸易中,信汇业务流程如图3.2所示。

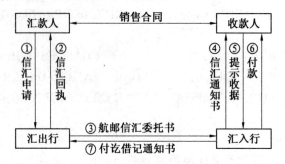

图3.2 信汇业务流程

①汇款人填写汇款申请书,交款项、汇费,并在申请书上说明使用信汇方式;②汇出行审核后,汇款人取得信汇回执;③汇出行根据汇款申请书缮制信汇委托书或支付委托书,邮寄给汇入行;④汇入行收到后,核对印鉴无误,将信汇委托书的第二联信汇通知书及第三、四联收据正副本一并通知收款人;⑤收款人凭收据取款;⑥汇入行借记汇出行账户,并解付款项给收款人;⑦汇入行将付讫借记通知书寄给汇出行,通知它款项已解付完毕。

可以看出信汇业务程序与电汇基本相同,仅在第三步不同:汇出行邮寄信汇委托书或支付委托书给汇入行,而不是采用电讯方式授权。

2. 信汇业务的结算工具

信汇业务的结算工具有两种:信汇委托书(Mail Transfer Advice)和支付委托书(Payment Order)。信汇委托书样式见样式3.1,支付委托书样式见样式3.2。

【样式3.1】

中国银行广州分行
BANK OF CHINA, GUANGZHOU BRANCH

下列汇款,请即照解,如有费用请内扣。　　　　　　　　日期
我行已贷记你行账户。　　　　　　　　　　　　　　　GUANGZHOU

Please advise and effect the following payment less your charge if any. In cover, we have CREDIT your A/C with us.

此致
TO:

信汇号码 No. of Mail transfer	收款人 To be paid to	金额 Amount

大写金额
Amount in words

汇款人   附言
By order of   Message
中国银行广州分行

BANK OF CHINA, GUANGZHOU BRANCH

【样式 3.2】

中国银行支付委托书
BANK OF CHINA
PAYMENT ORDER
Guangzhou

此致
TO

支付委托书号码 No. of payment order	收款人 To be paid or credited to	金额 Amount

大写金额
 Amount in words：_____

汇款人   附言
By order of   Remarks

☐ You are authorized to debit
  our account with you.
☐ We have credited your A/C with us.

（三）票汇

以银行的即期汇票为汇款工具时，就是票汇(Demand Draft, D/D)。它是汇出行应汇款人的要求开立以其在付款地的联行或代理行为付款人的即期汇票交给汇款人，由汇款人自寄或自带到付款地去凭票付款，即汇款人可以将汇票带到国外亲自取款，也可由汇款人将汇票寄给国外收款人由收款人去取。由于汇票是可以转让的，所以去凭票取款的很可能不是汇款上的收款人本人,而是其他的受让人。票汇的另一个特点是,收款人可将汇票交给自己的往来银行托收票款,汇票上的汇款行不是持票人的开户行时,这种情况就会发生。

汇款人在交给银行的付款委托书中应表明是票汇方式以及收款人名称、地址、汇款金额及币别以及申请人的名称、地址等。汇款人应按当天挂牌汇率缴付现款和手续费。银行收到申请书后,首先审核申请书的内容,待收妥款项及手续费后,再签发汇票或支票。如汇票金额不是以收款人所在国家货币表示的,通常在汇票加注"payable at the current buying rate for demand draft on ____"等字样。汇出行在开出汇票的同时,向汇入行航邮寄送汇票通知书或票根,但目前银行多已取消这一做法。

汇入行收到汇出行发出的通知书或收款人持票钱来兑现时,应查核下列各项:①若已收到通知书,应核对其上的内容是否与汇票上的相符;②汇票上的签章和汇入行预留的汇出行有权签字人的签章是否一样;③汇票是否曾涂改或损坏;④汇票是否未经止付;⑤是否在合理的时间内提示;⑥背书是否准确、连续。上述各点无误后,即可付现或入账。

如汇票的付款人是所用货币清算中心的银行,那么这张汇票就叫做中心汇票。如一张美元汇票的付款人是一家纽约的银行,这张汇票就是中心汇票。一般银行多愿买中心汇票,因中心汇票的付款人是汇出行在该地区的账户行,汇出行不必划拨资金,付款行见票就付,再将这张汇票寄给汇票所用货币的清算中心就可立即收款。

我国银行自为客户办理汇款解付时,一般电汇最迟不超过2个工作日完成,信汇最迟不超过5个工作日完成;汇款解付时坚持"随到随解,谁款谁收"的原则,对公司为收款人的,只能由办理人入账;收款人是个人的,须交验有效身份证件;坚持"有询必查、有查必复、电查电复、先内后外"的原则,电查在2个工作日内答复,函查在5个工作日内答复。在整个业务处理过程中,要坚持"为客户保密"的原则。

1. 票汇的业务流程

票汇业务流程与电汇和信汇稍有不同,如图3.3所示。

2. 票汇业务的特点

(1)取款灵活

电汇、信汇的收款人只能向汇入行一家取款;而票汇项下,汇票的持票人可以将汇票卖给任何一家汇出行的代理行,只要该行有汇出行的印鉴,能核对汇票签字的真伪,确认签字无误后,就会买入汇票。

(2)汇款人方便

汇款人自行携带,或寄出,随汇款人的要求来确定,并在有效期内随时可以取款。

(3)银行手续节省

汇入行不负通知债权人取款之责,不必花时间、人力去通知收款人,节省了手续。

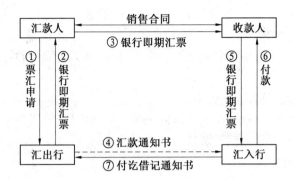

图 3.3　票汇业务流程

①汇款人填写汇款申请书,交款项、汇费,并在申请书上说明使用票汇方式;②汇出行作为出票行,开立银行即期汇票交给汇款人;③汇款人将汇票寄收款人;④汇出行将汇款通知书,又称票根,即汇票一式五联中的第二联寄汇入行。汇入行凭此联与收款人提交的汇票正本核对,近年来,银行为了简化手续,汇出行已不再寄汇款通知书了,汇票从一式五联改为一式四联,取消汇款通知书联;⑤收款人提示银行即期汇票要求付款;⑥汇入行借记汇出行账户,并解付款项给收款人;⑦汇入行将付讫借记通知书寄给汇出行,通知它款项已解付完毕。

三、三种汇款方式的比较

1. 使用支付工具的比较

电汇使用电报、电传或通过 SWIFT 方式,用密押证实;信汇使用信汇委托书或支付委托书,用印鉴或签字证实;票汇使用银行即期汇票,用印鉴或签字证实。

2. 汇款人的成本费用比较

电汇因其使用现代化通信设施且银行不能占用客户资金,所以其成本费用较高;而信汇、票汇费用相对较低。

3. 安全方面比较

电汇因在银行间直接通信,能短时间迅速到达对方,减少了中间环节,其安全性较高;信汇必须通过银行和邮政系统来完成,信汇委托书有可能在邮寄途中遗失或延误,影响款项的及时性;票汇虽有灵活的优点,但有丢失或毁损的风险,背书转让带来一连串的债权债务关系,容易陷入汇票纠纷,汇票遗失以后,挂失或止付的手续比较麻烦。因此信汇、票汇的安全性不及电汇。

4. 汇款速度的比较

电汇因使用现代化手段且优先级较高,一般均当天处理,交款迅速,成为一种最快捷的汇款方式。尽管其费用较高,但可用缩短资金在途时间的利息来抵补。目前实务中,电汇在整个汇款业务笔数中,有比例增大的趋势;信汇方式由于其资金在途时间长,手续多,所以日显落后,在实务中已基本不用;而票汇的速度不及电汇,但因其灵活简便的特点,其使用量仅次于电汇。

5. 票汇与电汇、信汇业务程序的不同

第二步不同,前两者是回执,这里开出的是银行即期汇票;第五步不同,收款人主动提示汇票,要求银行付款;由于银行即期汇票是可以转让流通的,所以票汇项下的收款人是不确定的;而前两者收款人可以肯定。

四、汇款的偿付和退汇

(一)汇款的偿付

汇款是汇出行委托汇入行付款,作为取代运送现金的一种结算方式,汇出行委托汇入行解付汇款不是无条件的。汇出行在办理汇出业务时,应及时将汇款金额拨交给其委托付款的汇入行,这种行为称为汇款的偿付(Reimbursement of Remittance Cover),俗称"拨头寸"。每笔汇款都必须注明拨头寸的具体指示。根据汇出行和汇入行账户的开设情况,头寸的拨付的方式有以下几种。

1. 汇出行与汇入行有账户关系

(1)汇出行在汇入行开有账户

汇出行在委托汇入行解付款项时,应在信汇委托书或支付委托书上注明拨头寸的指示:"Please debit our a/c with you"或"In cover, we authorized you to debit the sum to our a/c with you".("请借记"或"授权借记")汇入行收到信汇委托书或支付委托书,即被授权凭以借记汇出行账户,同时可以拨付头寸解付给收款人,并以借记报单(注明"your account debited")通知汇出行。此笔汇款业务即告完成。如图3.4所示。

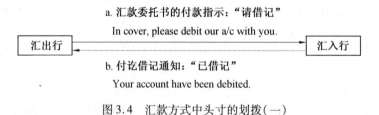

图3.4 汇款方式中头寸的划拨(一)

(2)汇入行在汇出行开有账户

汇出行在委托汇入行解付款项时,应在信汇委托书或支付委托书上注明拨头寸的指示:"In cover, we have credited the sum to your a/c with us".("已贷记"或"主动贷记")汇入行收到信汇委托书或支付委托书,表明汇款头寸已拨入自己的账户,即可使用头寸解付给收款人。

如图 3.5 所示。

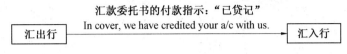

图 3.5　汇款方式中头寸的划拨(二)

在汇出行和汇入行双方互开账户的情况下,汇出行会选择第一种方式。因为从汇出行收到付款人支付的款项到汇入行借记汇出行的账户,其间的资金被汇出行占用,对汇出行有利,所以在实务中,"请借记"或"授权借记"这种方式较多用。

汇款委托书的付款指示:"已贷记"。

2. 汇出行与汇入行没有直接的账户关系

(1)汇出行与汇入行有共同的账户行

即双方在同一家银行开有账户,通过该银行进行转账。为了偿付款项,汇出行一方面向汇入行发出委托解付汇款的通知,其中拨头寸指示为:"In cover, we have authorized X Bank to debit our a/c and credit your a/c with them."另一方面向共同账户行发出银行转账通知书(Bank Transfer),要求其先借记汇出行的账户,然后再贷记汇入行的账户,将头寸拨付汇入行在该账户行的账户。汇入行收到汇出行的电汇拨头寸指示及 X 账户行的贷记报单,即可解付给收款人。这种方式手续较前者复杂,一笔业务需要有两个信息传递时间。如图 3.6 所示。

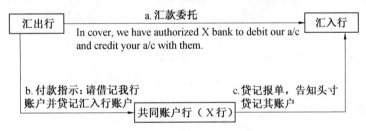

图 3.6　汇款方式中头寸的划拨(三)

(2)汇出行和汇入行没有共同的账户行

即双方在不同银行开有账户,必须通过两家或两家以上的银行进行转账。为了偿付,汇出行在汇出汇款时,主动通知其账户行将款拨给汇入行在其他代理行开立的账户。同时汇出行向汇入行委托解付汇款的通知,其中拨头寸指示为:"In cover, we have instructed X Bank pay / remit the proceeds to your a/c with Y Bank."汇入行在收到 Y 银行贷记报单后,即可解付。如图 3.7 所示。

总之,汇出行一般应将头寸及时拨给汇入行,否则,可能引起汇入行拒付,并且要支付汇入行垫款利息,造成对汇出行的不良印象。汇入行若未被调入头寸而向收款人付款,等于买入汇款,自行垫款,这时费用及汇兑损失应由收款人负责,并在付款时扣除;若汇入行收到汇出行划来的头寸,实际是占用资金,应及时划入收款人账户;如发生退汇或收款人长期不来领款,应进

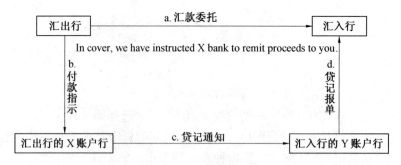

图 3.7　汇款方式中头寸的划拨(四)

行了解,看是否应退回头寸,不应无理长期积压。有的还可采用票汇方式进行偿付。具体做法是,汇入行解付汇款后,再以汇票向汇出行收款。这种重复开票的方式在英国较流行。

(二)汇款的退汇

退汇是指汇款在解付以前的撤销。一旦汇入行已解付汇款,则不能退汇,应由汇款人和收款人之间去交涉,退汇可由汇款人提出或者由收款人提出。

1. 收款人退汇

收款人提出退汇,首先要向汇入行说明理由,然后由汇入行拒收,处理起来比较方便。使用电汇和信汇的话,就将汇款委托书退回;若是票汇,就将汇票寄回。在寄回委托书和汇票的同时,也应将头寸退还给汇出行,然后由汇出行通知汇款人前来办理退汇手续。

2. 汇款人退汇

汇款人提出退汇时,若是电汇或信汇,应由汇款人提出书面申请,交验汇款回单,由汇出行进行审核,然后由汇出行通知汇入行停止向付款人解付。收款人有意见可与汇款人交涉,而不能强求汇入行付款。

如采用票汇,则比较复杂。当汇款人未寄出汇票时,由汇款人持汇票正本前往出票行办理并背书,出票行注销原汇票。当汇票已寄出时,汇出行一般情况下不予退汇。因为汇票是汇出行自己开出的,作为出票人对任何合法的持票人都要负责,退票不仅增加手续,而且会影响声誉。但若属于寄送时遗失、被窃、船只飞机失事等天灾人祸造成的,银行在弄清楚原因之后,应由汇款人向汇出行提出书面申请,汇出行凭此向汇入行发出止付通知。待接到汇入行同意止付的回复,才能办理退汇。如汇款人要求立即另签发一张新的汇票,汇款人须出具担保,一旦重付时由汇款人自己负责,即汇出行在保留追索权的前提下,方可办理。若汇票挂失止付通知到达付款行前已解付,其损失由汇款人自己承担。

汇款人退汇较为常见,其程序如图 3.8 所示。

3. 退汇的手续

不论是何种退汇,汇出行的手续都是:汇款人提出申请,详细说明退汇的缘由,必要时提供保证;汇出行审查;向汇入行发退汇通知,要求退回头寸;收到汇入行同意退汇通知和头寸后,

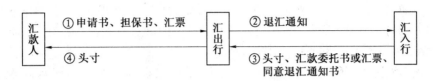

图 3.8 退汇程序

即注销。汇入行的手续是:核对退回通知的印鉴,看汇款是否已付;若已付,将收款人签署的汇款收条寄回,表示汇款已解付;若未付,则退回头寸,寄回汇款委托书和汇票。

五、汇款方式的特点及其在国际贸易中的运用

(一)汇款方式的特点

1. 以商业信用为基础

汇付结算方式是以银行作为中介来结算进出口双方的债权债务关系。它可以单独使用,也可以与其他结算方式结合使用。即使在使用其他结算方式时,资金的实质性划拨最终也是以汇款方式完成的,所以它是基本的结算方式。同时它是建立在商业信用的基础上的结算方式。银行在汇付的全过程中承担收付委托款项的责任,并因此享受汇付费用。但一般银行并不介入买卖双方的合同的履行,不对其中任何一方的责任、义务提供任何的担保。因此它属于商业信用。

2. 风险大

对于预付货款的买方和货到付款的卖方而言,一旦付了款或发了货就失去了制约对方的手段,他们能否收货或收款,完全依赖对方的信用,如果他们信用不好,很可能使对方钱货两空。

3. 资金负担不平衡

对于预付货款的买方和货到付款的卖方而言,资金负担较重,整个交易过程中需要的资金,几乎全部由他们来提供。

4. 手续简便,费用少

手续最简便,费用也最少,只有一笔数额很小的汇款手续费。因此在交易双方相互信任的情况下,或在跨国公司的不同子公司之间,用汇款方式是最理想的。

(二)汇款方式在国际贸易中的运用

在国际贸易中,汇款方式主要用于进出口货物的货款及其从属费用的结算。

1. 用于货款的结算

(1)预付货款

预付货款(Payment in Advance)是指买方先将货款通过银行汇交卖方,卖方收到货款后,根据买卖合同规定,在一定时间内或立即将货发运至进口商的一种汇款结算方式。预付货款

是对进口方而言的,对出口方来说,就是预收货款,又称"先结后出"。

这种方式对卖方最为有利,他甚至可以无偿占用进口商的资金,做一笔无本生意,根本没有什么风险,掌握了货物出口的主动权。

但对进口商是不利的,不仅进口商的资金被占用,会造成利息损失,影响自身资金周转;而且进口商在付款后要承担不能按时、按量、按质收到合同规定的货物的风险。

因此,进口商有时为了保障自身利益,可以规定汇入行解付汇款的条件,如卖方收取货款时,必须提供银行保函,由银行担保卖方如期履行交货义务,保证提供全套装运单据,否则担保行负责退还预收货款,并加付利息等。

进口商之所以愿意以这种方式,原因在于:出口商的商品是国内外市场上紧俏的商品,进口商需求迫切;进口商双方关系十分密切,有的买方是卖方在国外的合作伙伴;出口商的货物旺销,进口商为了保证购到货物,以预先付款为附加条件来吸引出口商成交;在成套设备、大型机械、大型运输工具(如飞机、船舶等),或者在工程承包交易中,或者在专为进口商生产的特定商品交易中,出口商往往要求预付一定比例的预付货款作为定金(Down Payment),或采用分期付款方式,定金和分期支付的款项采用汇付方式。

(2)货到付款

货到付款(Payment After Arrival of The Goods)是出口商先发货,进口商收到货物后,立即或在一定期限内将货款汇交出口商的一种汇款结算方式。它实际上属于赊账交易(Open Account Transaction),具有延期付款(Deferred Payment)性质。

货到付款对进口商有利:①进口商不承担风险,货不到或货不符合要求就不付款,在整个交易中占据主动;②往往在收到货后过一段时间再付款,所以可以占用出口商的资金。

货到付款对出口商不利:①先发货,要承担买方不付款的风险;②货款往往不能及时收回,资金被占用,造成一定损失。

货到付款在国际贸易中有售定和寄售两种方式:

售定(Be Sold Out)是买卖双方签订合同,在合同中明确规定了货物的售价及付款时间等条款,进口商按实收货物数量将货款汇交出口商的一种汇款结算方式。售定在我国是对港澳地区出口鲜活商品的一种特定的结算方式,由于鲜活商品出口时间性较强或以实收货物数量结算,出口商先发货,出口单据随同货物直接交给进口商,待收到货物时,进口商按实收货物数量、规定的价格、期限将货款通过银行汇交出口方。所以售定方式又称"先出后结"。

寄售(Consignment)指出口方(委托人、寄售方)将货运交给进口国的约定代销人(受托人),暂不结算货款,仅委托其按照双方约定的条件和办法代为销售的方式。当商品售出后,所得货款由代销人扣除佣金和其他费用后交给寄售方,这种方式货价和付款时间均不确定。出口商承担的风险很大,能否收回货款取决于国外受托人的营销能力。因此采用寄售时必须十分重视受托人的资信和经营能力。一般寄售方式只适用于推销新产品、处理滞销品或一些不看实物难以成交的商品。

【案例 3.1】

国内某出口商 A 公司对国外某进口商 B 公司出口货物,一直以来用信用证方式支付,交易两年有余。后来,B 公司提出由于资金周转困难,要求采用部分预付货款、部分货到付款的方式结算。具体的方式为先付 30% 的货款,余款等收到货物后 1 个月内支付。B 公司声称货到后,它即能从国内经销商处获得货款并保证向 A 公司支付。A 公司考虑到 B 公司是其老客户,一向顺利履约,遂同意对方请求。收到 B 公司 30% 货款后,即行发货,但数月后一直未收到 B 公司的余款。经多方了解,才知道 B 公司已破产倒闭,其利用最后一次机会诈骗了 A 公司 10 多万美元。

请问:假如你是出口商,你能从本案例中得到什么教训?

分析:本案中由于 A、B 公司不是初次交易,B 公司也一向顺利履约,导致 A 公司存在侥幸心理,接受按货到付款的方式结算。货到付款本身就是对出口商不利的结算方式,他要承担进口商收货后不履约付款的风险。因此在货到付款方式下,即使对方是老客户,出口商也要保持警惕,尤其是在对方突然提出更改结算方式的情况下,更要充分了解对方经营状况,避免遭受不必要的损失。

(资料来源:徐进亮,李俊. 国际结算:实务与案例[M]. 北京:机械工业出版社,2011.)

2. 用于贸易从属费用的结算

贸易从属费用的种类很多,它们通常采用汇款方式支付。

①运费、保险费。这是贸易从属费用中最主要的项目,也是汇出汇入笔数最多的项目。货物装外轮运送出口,需要向外国轮船所属公司交付运费,由出口企业汇出;有的 FOB 出口合同,进口商要求出口商代办装船或投保业务,出口商垫付了运费、保险费,进口商就要偿付由出口商垫付的费用。

②佣金、退款、赔款。

③广告费、包装费、延期付款的利息。

综上所述,我们可以发现,汇款这种结算方式的最大优点是手续简便、费用最少。因此,在双方互相信任或跨国公司的不同子公司之间,使用汇款是最理想的选择。但同时,这种结算方式风险大,对预付款的买方和货到付款的卖方来说,不但资金负担重,而且收货和收款的顺利与否完全取决于对方的信用,若对方信用不好,很可能钱货两空。在实务中,资料费、技术费、贸易从属费用(包括运费、保费)等多采用汇款方式;贸易项下的尾款一般也宜采用此方式。

六、汇款方式的风险及防范

(一)汇款方式的风险

以汇款方式作为国际贸易的支付手段,手续简便,费用最少,但是在这种结算方式下能否如期付款和交货,则全凭买卖双方之间的商业信用。不同的汇款方式对于买卖双方承担的风险是不均衡的。例如,预付货款对于进口商而言,不但要过早地垫付资金,而且增加了出口商收到货款后迟交或不交货的风险;货到付款对于出口商而言,则在发货后失去了制约进口商的手段,能否收款完全取决于进口商的资信,甚至有可能产生钱货两空的风险。实际业务中汇款主要通过电汇、信汇和票汇来进行,其风险具体表现如下。

1. 电汇中的风险

汇出行办理电汇业务时,是通过电报、电传或SWIFT向解付行发出付款委托书的,欺诈者就利用电传机向银行发电要求将汇款款项贷记某账户或付现给某人。由于解付行在付款前要核对密押以确认付款委托书的真实性,欺诈者通常在假付款委托书上加列"使用××银行密押"(Test with××Bank)条款,然后再从电传机上以××银行名义向解付行发来一份证实密押相符的电传,促使解付行付款。这种方式隐蔽性较强,不易被察觉,银行在处理这类电传时一定要提高警惕,以防上当。

【案例3.2】

国内某出口商A与国外某进口商B签订一贸易合同,合同规定:由买方通过银行开出即期不可撤销的信用证向卖方付款。但过了合同约定的开证日期后仍未见到买方开来信用证,于是卖方向买方催问,对方称:"证已开出,请速备货。"然而,临近约定的装货期的前一周,卖方还未收到信用证。卖方再次查询,对方才告知"因开证行与卖方银行并无业务代理关系,故此证已开往有代理关系的某地银行转交"。此时船期已到,因合同规定货物需直接运抵加拿大,而此航线每月只有一班船,若错过这班船,卖方将遭受重大损失。这时买方B提出使用电汇的方式支付货款,鉴于以上的情况,卖方只好同意,但要求买方B提供汇款凭证传真件,确认后马上发货。第二天,买方B传真来银行的汇款凭证,卖方A持汇款凭证到银行核对无误后,认为款项已汇出,便安排装船。但装船数天后,卖方发现货款根本没有到账。原来买方的资信极差,瞄准卖方急于销货的心理,先购买一张小额汇票,涂改后再传真过来,冒充电汇凭证使其遭受重大损失。

分析:

在国际贸易结算中经常因为种种原因,出口商经常不得不采用电汇的方式取代原有的结算方式。在本案例中就是将原有的信用证结算改用电汇方式。由于两种结算方式所依存的信用基础不同,因此风险也就不同。在信用证结算中,由于是银行信用,因此卖方收款较有保障;但在电汇中,由于是商业信用,因此卖方的风险较大,极有可能出现钱货两空的结果。在本案例中,卖方之所以受骗原因是多方面的:首先在不知道买方资信的前提下,就贸然采用电汇支付方式。其次,卖方没有仔细甄别买方传真来的汇款凭证。本案例中,所谓"汇款凭证"其实只是一些加盖银行假印章的进账单,或者经过涂改、变造的汇票和汇款委托书传真件。卖方应该仔细鉴别,除到银行核对外,还应该自己掌握一些真假汇款凭证的鉴别方法,最好能够先收款后发货。当然不到万不得已的情况下最好不要取代原有的结算方式,以防患于未然。

(资料来源:徐进亮.国际结算惯例与案例[M].北京:对外经济贸易大学出版社,2007.)

2. 信汇中的风险

为便利顾客办理汇款业务,依照银行的业务惯例,顾客可致信给他的开户行要求将一定金额的款项汇交某收款人,开户行视该信为书面授权,核对客户印鉴相符后,凭以借记客户账户并将款项汇出。欺诈者利用这种做法,模仿客户签字,伪造授权信,骗取银行汇出款项。因此,顾客应妥善保管印鉴,注意保密;银行办理业务时要仔细核对印鉴,尤其对大额汇出款和转账要倍加注意。

【案例3.3】

吴某与李某是非常要好的朋友,一次由于吴某的疏忽将印鉴留在了李某的家中,李某利用了该印鉴并模仿吴某的签字,假借吴某的名义伪造了他的付款授权信,将吴某的款项汇到自己的账户中,事后虽然李某的诈骗行为被发现并且受到了法律的制裁,但是由于李某已经将所汇款项挥霍殆尽,吴某仍然遭受到了很大的损失。

分析:

上面的案例就是一种典型的信汇欺诈案例。

(资料来源:徐进亮.国际结算惯例与案例[M].北京:对外经济贸易大学出版社,2007.)

3. 票汇中的风险

票汇是收款人凭汇款人开立的汇票领取款项的一种汇款方式。为保障资金的安全,在使用票汇方式时,出口商应先将收到的票据交银行,向国外进口商收妥票款后方可发货,以防止伪造票据或因其他原因而蒙受收不到款的损失。

【案例3.4】

我国某出口企业A与另一国的进口企业B之间签订了一份进出口贸易合同,合同中规定:支付条款为装运月份前15天电汇付款。但是,在后来的履约过程中,B方延至装运月份的中旬才从邮局寄来银行汇票一张。为保证按期交货,我出口企业于收到汇票次日即将货物托运,同时委托C银行代收票款。1个月后,接到C银行通知,因该汇票系伪造,已被退票。此时,货物已抵达目的港,并已被进口方凭出口企业自行寄去的单据提走。事后我出口企业A进行了追偿,但进口方B早已人去楼空,我方遭受钱货两空的重大损失。

分析:

在以上案例中,造成损失的最主要原因是出口商本身。进口商B随意将支付条件从电汇改为票汇的时候,没有引起出口商的注意,即使默认这种改变,也应该首先鉴别汇票的真伪,不应贸然将货物托运并自行寄单。当然汇付本身所固有的弊端也是产生出口商A钱货两空的根本原因。因为汇付所依托的是商业信用,完全依赖于进口商的资信,如果出口商不是很了解进口商的话,不能随便使用汇付。

可见,采用票汇方式时应注意以下问题:

票汇可用银行汇票,也可用本票或支票;可预付,也可后付。但应注意,即使采用预付方式,有时对出口人也会带来风险,因为如果票据中规定的付款行并非出口人所在地的银行,那么,出口人就须将票据交当地银行,委托其向付款行代收票款。这一方面要防止进口人出具假票据进行诈骗,另一方面还要注意票据的有效付款期限,不要错过。

在出口业务中,对于资信不好的客户或新客户,应尽量避免使用票汇方式。

另外,出口方在收到进口方寄来的本票后,应先交到当地银行核对印鉴,以防止对方出具假本票,核对无误后,再发货。对于支票,也应及时查询其有效性,以防空头支票。

(资料来源:徐进亮.国际结算惯例与案例[M].北京:对外经济贸易大学出版社,2007.)

(二)汇款方式风险的防范

1. 企业的防范

如果双方缺乏信任,则采用该方式风险很大。因此,企业对汇付风险的防范首先在于加强信用风险管理,同时,为了保障其权益,减少风险,可以在买卖合同中规定保障条款,以获得银行信用担保或第三方的商业信用加入。例如,在买卖合同中可约定卖方收取货款时,必须提供银行保函,由银行担保卖方如期履行交货义务,保证提供全套装运单据等。

2. 银行的防范

国际间资金偿付作为银行的基本业务在整个业务流程中环节较多,涉及面广,加强风险防范与控制,是一项非常重要的基础工作。银行收到付款指示时,由计算机系统自动识别与控制,对指示行所有的付款指示在确认已收妥相应的头寸后方予以解付,以避免头寸风险的发生。对于经常发生头寸风险问题的国外汇款银行,应格外注意。当退汇时,银行要注意按国际惯例办事,防范头寸风险。

第三节 跟单托收

一、跟单托收的定义及其当事人

(一)跟单托收的定义

跟单托收(Documentary Collection)是委托人开立汇票并附带货运单据委托银行向付款人收款的方式。近年来,欧洲一些国家为减轻印花税的负担,对即期托收业务,可不使用汇票,委托银行收款时仅提供货运单据。但在远期业务中,汇票一般不能免除。因此,跟单托收中最实质的单据乃是运输单据。

简单地说,就是这样的一个过程:出口商为了向国外买方收取货款并能贷记其在往来银行的账户上,可委托某银行代为处理这些业务。出口商可将全套单据交给出口商委托的银行并给银行相应的托收指示,委托银行再委托其在买方所在国的分行或代理行要求进口商付款。

银行受出口商的委托,通过其国外分行或其代理行向进口商收取货款,这是银行的出口托收业务;银行受出口地银行的委托向进口商收取货款属银行的进口代收业务。

(二)跟单托收的当事人

此项业务涉及的当事人有以下几个:

1. 委托人

委托人(Principal)即开出汇票、提交单据委托银行代收货款的人,亦即债权人、受益人、出票人(Beneficiary,Payee,Drawer)、卖方。委托人要负两方面的责任:一是要履行与进口商签订的贸易合同的责任;二是要履行与托收行签订的委托代理合同的责任。贸易合同下的责任是指按合同交货和按合同交单,委托代理合同下的责任,首先是指委托人要在委托申请书上明确作出指示,以及在发生意外时作出及时的指示;其次是支付各项费用,包括手续费、电报费、邮费、拒绝证书费、仓租费、保险费等。即使委托书中列明费用由付款人承担,在付款人拒付时,已发生的费用仍由委托人负担,即委托人没有收到款项时,也要支付费用。有时,付款人仅同意付款人本身的金额而拒付费用,按银行的惯例,代收银行有权同意这一要求而向委托人收取,即在票款中扣除,除非委托人在委托书中特别声明——如果付款人拒付费用时,即无权得到单据。

2. 托收行

托收行(Remitting Bank)又称委托行。它一方面接受委托行的委托代收款项;另一方面又委托国外联行或代理行向债务人收款。托收行一般是委托人的开户行,首先要执行委托人的指示。托收行是作为委托人的代理人,所以要按委托人的指示行事。他在将单据寄给代收行时,要缮制托收指示,此指示的内容要与委托人申请书内容严格一致。如果委托人的要求不合理或无法做到应向委托人解释,要求其修改申请书。其次,托收行要按常规处理业务。凡是委托人在申请书中没有加以指示的,托收行就按常规来处理。例如,委托人未指定代收行,托收行可按照常规选定一家与付款人同一城市的银行作为代理行。如果这家银行倒闭,委托人收款受到影响,银行也无责任。最后,托收行要对过失负责。委托行从委托人那里收取了费用,因此必须谨慎地处理业务,否则对过失就要负责。过失就是指银行应该做而没做的。若代收行电告付款人拒付,而托收行却未立即通知委托人,使代收行未能及时得到如何处理货物的指示而使货物遭受损失,这时银行就有过失责任。

3. 代收行

代收行(Collecting Bank)又称受托行,按托收行的委托,向债务人收款的银行,一般都是托收行的国外分行或代理行。代收行也处于代理人的地位,与托收行所负的责任差不多,但有几个特殊的地方:①要保管好单据。单据通过托收行寄给代收行,再由代收行交给进口商。交单的条件是不一样的,在付款交单时,必须是在进口商付了款之后才能交单;承兑交单时,进口商承兑了就可将单据交出。绝不能在进口商付款或承兑之前交出单据,因为单据中包括了作为物权证的提单,有了提单就可以提货。②通知托收情况。只有代收行是直接与付款人接触的,因此他应把付款人付款的情况及时通知给托收行,然后由后者转告委托人。在没有意外即正常付款时,要发收妥货款通知书;当出现拒绝承兑、拒付等各种意外情况时,要通过托收行通知委托人,以便后者及时采取措施。

4. 付款人

付款人(Drawee/Payer)即进口商、买方,是代收行收款的对象。付款人的责任就是按合同规定付款,当然是以委托人提供合格的单据为前提。

5. 提示行

提示行(Presenting Bank)即实际向付款人提示单据的银行。有时代收行与付款人不在一地,代收行要委托另一家银行代收。否则,代收行与提示行是一家。

6. 需要时代理

交易中一旦发生拒付等纠纷,为了处理存仓、保险、转售、运回等事项,委托人可在付款人所在地指定一个代理人,这个代理人就叫需要时代理(Case for Need)。其权限应由委托人通知托收行。

上述前四者是基本当事人,后两者并不是在所有的托收业务中都涉及的。

以上诸当事人中,委托人和托收银行的关系是委托代理关系,委托的内容、托收银行应负哪些责任和不负责任是在托收申请书中说明的,凡未加说明的,银行将以常规处理。

托收银行和代收银行也是委托代理关系,他们之间常有代理合同,规定双方代办的范围和一般的条款,如偿付办法等。但具体涉及每笔业务,则要根据托收指示来办理。在这里,托收行和代收行的免责事项有:

①对单据是否合格不负责任,即无审单的义务,特别是托收行,一般只看看单据的种类和份数是否与申请书中所列的一致就行了,对单据内容之间是否有矛盾、遗漏,承兑是否正确等一概不管,当然在实务中,对一些重要的方面也要检查一下,如提单是否是全套的,但这只属于银行提供的服务和协助,属道义上的,不是义务。

②对于单据及其他通知函件在邮递途中遗失、延误或电报、电传在传递中的错误、遗漏、延误等,也不负责。

③对发生天灾、罢工、暴动等银行本身无法控制的情形,使银行营业中断造成损失的,不承担义务和责任。

④对货物不负责,即对货物的损坏、腐烂、变质、被进口国没收等不负责任。

⑤对收款人的拒付不负责。

至于委托人和付款人,则是纯粹的债权债务关系。

【案例3.5】

出口商A向进口商B出口一批货物,总值10万美元,付款条件是D/A见票后20天。该出口商按合同规定按时将货物装运并将单据备齐,于4月12日向托收行C办理托收手续。但是直到5月26日才收到进口商B的来电,称至今没有收到出口货物在托收项下的单据。经出口商A的详细调查,原来在托收指示及相应的单据上,进口商的地址不详。6月12日收到代收行的拒绝承兑付款的通知。由于这批货物没有及时提货,又由于受到雨淋所以严重受潮,进口商拒绝承兑付款。最终出口商 A 遭受到严重损失。

试问:在本案例中谁将对损失承担责任? 出口商应该吸取哪些教训?

分析:

出口商自己应该承担责任。根据 URC522 的规定:托收指示应该记载进口商详细的地址,如果由于地址记载不详导致代收行无法向进口商承兑交单,使之无法及时提货从而导致货物损失的责任,不能由托收行及代收行来承担,只能由出口商自己负担。

通过这个案例,出口商应该吸取的教训是:任何被委托的银行只能按照托收指示来行事,托收指示应该详细、明确及具体。

(资料来源:徐进亮.国际结算惯例与案例[M].北京:对外经济贸易大学出版社,2007.)

二、跟单托收的种类及其业务程序

跟单托收中单据是非常重要的,根据向进口商交单条件的不同,跟单托收分为付款交单和承兑交单两种。

(一)付款交单

付款交单(Documents against Payment ,D/P),指代收行在付款人付款后再将其交付货运单据,即交单以付款为前提条件。按付款时间的不同,付款交单分为两种形式:即期 D/P 和远期 D/P。

1. 即期付款交单(D/P at sight)

在这种情况下,可以没有汇票。在没有汇票时,发票上的金额即是托收的金额。采用这种方式,当代收行收到所有单据审核无误后,应立即向付款人提示,付款人见票后须马上付款,付清后方能赎单。即期付款交单基本流程如图 3.9 所示。

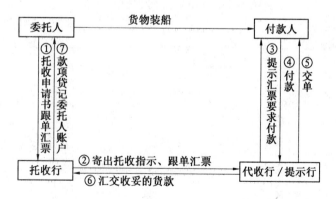

图 3.9 即期付款交单基本流程

2. 远期付款交单(D/P after sight or D/P after date)

采用这种方式时,卖方须开具远期汇票,代收行收到汇票和货运单据后向付款人提示,付款人审核无误签字承兑,汇票到期时再付款赎单。

由于付款后才交出货运单据,若汇票遭拒付,出口方对货物仍有所有权,所以风险较小,有利于出口方。

在付款交单中经常发生两个问题:一是对"见票"的理解,国外商人往往认为托收是出口商给予进口商的一种商业信用,目的在于使进口商不必长时间垫付资金,因此不论即期和远期,见票应在货到以后,即货到见票。这种解释对出口商是非常不利的,也缺少理论上的根据。因为从票据法的角度看,"at sight""on demand""on presentation"是"即期"的同义语,分别含有"付款人见到汇票时""应持票人的要求后"和"一经提示"之意,所以什么时候提示,取决于持票人,付款人无权决定持票人提示汇票的时间,这本来没有什么好争辩的,但有些国家强调要按他们的当地要求,货物到达目的地后再见票,银行在到货以前不能向付款人提示,以拖延付款时间。这个"习惯"甚至成为合同中的一个条款。如果经了解进口地确有货到见票的习惯,倒不如把途中的运输时间匡算在内,改为出票后若干天付款。二是远期付款交单问题。远期付款交单是先承兑后付款,其目的是给付款人准备资金的时间,但由于承兑后不交付款单据,作用不大,故欧洲大陆国家的不少银行至今仍称做远期付款交单,有的则按即期处理;而拉美国家的银行,则把远期付款交单按承兑交单处理。因为出口商同意远期付款交单,本是给予进口商的资金通融,如果付款期限长,运输期限短,货到以后进口商因为没有付款不能提货,也没办法出售货物,虽然期限长,但进口商并没有什么好处。他虽可以用担保提货,但已失去了他原来要求的期限较长的本意。所以,实务中使用即期付款交单的多。国际商会在《托收统一规则》中,对这种情况作了规定,即当托收为付款交单时,不应含远期付款的汇票。这样就可避免远期付款交单时,受票人在货物抵达后无法提货而不得不支付保险费、仓储费,而用提货担保又会使代收行承担付款人不付款赎单、货物又被提走的风险;同时还规定:"如托收包括一张远期付款的汇票,托受委托书上注明的是付款交单,单据只能在付款后放行,而代收行将不对由于交单延误而产生的任何后果负责。"远期付款交单基本流程如图 3.10 所示。

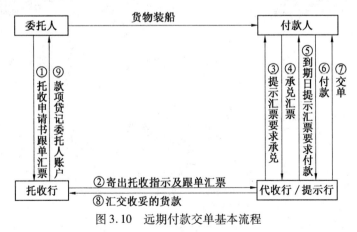

图 3.10 远期付款交单基本流程

(二)承兑交单

承兑交单(Documents Against Acceptance,D/A),指定代收行在付款人承兑远期汇票以后,就向付款人交付货运单据,而不需同时付清票款,只有在汇票到期时才履行付款义务。在承兑交单下,要使用远期汇票,付款期限通常为20~180天。这种方式对买方是十分有利的,因为他只需承兑就能得到货权证去提货,不必先垫款或筹资,如期限在180天,即可做无本生意,在货物销售后以货款来清偿汇票款。但卖方的风险相对大些,买方提货后若拒付,则钱货两空。虽然卖方可凭买方的承兑汇票起诉,但在国外诉讼,费时费钱,而且有时付款人已倒闭破产无力偿付,所以收效不大。因此,对资信不好或不甚了解的客户一般不宜采用此方式。承兑交单基本流程如图3.11所示。

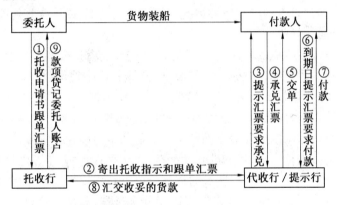

图3.11 承兑交单基本流程

【案例3.6】

1999年10月,广西某外贸公司(卖方)与港商陈某(买方)在广交会上签订了出口500箱工艺品、金额为25万港币的合同。但在交易会过后2个月,对方仍未开来信用证,而此时,卖方已安排生产。后来,卖方去电询问对方原因,对方在获知卖方已生产完毕后,一再解释目前资金短缺,生意难做,要求卖方予以照顾,把信用证付款改为D/A 90天付款。卖方公司考虑到货已备好,若卖给其他客户,一时找不到销路,会引起积压,故不得不迁就对方,改为D/A 90天付款。于是,将货物安排运往香港,并提交有关单据委托当地C银行(托收行)通过香港K银行(代收行)托收货款。货到香港后,陈某凭已承兑汇票的单据,提取了货物。而90天期限已过,仍未见对方付款。虽经卖方银行多次催收,但对方总是借故推托,一拖再拖。卖方不仅失去货物,而且货款追收无望。

分析:

承兑交单风险较大,对资信不佳或不甚熟悉的客户应谨慎使用。

(资料来源:王雅松.国际结算[M].上海:立信会计出版社,2010.)

(三)跟单托收业务流程的处理要点

1. 委托人将单据交托收行,委托银行收款

出口商在要求银行办理跟单托收时,应给托收行完整的指示,以便托收行按出口商的指示提供正确的服务。具体的指示反映在出口商填的申请书中,因此,卖方按双方签订的合同发货并取得货运单据后,应将汇票、单据及托收申请书一同提交托收行,这是首要的步骤。托收申请书主要项目有以下几项:

①远期汇票附有单据时,应明确交单的条件,是付款交单还是承兑交单。如无具体指示,代收行一律按付款交单处理。

②票据收妥后的汇交办法。

③付款人拒付时,是否和应在何种情况下做成拒绝证书,或采取其他能代替拒绝证书的办法,如航邮或电传通知托收行。

④银行办理托收所收取的费用由委托人还是付款人支付,或者是由双方共同负担。

⑤一旦发生违约和延期付款时,需要代理的全称和详细地址以及确切权限。因需要时代理的权限有大有小,可以是仅仅关心情况的进展,也可以是有权提取和处理货物。

⑥代收行应采取何种措施来保护货物,特别是在发生拒付和拒付承兑时,是否要求代收行把货物存仓,投保偷窃、雨淋损坏等方面的险种。假如出口商在托收申请书中要求银行在货物到达目的港时代为办理存仓,若目的港仓库拥挤,无法存入仓库,或者因货物性质特殊,仓库拒收,代收行可以不执行这一命令,但应及时通知托收行转告委托人另作指示。

⑦付款交单方式下是否准许付款人按比例分次付款、分次提货,以便利进口商的资金周转。

⑧预期付款是否加收罚息;提前付款是否给予贴息。

托收申请书中还有一项是银行的免责条款。出票人在签具申请书时就表示了对该条款的同意。这是国际商会在《托收统一规则》中规定的。

2. 托收行审查,制作托收指示寄给代收行

(1)审查托收申请书和单据

托收行接到委托人提交的托收申请书和单据后,首先应审查托收申请书中所记载的条款是否明确,项目是否齐全,然后要对所附的单据进行审核。根据《托收统一规则》,托收行只是处于代理人的位置,对货物并无权益可言,只要核实所收到的单据与申请书上所列的相符即可。但银行具有道义上的义务提醒客户注意单据上的出错及单据之间的矛盾之处,这是银行为客户提供良好服务所必需的,所以银行要对单据进行审核,指出能引起延误货物清关、发生滞期费或者造成付款长期延误的情况。但这与信用证业务项下的审单在程度上是不同的。托收行在审单时,也应遵循单单一致的原则,并以商业发票为中心来进行。尤其是以下几点应慎重审核:汇票的开立是否正确;有关单据的背书是否正确;是否提交了全套正本提单;当提单的收货人是代收行或者代收行的指定人时,托收行应提醒委托人由于代收行不肯提货而有可能一起损失，或因交货而发生的费用和损失均由委托人自己承担，银行不承担任何费用开支。银行同意办理后，应将托收申请书的一联作为回执退给委托人。

(2) 选择合适的代收行

代收行可由委托人在托收申请书中指定，如不指定托收行有权自行决定，一般都是委托行在付款地的联行、代理行或账户行。若委托人所指定的代收行资信不详，托收可选择对方同城所在地的代理行、联行作为代收行。

(3) 填制托收指示并寄给代收行

托收行对托收指示及所附单据核实无误后，按出口商脱手申请书的内容，缮制对代收行的托收指示，内容与托收申请书差不多。指示中的付款人名称须详细、准确，以便代收行顺利进行提示，并要说明收妥款项时应如何汇交托收行，一般是根据托收行与代收行是否开立账户以不同方式办理。

《托收统一规则》规定，托收指示中虽有"代收行的费用由付款人负责"的批注，但代收行在付款人拒付时费用仍可在货款中扣除，除非表明不能放弃，所以托收指示重点表示这一点。同时要注明各种单据的份数，最后由托收行的有权签字人签字。

以上工作应在接受委托人的一个工作日，最迟不超过两个工作日内办完。托收指示是多联，其中两联附正副单据，分两次寄给代收行。

3. 代收行审查托收指示并向付款人提示

代收行收到托收行寄来的托收指示后，应核对所附单据与委托指示上所列的名称和份数是否相符，所列项目和指示是否正确，能否办理，交款条件是 D/A 还是 D/P。审核无误后，编号登记并做成代收通知书，然后向付款人提示。

4. 付款人付款

(1) 即期 D/P

按国际上的做法，银行将汇票连同代收通知书交给付款人，即进行提示，要求立即付款，付款人付清汇票金额及其他费用，代收行即可将全套单据及时付讫汇票交给付款人凭以提货。若付款人不付或要求修改付款方式、延期、减价等时，代收行无权强行要求付款，但可要求进口商说明理由及时告知托收行。

(2) 远期 D/A

同即期 D/P 一样，将汇票连同通知书交给付款人要求承兑。承兑是要在汇票的正面加盖"承兑"章，注明承兑代收行，以便到期日向付款人提示付款。代收行同时将承兑日期通知给托收行。进口商即付款在承兑可要求验看单据，若不符合要求可拒绝承兑，代收行在得到理由后转告托收行。委托人要求做拒绝证书的，应办理这方面的手续，其费用由委托人承担。

(3) 远期 D/P

若有汇票，先要求付款人承兑，但要在到期日付款后才能领单提货。

代收行在付款人付款时应注意：所收的货币必须是托收单据上的货币；除非托收行特别授

权,否则不能接受部分付款,应在托收款全部收妥后才能交付单据;如托收指示中含有加收利息的指示,但票汇上未记载利息条款,代收行不可收利息而交单,除非托收指示中表明不能放弃利息,如汇票上载明了利息条款,则应视利息是托收款的构成部分如托收指示中含有一切费用由付款人担付条款而付款人拒付时,代收行可免收费用,而把应收的费用在收妥的托收款内扣除,除非托收指示中明确了不能放弃。

代收行向付款人交出单据,代收行向托收行发收妥通知,代收行收讫票款及费用后,应按托收行的指示,扣除代收行的手续费交托收行。

5. 结汇

托收行收到收妥通知后,应告知委托人即出口商,并将款项记入委托人的账户。

银行办理托收时,托收行和代收行还要分别注意以下几个问题:

①托收行在将托收指示和跟单汇票寄给代收行后,应有回单即一联通知书寄来,已告知是否收妥。对超过10天以上的未收款项,或只有付款通知而实际过期款未到的,应向代收行查询,并记录在案,以积累资料。

②托收行对来自代收行的各种通知,如拒付、拒绝承兑、改变交单条件或其他要求的,应及时(一个工作日内)通知委托人,由委托人决定采取必要的措施,若代收行发出拒付或拒绝承兑通知后60天未接到托收行的进一步指示,可以退单。因此托收行和委托人要互相配合,及时处理。

③如付款人提出拒付或拒绝承兑等,代收行应要求付款人提出具体理由,并及时将情况通知托收行。如需做成拒绝证书的,应督促付款人办理。对延付、减价、改变支付条件等超越委托书条件的,要在托收行同意后才能办理。

④如货运比运输单据提前到达,代收行可按托收行的指示办理存仓、保险、并通知托收行,也可不执行这方面的指示。对货物的处理代收行一般不负责任。

⑤代收行可根据托收行的指示或自行决定同意进口商凭信托收据提货。信托收据(Trust Receipt)是客户向银行提供的一种书面担保,说明物权归银行所有,客户以受托人的身份代办提货。这是银行为进口商提供的融资便利,因为付款人是在款未付清时提了货。这种收据既是将货物抵押于银行的确认,也是客户为取得单据而出具的一种保证,客户保证:

以银行名义办理货物存仓,或以银行名义办理货物的加工并将货物归还仓库存仓,或安排出售货物,并在约定的时期将收入付给银行,不作任何扣除。

银行之所以给予这种便利,是因为上述方式能使银行在客户一旦清理或破产时保有抵押品。付款人出售货物后以货款还代收行,换回信托收据。

三、跟单托收方式的特点及其在国际贸易中的运用

(一)跟单托收方式的特点

1. 属于商业信用

托收方式与汇款方式一样,都属于商业信用,即进出口商双方能否取得合同规定的货物或按期收到合同规定的货款,分别取决于对方的资信,没有第三者的保证。托收项下的银行只是接受委托办理收款业务,与当事人之间的关系是委托代理关系。托收过程中遇到的一切风险、费用和意外事故等均由委托人承担,银行不承担任何责任。

2. 较汇款方式安全

托收方式比汇款方式安全。首先,对于出口商来说,进口商必须在付款之后,或进口商向银行书面表示负责付款,即承兑后,才能掌握货权,所以托收方式使得出口商在控制货权、安全收回货款方面比货到付款更有保证、更安全。其次,对于进口商来说,出口商按合同装运货物,进口商被提示单据时,说明了货物确实已经装运,才予付款或承兑。这样与预付货款项下进口商先付款后收货相比,其利益更有保障。而且在承兑交单方式下,对进口商更为有利,因为承兑后即可赎单提货,等到到期日,进口商用销售所得款项支付出口商的货款,不必另筹资金,这等于出口商给予进口商全额资金融通,对进口商加速资金周转很有利。

3. 资金负担仍不平衡

托收项下,进出口商的资金负担仍不平衡。表现在:在进口商支付货款之前,货物占用的资金全部由出口商承担,所以出口商的资金负担较重,而进口商基本不负担资金。但在进口商支付货款之前,货物的所有权属于出口商,出口商可以凭物权单据向银行申请融资,办理出口押汇,以减轻资金负担过重的压力。

4. 手续较杂、费用较高

从托收和汇款方式的流程来看,托收的业务流程要比汇款更复杂,手续稍多些,费用自然要高些。

(二)跟单托收在国际贸易中的运用

1. 在补偿贸易中的使用

在补偿贸易中,往往是将付款交单和承兑交单两种方式配合使用。对进口来料、来件、设备采用承兑交单,装配成品出口采用即期付款交单方式。这样就是以出口成品收进的外汇偿还进口来料、来件的货款。

2. 在信用证项下的使用

信用证项下的托收有两种情形:

①凡银行经审单无误后不垫款,而是按来证规定向外寄单索汇,待款项收妥后,再对出口商结汇。

②单据不符的情况下,单到开证行付款的,在寄单时指明不符点,并将议付费改为验单费;对规定向付款行或偿付行索汇的,可暂不索汇,而在向开证行寄单时注明不符点,请其在同意接收后复电确认,按来证规定办理索汇或按我们自己的索汇指示付款。

3. 信用证与托收相结合

在合约中规定有关货款分别以托收方式和信用证方式支付,分配比例不固定,可视具体情况来定时是对半开、三七开还是四六开。

4. 托收与保函相结合

在使用托收时,为使出口商收取货款有保障,可要求进口商提供银行保函,一旦进口商未在收到单据后规定的时间付款,出口商有权向开立保函的银行索取出口货款。

四、跟单托收方式的风险及防范

(一)跟单托收方式的风险

跟单托收仍是出口商先出运商品后收款,所以是相对地有利于进口商不利于出口商的一种结算方式。托收项下的风险主要指出口商面临的风险。

①进口商经营风险。进口商破产或倒闭,丧失支付能力。

②市场风险。国际市场行市下跌,买方借故不履约,拒不付款;或进口商利用不赎单给卖方造成被动,以压低合同价格。

③进口国国家风险。进口国由于政治或经济的原因,加强外管,使进口商无法领到进口许可证或申请不到进口所需的外汇,造成货抵进口国无法进口,或不能付款。

④其他风险。如由以上情况导致货到目的地后发生的提货、存仓、保险费用和货物变质、短量;转售货物可能发生的价格损失;货物转运的费用负担以及因储存时间过长被当地政府拍卖等。

(二)跟单托收方式风险的防范

出口商为减少风险,要注意以下几个问题:

①加强对进口商的资信调查。托收是出口商先出运商品后收款的结算方式,出口商能否顺利地收回货款完全依赖于进口商的资信状况,所以出口商必须事先详细地调查进口商的资信和经营状况,成交的合同金额不宜超过其经营能力和信用程度。

②选择适当的商品采用托收方式。采用托收的出口商品种类,应是那些市场价格相对平稳、商品品质稳定、交易金额不大的商品或是向国际市场推销(试销)的新产品。

③选择合理的交单条件。出口商应尽量地选择即期付款交单方式。如果一定要使用远期付款交单方式,把握好付款期限不宜过长,一般应掌握在不超过从出口地到进口地的运输时间。应尽可能地避免使用承兑交单方式。

【案例 3.7】

某出口商 A 向瑞士一进口商 B 出口一批货物,价值 50 万美元,采用 D/P30 天付款结算方式,出口商在发货后取得所有的货运单据,随即持全套单据以及代收行的资料前往当地的托收银行 C 办理托收,C 将单据寄交进口地的代收行 D,代收行 D 将单据提示给进口商 B 要求承兑。三天后,A 要求托收行 C 向其融资,其抵押品为提单等代表货物控制权的凭证。出口地银行认为有代表货物控制权的提单在手上,就同意将款项融资给出口商 A。但是 30 天后,托收行发现代收行 D 早已将单据放予进口商。而此时,出口商已经不知所终。于是托收行要求进口地的代收行承担擅自放单的责任,但是代收行指出根据本地惯例,一向将 D/P 远期视为 D/A。最终托收行 C 遭受了巨大损失。

分析:

从理论上讲,D/P 远期对出口商是有利的。D/P 远期是卖方开具远期汇票,通过出口地银行(托收行)委托代收行向买方提示汇票和单据,买方审核无误后在汇票上承兑,并于汇票到期日付款赎单。也就是说,出口商不但有物权的保障(进口商不付款代收行不放单),而且有票据法的保护(进口商对已承兑的汇票有到期付款的责任)。

但是,实务中并不是在任何国家、任何银行都是这样处理 D/P 远期业务的,欧洲大陆一些国家的银行,比如瑞士,就有将 D/P 远期当作 D/A 处理的习惯。案中银行在叙作出口押汇时,业务人员可能对此并不了解,在出单时没有采取一些措施避免代收行凭承兑汇票放单。可见,D/P 远期业务最大的风险在于有些国家的银行有将 D/P 远期等同于 D/A 处理的习惯。D/P 远期的安全性在理论与实务中的偏差,应引起出口商及银行的高度重视,特别是托收行在叙作融资时,应注意防范不法出口商利用这一点,与其海外机构或进口商勾结,合法地"收汇不着",实施诈骗。这就是本案例中出口商 A 所采用的伎俩。此外,URC522 第 7 条新增的 a 款强调:带有凭付款交单指示的跟单托收不应含有远期付款的汇票。可见,由于存在 D/P 远期处理的差异,国际商会并不鼓励 D/P 远期这一托收方式,以避免一些银行作 D/A 处理,使受票人(进口商)轻易取得商业单据,违背"付款交单"的本质与初衷。

(资料来源:徐进亮. 国际结算惯例与案例[M]. 北京:对外经济贸易大学出版社,2007.)

④要自办保险。出口商以跟单托收的方式向进口商发货,靠的是后者的商业信用,为保障自身的利益,应尽可能争取以到岸价 CIF 成交,自办保险。在这种情况下若货物到达目的地,进口商不提货或途中发生损失,进口商不赎单时,出口商因持有保险单,即可向保险公司索赔,不致造成重大损失。如以 FOB、CFR 成交,当货物在途中出事,即使进口商已投保,但保险单在对方手中,出口商势必陷于被动境地,因此除非在不得已的情况下(如目前有近 30 个国家规定凡是进口商品,只能在其本国投保),出口商才自办保险。

⑤了解进口国的有关规定。出口商应随时注意了解进口国的有关贸易法令、外管条例等方面的内容,避免货到目的地不准进口或收不到外汇的损失。

⑥投保出口信用险。现在很多国家都开办了出口信用保险业务,即对买方不付款和买方

国家因国家风险导致不能如期付款的损失进行保险。如我国出口商可以向中国出口信用保险公司投保"短期出口信用保险",这项保险业务适用于以付款交单和承兑交单为结算方式、且期限不超过180天的出口合同。投保该险后,如果进口商无力支付货款、不按期支付货款、违约拒收货物,或因进口国实行外汇和贸易管制、发生战争和骚乱而给出口商造成损失,保险公司将予以赔偿。

⑦除非事先征得有关银行的同意,否则不能直接把货物运给代收行或将代收行作为单据的抬头人,因为根据《托收统一规则》,代收行不负提货的责任,如货到无人提,将由委托人自己担负风险。

【案例3.8】

国外一进口商先采用D/P付款方式与国内出口商签订合同,进口商要求出口商在提单上的托运人和收货人两栏均注明为该公司名称。货到目的港后,该进口商以货物是自己的为由,以保函和营业执照复印件为依据向船公司凭副本海运提单办理提货手续。货物被提走后,该进口商不向银行付款赎单,与此同时将货物迅速转卖,使国内出口商钱货两空。

请问:出口商通过本案应吸取什么教训?

分析:从上述案例可以看出,首先,提单上的托运人不能随便填写。这是因为提单上的托运人才是与承运船公司达成运输合同的契约方或发货人,船公司依据运输合同向托运人负责,并按托运人的指示将货物放给收货人或正本提单的持有人。因此提单上的托运人应为国内出口商或其代理,而不能是任何第三方,更不能是货物的进口商。一旦货物的进口商成为海运提单的托运人,即意味着向船公司发出指令权的转移。

其次,要少用记名提单。这是因为这种提单不能转让,丧失了提单可以背书转让的灵活性,国际上对价值很高的货物或特殊用途的货物才采用"记名提单"。另外,按照美国有关法规的规定,记名提单不是提货凭证。因此为了更好地保护自己,出口商应避免在D/P条件下出具此类提单。

(资料来源:徐进亮,李俊.国际结算:实务与案例.北京:机械工业出版社,2011.)

⑧预先在进口地点布置一个可靠的代理人在托收发生拒付等情况时,由代理人出面代为照料。既然托收对出口商来说风险大,为什么这种方式仍被利用呢?因为出口商有时为了推销商品,不得已而采用这种受进口商欢迎的方式。有的出口商较为有经验和资金实力,在推销对象国家派有长驻人员或特约了当地的代理人,这些人不仅仅是作为拒付时的代理人,而且主要代表出口商在进口地活动,如调查进口商的资信,调查当地的法令和习惯、市场等,这就使出口商推销产品或收取货款能较顺利地进行,减少了托收的风险。

关 键 名 词

汇款(Remittance)　　　　　　　　汇出行(Remitting bank)
汇入行(Paying bank)　　　　　　　电汇T/T

信汇 M/T
预付货款(Payment in advance)
跟单托收(Documentary collection)
代收行(Collecting bank)
承兑交单 D/A

票汇 D/D
货到付款(Payment after arrival of the goods)
托收行(Remitting bank)
付款交单 D/P

思 考 题

1. 什么是汇款？分为哪三种方式？三种方式有什么特点或区别？
2. 汇出行和汇入行如何划拨头寸？
3. 汇款在国际贸易中如何应用？
4. 如何办理退汇？
5. 简述汇款结算方式的特点？
6. 什么是跟单托收？有哪些当事人？其基本当事人的责任各是什么？
7. 简述汇款和跟单托收的基本程序。
8. 分析跟单托收对进口商的利弊。
9. 出口商在托收项下有哪些必须注意的事项？

【阅读资料】

《托收统一规则》(1995 年修订本) 国际商会第 522 号出版物

一、总则和定义

第一款 《托收统一规则》第 522 号的应用

(1)国际商会第 522 号出版物《托收统一规则》1995 年修订本将适用于第二款所限定的、并在第四款托收指示中列明适用该项规则的所有托收项目。除非另有明确的约定，或与某一国家、某一政府、或与当地法律和尚在生效的条例有所抵触，本规则对所有的关系人均具有约束力。

(2)银行没有义务必须办理某一托收或任何托收指示或以后的相关指示。

(3)如果银行无论出于何种理由选择了不办理它所收到的托收或任何相关的托收指示，它必须毫不延误地采用电讯，或者如果电讯不可能时采用其他快捷的工具向他收到该项指示的当事人发出通知。

第二款 托收的定义

就本条款而言：

(1)托收是指银行依据所收到的指示处理下述(2)款所限定的单据，以便于：

a. 取得付款和/或承兑；

b. 凭以付款或承兑交单；

c. 按照其他条款和条件交单。

(2)单据是指金融单据和/或商业单据。

a. 金融单据是指汇票、本票、支票或其他类似的可用于取得款项支付的凭证；

b.商业单据是指发票、运输单据、所有权文件或其他类似的文件,或者不属于金融单据的任何其他单据。
(3)光票托收是指不附有商业单据的金融单据项下的托收。
(4)跟单托收是指:
a.附有商业单据的金融单据项下的托收;
b.不附有金融单据的商业单据项下的托收。
第三款　托收的关系人
(1)就本条款而言,托收的关系人有:
a.委托人即委托银行办理托收的有关人;
b.寄单行即委托人委托办理托收的银行;
c.代收行即除寄单行以外的任何参与处理托收业务的任何银行。
(2)付款人即根据托收指示向其提示单据的人。
二、托收的形式和结构
第四款　托收指示
(1)a.所有送往托收的单据必须附有一项托收指示,注明该项托收将遵循《托收统一规则》第522号文件并且列出完整和明确的指示。银行只准允根据该托收指示中的命令和本规则行事。
b.银行将不会为了取得指示而审核单据。
c.除非托收指示中另有授权,银行将不理会来自除了它所收到托收的有关人/银行以外的任何有关人/银行的任何指令。
(2)托收指示应当包括下述适宜的各项内容:
a.收到该项托收的银行详情,包括全称、邮政和SWIFT地址、电传、电话和传真号码和编号。
b.委托人的详情包括全称、邮政地址或者办理提示的场所以及如果有的话,电传、电话和传真号码。
c.付款人的详情包括全称、邮政地址或者办理提示的场所以及如果有的话,电传、电话和传真号码。
d.提示银行(如有的话)的详情,包括全称、邮政地址以及如果有的话,电传和传真号码。
e.待托收的金额和货币。
f.所附单据清单和每份单据的份数。
g.凭以取得付款和/或承兑的条件和条款:
凭以交付单据的条件
付款和/或承兑
其他条件和条款
缮制托收指示的有关方应有责任清楚无误地说明,确保单据交付的条件,否则的话,银行对此所产生的任何后果将不承担责任。
h.待收取的手续费指明是否可以放弃。
i.待收取的利息,如有的话,指明是否可以放弃,包括利率、计息期、适用的计算期基数(如一年按360天还是365天)。
j.付款方法和付款通知的形式。
k.发生不付款、不承兑和/或与其他批示不相符时的指示。
(3)a.托收指示应载明付款人或将要办理提示场所的完整地址。如果地址不全或有错误,代收银行可尽力去查明恰当的地址,但其本身并无义务和责任。
b.代收银行对因所提供地址不全或有误所造成的任何延误将不承担责任或对其负责。

三、提示的形式

第五款　提示

(1)就本条款而言,提示是表示银行按照指示使单据对付款人发生有效用的程序。

(2)托收指示应列明付款人将要采取行动的确切期限。

诸如首先、迅速、立即和类似的表述不应用于提示付款人赎单或采取任何其他行动的任何期限。如果采用了该类术语,银行将不予理会。

(3)单据必须以银行收到时的形态向付款人提示,除非被授权贴附任何必需的印花、除非另有指示费用由向其发出托收的有关方支付以及被授权采取任何必要的背书或加盖橡皮戳印,或其他托收业务惯用的和必要的辨认记号或符号。

(4)为了使委托人的指示得以实现,寄单行将以委托人所指定的银行作为代收行。

在未指定代收行时,寄单行将使用他自身的任何银行或者在付款或承兑的国家中,或在必须遵守其他条件的国家中选择另外的银行。

(5)单据和托收指示可以由寄单行直接通过;或者另一银行作为中间银行寄送给代收行。

(6)如果寄单行未指定某一特定的提示行,代办行可自行选择提示行。

第六款　即期/承兑

如果是见单即付的单据,提示行必须立即办理提示付款不得延误;如果不是即期而是远期付款单据,提示行必须在不晚于应到期日,如是要承兑立即办理提示承兑,如是付款时立即办理提示付款。

第七款　商业单据的交单(承兑交单 D/A 和付款交单 D/P)

(1)附有商业单据必须在付款时交出的托收指示,不应包含远期付款的汇票。

(2)如果托收包含有远期付款的汇票,托收指示应列明商业单据是凭承兑不是凭付款交给付款人。如果未有说明,商业单据只能是付款交单,而代收行对由于交付单据的任何延误所产生的任何后果将不承担责任。

(3)如果托收包含有远期付款的汇票而且托收指示列明应凭付款交出商业单据时,则单据只能凭该项付款才能交付,而代收行对由于交单的任何延误所产生的任何结果将不承担责任。

第八款　代制单据

在寄单行指示或者是代收行或者是付款人应代制托收中未曾包括的单据(汇票、本票、信托收据、保证书或其他单据)时,这些单据的格式和词句应由寄单行提供,否则的话,代收行对由代收行和/或付款人所提供的任何该种单据的格式和词句将不承担责任或对其负责。

四、义务和责任

第九款　善意和合理的谨慎

银行将以善意和合理的谨慎办理业务。

第十款　单据与货物/服务/行为

(1)未经银行事先同意,货物不得以银行的地址直接发送给该银行,或者以该行作为收货人或者以该行为抬头人。然而,如果未经银行事先同意而将货物以银行的地址直接发送给了该银行,或以该行做了收货人或抬头人,并请该行凭付款或承兑或凭其他条款将货物交付给付款人,该行将没有提取货物的义务,其风险和责任仍由发货方承担。

(2)银行对与跟单托收有关的货物即使接到特别批示也没有义务采取任何行动包括对货物的仓储和保险,银行只有在个案中如果同意这样做时才会采取该类行动。撇开前述第一款(3)的规定,即使对此没有任何特别的通知,代收银行也适用本条款。

(3)然而,无论银行是否收到指示,它们为保护货物而采取措施时,银行对有关货物的结局和/或状况和/

或对受托保管和/或保护的任何第三方的行为和/或疏漏概不承担责任。但是,代收行必须毫不延误地将其所采取的措施通知对其发出托收的银行。

(4)银行对货物采取任何保护措施所发生的任何费用和/或花销将由向其发出托收的一方承担。

(5)a.撤开第十款(1)的规定,如果货物是以代收行作为收货人或抬头人,而且付款人已对该项托收办理了付款、承兑或承诺了其他条件和条款,代收行因此对货物的交付作了安排时,应认为寄单行已授权代收行如此办理。

b.若代收行按照寄单行的指示按上述第十款(1)的规定安排交付货物,寄单行应对该代收行所发行的全部损失和花销给予赔偿。

第十一款　对被指示的免责

(1)为使委托人的指示得以实现,银行使用另一银行或其他银行的服务是代该委托人办理的,因此,其风险由委托人承担;

(2)即使银行主动地选择了其他银行办理业务,如该行所转递的指示未被执行,该行不承担责任或对其负责;

(3)一方指示另一方去履行服务,指示方应受到被指示方的法律和惯例所加于的一切义务和责任的制约,并承担赔偿的责任。

第十二款　对收到单据的免责

(1)银行必须确定它所收到的单据应与托收批示中所列表面相符,如果发现任何单据有短缺或非托收指示所列,银行必须以电讯方式,如电讯不可能时,以其他快捷的方式通知从其收到指示的一方,不得延误。银行对此没有更多的责任。

(2)如果单据与所列表面不相符,寄单行对代收行收到的单据种类和数量应不得有争议。

(3)根据第五款(3)和第十二款,银行将按所收到的单据办理提示而无须做更多的审核。

第十三款　对单据有效性的免责

银行对任何单据的格式、完整性、准确性、真实性、虚假性或其法律效力,或对在单据中载明或在其上附加的一般性和/或特殊性的条款不承担责任或对其负责;银行也不对任何单据所表示的货物的描述、数量、重量、质量、状况、包装、交货、价值或存在,或对货物的发运人、承运人、运输行、收货人和保险人或其他任何人的诚信或行为和/或疏忽、清偿力、业绩或信誉承担责任或对其负责。

第十四款　对单据在传送中的延误和损坏以及对翻译的免责

(1)银行对任何信息、信件或单据在传送中所发生的延误和/或损坏,或对任何电讯在传递中所发生的延误、残损或其他错误,或对技术条款的翻译和/或解释的错误不承担责任或对其负责;

(2)银行对由于收到的任何指示需要澄清而引起的延误将不承担责任或对其负责。

第十五款　不可抗力

银行对由于天灾、暴动、骚乱、战争或银行本身不能控制的任何其他原因、任何罢工或停工而使银行营业中断所产生的后果不承担责任或对其负责。

五、付款

第十六款　立即汇付

(1)收妥的款项(扣除手续费和/或支出和/或可能的花销)必须按照托收指示中规定的条件和条款不延误地付给从其收到托收指示的一方,不得延误;

(2)撤开第一款(3)的规定和除非另有指示,代收行仅向寄单行汇付收妥的款项。

第十七款　以当地货币支付

如果单据是以付款地国家的货币(当地货币)付款,除托收指示另有规定外,提示行必须凭当地货币付款,交单给付款人,只要该种货币按托收指示规定的方式能够随时处理。

第十八款　用外汇付款

如果单据是以付款地国家以外的货币(外汇)付款,除托收指示中另用规定外,提示行必须凭指定的外汇付款,交单给付款人,只要该外汇是按托收指示规定能够立即汇出。

第十九款　分期付款

(1)在光票托收中可以接受分期付款,前提是分批的金额和条件是付款当地的现行法律所允许。只有在全部货款已收妥的情况下,才能将金融单据交付给付款人。

(2)在跟单托收中,只有在托收指示有特别授权的情况下,才能接受分期付款。然而,除非另有指示,提示行只能在全部货款已收妥后才能将单据交付给付款人。

(3)在任何情况下,分期付款只有在符合第十七款或第十八款中的相应规定时才会被接受。

如果接受分期付款将按照第十六款的规定办理。

六、利息、手续费和费用

第二十款　利息

(1)如果托收指示中规定必须收取利息,但付款人拒付该项利息时,提示行可根据具体情况在不收取利息的情况下凭付款或承兑或其他条款和条件交单,除非适用第二十款(3)。

(2)如果要求收取利息,托收指示中应明确规定利率、计息期和计息方法。

(3)如托收指示中明确地指明利息不得放弃而付款人拒付该利息,提示行将不交单,并对由此所引起的延迟交单所产生的后果不承担责任。当利息已被拒付时,提示行必须以电讯,当不可能时可用其他便捷的方式通知曾向其发出托收指示的银行,不得延误。

第二十一款　手续费和费用

(1)如果托收指示中规定必须收取手续费和(或)费用须由付款人承担,而后者拒付时,提示行可以根据具体情况在不收取手续费和(或)费用的情况下凭付款或承兑或其他条款和条件交单,除非适用第二十一款(2)。

每当托收手续费和(或)费用被这样放弃时,该项费用应由发出托收的一方承担,并可从货款中扣减。

(2)如果托收指示中明确指明手续费和(或)费用不得放弃而付款人又拒付该项费用时,提示行将不交单,并对由此所引起的延误所产生的后果将不承担责任。当该项费用已被拒付时,提示行必须以电讯,当不可能时可用其他便捷的方式通知曾向其发出托收指示的银行,不得延误。

(3)在任何情况下,若托收指示中清楚地规定或根据本规则,支付款项和(或)费用和(或)托收手续费应由委托人承担,代收行应有权从向其发出托收指示的银行立即收回所支出的有关支付款、费用和手续费,而寄单行不管该托收结果如何应有权向委托人立即收回它所付出的任何金额连同它自己的支付款、费用和手续费。

(4)银行对向其发出托收指示的一方保留要求事先支付手续费和(或)费用用以补偿其拟执行任何指示的费用支出的权利,在未收到该项款项期间有保留不执行该项指示的权利。

七、其他条款

第二十二款　承兑

提示行有责任注意汇票承兑形式看来是完整和正确的,但是,对任何签字的真实性或签署承兑的任何签字人的权限不负责任。

第二十三款　本票和其他凭证

提示行对在本票、收据或其他凭证上的任何签字的真实性或签字人的权限不负责任。

第二十四款　拒绝证书

托收指示对当发生不付款或不承兑时的有关拒绝证书应有具体的指示(或代之以其他法律程序)。

银行由于办理拒绝证书或其他法律程序所发生的手续费和(或)费用将由向其发出托收指示的一方承担。

第二十五款　预备人(case-of-need)

如果委托人指定一名代表作为在发生不付款和(或)不承兑时的预备人,托收指示中应清楚地、详尽地指明该预备人的权限。在无该项指示时,银行将不接受来自预备人的任何指示。

第二十六款　通知

代收行应按下列规则通知托收状况:

(1)通知格式

代收行对向其发出托收指示的银行给予的所有通知和信息必须要有相应的详情,在任何情况下都应包括后者在托收指示中列明的银行业务编号。

(2)通知的方法

寄单行有责任就通知的方法向代收行给予指示,详见本款(3)a、(3)b和(3)c的内容。在无该项指示时,代收行将自行选择通知方法寄送有关的通知,而其费用应由向其发出托收指示的银行承担。

(3)a.付款通知

代收行必须无延误地对向其发出托收指示的银行寄送付款通知,列明金额或收妥金额、扣减的手续费和(或)支付款和(或)费用额以及资金的处理方式。

b.承兑通知

代收行必须无延误地对向其发出托收指示的银行寄送承兑通知。

c.不付款或不承兑的通知

提示行应尽力查明不付款或不承兑的原因,并据以向对其发出托收指示的银行无延误地寄送通知。

提示行无延误地对向其发出托收指示的银行寄送不付款通知和(或)不承兑通知后60天内未收到该项指示,代收行或提示行可将单据退回给向其发出指示的银行,而提示行方面不承担更多的责任。

1995年修订本,自1996年1月1日生效。

本章参考文献

[1] 姜学军.国际结算[M].大连:东北财经大学出版社,2006.

[2] 王学惠,王可畏.国际结算[M].北京:北京交通大学出版社,2009.

[3] 刘铁敏.国际结算[M].北京:清华大学出版社,2010.

[4] 张东祥.国际结算[M].3版.武汉:武汉大学出版社,2004.

[5] 苏宗祥.国际结算[M].北京:中国金融出版社,2003.

第四章
Chapter 4

国际结算方式（二）——信用证

【学习要点及目标】

通过本章的学习,学生应掌握信用证的定义、性质及结算流程;了解信用证的当事人及各当事人的职责;重点掌握各种信用证的内容;掌握信用证的种类;对信开、电开和SWIFT开证有一定的了解;了解信用证结算方式中的风险及控制。

【引导案例】

I行开立一不可撤销的议付信用证,通过A行(议付行)通知受益人。信用证规定在船只抵达之前,单据必须到达I行营业处(Documents must arrive at the offices of Bank I before arrival of the vessel.)。随后开证行修改了信用证,延展有效期和装运期。

受益人发货后向A行提交了单据。A行及时审核单据,发现与信用证相符,对受益人议付,并把单据寄给I行索汇。I行审核A行寄来的单据后拒绝接受单据,理由如下:延迟交单。I行收到单据日期是在船到以后,因此I行将代为保管单据,并听候A行的进一步指示。

请问I行的拒付有效吗?

分析:

关于延迟交单给开证行的不符点是无效的。信用证的特别条件可适用UCP600第14条h分条,该条说明如果信用证包含某些条件而未列明需要提交与之相符的单据,银行将认为未列明此条件,且对此不予理会。研究UCP600这一分条是用来解决关于跟单信用证的"非单据"条件。解决方法是不理会非单据要求,把它当成多余词语。申请人和开证行的责任是正确开立信用证,不允许它们把责任转嫁到其他当事人身上。申请人和开证行必须确定所需的单据去满足非单据条件。

(资料来源:徐进亮.国际结算惯例与案例[M].北京:对外经济贸易大学出版社,2007.)

信用证可以说是国际贸易结算中最重要的工具,从19世纪中叶开始随着国际贸易的发展而迅速得到普及。在信用证中,除支付货款用的跟单信用证外,还有作为担保的银行保函或是备用信用证以及供旅行用的旅行信用证。本章主要就跟单信用证加以阐述。

第一节　信用证的定义、特点及作用

国际贸易中进出口双方互不信任,出口商担心发货后进口商不付款,进口商则担心预付货款后出口方不发货,而在国际贸易中进出口双方一手交钱、一手交货的当面货款交割方式既不可行又非常罕见。随着银行参与国际贸易结算,逐步形成了信用证(Letter of Credit,L/C)支付方式,从而把由进口商履行付款责任,转为由银行来付款,买方按时收到装运单据(Shipping Documents),保证出口商安全迅速收到货款。因此,在一定程度上解决了进出口商之间互不信任的矛盾;同时,也为进出口双方提供了资金融通的便利。所以,自出现信用证以来,这种支付方式发展很快,并在国际贸易中被广泛应用。当今,信用证付款已成为国际贸易中普遍采用的一种主要的支付方式。

一、信用证的定义

简单地说,信用证(Documentary Letter of Credit)是一种有条件的由银行保证付款的结算方式。说得全面一些,信用证是进口方银行(开证行)应进口商(申请人)的申请和要求向出口商(受益人)开立的,凭规定的单据在一定期限内支付一定金额的保证文件。

UCP600在第2条"定义"中规定:"信用证意指一项不可撤销的安排,不论其如何命名或描述,该项安排构成开证行对相符交单予以承付的确定承诺。"(Credit means any arrangement, however named or described, that is irrevocable and thereby constitutes a definite undertaking of the issuing bank to honour a complying presentation.)

承付意指:①对于即期付款信用证即期付款;②对于延期付款信用证发出延期付款承诺并到期付款;③对于承兑信用证承兑由受益人出具的汇票并到期付款。

相符交单意指与信用证中的条款及条件、本惯例中所适用的规定及国际标准银行实务相一致的交单。

"不论如何命名或描述"这句话的含义是不论开证行所作出的约定起什么名字,用什么词句来描述,只要这项安排的内容具备信用证的上述必备要素,该安排就是信用证。也就是说,判断一项安排是否为信用证,要看它的内容是否具备上述几项要素,而不是根据它叫什么名字,用什么词句来描述。例如,国际商会认为希腊银行开立的不可撤销跟单付款委托书(Irrevocable documentary Payment Order)如具备本条所说的信用证必备要素,尽管它的名称不叫信用证,可以视为信用证,并可适用于UCP600的有关规定。

在实务中信用证可以使用以下名称:

①letter of credit；
②documentary letter of credit；
③commercial letter of credit；
④documentary credit；
⑤credit；
⑥commercial credit。

信用证是开证银行对受益人的一种保证,只要受益人履行信用证所规定的条件,即受益人只要提交符合信用证所规定的各种单据,开证行就保证付款。在信用证支付方式下,开证行成为首先付款人,故属于银行信用。因此,信用证结算方式有利于缓解进出口商之间互不信任的矛盾,也便于银行对进出口商的资金融通,能适应国际贸易发展的需要,故信用证结算方式在实践中日益被广泛使用,以至成为当今国际贸易结算中的一种最重要的结算方式。要注意的是,在信用证业务中,是银行承诺付款,而在汇款和托收中,银行均未作出此种承诺,银行兑现承诺的条件是由受益人提交符合信用证要求的单据。

二、《跟单信用证统一惯例》(UCP600)

为统一各国对跟单信用证条款的解释和做法,明确各有关当事人的权利和义务,减少因解释不同而引起的不必要的争端,使信用证成为国际通行的贸易工具,国际商会在1929年拟定和发布了《商业跟单信用证统一规则》第一版,即国际商会第74号出版物。1933年更名为《商业跟单信用证统一惯例》(简称《统一惯例》),为国际商会第82号出版物。1951年颁布第一个修订本,出版物编号为151号,1962年颁布第二个修订本,出版物编号为第222号,改称《跟单信用证统一惯例》(UCP),以后又先后于1974年、1983年、1993年和2007年分别以第290号、第400号、第500号和第600号4个出版物颁布第三、第四、第五和第六个修订本。UCP600已被世界上大多数国家和地区的银行接受,成为重要的国际贸易惯例。信用证上往往有"本证根据国际商会《跟单信用证统一惯例》(UCP600)开立"的字样。在我国的进出口业务中采用信用证支付,信用证大多列明"除另有规定外,本证根据国际商会《跟单信用证统一惯例》(UCP600)办理"。

UCP600共有39个条款、比UCP500减少10条却比UCP500更准确、清晰;更易读、易掌握、易操作。它将一个环节涉及的问题归集在一个条款中;将L/C业务涉及的关系方及其重要行为进行了定义。如第二条的14个定义和第三条对具体行为的解释。UCP600纠正了UCP500造成的许多误解:

首先,把UCP500难懂的词语改变为简洁明了的语言。取消了易造成误解的条款,如"合理关注""合理时间"及"在其表面"等短语。有人说这一改变会减少昂贵的庭审,意指法律界人士丧失了为论证或反驳"合理""表面上"等所收取的高额费用。

第二,UCP600取消了无实际意义的许多条款。如"可撤信用证""货运代理提单"及

UCP500 第 5 条"信用证完整明确要求"及第 12 条有关"不完整不清楚指示"的内容也从 UCP600 中消失。

第三，UCP600 的新概念描述极其清楚准确，如兑付（Honor）定义了开证行、保兑行、指定行在信用证项下，除议付以外的一切与支付相关的行为；议付（Negotiation），强调是对单据（汇票）的买入行为，明确可以垫付或同意垫付给受益人，按照这个定义，远期议付信用证就是合理的。另外还有"相符交单""申请人""银行日"等等。

第四，更换了一些定义。如对审单作出单证是否相符决定的天数，由"合理时间"变为"最多为收单翌日起第 5 个工作日"。又如"信用证"UCP600 仅强调其本质是"开证行一项不可撤销的明确承诺，即兑付相符的交单。"再如开证行和保兑行对于指定行的偿付责任，强调是独立于其对受益人的承诺的。

第五，方便贸易和操作。UCP600 有些特别重要的改动。如拒付后的单据处理，增加了"拒付后，如果开证行收到申请人放弃不符点的通知，则可以释放单据"；增加了拒付后单据处理的选择项，包括持单候示、已退单、按预先指示行事。这样便利了受益人和申请人及相关银行操作。

又如转让信用证。UCP600 强调第二受益人的交单必须经转让行。但当第二受益人提交的单据与转让后的信用证一致，而第一受益人换单导致单据与原证出现不符时，又在第一次要求时不能作出修改的，转让行有权直接将第二受益人提交的单据寄开证行。这项规定保护了正当发货制单的第二受益人的利益。

再如单据在途中遗失，UCP600 强调只要单证相符，即只要指定行确定单证相符，并已向开证行或保兑行寄单，不管指定行是兑付还是议付，开证行及保兑行均对丢失的单据负责。这些条款的规定，都大大便利了国际贸易及结算的顺利运行。

《跟单信用证统一惯例》的适用范围。国际商会制定的《跟单信用证统一惯例》是对实务中商人普遍做法的总结，但并不是法律，不具有强制性。关于统一惯例的适用问题，UCP600 第一条明确规定："适用于任何在其文本中明确表明受本惯例约束的跟单信用证。"此处的措辞与 UCP500 有了很大的不同，UCP500 仅是规定表明"issued subject to UCP 500（按 UCP500 开立）"的信用证即受 UCP500 约束，而在 UCP600 中规定只有明确表明受 UCP600 条款约束的信用证，UCP600 条款才能生效。

在 UCP600 的适用问题上，国际商会出版的《UCP600 评论》（国际商会第 680 号出版物）中特别指出："尽管现在要求明确注明跟单信用证遵循 UCP600，但如未明确注明适用 UCP600 且未注明受其他惯例约束时，UCP600 可以作为适用于跟单信用证的通用惯例描述。"对于明确表明受 UCP600 约束的信用证，并不意味着其可以违反国内相关法律的规定，当地法律优先于 UCP600 的规定。特别是对统一惯例中没有规定的问题，或者是统一惯例无管辖权的问题，仍然要适用国内法律。UCP600 并不具有很强的强制力，即使明确表明受统一惯例约束，信用证中也可以通过某些特殊规定来排除 UCP600 的适用。UCP600 第一条中指出："除非信用证明确修改或排除,本惯例各条文对信用证所有当事人均具有约束力。"这意味着惯例的任何条款都可以通过在跟单信用证中的明确措辞予以修改或排除。关于UCP600在中国适用的问题,2006年1月1日开始实施的《最高人民法院关于审理信用证纠纷案件若干问题的规定》第二条规定:"人民法院审理信用证纠纷案件时,当事人约定适用相关国际惯例或者其他规定的,从其约定;当事人没有约定的,适用国际商会《跟单信用证统一惯例》或者其他相关国际惯例。"

三、信用证的性质

银行信用一般比商业信用可靠,故信用证支付方式与汇付及托收方式比较,具有不同的性质。信用证的性质主要表现在以下三个方面:

1. 信用证是一种银行信用

信用证支付方式是一种银行信用。由开证行以自己的信用作出承付的保证。在信用证付款的条件下,开证银行处于第一付款人的地位。在信用证业务中,开证银行对受益人的承付责任是一种独立的责任,即开证行的承付不以进口人的付款作为前提条件。

在使用信用证结算过程中,银行对受益人提交的相符交单承担第一性的付款责任,这就将银行信用引入了国际结算中,同汇付和托收等结算方式形成显著的区别。在汇付过程中,银行只是按照汇款人的指示进行资金划拨,仅充当资金划拨的渠道;在托收过程中,托收行按照委托人的指示通过代收行向付款人提示单据并收款,而不承担保证付款人付款或代付款人付款的义务,可见汇付和托收在本质上仍然是商业信用。

2. 信用证是一项单据业务

在信用证方式之下,实行的是凭单付款的原则。UCP600在第5条中规定:"银行处理的是单据,而不是单据可能涉及的货物、服务或履约行为。"所以,信用证业务是一种纯粹的单据业务。按照UCP600第14条"审核单据的标准"中的a项规定:"按照指定行事的被指定银行、保兑行(如有)以及开证行必须对提示的单据进行审核,并仅以单据为基础,以决定单据在表面上看来是否构成相符交单。"因此,银行对任何单据的形式、完整性、准确性、真实性以及伪造或法律效力,或单据上规定的或附加的一般和/或特殊条件概不负责。按照UCP500的规定,在信用证结算方式下,受益人所提交的单据不仅要做到"单证相符"(受益人提交的单据在表面上与信用证规定的条款相符合),还要做到"单单不得互不一致"(受益人提交的各种单据之间在表面上不得互不一致)。

UCP600在第2条"定义"中也首次明确规定:"相符交单是指与信用证条款、本惯例的相关适用条款以及国际标准银行实务相一致的交单。"

单据不符导致拒付是信用证支付方式下一种极为普遍的现象,这降低了信用证的使用范围,也导致信用证的诉讼案激增。鉴于此,UCP600在第14条"审核单据的标准"中的d项中规定:"单据中的数据,在与信用证、单据本身以及国际标准银行实务参照解读时,无须与该单据本身中的数据、其他要求的单据或信用证中的数据等同一致,但不得矛盾。"可见,UCP600即使在单证之间也不要求"等同"(Identical),而仅要求"不得矛盾"(Must not conflict with),从而体现了审单标准宽松化的倾向。

信用证业务贯彻以上基本原则,是由于银行的职能是提供信用和资金融通,而不是货物交易,不能要求银行具备货物交易的专门知识。如果要银行卷入其不熟悉的买卖合同或货物纠纷中,将超越其能力,不利于发挥其职能作用。事实上,一家银行面对众多客户和大量业务,也不可能去顾及、过问客户的每笔买卖合同及所涉货物。

3. 信用证是独立于其他合同之外的一种自足的法律文件

虽然信用证是依据买卖双方之间的买卖合同和其他合同(如开证申请书、运输合同、保险合同)开立的,但是,信用证并不依附于买卖合同和其他合同,而是独立于买卖合同等之外的银行信用凭证。银行只对信用证负责,与买卖合同等无关,因而不受买卖合同或其他合同的约束。即使信用证中包含关于合同的任何援引文句,银行也与该合同完全无关。例如,除自身条款外,有的信用证又在其中加注:"其他条款参照×××号合同"(Other terms as per contract NO. ×××),即使如此,信用证也不受上述合同条款的约束。信用证与买卖合同等是两项不同的业务,是各自独立存在的两种法律关系。因此,一家银行作出承付、议付或履行信用证项下其他义务的承诺,并不受申请人与开证行之间或与受益人之间在已有关系下产生的索偿或抗辩的制约。受益人在任何情况下,不得利用银行之间或申请人与开证行之间的契约关系。

UCP600在第4条"信用证与合同"中还进一步指出:"开证行应劝阻申请人试图将基础合同、形式发票等文件作为信用证组成部分的做法。"

【案例4.1】

中国A公司(进口商)与国外T公司(出口商)达成协议,以CFR贸易术语、海运及信用证支付方式进口原料。双方签订合同后,A公司根据合同内容,通过当地银行向T公司开出即期信用证。由于货物的品质规格比较复杂,信用证仅规定:"品质按照××年签订的第××号购货确认书为准。"合同中对货物品质要求的关键部分是水分不能过高。标准水分6%,最高不能超过10%,若水分超过6%时,则每超过1%单价应相应下调1%。

T公司收到信用证后,按时将货物出运,并将信用证规定的全套单据送交当地银行,该银行按有关规定,将单据寄至中国开证行要求付款。开证行因证内涉及的品质规格涉及专卖合同,因此,通知A公司检查全套单据是否符合要求。A公司仔细检查单据后,发现T公司提交的单据存在以下问题:商业发票关于货物的水分注明是6%,而在品质检验证书中,关于货物的水分却注明是10%。

根据以上情况,该公司一方面通知开证行暂时停止付汇,并请银行将暂停付汇的原因通过对方银行转告T公司,另一方面,与T公司直接联系,说明根据买卖合同规定,由于货物的实际水分已经超过标准水分4%,所以应相应降价4%。数天后,开证行收到国外银行转来的T公司的反驳意见。同时,A公司也收到国外T公司的传真,内容是要求A公司立即按照原价支付贷款,对于降价问题,则置之不理。

A公司多次与T公司交涉,要求其遵照合同规定降价4%,但均遭到拒绝。A公司认为,国外T公司所交来的单据中,商业发票上注明的货物水分与检验证书上注明的货物的水分数字不一致,已构成"单据与单据"不相符。

试分析本案症结所在。

分析:信用证规定要参照合同的做法在现实中比较常见。这只不过是信用证不再重复引用合同中对货物规格品质的要求而已,并不影响信用证的独立性。

本案涉及信用证与基础合同的关系,信用证是一项自足文件,即信用证是独立于有关契约之外的法律文件,UCP600第4条有明确规定:就性质而言,信用证与可能作为其依据的销售合同或其他合同,是相互独立的交易。即使信用证中提及该合同,银行亦与该合同完全无关,且不受其约束。因此,一家银行作出兑付、议付或履行信用证项下其他义务的承诺,并不受申请人与开证行之间或与受益人之间在已有关系下产生的索偿或抗辩的制约。对于本案的信用证,有一点需要特别说明,即合同中对于"水分每超过1%,价格下调1%的规定"是否适用于信用证。信用证引用货物品质规格与引用因品质规格变化相应增减价格的规定是有区别的。如果信用证中未明确规定增减价格,银行将不予理会合同中的相关规定,换句话说,银行不得增减价格。虽然按照国际惯例,信用证与可能作为其依据的销售合同或其他合同,是相互独立的交易,但由于提示的单据内容有相互矛盾之处,出口商不得不同意降价4%,最后本案的进口商A公司以原合同价款的96%付款而结案。

(资料来源:王雅松. 国际结算[M]. 上海:立信会计出版社,2010.)

四、信用证的作用

采用信用证支付方式,在很大程度上缓解了进出口双方互不信任的矛盾,并给进出口双方以及银行都带来一定的好处。信用证在国际贸易结算中的作用,主要表现在以下几方面。

1. 对出口商的作用

(1)保证出口商凭单取得货款

信用证支付的原则是单证相符,出口商交货后提交的单据,只要做到与信用证条款相符,银行就保证支付货款。在信用证支付方式下,出口商交货后不必担心进口商到时不付款,而是由银行承担付款责任,这种银行信用要比商业信用可靠。因此,信用证支付为出口商收取货款提供了较为安全的保障。

(2)使出口商得到外汇保证

在进口管制和外汇管制严格的国家,进口商要向本国申请外汇得到批准后,方能向银行申请开证,出口商如能按时收到信用证,说明进口商已得到本国外汇管理当局使用外汇的批准,因而可以保证出口商履约交货后,按时收取外汇。

(3) 可以取得资金融通

出口商在交货前,可凭进口商开来的信用证作抵押,向出口地银行借取打包贷款(Packing Credit),用以收购、加工、生产出口货物和打包装船;或出口商在收到信用证后,按规定办理货物出运,并提交汇票和信用证规定的各种单据,叙作出口押汇取得贷款。这是出口地银行对出口商提供的资金融通,从而有利于资金周转,扩大出口。

2. 对进口商的作用

(1) 确保取得出口商履行买卖合同的证据

进口商填写开证申请书的任务就是有效地将买卖合同条款转化为对出口商(受益人)提交单据的要求,因此进口商申请开证时可以通过控制信用证条款来约束出口商交货的时间、交货的品质和数量,如在信用证中规定最迟的装运期限以及要求出口商提交由信誉良好的公证机构出具的品质、数量或重量证书等,以保证进口商按时、按质、按量收到货物。其中,FOB、CFR 和 CIF 买卖合同下已装船海运提单是卖方完成交货义务的凭证和买方在目的地据以提货的凭证,因此可以保证进口商收到的是代表货物的单据,特别是提货凭证。

(2) 提供资金融通

进口商在申请开证时,通常要交纳一定的开证押金,如开证行认为进口商资信较好,进口商就有可能在少交或免交部分押金的情况下开证。如采用远期信用证,进口商还可以凭信托收据(Trust Receipt)向银行借单、先行提货、转售,到期再付款,这就为进口商提供了资金融通的便利。

3. 对银行的作用

开证行接受进口商的开证申请,即承担开立信用证和凭相符单据付款的责任,这是银行以自己的信用作出的保证,以银行信用代替了进口商的商业信用。所以,进口商在申请开证时要向银行交付一定比例的开证押金或担保品,这就为银行利用资金提供了便利。此外,在信用证业务中,银行每做一项服务均可取得各种收益,如开证费、通知费、议付费、保兑费、修改费等各种费用。因此,承办信用证业务是各银行的业务项目之一。在国际贸易结算中,信誉良好、作风正派的银行以高质量的服务,促进了信用证业务的发展。

信用证业务不足之处主要是手续繁、费用多、存在风险等,这主要是因为按照 UCP600 第 34 条规定,银行对任何单据的形式、完整性、准确性、真实性、伪造或法律效力,或单据中规定的或附加的一般及/或特殊条件概不负责。信用证这种结算方式不是绝对地安全,银行信用只是相对的,仍存在一定的风险。如进口商不开证或开出的信用证与合同不符、开证行倒闭等,均构成出口商的风险;出口商用假单据欺诈则构成进口商的最大风险。尽管如此,由于用银行信用代替了商业信用,利还是大于弊的。

五、信用证的产生和发展

信用证是随商品经济的不断发展,国际贸易规模的扩大及银行逐步参与结算而形成的。

最早的信用证并不是用于商业,是没有合同作依附的。12世纪欧洲的教皇、王公和其他统治者在其使臣出国执行任务时就用一种由教皇等签署和承诺,对任何愿意给使臣垫款的人,他将无条件付款的一种"信用证",后来发展到要求指定的外地的代理人或同业垫款而不是公开性质的。这种信用证后来开始应用于商业。13世纪,伦敦的一些富商派人到欧洲采购货物时,向购货地有往来关系的商人签发信函,由购货人携带,要求该商人在某一金额内,准予购货人凭收据领取现款,并约定所欠款项的偿还办法。这种旧式信用证的受益人就是申请人即买方本人,并由受益人亲自携带以便在购货地筹措资金,其目的和内容与旅行信用证很相似。这种信用证一直使用到19世纪初,才逐渐为具有现代意义的信用证所取代。

19世纪初,英国开始了工业革命,国际贸易得到进一步发展。随着国际贸易的发展,特别是航运业的发展,定期航线的开辟,提单条款定型化,使凭单付款逐步形成。但银行方面仍存在一定的障碍,由于银行不熟悉商业行情,对要求贴现或押汇的汇票和货运单据仍顾虑重重。在这种情况下,在旧式信用证基础上加入银行信用,于是现代意义的跟单信用证便产生了。据有关资料显示,最早涉及跟单信用证的诉讼案发生于1804年。19世纪中期以后,信用证开始获得真正的发展。而信用证的原则和做法逐渐趋于统一则是20世纪的事情了。信用证的统一运动始于1920年的美国,美国在国内制订了信用证的统一格式。考虑到信用证的国际性,国际商会于1933年公布了"统一惯例",推荐各银行采用。为适应国际贸易发展的需要,信用证的种类不断增加。第一次世界大战后取代伦敦成为世界贸易中心的美国,其出口商为确保交易的安全,要求本国银行对信用证保兑,于是出现了保兑信用证;随第二次世界大战后卖方市场的形成,又产生了背对背信用证;日本在第二次世界大战后为解决进出口失衡采用了伊士罗克(Escrow)信用证。

信用证用于国际结算已有相当的历史了。大框框始终没被突破,因为它算是一种较为完善的结算方式,作为完善的结算方式,一般要具备安全迅速清偿债权债务、保证兼顾买卖双方的利益、便于融通资金的功能。信用证基本上具备了这几个条件,所以在国际贸易中广泛使用,这也说明了信用证制度的合理性。

第二节　信用证的当事人、形式及内容

一、信用证的当事人

信用证涉及的当事人有许多,每一笔信用证业务的参与者也不同,有的当事人可能具备多种身份。因此,弄清这些当事人的地位、责任、权利和义务是开展和做好信用证业务的基本条件之一。

（一）开证申请人

开证申请人(Applicant)又称"开证人",按照UCP600的定义,申请人是指要求开立信用

证的一方。在实际业务中,申请人通常为进口商。有时在一些特殊情况下,可能是买方的委托人或中间商。开证申请人要受到和卖方签订的贸易合同及与开证行签订的业务代理合同的约束。

开证申请人的义务有:①在规定的期限内开出与合同内容一致的信用证并交给卖方。②按开证行要求交付开证押金或提供抵押。③在开证行履行了付款责任后,开证申请人应向开证行付款赎单。④开证申请人还应支付各项费用,如开证费等。

开证申请人享有以下权利:①有权在付款前对受益人提交的单据进行审核,若发现单据与信用证条款不符或单据之间有矛盾,有权拒绝付款。②申请人在履行付款义务后,对到港的货物有权对其品质和数量进行检查。若不符,有权根据过失责任向有关方面进行追赔。如属运输公司的责任,则向运输部门和保险公司交涉;如属出口商的责任,则退货索回贷款。但不能要求开证行赔偿,因这与信用证的单证一致无关。③有时合同要求出口商交履约押金或提供担保,若出口商未照办,开证申请人有权不开信用证。④属开证行的过失,有权要求开证行赔偿。如果单据合格但被开证行错误地对外拒付,申请人就可要求银行赔偿相应的损失。

(二) 开证行

按照 UCP600 的定义,开证行(Issuing Bank)是指应开证申请人的要求或代表自己开出信用证的银行。在实际业务中,开证行一般为进口地的银行。开证行和开证申请人(通常为进口商)之间的契约是开证申请书。

开证行有以下义务:①开证行应按开证申请人提交的申请书上的指标正确及时地开出信用证。②承担第一性的付款责任。开证行通过开证承担了对受益人提交的表面相符单据付款的全部责任。在这里,银行的担保代替了开证申请人担保,它不能以开证申请人没有付款能力、没交保证金等为借口而推卸付款责任,即使开证申请人倒闭,付款责任也不能解除。它应对出口商和所有汇票的合法持有者承担付款的责任。③开证行在验单付款后,不能对受益人或议付行行使追索权,即开证行的付款是终局性的付款。

开证行可行使以下权利:①在开立信用证时,有权向开证申请人收取保证金和手续费。②开证行对受益人提交的单据,有权审查,以确定单据表面上是否符合信用证条款。对不符合信用证条款的,有权向议付行退单,并追索票款(当开证行仅凭议付行的索汇电报付款时)。③一旦进口商无力偿付,开证行有权处理单据或货物。如出售货物的价款不足以抵补垫款时,有权向申请人追讨不足的部分。

(三) 受益人

按照 UCP600 的定义,受益人(Beneficiary)是指有权使用信用证的人。在实际业务中,受益人通常是出口商或实际供货人。出口商交单后,如遇开证行倒闭或无理拒付,有权凭买卖合同向进口商提出付款要求,进口商仍应负责付款。

受益人要履行的义务是:①在接到信用证后,应在规定的装运期内装运货物,并在有效期内提交单据,对单据的合格与否负责。②发运货物的品质等应严格遵守信用证的规定,有保证货物合格的义务(这是贸易合同的自然延伸,而并非信用证的责任)。

受益人的权利主要有:①受益人在接到信用证后,应与合同核对,若信用证条款和合同不符,或无法履行,有权要求进口商修改或拒绝接受。②受益人有凭合格单据取得货款的权利。③开证行倒闭时,有权要求申请人付款。若信用证是保兑的,则有权要求保兑行付款。④如果开证行和申请人同时破产,如货已备好,但未交货或未装船,有扣留权。如货已发出,即使单据已交,仍可要求运输单位中途停运,即行使停运权,并将货物出售给别人。⑤若开证行无理拒付,有权上诉并要求赔偿损失。

(四)通知行

按照 UCP600 的定义,通知行(Advising Bank)指应开证行要求通知信用证的银行。通知行通常是出口地银行,而且一般是开证行的代理行(Correspondent Bank)。按照 UCP600 的规定,通知行通知信用证或修改的行为,即表明其认为信用证或修改的表面真实性得到满足,且其通知准确地反映了所收到的信用证或修改的条款。如果一家银行被要求通知信用证或修改但其决定不予通知,则必须毫不延迟地通知向其发送信用证、修改或通知的银行。

需要指出的是,UCP600 新增了"第二通知行"(Second Advising Bank)的概念,即:通知行可以通过另一银行("第二通知行")向受益人通知信用证及其修改。第二通知行的责任是核实所收到的通知书的表面真实性及其准确性。另外,经由通知行或第二通知行通知信用证的银行必须经由同一银行通知其后的任何修改。

通知行的权利和义务有:①如决定通知信用证,就有义务证明信用证表面的真实性。通知行收到信用证后,首先要核对印鉴或密押,以防止是假的。信用证在个别情况下是直接寄给受益人的,这时受益人大都要找银行进行核对,因银行拥有识别真伪的技术和手段,这也是大多数信用证要通过出口地银行来通知的原因。如果通知行不能确定信用证表面的真实性,应向开证行说明。如果这时它依然对该证予以通知,则须告知受益人它不能确定信用证的真实性。②如通知行决定不通知,要不延误地告知开证行,但一旦决定通知,就有义务及时准确地进行通知。如错误地通知了信用证的有关条款,给受益人造成损失,则要承担责任。③对出口商即受益人不承担议付或付款的责任。④有权收取手续费。

(五)议付行

UCP600 首次明确规定:"议付意指被授权议付的银行对汇票及/或单据给付对价,仅仅审核单据未给付对价不构成议付。"因此,议付行(Negotiating Bank)是指买入或贴现受益人按信用证规定提交的汇票及/或单据的银行。信用证中指定特定银行为议付行的,称为限制议付信用证;可由任何银行议付的信用证称为公开议付信用证,或称自由议付信用证。

必须注意的是,UCP600 对议付的定义作出了重大修改。按照 UCP600 的规定,议付是指议付行在相符交单下,在其应获偿付的银行工作日当天或之前向受益人预付或同意预付款项,从而购买汇票及/或单据的行为。另外,议付信用证下,凭以兑付的汇票的付款人必须是银行,但不能作成以议付行为付款人。

议付行的权利和义务有:①有权议付或不议付。在信用证中,议付行并未作出付款的承诺,作出承诺的是开证行。所以议付行没有必须议付的义务,它可以自由选择是否购买受益人的单据和汇票。如开证行信誉不佳,或者信用证过于复杂,就可不议付。②有权根据信用证条款审核单据。议付行之所以议付,是建立在开证行保证偿付的基础上,但开证行偿付的前提是单证相符,只有议付的单据是合格的单据,才能得到偿付,所以议付行要对单据进行严格的审核,否则,将遭到开证行的拒付。③议付后,议付行有权向信用证的开证行或偿付行收回垫款。④在信用证业务中,议付行通常以受益人的指定人和汇票的善意持有人的身份出现,因此,当开证行拒付时,议付行对出票人(出口商)享有追索权。⑤在向第三者索偿时,无证明单据相符的义务。

（六）保兑行

按照 UCP600 的定义,保兑行(Confirming Bank)是指根据开证行的授权或要求在信用证上加具保兑的银行。有时因开证行的信誉不佳,或受益人对开证行的信用情况不了解,或者开证行国家经济状况恶化,出现政治风波或外汇管制较严等情况时,往往由开证行请另一家为受益人所熟悉的银行,通常是出口地的通知银行或其他信用卓越的银行对其所开的信用证担负兑付的责任。

保兑行的主要权利有:①有权收取一定的保兑费。保兑银行以其信用提供保兑并承担风险,故有权收取保兑费,费用的多少,依据信用证有效期限的长短而定,保兑费通常有三种负担方式:由进口商负担;由出口商负担;由进出口商双方负担。②有权决定对信用证的修改部分是否加保。信用证保兑后,如果需要修改,必须征得保兑行的同意,但即使保兑行同意修改信用证,它也有权选择是否对修改部分加保兑。但是对同一修改通知中的修改内容不允许部分接受,因而,部分接受修改内容当属无效。③保兑行赔付后有权向开证行索偿。当保兑行在开证行倒闭或者无理拒付时,对受益人付款后,即取得向开证行索偿的权利。但保兑行可以拒绝接单。④拒绝接受单据的权利。如提交的单据与信用证条款不符,保兑行可以拒绝接单。⑤免责权。保兑行对于单据的有效性、信息传递方面不可抗力或者被指示方行为所导致的责任可以免除。

保兑行的义务主要有:①有权保兑或不保兑,但保兑后,无权擅自取消自己的保兑。拒绝给予保兑时,应及时通知开证行。②第一性付款义务。保兑行在信用证上加具保兑后,即对信用证独立负责,承担必须对相符交单承付或议付的责任。这样,保兑信用证下的受益人可获得开证行和保兑行的双重独立付款保证。③汇票、单据一经保兑行承付或议付,即使开证行倒闭或无理拒付,保兑行均无权向出口商追索款项。④在付款前,有权审核单据,若单证不符,有权不付款。⑤对有不符点单据进行通知的义务。

(七)偿付银行

偿付银行(Reimbursement Bank)又称清算银行(Clearing Bank),是指信用证指定的代开证行向议付行、承兑行或付款行清偿垫款的银行。偿付行的出现往往是由于开证行的资金调度或集中在该银行的缘故。信用证中如规定有关银行向指定银行索偿时,开证行应及时向该偿付行提供适当指示或授权。偿付行只是接受开证行的委托,充当出纳机构,与受益人无关,它既不接受也不审核单据。

其权利义务是:①只要索偿行提供的信用证号码、开证行名称和账户,以及所偿金额等事项符合开证行的偿付授权(书),偿付行就应向索偿的议付行或付款行偿付。偿付行也有权拒绝执行开证行的偿付指示(除非已开具了偿付保证),此时应由开证行承担偿付责任。②无权要求议付行或付款行证明单证相符。开证行在收到单据之后,若发现不符点,不能向偿付行追索,而是直接向议付行追回已付款项。③由于偿付银行并不审查单据,因此偿付银行的偿付具有追索权。④除非另有规定,偿付费用应由开证行承担。

(八)被指定银行

被指定银行(Nominated Bank)是指信用证可在其处兑付的银行,对于可在任何银行兑付的信用证而言,则任何银行均为被指定银行。可见,被指定银行是指信用证中指定的议付行、付款行或承兑行。规定在指定银行兑付的信用证同样也可以在开证行兑付。

其中的付款行(Paying Bank)是信用证上规定的汇票上的付款银行,或付款信用证下执行付款的银行。付款行可能是开证行,也可能是开证行以外与开证行有委托代理关系的第三家银行。如受益人开出的汇票是以本国货币表示的,通知行就是付款行;若以进口国的货币表示,则开证行为付款行;若以第三国的货币为支付货币,则付款行是第三国的某家银行。

付款行的权利义务是:①付款行是作为开证行的付款代理人出现的,由开证行在信用证中指定。和议付行一样,由于其本身并未在信用证中作出承诺(付款行为开证行者除外),所以有权不按开证行指示行事。它之所以付款,是因为它和开证行之间有代理合同。如果付款行和开证行无代理合同,付款行当然可以不执行付款。②有权根据代理合同向开证行取得偿付以及所发生的费用。③付款行验单付款后无追索权。从法律上看,付款行是开证行的代理,它是代表开证行验单的,一经付款,则是最终付款。如付款行是通知行,一经付款,不能再向受益人追索;付款行若是第三国银行时,一经向持票人付款,也不能追索,即付款行除非误付,不能向前手行使追索权。

(九)受让人

受让人(Transferee)又称第二受益人(Second Beneficiary),是指接受第一受益人转让有权使用信用证的人,大都是出口人的实际供货商。在可转让信用证下,受益人有权要求将该证的全部或一部分转让给第三者,该第三者即为信用证的受让人。

（十）交单人

交单人（Presenter）是指实施交单行为的受益人、银行或其他人。按照 UCP600 的规定，可在其处兑付信用证的银行所在地即为交单地点。可在任何银行兑付的信用证，其交单地点为任一银行所在地。除规定的交单地点外，开证行所在地也是交单地点。

二、跟单信用证的形式

开证行可以用电报、电传，也可以用信函的方式开立信用证。因此，常见的信用证有以下几种形式：

（一）信开本

信用证的英文名称是 Letter of Credit，这是因为初创时采用 Letter（信函）的形式开立的。信开本（To Open by Airmail）是指开证银行采用印就的信函格式的信用证，开证后以空邮寄送通知行。这种形式现已很少使用。

（二）电开本

电开本（To Open by Cable）是指开证行使用电报、电传、传真、SWIFT 等各种电讯方法将信用证条款传给通知行。电开本又可分为以下几种：

1. 简电本

开证行只是通知已经开证，将信用证主要内容，如信用证号码、受益人名称和地址、开证行名称、金额、货物名称、数量、价格、装运期及信用证有效期等预先通告通知行，但详细条款将另航寄通知行。由于简电本（Brief Cable）内容简单，在法律上是无效的，所以不足以作为交单承付或议付的依据。该简电通知中必须注明"详情后告"（Full Details to follow）或类似用语，或声明以邮寄确认书作为有效信用证或修改，借以表明该简电仅作预先通知之用，而不是信用证或信用证修改的有效文本。

在实际业务中常发生简电通知与随后收到的证实书条款不一致的情况，使受益人不敢完全依据简电通知提前备货，以防日后证实书与简电通知有不同规定造成受益人方面的被动局面。为此，UCP600 进一步明确规定：已发出该预先通知的开证行将不可撤销地承诺毫不延误地开立证实书，且条款与预先通知无不一致处。由此加大了开证行及申请人的责任，保护了受益人的利益，便利其依据简电通知提前做好备货、商检等工作，充分发挥"简电通知"的"提前通知"作用。如果开证行不准备承担不可撤销的责任去开立信用证或修改时，则应在预先通知中用文字表明。无论如何，按照 UCP600 第 1 条的要求，开证行在预先通知中应该表明开立的信用证是否受 UCP600 的约束，以使受益人知道，他已收到的预先通知信息的信用证是否按照 UCP600 办理。

2. 证实书

简电本不是信用证有效文本，须随后由发出该简电通知的开证行开立的证实书

(Cofirmation)作为有效文本。

3. 全电本

开证行以电讯方式开证,把信用证全部条款传达给通知行。全电开证本身是一个内容完整的信用证,因此是交单承付或议付的依据。有些银行在电文中注明"有效文本"(Operative Instrument),借以明确该全电本性质。未标明"详情后告"或"随寄证实书"等字样的电开信用证或修改,应视为有效电开信用证或修改,即全电本(Full Cable)。

4. SWIFT 信用证

SWIFT 是"全球银行金融电讯协会"(Society for Worldwide Interbank Financial Telecommunication)的简称,于 1973 年在比利时布鲁塞尔成立。该组织设有自动化的国际金融电讯网,该协定的成员银行可以通过该电讯网办理信用证业务以及外汇买卖、证券交易、托收等。凡参加 SWIFT 组织的成员银行,均可使用 SWIFT 办理信用证业务。凡按照国际商会所制定的电讯信用证格式,利用 SWIFT 系统设计的特殊格式(Format),通过 SWIFT 系统传递的信用证的信息(Message),即通过 SWIFT 开立或通知的信用证称为 SWIFT 信用证,也可以称为"全银电协信用证"。采用 SWIFT 信用证,必须遵守 SWIFT 使用手册的规定,使用 SWIFT 手册规定的代号(Tag)。

采用 SWIFT 信用证后,使信用证具有标准化、固定化和统一格式的特性,且传递速度快捷,成本也较低。现在已被西欧、美洲和亚洲等国家与地区的银行广泛使用。我国银行在电开信用证或收到的信用证电开本中,SWIFT 信用证也已占很大比重。

信用证通常可由以下几种电文来完成:

MT 700/701 开立信用证

MT 705 跟单信用证预先通知

MT 707 跟单信用证的修改

MT 710/711 通知由第二家银行或非银行开立的跟单信用证

MT 720/721 跟单信用证的转让

MT 730 确认

MT 732 单据已被接受的通知

MT 734 拒付通知

MT 740 偿付授权

MT 742 索偿

MT 747 修改偿付授权

MT 750 通知不符点

MT 752 授权付款、承兑或议付

MT 754 已付款、承兑或议付的通知

MT 756 通知已偿付或付款

开立 SWIFT 信用证的格式代号是 MT 700 和 MT 701(701 格式是在 700 格式不够使用时增添使用的)及信用证修改书 MT 707。

MT 700/701 开立信用证是由开证行发送给通知行,用来列明发报行(开证行)开立的跟单信用证条款的报文格式。MT 700 开立跟单信用证的电文格式,如表 4.1 所示。

表 4.1 MT 700 开立信用证的电文格式

Tag 代码	Field Name 栏位名称
27	Sequence of Total 报文页次
20	Documentary Credit Number 信用证编号
31C	Date of issue 开证日期
31D	Date and place of expiry 信用证的截止日期及其地点
50	Application 申请人
59	Beneficiary 受益人
32B	Currency Code, Amount 币别代号、金额
39A	Percentage Credit Amount 信用证金额加减百分率
39B	Maximum Credit Amount 最高信用证金额
39C	Additional Amount Covered 可附加金额
41a	Available With…By…向……银行押汇,押汇方式为……
42C	Drafts at…汇票期限
42a	Drawee 付款人
42M	Mixed Payment Details 混合付款指示
42P	Deferred Payment Details 延期付款指示
43P	Partial Shipments 分运
43T	Transhipment 转运
44A	Loading on Board/Dispatch/Taking in Charge at/from…由……装船/发送/接管
44B	For Transportation to…装运至……
44C	Latest Date of Shipment 最后装船日
44D	Shipment Period 装运期
45A	Description Goods and/or Services 货物描述与交易条件
46A	Documents Required 应具备单据
47A	Additional Conditions 附加条件

续表 4.1

Tag 代码	Field Name 栏位名称
71B	Charges 费用
48	Period for Presentation 提示期间
49	Confirmation Instruction 保兑指示
53a	Reimbursement Bank 清算银行
78	Instructions to the Paying/Accepting/Negotiation bank 对付款/承兑/让购银行之指示
57a	"Advise Through" Bank 收讯银行以外的通知银行
72	Sender to Receiver Information 银行间的备注

对已开出的 SWIFT 信用证进行修改,则需要采用 MT 707 标准格式。信用证的修改的电文格式,如表 4.2 所示。

表 4.2 信用证的修改的电文格式

Tag 代号	Field Name 栏位名称
20	Sender's Reference 送讯银行的编号
21	Receiver's Reference 收讯银行的编号
23	Issuing Bank's Reference 开证银行的编号
52a	Issuing Bank 开证银行
31C	Date of Issue 开证日期
30	Date of Amendment 修改日期
26E	Number of Amendment 修改序号
59	Beneficiary(before this amendment)受益人(修改以前的)
31E	New Date of Expiry 新的到期日
32B	Increase of Documentary Credit Amount 信用证金额的增加
33B	Decrease of Documentary Credit Amount 信用证金额的减少
34B	New Documentary Credit Amount After 修改后新的信用证金额
39A	Percentage Credit Amount Tolerance 信用证金额加减百分率
39B	Maximum Credit Amount 最高信用证金额
39C	Additional Amount Covered 可附加金额

续表 4.2

Tag 代号	Field Name 栏位名称
44A	Loading on Board/Dispatch/Taking in Charge at/from…由……装船/发送/接管
44B	For Transportation to…装运至……
44C	Latest Date of Shipment 最后装船日
44D	Shipment Period 装船期间
79	Narrative 叙述
72	Sender to Receiver Information 银行间备注

三、信用证的内容

信用证上所记载的事项必须明确、正确、完整,否则将导致当事人之间的纠纷。但世界上并无具有法律约束力的标准格式,因此信用证的格式多种多样,因开证行而异,也因信用证的种类和目的而不同。

国际商会在制定、修改《跟单信用证统一惯例》的同时,也致力于信用证标准格式的制订和推广。目前使用的最新的格式是 UCP500 取代了 UCP400 后,国际商会以第 516 号出版物公布的,516 格式共包括:不可撤销的跟单信用证申请书、致受益人的通知书、致通知行的通知书,跟单信用证格式、修改格式、通知格式等。

图 4.1 和图 4.2 分别是 516 格式中的致受益人信用证通知书和致通知行信用证通知书。516 格式的内容介绍如下:

(1)信用证的性质或类型

①不可撤销的信用证。标准跟单信用证开证格式是为开立不可撤销的跟单信用证而拟订的。

②可撤销的信用证。很少情况下使用这种格式开立可撤销的跟单信用证,使用时要去掉"不可撤销"字样,并以"可撤销"字样代替之。

(2)号码

开证行的信用证编号。

(3)开证地点和日期

①开证地点是指开证行所在地。

②采取(航空)邮寄开证时,打上的开证日期通常即为邮寄信用证的日期。

③标准跟单信用证开证格式用做有效的信用证文件时(即在已先发出电讯,而该电讯又非有效的信用证文件的情况下),要打上的日期应为电讯中的开证日期。

④如电讯中未标出明确的日期,所要填写的日期应为电讯传递的日期。当标准跟单信用

证开证格式当作有效的信用证文件时,应清楚地注明:为证实我行××日电讯,本信用证为有效的信用证文本。

(4) 有效日期和地点

①所有的信用证必须规定交单要求付款、承兑、议付的到期日。

②在该到期日那天或以前必须提交单据的地点为到期地点。该地点通常为一个城市或一个国家。例如,有效日期和地点的填写为:2012.04.06 in London。

③所选择的有效地点必须与信用证下提交单据给指定银行的所在地一致。

(5) 申请人

申请人的名称和地址。

(6) 受益人

开立信用证受益的当事人的名称和地址。

(7) 通知行

①此处填写将信用证通知给受益人的银行名称和地址。

②参考编号下面不应填写任何内容(此处是供通知行使用的)。

③如果通知行指定银行,亦需在第9项使用信用证的银行标题下填上其名称和地址。

(8) 金额

①金额应用大写和小写表示。

②如金额前加上 About, Approximately, Circa 等词语,信用证将允许10%的金额增减幅度。

③货币应用国际标准化组织制订的货币代号来表示,如 USD 代表美元;GBP 代表英镑。

(9) 指定银行及信用证的可用性

信用证在此处要表明指定银行及其可用性的细节。

①使用信用证的银行。应填写指定银行的名称和地点,如为自由议付信用证,则应填写:Any Bank in (City or Country)。如通知行是指定银行,则通知行的名称、地点应填写在此处。

②使用方式。在相应的方格内加注"×",以表明信用证是否使用下列兑现方式:即期付款,或延期付款,或承兑,或议付。

③即期付款。在即期付款信用证中,仅在申请人指示要求汇票时才在汇票的方格内标上"×"。如信用证规定汇票,应要求一律以指定银行为付款人的即期汇票。

④延期付款。如在此方格内标上"×",还必须加注指示,以表明付款到期日的确定方法,如装运日后30天或交单以后15天。

⑤承兑。如在此方格内标上"×",必须加注指示,以表明承兑到期日的确定方法,如见票后30天,或装运日后180天。

⑥议付。如议付信用证要求汇票,则应要求开立以开证行或指定银行为付款人的即期汇票。

(10)分批装运

(11)转运

(12)买方投保

仅在信用证不要求提交保险单据,而且申请人表示他已经或将要为货物投保时,方可在此方格内标上"×"。

(13)装运条款

从……(From)运至……(For Transportation to)不得迟于……(Not Later than)。此处应注明货物必须装运、装船/发货接受监管的地点,还要注明货物将运至的目的地。此处还必须包括最迟装运或装船/发运/接受监管的日期。

(14)~(20)货物描述和规定的单据

单据顺序是:商业发票、运输单据、保险单据、其他单据,如产地证、分析证明书、包装单、重量单和尺码单等。

(21)交单期限

凡要求提交运输单据的每个信用证,还应规定一个在装运日后必须交单的特定期限。在确定这一期限时,开证行应通知申请人注意受益人希望拥有的时间:①从出单人处收取单据;②制备单据以便提交;③单据邮寄耗费的时间。如信用证未规定交单期限,《UCP600》将其定为装运日期后21天,但这不应成为信用证不规定期限的理由。不应使用诸如过期单据可以接受的词语。

(22)通知指示(仅用于致通知行的通知书)

"×"标注将放在三个小方格中的一个,表示通知行是否被要求在通知信用证时:①不要加上它的保兑;②加上它的保兑;③如受益人要求时,它被授权加上其保兑。

(23)银行间的指示(仅用于致通知行的通知书)

开证行应在此处表明,信用证所指定的付款、承兑或议付的银行向何处、如何及何时获得偿付。如:①借记我行开设在你行的账户;②我行将贷记你行开设在我行的账户;③向××行索偿(开证行的代理行,即偿付行)。

(24)页数

开证行必须注明所开出信用证的页数。

(25)签字

开证行在致通知行的通知书和致受益人的通知书上都要签字。开立不可撤销的跟单信用证时致受益人的通知书和开立不可撤销的跟单信用证时致通知行的通知书,如图4.1和图4.2所示。

Name of Issuing Bank:	Irrevocable Documentary Credit①	Number②
Place and Date of Issue: ③		
Applicant: ⑤	Expiry Date and Place for Presentation of Documents Expiry Date: Place for Presentation: ④	
Advising Bank: Reference. No ⑦	Beneficiary: ⑥	
Partial shipments ☐allowed ☐not allowed ⑩	Amount: ⑧	
Transhipment ☐allowed ☐not allowed ⑪ ☐insurance covered by buyers ⑫ Shipment as defined in UCP 500 Article 46 From: For transportation to: ⑬ Not later than:	Credit available with Nominated Bank: ☐by payment at sight ☐by deferred payment at: ☐by acceptance of drafts at: ☐by negotiation ⑨ Against the documents detailed herein ☐and Beneficiary's draft (s) drawn on:	
14～20		
Documents to be presented within ☐ days after the date of shipment but within the validity of the Credit. ㉑		
We hereby issue the Irrevocable Documentary Credit in your favour. It is subject to the Uniform Customs and Practice for Documentary Credits (1993 Revision, international Chamber of Commerce. Paris, France. Publication No. 500) and engages us in accordance with the terms thereof. The number and the date of the Credit and the name of our bank must be quoted on all drafts required if the Credit is available by negotiation, each presentation must be noted on the reuerse side of this advice by the bank where the Credit is available. ㉔ This document consists of ☐signed page (s) ㉕Name and signature of the Issuing Bank		

图4.1 致受益人的通知书

Applicant:	Irrevocable Documentary Credit	Number
Place and Date of Issue:		
Applicant:	Expiry Date and Place for Presentation of Documents Expiry Date: Place for Presentation:	⇦
Advisng Bank:　　　　Reference No	
	Beneficiary:
Partial shipments　☐allowed　☐not allowed	Amount:
Transhipment　☐allowed　☐not allowed ☐insurance covered by buyers Shipment as defined in UCP 500 Article 46 From: For transportation to: Not later than:	Credit available with ☐by payment at sight ☐by deferred payment at: ☐by acceptance of drafts at: ☐by negotiation Against the documents detailed herein: ☐and Beneficiary's draft (s) drawn on:

Documents to be presented within ☐ days after the date of shipment but within the validity of the Credit.

We have issued the irrevocable Documentary Credit as detailed above it is subject to the Uniform Customs and Practice for Documentary Credits (1993 Revision, International Chamber of Commerce Paris, France. Publication No 500) We request you to advise the Beneficiary
☐without adding your confirmation　　☐adding your confirmation　　☐adding your confirmation. if requested by the Beneficiary㉒
Bank‐to‐Bank Instructions㉓

This document consists of ☐signed page (s)　　Name and signature of the Issuing Bank

图 4.2　致通知行的通知书

第三节　信用证的业务流程

一笔信用证业务分为进口和出口两个环节,从申请开出信用证到最后结汇,手续颇多。以议付信用证为例,图4.3演示了其业务流程。

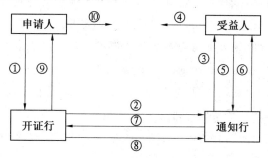

图4.3　议付信用证流程图

①进口商申请开证;②开证行开出信用证;③通知行向受益人通知信用证;④装船;⑤交单;⑥议付;⑦寄单;⑧偿付;⑨付款赎单;⑩进口商提货。

一、进口商申请开证

进口商在向其往来银行申请开出信用证之前,已与出口商签订了合同,合同便是信用证开立的基础。若合同中规定了以信用证作为支付方式时,进口商应向往来银行申请开证。

申请开证的一般手续为:①进口商向往来银行提出开证的请求;②银行调查后同意或不同意;③若同意,进口商交保证金;④进口商按标准交纳各项费用,银行开证。

(一)进口商填具开证申请书

申请信用证时,进口商要填具开证申请书,其内容、格式均是银行已印就的。正面是进口商对开证行的声明,背面是申请书,即对开证行的详细的开证指示,它是申请人与开证行之间的一种书面契约,规定了申请人和开证行所负的责任。但申请书都只记载申请人的义务和开证行的责任,其余的均按 UCP 中的规定来办理。

进口商在填写申请书时,应注意以下几点:①必要事项应完整正确地记载且内容不能相互矛盾,因为银行是根据申请书的内容开出信用证的。②申请书内容不能违背买卖合同上的有关条件,重要的条款须按合同的内容填写。③所要求的单证种类及格式、递送方法等应能确保开证行的权利。④须合乎国家的法律和规章。⑤不宜将买卖合同上的详细内容都填列上,要简单明了。⑥所开出的信用证在技术上和国际惯例上不应有困难。

【式样4.1】

开证申请人承诺书

××银行：

我公司已办妥一切进口手续，现请贵行按我公司开证申请书内容（见英文）开出不可撤销跟单信用证，为此我公司愿不可撤销地承担有关责任如下：

一、我公司同意贵行依照国际商会第500号出版物《跟单信用证统一惯例》办理该信用证项下一切事宜，并同意承担由此产生的一切责任。

二、我公司保证按时向贵行支付该证项下的货款、手续费利息及一切费用等（包括国外受益人拒绝承担的有关银行费用所需的外汇和人民币资金）。

三、我公司保证在贵行单到通知书中规定的期限之内通知贵行办理对外付款/承兑，否则贵行可认为我公司已接受单据，同意付款/承兑。

四、我公司保证在单证表面相符的条件下办理有关付款/承兑手续。如因单证有不符之处而拒绝付款/承兑，我公司保证在贵行单到通知书中规定的日期之前将全套单据如数退还贵行并附书面拒付理由，由贵行按国际惯例确定能否对外拒付。如贵行确定我公司所提拒付理由不成立，或虽然拒付理由成立，但我公司未能退回全套单据，或拒付单据退到贵行已超过单到通知书中规定的期限，贵行有权主动办理对外付款/承兑，并从我公司账户中扣款。

五、该信用证及其项下业务往来函电及单据如因邮、电或其他方式传递过程中发生遗失、延误、错漏，贵行当不负责。

六、该信用证如需修改，由我公司向贵行提出书面申请，由贵行根据具体情况确定能否办理修改。我公司确认所有修改当由信用证受益人接受时才能生效。

七、我公司在收到贵行开出的信用证、修改书副本后，保证及时与原申请书核对，如有不符之处，保证在接到副本之日起两个工作日内通知贵行。如未通知，当视为正确无误。

八、如因申请书字迹不清或词意含混而引起的一切后果由我公司负责。

开证申请人
（签字盖章）
年　月　日

第四章　国际结算方式(二)——信用证

【式样 4.2】

开证申请书式样(复印件)

IRREVOCABLE DOCUMENTARY CREDIT APPLICATION

TO: BANK OF CHINA

Date: _____　　Number: _____

☐ Issue by airmail　☐ With brief advice by teletransmission
☐ Issue by express delivery
☐ Issue by teletransmission (which shall be the operative instrument)

Irrevocable Documentary Credit　Ref. nr _____

Applicant: _____

Date and place of expiry: _____

Advising Bank: _____

Beneficiary: _____

Amount: _____

Partial shipments　　　　Transhipment
☐ allowed ☐ not allowed　☐ allowed ☐ not allowed

Credit available with _____
☐ by sight payment　☐ by acceptance　☐ by negotiation　☐ by deferred payment at _____
☐ against the documents detailed herein and beneficiary's draft for ____% of invoice value at _____
on _____

Loading on board/dispatch/taking in charge at/from _____
not later than _____
for transportation to: _____

☐ FOB　☐ CFR　☐ CIF
☐ or other terms

Documents required: (marked with x)
1. (　) Manually Signed Commercial Invoice in ____ copies indicating this L/C No. and Contract No. (Photo copy and carbon copy not acceptable as original).
2. (　) Full set (included ____ original and ____ non-negotiable copies) of Clean On Board "Freight _____" Ocean Bills of Lading made out to order and blank endorsed, marked Notifying _____, and consigned to _____
3. (　) Air Waybills showing "Freight _____", and consigned to _____
4. (　) RailWay Bills showing "Freight _____"
5. (　) Memorandum issued by _____ consigned to _____

续表

6. ( ) Full set (included　　　original and　　　copies) of insurance Policy/Certificate for 110% of the invoice value, showing claims payable in China, in currency of the draft, blank endorsed, covering([ ] ocean marine transportation\[ ] air transportation\[ ] over. land transportation) All Risks and War Risks.
7. ( ) Weight Memo/Packing List in　　　copies issued by
indicating quantity/gross and net weights of each package and packing conditions as called for by the L/C.
8. ( ) Certificate of Quantity/Weight in　　　copies issued by
indicating the actual surveyed quantity/weight of shipped goods as well as the packing condition.
9. ( ) Certificate of Quality in　　　copies issued by
10. ( ) Beneficiary's certified copy of cable/telex dispatched to the applicant within　　　hours after shipment advising [ ] name of vessel/ [ ] flight No./ [ ] wagon No. date, quantity, weight and value of shipment.
11. ( ) Beneficiary's Certificate certifying that extra copies of documents have been dispatched according to the contract terms.
12. ( ) Shipping Co's Certificate attesting that the carrying vessel is chartered of booked by Applicant or their shipping agents.
13. ( ) Other documents, if any:
　　　Covering:

Additional instructions:
1. ( ) All banking charges outside the opening bank are for beneficiary's account.
2. ( ) Documents must be presented within　　　days after the date of issuance of the transport documents but within the validity of this credit.
3. ( ) Third party as shipper is not acceptable. Short Form/Blank Back B/L is not acceptable.
4. ( ) Both quantity and amount　　　% more or less are allowed.
5. ( ) Prepaid freight drawn in excess of L/C amount is acceptable against presentation of original charges voucher issued by shipping Co./Air Line/or it's agent.
6. ( ) All documents to be forwarded in one cover, unless otherwise stated above.
7. ( ) Other terms, if any:

Account No:
Transacted by:
Telephone No:

with _____ (name of bank)
(Applicant: name, signature of authorized person)
(with seal)

(二) 开证行审核申请书及申请人

首先,申请人提交申请书后,银行要对申请书进行认真审核。因为申请书不仅是开证行对外开证的依据,也是与申请人之间明确各自权责的契约性文件。

其次,开证行对申请人的资信进行审核。因为开立信用证是银行提供信用的一种形式,因此要像办理一般贷款业务一样,对申请人进行全面了解。银行对开证申请人一般审核下述几个方面:经营状况、收益状况;过去经营此类交易的历史;资金实力、作风、信誉;在同业中的地位及发展方向;可能提供或银行可能获得的传统的保证,如开证时是否有足够的授信额度,若无,是否账户上有足够的金额用于开证保证金;另外,还要对该进口交易的合法性进行审核,并要求进口商同时提供有关的文件,如进口许可证、合同文本等。

(三) 申请人提供保证金

如果以上审查通过,开证行就会要求申请人提供保证金。从理论上讲,申请人提供不动产作抵押,或以动产及财产权利设质,以及提供其他银行的保函都是可以的,但实务中多是要求以现金作押。保证金可以用现汇,也可从申请人的存款账户中扣除,拨入保证金账户。具体交纳保证金的数额与申请人的资信、货物的时常销售等情况有关,有时高达90%~100%,有时仅百分之几,甚至分文不收。

大多数要求开立跟单信用证的客户都需要在一段时间内多次开立,而不仅仅是一笔交易。若每进行一笔业务都进行一次资信调查,手续较繁杂。因此银行往往根据资信调查情况规定一个授信额度,此额度是减免保证金开证的最高限额,有了额度之后,若开证金额未超过额度,不收保证金,超过额度的才收取。国外保证金通常不计利息。

【案例4.2】

信用证由C国的一家银行开给K国的受益人,货物是寻呼机,目的地在H国。同时信用证要求一份空运单,其收货人为申请人以外的H国第三方。按照C国外贸管制规定,如果进口寻呼机,进口商必须事先从进口许可部门取得进口许可证。而且,开证行在开证前必须事先审核该许可证。否则,禁止进口商和开证行开立信用证。然而,事实上申请人并没有取得该进口许可证,因此,信用证的开立是违法的。

请问:此时信用证是否依然有效呢?

分析:信用证仍然是有效的,因为受益人、通知行/保兑行或任何其他指定银行将信赖信用证的开立符合开证行自己内部程序和当地或全国性的法律法规,没有理由怀疑开证的有效性。

(资料来源:徐进亮,李俊.国际结算:实务与案例[M].北京:机械工业出版社,2011.)

二、开证行开出信用证

(一) 信用证的递送

绝大部分是由开证行通过国外出口地的联行或代理行通知受益人,这是一种较正常和安全的做法。通知行可核对印鉴和密押以证实信用证的真伪。有的还规定信用证可在该银行议付或保兑。

少数信用证由开证行直接寄给出口商。有时开证申请人根据出口商的要求,为使出口商尽快收到信用证而这样做。但出口商收到后,仍须到议付行或开证行的代理行、联行等核对印鉴和密押。

偶尔也有由开证行交给进口商,由进口商寄给出口商或自带到出口地的,这样是为使信用证早日到达受益人手中。这种情况可能是进口商要亲自到出口地看货并对未谈妥的有关货物的种类、数量等洽谈后,再交出信用证。

(二)开证费用

开证银行向开证申请人收取的手续费统称 opening charge or commission,期限从开证日起算,在开证时收取。一般情况下,各银行都有收费表,按表上所规定的费率收费即可。

三、通知行通知信用证

出口方银行按开证行的委托,将信用证交给受益人叫信用证的通知。通知行应遵照"通知"这一业务的宗旨,迅速准确地把信用证通知给受益人。

(一)通知信用证

1. 核对印鉴或密押

核对印鉴或密押是出口地通知银行最先要做的事情,以确认此证确实是本行应通知的,并从形式上辨别其真伪。这是信用证统一惯例中规定的通知行应负的责任。对用电信方式发来的信用证,应立即核对密押,核对正确的,加盖"押符"章及核对人私章;不符的,应立即向开证行查询(以电传寄来的修改书也要核对)。若本行与开证行无密押关系,可经第三家有密押关系的代理行加押证实。对用信函寄来的信用证及修改通知书以及授权书等,通知行要核对印鉴,随到随核,已核妥的盖章表示核符。若不符或无法核对,应在一个工作日内向开证行查询。对于密押、印鉴不符的信用证或修改,可一面向开证行核实,一面通知受益人,注明"印鉴或密押不符,仅供参考(as we are unable to verity the signature/test keys appearing on this credit, we hereby pass it on to you without any responsibility or engagement)"。

2. 通知受益人

(1)开证行若以信函方式开出信用证

开证行若以信函方式开出信用证,而且一式两份时,通知行一般先缮制信用证通知书,将通知书和正本信用证通知给受益人,副本由通知行存档。如因邮递原因先收到副本,应复印副本并注明"正本未到,供受益人参考"。若在合理时间内还未收到正本,则应向开证行查询。正本信用证到达后,按正常手续通知受益人。如按国际商会的标准格式开出信用证,通知行收到信用证后,将标有"advice for the Beneficiary"的那一份交给受益人;标有"advice for the

Advising bank"的自己留存。

(2) 开证行若以电报、电传开出全条款的信用证

开证行若以电报、电传开出全条款的信用证,则通知行收到来证后,附面函通知受益人,或制作电开信用证通知书通知受益人。若来电中没有注明须待收到电报证实书方能生效的,则全电开证即可作为正式有效的文件,凭此受益人可出运货物和议付单据。

(3) 若开证行以电报、电传开来的不是全文

若开证行以电报、电传开来的不是全文,而只是简电,应将信用证的主要内容,如信用证号码、受益人名称和地址、开证申请人名称、金额、货币、数量、价格、装运期等预先告知通知行,详尽的条款将以信用证格式航寄给通知行。通知行收到简电后,应制作信用证简电通知书照录全文通知受益人,并注明"此系简电通知,不凭以议付",简电信用证不能生效,只供受益人备货订仓时参考。全证开来后,核对印鉴相符才可装运交单和议付。

(4) 套用旧证开证

套用旧证开证。为了节省电报费用,开证行在电开信用证时,根据以前开出旧证条款开出新的信用证,新旧证不同的地方在电文中说明,未说明的部分,说明两者条款相同。如电文中未特别注明新证包括旧证项下的修改,则不包括修改,通知行接到这样的来电,须找出旧证,与来电相比照,缮打成完整的信用证通知受益人。

(5) 按约定格式开证(L/C open by cable as per prearranged made)

为了节省电报费用,开证行与通知行预先约定电开信用证的固定格式。开证行按格式将应填写的内容以电报或电传通知通知行。通知行接到电报或电传后,按照约定的电报格式,制成完整的信用证通知书,通知受益人。

(二) 信用证的转通知

转通知是指国外开证行委托通知行将信用证或修改通知给异地的受益人。例如,国外常把信用证开到口岸地区,而受益人却在内地,这时就需口岸行办理转通知。口岸行就是"转通知行"。

办理转通知的手续一般是:在转通知前应负责核对印鉴或密押,以明确其真实性。印鉴密押相符后,将信用证通过所在地的银行通知给异地的受益人。原则是:若原信用证或修改是电报或电传开来的,则应用电报转通知;若是信开来,则用邮函转。但并非不能灵活办理,若证下修改期限将到或内容紧急,也可考虑电转。

四、审核信用证、发货

根据国际上通常的做法,通知行只负责对信用证进行通知。除核对印鉴或密押以便确定来证表面的真伪外,并无审核信用证的义务。但在实务中,根据银贸双方的特点和工作范围,审证工作是两家共同进行的。出口商是将信用证与合同核对,审查来证条款、单据种类、价格条款等;而银行是从信用证的可靠性和有效性来审查。

（一）审核信用证

受益人之所以要审核信用证，是因为信用证上所记载的事项出口商能否做到，关系到能否安全收汇。受益人在审证时，要注意将信用证与买卖合同相核对。信用证虽是依据买卖合同而开具的，其内容理应与合同相符，但实际中，信用证条款经常与合同条款不一致，因此，卖方收到信用证时，首先要做的工作就是审查信用证条款是否与买卖合同条款的内容相符，如发现有疑问时，即应要求解释或要求修改。

银行的审证主要是从以下几个方面进行的：①开证银行资信的审查。这是能否安全收汇的基础，可以说是银行审证工作中最主要的一环。银行要做好资信的调查，主要靠平时资料的积累，搜集银行的各种报表及报章杂志的消息评论等都是必要的，并做好记录、分类、整理，以在有情况时作出正确的判断。②偿付路线的审查。信用证的索汇路线必须正常、合理，是国际贸易通常所采取的方式，对索汇路线迂回、环节过多的，应与开证行联系进行修改。偿付条款不得前后矛盾。③审查信用证中有否歧视性的内容。

信用证经受益人和通知行审核后，对所收到的信用证的处理不外有三种方式：①属于可以接受的；②属于经过修改后才能接受的；③不能接受的。对于可以接受的，应当按国际上通常的做法，受益人抓紧时间备货、出运、制单。对于要经修改才能接受的，可以进行修改。对于不能接受的，诸如开证行的资信有问题，付款责任不明确，来证条款不全，前后矛盾，单证要求不符或不能办到的，由通知行联系开证行澄清或由受益人与买主交涉。

若经受益人审核后认为信用证存在问题，与合同内容不一致，则必须提出修改信用证的要求。出口商提出修改，通常是由于信用证与合同不符，或某些条款受益人认为无法办到。例如，信用证规定不准转运，但轮船公司并无直接的船只到达目的地，这时就需要提出修改。

修改信用证的原则：①对提出的修改，要注意是否与其他条款相抵触，是否遵守了外汇管理的有关规定。②对不可撤销信用证，非经当事人的同意不得修改，因此开证行在办理修改时，必修经开证行、保兑行（若有保兑）及受益人的同意。③当同一信用证修改书上涉及两个或两个以上条款时，必须全部接受，不得同意一部分拒绝另一部分。④如果开证银行选择一家银行将信用证通知给受益人，其修改的通知也要通过这家银行。⑤开证行自发生修改之日起，就受这个修改的约束。保兑行可以对修改加保兑，并在通知这个修改时就受其约束。保兑行可以对修改加保兑，并在通知这个修改时就受其约束，也可不对修改加保兑，即仅将修改通知受益人，但要及时将此情况通知给开证行及受益人。⑥受益人应发出一个通知，表示其接受还是拒绝修改，但也可不表态，通过其提交的单据来判断是否接受了修改。⑦修改通知书中要注明本次修改的次数。

（二）受益人发货

如果受益人接受了信用证，就可将货物装运，在这一过程中要注意合同中对货物的要求。

五、受益人交单

在装运货物期间,受益人要签发包括汇票(若有)在内的单据,取得货运单据,然后将与信用证相符的所有单据在信用证规定的期间内连同信用证及有关修改书(若有),提交给信用证指定的银行(如议付行)要求议付。受益人在交单时,要在到期日或到期日之前并且在信用证规定的交单期内交单。

六、审单议付

(一)审单

审单即银行对受益人提交的凭以议付、付款的单据的审查,即 documents examination,信用证项下的审单可以指议付行的审单,也可以指开证行的审单。前者称议付审单,后者为付款审单。议付审单是在出口地进行,付款审单则在进口地。这里介绍的是议付审单。

之所以要审单,是因为单据的质量关系到能否安全及时收汇。信用证的付款承诺是有条件的,即单证必须相符。只有单证相符才能使开证行接受单据,履行其付款义务,受益人或议付行也才有权向开证行要求付款,保证安全及时收汇。所以为免受损失,要严格审单。信用证条款是审单工作的唯一依据,其他诸如合同、往来函电、货物情况等只是作为参考,不是审单的依据。所以,来证的条款必须明确,这也体现出审证工作的重要性。

(二)议付

审单结束,对信用证进行议付的话,应在信用证的背面对议付的日期和金额等进行批注,国外也称这种批注为背书,以防止有人再另造单据向其他的银行议付。

若单据与信用证条款不一致或单据之间彼此矛盾,即被认为是单证不符(discrepancy)。开证行对单证不符的单据有权拒绝付款,所以为保证安全及时收汇,应尽量避免。但要做到完全不出差错又是不可能的,并且客观情况也在不断变化。因此遇到单证不符的情况时,应及时做相应的处理,使最终的收汇不受影响。作出议付后,对单据不符的处理有以下几种:

1. 将单据退回受益人修改

若不符点是由于受益人在制单时的疏忽所致,通常由议付行退还让其修改,再交银行议付。如是打字拼写方面的错误,有时为了争取时间,在受益人授权后,银行也可代劳。但若是提交的单据不全,则必须由受益人补齐。受不符点的性质和提示单据日期的限制,退给受益人修改的方法只适合制单疏忽和所交单据不全的情形,不是在任何时候都能用,因为单据必须在允许的期限和信用证的有效期内提示。

2. 担保议付

要求受益人提供一份保证书,然后再进行议付。保证书上要注明:①单据与信用证条款不相符的内容;②为有不符点的单据议付,银行一旦遭受损失及付出的费用由受益人保证负担。

议付行可将此在寄单通知书中声明,以示议付的保留性质。若开证行接受不符点付款,保证书即随之失效。如开证行拒绝接受不符点,则受益人应当赔偿。当然,议付行也可以拒绝接受保证书,还可以根据保证书提出人的资信情况及单证不符的具体内容仅作部分议付。保证书对开证行来说没有什么效力,它只是受益人和议付行之间的一种协议,所以保证书一般不必向开证行提示,尽管有时向偿付行提示。这种保证书一般是由受益人的往来银行出具的。

3. 致电开证行要求授权议付

议付行通过电传等将不符点告知开证行,征询可否议付,得到开证行的授权后再行议付或者承兑。这里有个前提,即受益人同意或要求这样做并承担有关的费用。这就是通常所说的"电提"。电提的特点是解决问题快,对临近提示期的单据较适用。若开证行回电同意,电文上的措辞一般是"如果无其他不符点,你们可以承兑、议付(you may accept, negotiate if otherwise in order)"。如开证行不同意,受益人要采取补救措施。由于用了电提,能最快得到开证行的回复,所以也有可能及时采取措施。一般来说,这种方法可在金额较大、不符点较明显时运用。具体使用时还应注意:单证不符点若很复杂,很难在电文中详细说明。陈述不清,易引起纠纷并遭拒付。不符点如被进口商接受,并不表示开证行已同意付款,等到单据送达开证行、进口商赎单后,议付行收到正式贷记通知时,才能确定其最后的付款。因开证行是按开证申请人的指示行事,所以在请求开证行批准的同时,受益人也应同时与申请人联系。一般来说,若申请人同意,开证行也会同意,特别是在买方想得到货物时,即使单据存在一些不符点也会接受。除非买方认为这笔交易已无利可图。开证行的回电若含糊不清,易引起误会时,应改为托收来办理才安全些。

4. 托收

若不符点甚为严重,拒付的可能性较大,如货物装船过期、货物溢装、信用证超额等,应建议出口商改为商业信用,但风险较大,此时进口商往往乘机压价或争得大幅度折扣。

5. 照常议付

尽管有不符点,从实践经验中得知这些仅是微不足道的,仍能照旧付款。有时需向开证行说明一下,但这不是可推行的办法,在市场行情变化或其他情形下,往往成为进口商的把柄,会冒很大的风险。

6. 不予受理,将单据退回受益人

以上2~6的做法,适于不能更正的不符点,如货物迟装、品质、包装条件与来证规定不符等。这种不符往往是在受益人装货前已经征得进口商的同意,但来证未经开证行作出相应修改所造成的。由于开证行可以拒付,而进口商可能不遵守其诺言,容易给受益人造成严重的经济损失,因此应在装货前尽量避免这种被动局面。

七、寄单索汇

一般情况下,信用证中都规定了一家"被指定银行"。依信用证的使用方式不同,由该行

充当付款行、承兑行或议付行(自由议付的信用证,任何银行都可充当议付行)。受益人向该银行交单,如在向议付行交单并获垫款后,议付行要将单据寄给开证行,随付 BP 通知书(Bill Purchased)或称议付通知书(也称面函,Covering Letter/Documentary Remittance),要求开证行偿付或向偿付行索取垫款的过程。至于如何寄单及向谁索汇,在信用证中的偿付条款中均有明确的规定,因此,索偿行一定要仔细阅读信用证中的有关条款。同时,要熟悉账户的设立情况,因为国际间债权债务的清偿除易货贸易外,大多是通过对互开的存款账户的转移来实现的,因此,弄清账户的开立和分布,也是尽快收汇的基本条件。因为它能促使合理使用账户,减少不必要的中间环节。这些互开的账户统称之为"往来账户(Current Account)",分为国外同业存款、存放国外同业、国外联行往来及清算账户等。国外同业存款是国外银行在我方银行开立的账户;存放国外同业是我方银行在国外同业开立的各种可自由兑换货币的资金往来账户,其货币一般都是开立国的货币;国外联行往来是指我方银行在国外联行开立的账户;而清算账户则是记账贸易下所使用的账户。

作为议付行以及其他索偿行,可能按信用证规定,在单据到达开证行并接受后才得到偿付,也可能在单据寄出时即可获得事先的偿付。在后一种情况下,若开证行收到单据后发现单证不符,则有权要求索偿行退款。

议付行寄单索汇的路线可分为以下两类:①向开证行索汇。若开证行是凭单付款,为加速收汇,议付行可采用快邮来寄送单据;若按约定,议付行可航邮单据,同时以电讯方式向开证行索汇。②向偿付行索汇。向偿付行索汇时,无须向其寄送单据,即单据的处理与向开证行索汇时是一样的。两套单据都是寄给开证行的,偿付行不与单据打交道,通常也不要求索偿行声明单证相符。议付行在寄单给开证行的同时,可用电讯向偿付行索汇,也可用信函方式索汇。在后一种方式下,为加速索汇,可"以电代邮",即在偿付行所在地找一家特约的银行,议付行寄单后,立即以电讯方式通知特约银行,请其填制索偿通知,交同城的偿付行索汇,这样就可使偿付行早日得到索汇通知而及时偿付。

八、开证行或偿付行偿付

(一)开证行偿付

1. 审核议付通知书或索汇通知书

当议付行电索时,开证行通常是先收到索汇电函,此时应根据电文中提供的信用证号码核对信用证的副本,并以此核对议付金额是否超出信用证的金额;单据的提交是否符合信用证的交单期限;发出索汇指示的银行是否为信用证的指定银行;是否注有不符点或凭保议付等,核对无误后在信用证上批注有关内容。

2. 审核单据

收到议付单据后,应全面加以审核。注意核对单据的种类、份数是否与所附的相符;单据是否由指定的银行提交。如提交了信用证未规定的单据,开证行可不予审核,可视情况退还交单银行或照转申请人。如提交的单据没有体现某次修改的内容,应视同受益人尚未接受该次修改,不能认定单证不符。如发现不符点,须接洽申请人,若申请人提出拒付,则开证行不予偿付。

3. 开证行偿付

开证行如何对议付行或其他索偿行进行偿付,是在信用证中加以规定的。通常是结合双方账户设立情况而确定。一般有以下几种:

(1) 单到付款

单到付款即开证行收到议付行寄来的单据,经审核认为无误即将款项偿付给议付行。具体做法可能是贷记议付行在开证行的账户,或通过双方共有的账户行办理,如 Upon receipt of the documents in compliance with this L/C, we shall credit your account with us or remit the proceeds to the bank named by you.

(2) 授权借记

这实际上是单到付款的另外一种安排。当开证行收到单据确认单证相符后,向议付行发出授权,授权议付行借记开证行的账户。显然,开证行在议付行开有账户,如 Upon receipt of the documents in compliance the term of this L/C, we shall authorize you to debit our account with you.

(3) 主动借记

当开证行在议付行开有账户时,其开出的信用证可能规定议付行在议付后,可立即借记开证行的账户。这对于议付行是十分有利的,议付的当日即可获得开证行的偿付。若开证行在开证时已向申请人收取了现汇保证金,则对外偿付的款项从保证金账户中支付;若收取的是人民币保证金,应由申请人申请购汇,按付汇日开证行挂牌汇率售汇支付;若使用信用额度开证,在申请人自备资金付款赎单后,才能恢复其相应的授信额度。

(二) 偿付行偿付

当偿付行得到索偿书后,即应依索偿书中的指示向议付行偿付。偿付行处理索偿时,要注意以下几点:①偿付行收到索汇电函后有3个工作日的时间处理业务(从收到的次日起)。若收到索汇电函是在非营业时间,则被视为是在下一个营业日收到的。②偿付行对索偿行提出的倒起息的要求不予处理。③偿付行无义务对索偿行以外的其他任何银行付款。④如果偿付行未开具偿付保证(指偿付行在开证行的授权或要求下,向偿付授权中所指定的索偿行开立的一种独立的、不可撤销的保证书,保证在其偿付保证中的条款被满足后对索偿行进行偿付),并且偿付到期日是远期的,索偿时必须表明偿付的具体日期。

(三) 开证行对单证不符的处理

寄单行在审单时有可能已发现了不符点,并以电提方式征询开证行对单据的处理意见,这时,应接洽申请人。若申请人同意,则向议付行等寄单行发出接受所提及不符点的授权。收到单据后,审核单据如未发现新的不符点,视同单证相符,否则可按单证不符处理。

开证行审单发现单据同信用证条款不符时,习惯的做法不是马上退单拒付,而是列举各项不符点,在给进口商的通知书中注明,问申请人是否接受。如申请人接受,加上客户的资信也没问题,开证行则不必退回单据,按正常情况进行结算处理即可。客户之所以接受不符的单据常常出于实际业务的需要,或已与受益人之间达成了某种协议。如某种商品畅销,价格有利时,开证申请人往往不计较单据的不符。如客户拒绝接受这样的单据,开证行再根据固定手续通知议付行。

在同议付行的关系上,理论上讲开证行本身是信用证的主债务人,是否接受有不符点的单据,开证行有责任来判断。

九、申请人付款赎单

开证行对外偿付后通知申请人,申请人向开证行付款,并只有在付款后才能得到单据。这一过程称申请人付款赎单。

十、提货

付款赎单后,申请人即可以提货。提货后,不能因货物问题向开证行等提出索赔,因开证行是凭单付款,而非货物或合同。

第四节 信用证的种类

信用证可按照不同的标准进行分类,这些分类有的在 UCP600 中有规定,有的则是实物中出现的用法,而有的信用证符合多项标准,所以信用证的种类繁杂。以下介绍的是几种常用的和重要的信用证。

一、光票信用证和跟单信用证

(一) 光票信用证

光票信用证(Clean credit)是在要求银行付款时受益人只需提交一张汇票而不需要提交其他随附单据的信用证。光票信用证主要用于旅游、使领馆经费和个人消费,目前已有被旅行支票和信用卡完全取代之势。光票信用证的受益人可在信用证的有效期内,在信用证的总金额范围内,一次或数次向指定银行凭汇票或收据支取现金。

(二) 跟单信用证

跟单信用证(Documentary credit)是指受益人在交单时,要提交商业发票、提单、保险单等装运单据,作为受益人履约的证明。跟单信用证是现代国际结算中最常用的信用证。

二、可撤销信用证和不可撤销信用证

（一）可撤销信用证

可撤销信用证(Revocable credit)是指不经受益人的同意,开证行可以单方面地修改或撤销的信用证。对办理可撤销信用证项下即期付款、承兑或议付的另一家银行,在其收到修改或撤销通知之前已凭表面与信用证条款相符的单据做出的任何付款、承兑或议付者,开证行必须予以偿付;对办理可撤销信用证项下延期付款的另一家银行,在其收到修改或撤销通知之前已接受表面与信用证条款相符的单据者,开证行必须予以偿付。这种信用证对受益人而言没有任何价值,因为开证行可以通过随时修改或撤销信用证使受益人的交单出现不符点,从而拒付。此时,信用证已不再是一个付款的工具,而随时都可能变成拒付的工具,对受益人而言是极为不利的。一份可撤销的信用证对于受益人而言是极为不利的,虽然现在可撤销信用证已经很少使用,但仍有一些国家在信用证成文法中规定信用证是可撤销的,除非另有相反约定,如玻利维亚、也门以及俄罗斯等国家。

（二）不可撤销信用证

不可撤销信用证(Irrevocable credit)是指不经受益人、开证行及保兑行的同意,开证行不能单方面地修改或撤销的信用证。不可撤销信用证一旦生效,开证行即对相符交单承担确定性的付款责任。

UCP600第三条规定:"信用证是不可撤销的,即使未如此表明。"与UCP500第六条的规定不同,UCPS00既承认可撤销引用证也承认不可撤销信用证,但如果信用证未加说明,认为信用证是不可撤销的。随着可撤销信用证的大幅减少,UCP600中只规定了不可撤销信用证,即使信用证中没有加上相关字句说明,信用证仍然是不可撤销的。

【案例4.3】

一张规定对以开证行为付款人的、在发票日后180天付款的汇票进行承兑的不可撤销信用证中有下述条款:

"我行已开立上述信用证,该信用证适用于UCP600,但特别指示的规定除外"。该特别指示如下:根据本信用证开立的汇票不得在提示时贴现。按买卖双方约定,票款将于到期时在收到付款人付款后汇交。如到期后票款未付,我行不负责任。

试问:对受益人来说,该信用证可否接受?

分析:

不能接受。由于开证行不承担UCP600第8条a分条项下其应负责任,该信用证不应被视作信用证。

（资料来源:徐进亮.国际结算惯例与案例[M].北京:对外经济贸易大学出版社,2007.）

三、保兑信用证和不保兑信用证

(一)保兑信用证

保兑信用证(Confirmed L/C)是由开证行以外的另一家银行加具保证兑付的信用证,即委托第三家银行加保。保兑行和通知行是委托或代理关系,保兑行通常由通知行充任。通知行接受委托后,在信用证上打印加保的文字。如"this Credit is confirmed by us",或"we hereby added our confirmation"。保兑的做法起源于英国,所以英国以前开出的信用证都加"保兑"字样,在他们心目中,confirm 与 irrevocable 的意义是一样的,因此若出现"confirm credit"或"irrevocable confirm credit",一般不是委托通知行加保,而是开证行本身加保的意思,这种保兑是没有意义的。看一个信用证是否是保兑的,不能光看名称,而要看是否有另外一家银行承担了与开证行一样的"第一性的付款责任"。

保兑银行所负的责任,不论是其形式还是范围,完全与开证行所付的责任相同,且担保责任是绝对的,不论发生什么情况,都不得片面撤销其保兑,这在统一惯例中有详细的规定,即凡信用证规定由保兑行本身或其他人付款(即期付款、迟期付款)承兑和议付的,保兑行保证付款、承兑和议付。

对出口商来说,这是最有利的信用证,因为它有双重的付款保证,只要单据符合要求,它就保证能得到付款,而且它可以要求保兑行和开证行中的任何一个银行履行付款责任。并不是在开证行不对受益人负责时保兑行才负责,它可以要求保兑行和开证行中任何一个履行付款责任,没有先后顺序的限制。

开证银行一般不愿对自己开出的信用证请别的银行加保兑,因为这个行为降低了开证行的信用程度,资信优良的银行和开证申请人是不愿这样做的。但有时,有些银行知名度不高或者对自身的资信有"自知之明"唯恐所开出的信用证不被受益人接受或在出口地不易被其他银行议付,便主动在开证时声明"如受益人要求时,请加保兑"。

(二)不保兑信用证

不保兑信用证(Unconfirmed L/C)是未委托第三者加保的信用证,它由开证行单独承担不可撤销的保证付款的责任。在开证行资信较好的情况下,出口商一般不要求加保,这时通知行只负责通知,对单据不承担任何责任。因此在买方或开证行不能付款或拒绝付款的情况下,它不能向出口商提供任何保护。通常,不保兑的信用证使用得更多一些。

通知行在给受益人的信用证通知中一般会写上:This is merely an advice of credit issued by the above mentioned bank which conveys no engagement on the part of this bank. (这是上述银行所开信用证的通知,我行只通知而不加保证。)

不保兑信用证的特点是:只有开证行确定的付款责任。

四、即期付款信用证、延期付款信用证、承兑信用证和议付信用证

这是按信用证付款方法来分类的。每一个信用证都必须明确是这几种信用证中的哪一种。

(一) 即期付款信用证

即期付款信用证(Sight payment credit)即信用证规定受益人开立即期汇票或不需即期汇票仅凭单据即可向指定银行提示请求付款的信用证。

付款行付款后无追索权。

如：

☒ by payment at sight

☐ by deferred payment at：

☐ by acceptance of drafts at：

☐ by negotiation

这种信用证可要求也可不要求开出汇票，如果要汇票，则汇票上的付款人应是信用证上指定的付款行，可能是开证行或通知行，也可能是指定的第三国银行，但不能是开证申请人。如付款人是通知行或出口地另一指定的银行，则通知行或指定的银行就是付款行，这是比较典型的即期付款信用证。由于付款行付款后无追索权，这对受益人来说比开证行为付款行的即期付款信用证要有利一些。信用证的到期日视付款银行不同而不同。

(二) 延期付款信用证

延期付款信用证(Deferred payment credit)即不需汇票，仅凭受益人交来单据，审核相符确定银行承担延期付款责任起，延长一段时间，及至到期日付款的信用证。

在业务处理上，延期付款信用证与承兑信用证类似，所不同的是受益人不需要出具汇票，只需将符合信用证规定的单据交到指定银行，指定银行在验单无误后收入单据，待信用证到期再行付款。

延期付款信用证由于没有汇票，也就没有银行承兑，对于受益人来说明显的不利处在于无法像承兑信用证那样去贴现银票。如果受益人急需资金而向银行贷款，银行贷款利率比贴现率高，可见不利于企业对资金的利用。

如：

☐ by payment at sight

☒ by deferred payment at：

☐ by acceptance of drafts at：

☐ by negotiation

（三）承兑信用证

承兑信用证（Acceptance credit）即信用证规定开证行对于受益人开立以开证行自己为付款人或以其他银行为付款人的远期汇票，在审单无误后，应承担承兑汇票并于到期日付款责任的信用证。

具体做法是：受益人开出以开证行或指定银行为受票人的远期汇票，连同商业单据一起交到信用证指定银行。银行收到汇票和单据后，先验单，如单据符合信用证条款，则在汇票正面写上"承兑"字样并签章，然后将汇票交还受益人（出口商），收进单据。待信用证到期时，受益人再向银行提示汇票要求付款，这时银行才付款。银行付款后无追索权。

如：

☐ by payment at sight

☐ by deferred payment at：

☒ by acceptance of drafts at：

☐ by negotiation

它与延期付款信用证一样，都属远期信用证，但不同的是，承兑信用证必须要求有一张远期汇票，所以承兑信用证又可以理解为是要汇票的远期信用证。

若开证行是汇票的付款人，则由开证行承兑，并承担汇票到期付款的责任；若付款人是其他指定的银行，则由被指定的银行承兑。但不管是谁承兑，开证行都要对到期付款负责。开证行向受益人保证，凡符合信用证条款所开立的远期汇票向被指定的银行提示时，能及时承兑并于到期日付款。

由于被指定的银行没有必须承兑的义务，除非该行保兑了信用证，所以一旦被指定的银行拒绝承兑，则由开证行来承担这一义务。

当指定开证行以外的银行承兑汇票，被指定的银行承担了风险，因此要收取承兑费。一般来说，通知行常作为承兑行，因此有效期一般也在通知行到期。

付款行承兑后，汇票便与其他单据分离而成为一张光票，付款行成为汇票的承兑人，按票据法的规定必须对持票人承担到期付款的责任。承兑后汇票可退还给受益人，以便到期提示取款。但大多数情况下，承兑行只发出一个已承兑通知，通知到期日，而不将汇票退还。如果承兑行不是开证行，承兑行付款后则单寄开证行索偿。开证行在收到单据后，一般以付款交单的方式向申请人放单。如果受益人需融通资金，也可以将承兑汇票在承兑行或其他银行贴现，扣除贴息后提前获得贷款。

（四）议付信用证

议付信用证（Negotiation credit）即议付行议付或购买受益人在信用证项下交来的汇票/单据，只要这些汇票、单据与信用证条款相符，就将被开证行正当付款，这种信用证即为议付信用证。

信用证议付的具体操作方法是:受益人开具汇票,连同单据一起向信用证允许的银行进行议付,议付银行则在审单后扣除垫付资金的利息,将余款付给受益人。然后议付行将汇票与单据按信用证规定的方法交与开证行索偿。

议付行是票据的买入者和后手,如果因单据有问题,遭开证行拒付,其有权向受益人追索票款。这是议付行与付款行的本质区别。

议付信用证下受益人开出的汇票有即期和远期之分。

即期汇票的情况是:受益人开立以开证行为付款人、以受益人(背书给议付行)或议付行为收款人的即期汇票,到信用证允许的银行进行交单议付;议付银行审单无误后立即付款,然后将汇票和单据寄开证行索偿。

远期汇票的情况是:则受益人开立远期汇票,到信用证允许的银行交单议付;议付行审单无误后,将汇票、单据寄交开证行承兑,开证行承兑后,寄出"承兑通知书"给议付行或将汇票退给议付行在进口地的代理行保存,等汇票到期时提示开证行付款,款项收妥后汇交出口商。如果出口商要求将银行承兑汇票贴现,则议付行在进口地的代理行可将开证行的承兑汇票送交贴现公司办理贴现,出口商负担贴现息。但是,议付行未买入单据,只是审单和递送单据,并不构成议付。

按信用证议付的范围不同,议付信用证又可分为限制议付信用证和自由议付信用证两种情况。

1. 限制议付信用证

限制议付信用证(Restricted credit or special credit)是指定议付银行的信用证。在限制信用证中有具体的议付行名称,如:Credit available with Bank of China, Shanghai

□ by payment at sight

□ by deferred payment at:

□ by acceptance of drafts at:

× by negotiation

against the documents detailed herein:

× and Beneficiary's drafts drawn at sight on The Bank of Tokyo Ltd. , Tokyo, Japan

限制议付可能会在以下几种情况下使用:开证行为了将业务控制在本系统之内,或者是照顾联行和代理行的关系;有的开证行考虑到自己的资信,指明邀请某银行议付;除开证行外,通知行为了招揽生意,有时也自己在来证的面函上写上限制条款,如"我行愿意议付此证,保证提供满意服务"等。

如信用证限制了议付行,其他银行能不能议付呢?从理论上分析,信用证的责任条款上有一条"我行保证对所有根据本信用证开出的,并与信用证规定相符的单据及汇票负责付款"。所以只要单据相符,作为受益人有权请任何银行代向开证行交单,要求付款。但对局外的议付行,议付该信用证是有风险的,首先是难以鉴别信用证的真伪。印鉴、密押在开证行与通知行之间是有约定的,而其他的银行不可能知道约定的内容。其次是没法确知信用证有无修改及修改的次数。最后,信用证的偿付办法及寄单办法也无从掌握。

从受益人来看,有了限制条款,就等于堵塞了他向别的银行,特别是有关系的银行要求融资的渠道,当指定的议付行不是受益人的开户行时,单据要议付两次,先由开户行议付,再交限制的议付行议付,不仅受益人的费用增加了,还延长了交单期限和推迟了收款。但反过来,开证行已安排好了议付行,受益人不必为了选择议付行四处奔走,也有好处。

2. 自由议付信用证

自由议付信用证(Freely Negotiable Credit or Open Credit)是不指定议付行的议付信用证。例如,Credit available with Any Bank in China

☐ by payment at sight

☐ by deferred payment at:

☐ by acceptance of drafts at:

☒ by negotiation

　　against the documents detailed herein:

☒ and Beneficiary's drafts drawn at sight on The Bank of Tokyo Ltd., Tokyo, Japan

信用证以公开议付为多见,特别是一些大银行开出的信用证,自信谁都愿提供议付,所以很少限制议付行。

五、可转让信用证和不可转让信用证

这是根据信用证的权利能否转让来划分的。只有开证行在信用证中明确注明"可转让"字样的信用证才能转让,否则就视为不可转让信用证。

(一) 可转让信用证

可转让信用证(Transferable credit)是指信用证的受益人(第一受益人)可以要求信用证中特别授权的转让银行,将该信用证全部或部分转让给一个或数个受益人(第二受益人)使用的信用证。这里原证的受益人为第一受益人,受让人为第二受益人。即这种信用证的第一受益人将信用证的权利转让给第二受益人。可不可转让对开证行来说没有什么影响,它只凭符合信用证条款的单据付款,不必在意单据是由谁进行的提示,但对进口商来说是否由原签约的出口商装运却是很重要的。很可能进口商对签约的出口商比较了解,而对其他的人由于不了解而要承担一定的风险。但在国际贸易中,买卖双方往往有中间人介入,这个中间人为买卖双方寻找交易对象,它先从制造商或供货人那里买进货物,然后向最终的买主交货,为了保持商业上的秘密,通常并不将信用证直接给第二受益人即实际的供货者,而是要求在开出的信用证上加上可转让的条款,使之可将信用证转让给实际的供货人。在这种情况下,买卖双方和中间人的关系是:

第一受益人:即中间商,它为买卖双方牵线搭桥,谋取利益。

第二受益人:即实际供货人、卖方,是第一受益人权利转让的接受者。
开证申请人:即最终的买者,向银行申请开立可转让信用证的当事人。
可转让信用证的流程可用图4.4表示。

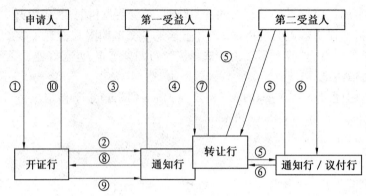

图4.4 可转让信用证流程图

①开证申请人申请开出可转让信用证;②开证行开出可转让信用证;③通知行向第一受益人通知可转让信用证;④第一受益人向信用证指定的转让行(可能就是通知行)提出申请要求转让;⑤转让行将信用证通知给第二受益人,或通过第二受益人所在地的银行通知;⑥第二受益人出运货物交单议付;⑦转让行将已更换的单据向开证行寄出以索汇;⑧开证行审单无误后对转让行作偿付;⑩开证行通知开证申请人付款赎单。

还有一种情况也可能需要使用可转让信用证,当公司收到巨额的国外订单时,货物需要由分散在各口岸的分公司分头交货,并分别在不同的口岸出运。信用证经公司转让后,由第二受益人办理装货并向所在地银行交单以取得货款。

虽然第一受益人有权将信用证的全部或部分转让给第二受益人,但在第二受益人未履行规定和义务时,第一受益人对信用证的义务并不因转让而解除,它仍然要受合同的约束,进口商可通过司法诉讼要求予以赔偿,但由于作为第一受益人的中间商可能无货在手,进口商的风险还是存在的。所以进口商在开出可转让的信用证时都非常谨慎,常见的方法是在信用证上加一些条款,规定信用证转让时,要将第二受益人或转让情况通知给开证行及申请人。我国目前各银行进口开证时,一般都不主张开或少开可转让信用证,若确须开出,在向申请人说明可能产生的风险的同时,要求申请人以书面形式承诺自担转让风险。

(二)不可转让信用证

凡信用证上未表明为可转让的,都是不可转让信用证(Untransferable credit),即信用证的权利不得转让给第二受益人。

六、循环信用证

循环信用证(Revolving Credit)是指该信用证的使用方法带有条款和条件,使其不许修改信用证,而能够更新或复活的信用证。

买卖双方就同一种商品进行长期交易、分批交货时,为减少开证手续及费用和保证金,常商定使用循环信用证,使之使用了一次后还可再用。这类信用证可以是可撤销的,也可以是不可撤销的,并可由通知行保兑,但有关信用证的循环方法等在信用证上必须交代清楚,以免误解。

可分为两种:按时间循环使用的循环信用证和按金额循环使用的循环信用证。从理论上说,信用证可按金额和时间来循环,但实践中根据金额循环的并不多见。按金额循环的信用证是在信用证的金额被支用后,自动地或在收到开证行的通知以后恢复到原金额。但这样对用款的次数将无法控制,特别是对自动恢复到原证金额的情形。如果有效期为半年,那么在这半年之内,任何时候都能使用信用证的金额,双方的责任将无法估计,因此银行和买方都不愿开立这样的信用证。而按时间循环却是经常使用的。这种信用证规定受益人在一定的时间间隔内,如每一个月或每两个月、一季等,可循环使用信用证上规定的金额。

循环信用证依信用证每次重复使用是否须经开证行认可为标准分为以下几种:

自动循环信用证,是指无须开证行的同意,受益人在提示所规定的单据后,信用证便可恢复到原金额继续使用。

半自动循环信用证,是指受益人提示单据议付后在若干天内没有收到银行发出的停止恢复的通知,金额才能恢复到原数的信用证。

非自动循环信用证,是指受益人每次议付单据后,要等到开证行发出恢复通知后,才有权使用下一笔金额的信用证。在这种循环方式下,开证行可定期地对开证申请人的资信状况进行评价,在进口商可能破产时,及时地终止信用证的循环,最大限度地减少损失。

七、预支信用证

预支信用证(Anticipatory Credit)是在该证列入特别条款授权保兑行或其他指定银行在交单前预先垫款付给受益人的一种信用证。

预支信用证主要用于出口商组货而资金紧张的情况,所以这种信用证的预支是凭受益人光票和按时发货交单的保证进行的,有些信用证则规定受益人要提交货物仓单作抵押。可分为:

①根据预付金额,分为全部预支和部分预支信用证。

②根据预付货款的条件,分为红条款信用证(Red Clause Credit)和绿条款信用证(Green Clause Letter of Credit)。

信用证上允许出口之前垫款的条款,当时是用红字印刷或红字注明,以引人注意,所以称"红条款"。现今信用证上的条款未必为红色,但只要有表明预支贷款的内容,即可叫做红条款信用证。红条款信用证实际上是进口商为出口商提供了融资。进口商之所以作出这样的让步,一般是由于货物供不应求,不得不接受出口商的融资要求。使用这种信用证的最大风险是,受益人在预支了贷款后却不发货和交单,因此进口商应充分了解出口商的信用,否则进口商应拒绝在信用证上加列红条款。

除红条款信用证外,还有一种与其基本相似但内容和做法更为严格的绿条款信用证(Green Clause Letter of Credit)。此时,出口商须将预支资金所采购的货物,以银行的名义存放到仓库,并将仓单交银行持有,以保证该预支金额按信用证规定使用。实务中,如使用绿条款信用证,进口商须向开证行提供担保或抵押,由于一般预支的金额较高,信用证中必须有"绿条款信用证"的字样。

八、背对背信用证和对开信用证

背对背信用证和对开信用证是从信用证之间的关系来划分的。

(一)背对背信用证

背对背信用证(Back to Back Credit)是指一个信用证的受益人以这个信用证为保证要求一家银行开立以该银行为开证行,以这个受益人为申请人的一份新的信用证。也称转开信用证。其中的原始信用证又称为主要信用证,而背对背信用证是第二信用证。

背对信用证的特点:第一,背对信用证的开立并非原始信用证申请人和开证行的意旨。第二,背对背信用证与原证则是两个独立的信用证,同时并存。第三,背对背信用证的第二受益人不能获得原证开证行的付款保证,只能得到背对背开证行的付款保证。第四,开立背对背信用证的银行就是该证的开证行,一经开立,该行就要承担开证行责任。

这种信用证主要用于中间商的贸易活动。一个中间商向国外进口商出售某种商品,请该进口商开立以他为受益人的信用证,然后向实际供货人购进货物,并以国外进口商开来的信用证做担保,请求通知行或其他银行对供货人另开新证,这个另开的新证就叫背对背信用证。在这里,中间商既是出口商又是进口商。因为交易中进口商与实际供货人是互相隔绝的,所以用"背对背"这个词。对背信用证的流程如图 4.5 所示。

(二)对开信用证

对开信用证(Reciprocal Credit)是以交易双方互为开证申请人和受益人、金额大致相等的信用证。

对开信用证中,第一份信用证的开证申请人就是第二份信用证的受益人;反之,第二份信用证的开证申请人就是第一份信用证的受益人。第二份信用证也被称作回头证。第一份信用证的通知行一般就是第二份信用证的开证行。生效方法可以是两份信用证同时生效或者是两份信用证分别生效。

对开信用证广泛用于易货贸易、来料加工贸易、补偿贸易等。对开信用证起源于第二次世界大战后的日本,由于这种方式较为呆板,现在已极少使用。

第四章 国际结算方式（二）——信用证

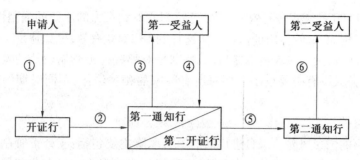

图 4.5 对背信用证流程图

①申请人申请开出信用证；②第一开证行开出信用证；③第一通知行将信用证通知给第一受益人；④第一受益人向第二开证行申请开出背对背信用证，并以第一份信用证作保；⑤第二开证行开出背对背信用证；⑥第二通知行将背对背信用证通知给第二受益人，即实际的供货商

第五节 信用证的风险及防范

一、信用证风险的主要类型

信用证是我国对外贸易结算中采用得较多的结算方式，有着银行信用、独立于买卖合同、单据交易的特点。尽管信用证结算较之商业信用的汇款和托收更具安全性，但贸易主体仍可能因某些因素的变化而使预期利润无法实现。由于信用证交易的风险主要集中在进出口商和开证行身上，因此我们将分别考察。

（一）出口商面临的风险

1. 单证不符引起的拒付风险

信用证交易发生拒付时，受益人轻则迟延收款，损失利息；重则损失部分或全部货款。而在所有的信用证交易纠纷中，由于单证不符引起的拒付占 50% 以上。大家知道，开证行严格履行付款的先决条件是：受益人提交了完全符合信用证条款的单据。对于单证不符的，开证行就不负保证付款的义务，而不符合信用证要求的单据能否被最终付款，只能取决于进口商的资信。实际上，单证不符已使银行信用变成了商业信用，出口商失去了银行的保证付款，如果进口商资信欠佳，则风险不可避免。

2. 适用法律存在的争议风险

国际商会只是一个国际性的民间经济组织，不具备国际法上的主体资格，因而不具有在国际上的强制执行权。如果信用证中有明文规定，则按规定条款办理，其效力优先于 UCP600。我国《民法通则》第一百四十五条亦规定，涉外合同的当事人可以选择处理所适用的法律，法律另有规定的除外。UCP600 属于国际惯例，在信用证声明适用时才发生效力，有时即使有关信用证依据 UCP600 的规定是有效的,但如违反对其有约束力的法律的强制性规定,仍是无效或无法执行的。例如,尽管信用证依据其所选择的 UCP600 有效,但如违反了有关国家的外汇管制法、进出口法等,则当事人也不能执行,特别是对那些外汇管制较严的发展中国家。实际上,信用证的受益人没有必要也不可能对所有国家的相关法律、不同时期的政策法规全部知悉。

3. 国家风险

即指进口商的国家风险。来自进口商的国家风险主要包括:①外汇管制的风险。进口国的外汇管制可能是交易发生之前就存在的,也可能是突然发生的。有些贸易虽然事先已经知道有外汇管制,但如进口商没有预先申请办妥进口外汇,议付行的收款可能受到阻延甚至收不到。对有可能突然发生外汇管制的国家更要注意。因为一旦该国宣布全面冻结外汇,则由该国开出的信用证也将会被止付。②贸易管制的风险。当前几乎各国对贸易都有管制,且根据需要不断调整和改变管制的具体规定及措施,使出口商很难适应,也给银行增加了收汇的风险。③战争或内乱。国际风云变幻无常,一旦进口方国家政局不稳,发生动乱、政变或战争,以致禁止国际汇兑,则议付行将面临更大的风险。

4. 来自开证行的风险

其一是指信用证的开证行因破产或丧失偿付能力而对受益人构成的风险。出口商提供相符单据后,能否从开证行处得到付款,要视开证行是否实力雄厚、经营稳健,具有良好的信用基础。但在一些国家银行破产的事时有发生,即使一些历史悠久的大银行也不例外,因此开证行倒闭的风险是存在的。开证行一旦倒闭,出口商可凭合同要求买方付款,尚有挽救之余地。其二是指开证行的资信、经营作风等方面存在问题而可能给受益人造成的损失。有时开证行并未倒闭,但由于经营管理不善,亏损严重,于是便不顾信誉,千方百计地赖账。有时开证行会根据进口商的要求,无理拒付或严加挑剔,找出不符点,迫使出口商降价,或协同进口商要求法院冻结信用证项下货款的支付。这时,出口方可根据国际惯例据理力争处理得好,有可能收回开证行本想拒付的货款。

5. 进口商信用不佳的风险

市场行情发生变化时,信用不佳的进口商无理对单据的非实质性不符进行挑剔,拖延甚至拒付货款,使出口商面临着收汇的风险。信用不好的进口商以下的所为也给出口商带来了风险。

(1) 不及时开证

进口商没有在规定的期限内开出信用证,使出口商收到信用证时,已临近装运日,无法安排装运。有时,进口商借故拖延甚至不开证,要求改用其他方式支付。

(2) 开立带有软条款的信用证

(3) 开立带有风险条款的信用证

如:①正本提单径寄申请人的条款。这种条款的最大风险在于,申请人可不必到银行付款,仅凭手中的提单就可提货,然后逃之夭夭,使受益人蒙受损失。②限制运输船只、船龄或航线条款。一旦信用证中对有关运输的船只、船龄和航线等作出限定,就给受益人配船设置了障碍,甚至会错失良机,影响货物的及时出运。如"certificate shipping company certifying that the said vessel is less then lo years of age",若在临近装期时无法找到船龄少于10年的远洋货船,而进口方又不同意展期,则只能看着信用证过期失效。③含空运单及邮包收据条款。空运单和邮包收据只是货物的收据,形式上都是记名的,不是物权凭证,其提货并不以交出运输单据为条件,有时仅凭收据上记载的收货人的签字就可提货。因此,出口商发货后,虽然掌握着单据,但对货物已失去了控制。

【案例4.4】
有一不可撤销即期付款信用证要求受益人提交下述单据:
(1)以开证行为汇票付款人的即期汇票;
(2)提单开成空白抬头或者抬头人为I行。
该信用证同时载明下述特别条件:
信用证项下开出汇票的支付,只能在"实现再出口得款计划"以后。(Payment of drafts drawn hereunder will be made only after the realisation of the re—export proceeds program.)
受益人装运货物后,向信用证规定的付款行——开证行提交了信用证所要求的单据。开证行收单后通知受益人,虽然信用证项下提交的单据相符,但由于他们未能从"再出口得款计划"中获得必要的资金,因此,不能付款。如果他们获得了这笔款项,将付给信用证项下的支款。
试问:对受益人来说,该信用证可否接受?
分析:不能接受。信用证清楚地表明它是受到"实现再出口得款"的制约,只有货物再出口并收汇后,开证行才能凭信用证付款。尽管声明信用证受到正在生效的UCP的管辖,很明显的它不是一个应该接受的信用证。因为该证把信用证项下的付款与"再出口得款计划"相联系。接受这种信用证包含着的意思是尽管提单注明货物托运给开证行,也应允许开证行交货给信用证申请人。
这个案例的不幸之处在于受益人未仔细研究信用证的措词并且没有认识到它的隐含之意。使用这种信用证,受益人对货物和金钱的损失须自负全部的责任。
(资料来源:徐进亮.国际结算惯例与案例[M].北京:对外经济贸易大学出版社,2007.)

(二)进口商面临的风险
在信用证业务中,进口商面临的最大风险是出口商的信用风险。在出口商无履约能力的情况下,即使进口商如期开出信用证,也无法收到出口商的货物,这对进口商而言就是一种风险,进口商将因此蒙受开证费用的损失和进口商品市场机会的损失等。
出口商的信用风险还来自出口商交货严重违反贸易合同的要求,甚至根本就不交货而用假单据骗取开证行的付款。因为根据UCP600,银行是凭相符单据付款而不过问货物或事实,对于一个有经验的出口商来说,制作表面上相符的单据并不是困难的事,并最终使进口商遭受损失。

（三）开证行面临的风险

开证行面临的风险主要来自申请人的信用和信誉风险。无理拒付合格单据或开出信用证后,进口商拒付。由于对相符单据开证行必须付款,并不受申请人清偿能力或倒闭的影响,所以只要进口商不付款赎单,开证行就要承担无法向申请人追回货款的风险。虽然开证行拥有货权,但处理货物过程中依然存在风险,如货物无销路或要削价处理等。开证行面临的另一风险可能是进出口商合谋欺诈,致使开证行最终遭受损失。如申请人违规、违反国家进口计划或超过进口许可证金额,也会给开证行带来风险。另外,信用证及有关单据的内容及信息传递方面都会使银行处于风险中。

二、信用证风险的防范

（一）信用证项下出口结算的风险防范措施

出口结算涉及的是出口商及通知行和议付行等。从保障货物和收汇安全的角度,以下几方面是应该做到的:

1. 掌握开证行的资信

开证行的资信直接关系到出口商及出口商银行的利益,因此开证行最好是资信好、偿付能力强、与我有代理关系的银行。但开证行并不是由出口方选择的,这样,在收到国外开来的信用证时,首先要关心的就是开证行的资信。除了靠平时收集有关信息外,还可以利用以下三个资信评定机构所发表的资料对开证行的资信情况进行了解。这些机构是:①美国的标准普尔公司;②穆迪公司;③英国的国际银行及信用分析机构,简称 IBCA。在地区上,标准普尔和穆迪的重点是美国银行,IBCA 的重点是欧洲及远东地区银行。另外,由英国的 Reed Information Services 出版发行的《银行年鉴》(*Banker Almanac*)对世界 4 000 多家国际大银行包括这些银行在世界其他国家和地区的分支机构都有所介绍。其基本内容包括:该银行的历史、世界排名、本国排名、世界知名评级机构对其长期和短期信用评级、资产负债表、损益表、在国外分支机构名称、重要的代理行名称、该行董事长、行长、有关业务部门负责人及联系地址、SWIFT 代码、BIC 号码等。该银行年鉴收录最新统计资料,每年出版发行两次,如年鉴上查无此开证行,则说明该银行是很小的银行,应提高警惕。对认为风险较大的开证行,不应接受或给出口商融资。如果出口商坚持,则应采取必要的措施。

2. 出口商谨慎签约

信用证虽然与合同是独立的,但信用证开出的依据却是合同。因此,出口商在签订合同时,合同中的付款条件一定要具体、明确、完善。如为防止进口商拖延开证,合同中应规定信用证的开出时间;明确信用证的种类,如为"不可撤销""不可转让"等;列明费用由谁承担等等。

3. 认真审证

按合同仔细审核信用证,如果发现存在的不符点或软条款,一定要提出改证要求,确保信用证与合同的一致性。

4. 严格按信用证规定制单和交单

出口商应按信用证的要求,正确、及时地缮制所规定的各种单据并在规定的期限内交单。有时,即使是一字之差,也会引起争议和纠纷。如果出口商在制单时能严格按信用证的要求去做,就可以避免不必要的纠纷。

5. 出口地银行严格审单

如果寄单行能逐条逐句地审核单据,就可避免差错,为顺利收汇提供必要条件。

【案例4.5】

我 A 公司向加拿大 B 公司出口一批货物,贸易条件为 CIF 多伦多,B 公司于2009年4月10日开来不可撤销信用证,证内规定"装运期不得晚于4月15日"。此时我出口商已经来不及按期装船,并立即要求进口商将装期延至5月15日。B 公司来电称"同意展延装期,并将信用证有效期顺延一个月"。我 A 公司于5月10日装船,提单签发日期为5月10日,A 公司于5月15日将全套符合信用证规定的单据提交银行办理议付。问:我银行可否议付此套单据? 为什么?

分析:

我银行不议付。理由:

第一,根据《UCP600》规定,不可撤销信用证一经开出,在有效期内,未经受益人及有关当事人的同意,开证行不得片面修改和撤销,只要受益人提供的单据符合信用证规定,开证行必须履行付款义务。

本案中,A 公司提出信用证装运期的展期要求仅得到 B 公司的允诺,并未由银行开出修改通知书,所以 B 公司同意修改是无效的。

第二,信用证上规定装运期"不晚于4月15日",而 A 公司所交提单的签发日为5月10日,与信用证规定不符,即单证不符,银行可以拒付。

(资料来源:王雅松.国际结算[M].上海:立信会计出版社,2010.)

(二)信用证项下进口结算的风险防范措施

对于申请人和开证行来说,为保障进口货物和付汇的安全,可采取以下几方面的措施:

1. 谨慎合理地制订信用证的条款

进口商是通过信用证中的各项条款来制约受益人执行合同的,因此,信用证的条款应能最大限度地限制国外不法商人的不轨行为,以保障自身的利益。例如,为了防止出口商制造假单据或以坏货、次货充好货,可在信用证中规定由可信赖的检验机构或公证机构出具质量检验证明(如 GSP 检验证书),证明所交货物的品质、数量、包装都符合合同规定,甚至还可规定具体的检验标准和条件;为了防止出口商短装货物,可要求检验机构出具数量和重量检验证明;同时,为防止出口商在检验后调包,还可规定检验证书必须标明检验是在装船时进行的,为了证实对方出口货物已获得政府有关机构的许可,可在信用证中要求对方在有关单证中加注许可证号码或出具许可证副本。

2. 正确处理单据

正确处理单据一是指要认真审核单据,保证审单质量;二是指开证行要保管好单据。

3. 要求出口商提供银行保函或备用证

当进口商对出口商的资信情况不太了解,而交易金额又较大时,可在合同中规定出口商须提交银行保函或备用证。

关 键 名 词

开证行(Issuing Bank)　　　　　　议付行(Negotiating Bank)
申请人(Applicant)　　　　　　　　寄单行(Remitting Bank)
承兑行(Accepting Bank)　　　　　 保兑行(Confirming Bank)
索偿行(Claiming Bank)　　　　　　受票行(Drawee Bank)
受益人(Beneficiary)　　　　　　　偿付行(Reimbursing Bank)
通知行(Advising Bank)　　　　　　转让行(Transferring Bank)
跟单信用证(Documentary Credit)　指定银行(Nominated Bank)
保兑(Confirm)　　　　　　　　　　议付(Negotiate)
延期付款(Deferred payment)
第一性的付款责任(Primary liability for payment of the Issuing Bank)

思 考 题

1. 如何理解信用证的性质及作用?
2. 信用证有哪些主要当事人?其责权是什么?
3. 说明信用证结算的业务流程。
4. 什么情况下会使用保兑信用证?
5. 信用证按使用方式如何分类?说明每种信用证的特点。
6. 什么是可转让信用证?UCP500中对其有何规定?
7. 什么是背对背信用证?它与可转让信用证有何不同?
8. 简述银行开出信用证的方式。
9. 审证之后如何进一步处理业务?
10. 审单的原则和标准是什么?
11. 议付行和开证行如何处理有不符点的单据?
12. 索偿行如何索汇?索汇时应注意什么?

13. 开证行如何偿付?
14. 如何修改信用证?其遵循的原则有哪些?

【阅读资料】

《跟单信用证统一惯例》(UCP600)

第一条 统一惯例的适用范围

跟单信用证统一惯例,2007年修订本,国际商会第600号出版物,适用于所有在正文中标明按本惯例办理的跟单信用证(包括本惯例适用范围内的备用信用证)。除非信用证中另有规定,本惯例对一切有关当事人均具有约束力。

第二条 定义

就本惯例而言:

通知行意指应开证行要求通知信用证的银行。

申请人意指发出开立信用证申请的一方。

银行日意指银行在其营业地正常营业,按照本惯例行事的行为得以在银行履行的日子。

受益人意指信用证中受益的一方。

相符提示意指与信用证中的条款及条件、本惯例中所适用的规定及国际标准银行实务相一致的提示。

保兑意指保兑行在开证行之外对于相符提示做出兑付或议付的确定承诺。

保兑行意指应开证行的授权或请求对信用证加具保兑的银行。

信用证意指一项约定,无论其如何命名或描述,该约定不可撤销并因此构成开证行对于相符提示予以兑付的确定承诺。

兑付意指:

a. 对于即期付款信用证即期付款。

b. 对于延期付款信用证发出延期付款承诺并到期付款。

c. 对于承兑信用证承兑由受益人出具的汇票并到期付款。

开证行意指应申请人要求或代表其自身开立信用证的银行。

议付指被指定银行在其应获得偿付的银行日或在此之前,通过向受益人预付或者同意向受益人预付款项的方式购买相符提示项下的汇票(汇票付款人为被指定银行以外的银行)及/或单据。

被指定银行意指有权使用信用证的银行,对于可供任何银行使用的信用证而言,任何银行均为被指定银行。

提示意指信用证项下单据被提交至开证行或被指定银行,抑或按此方式提交的单据。

提示人意指做出提示的受益人、银行或其他一方。

第三条 释义

就本惯例而言:

在适用的条款中,词汇的单复数同义。

信用证是不可撤销的,即使信用证中对此未作指示也是如此。

单据可以通过手签、签样印制、穿孔签字、盖章、符号表示的方式签署,也可以通过其他任何机械或电子证实的方法签署。

当信用证含有要求使单据合法、签证、证实或对单据有类似要求的条件时,这些条件可由在单据上签字、标注、盖章或标签来满足,只要单据表面已满足上述条件即可。一家银行在不同国家设立的分支机构均视为另一家银行。诸如"第一流"、"著名"、"合格"、"独立"、"正式"、"有资格"、"当地"等用语用于描述单据出单人的身份时,单据的出单人可以是除受益人以外的任何人。

除非确需在单据中使用,银行对诸如"迅速"、"立即"、"尽快"之类词语将不予置理。

"于或约于"或类似措辞将被理解为一项约定,按此约定,某项事件将在所述日期前后各五天内发生,起讫日均包括在内。

词语"×月×日止"(to)、"至×月×日"(until)、"直至×月×日"(till)、"从×月×日"(from)及"在×月×日至×月×日之间"(between)用于确定装运期限时,包括所述日期。

词语"×月×日之前"(before),"×月×日之后"(after):不包括所述日期。

词语"从×月×日"(from)以及"×月×日之后"(after)用于确定到期日时不包括所述日期。

术语"上半月"和"下半月"应分别理解为自每月"1日至15日"和"16日至月末最后一天",包括起讫日期。

术语"月初"、"月中"和"月末"应分别理解为每月1日至10日、11日至20日和21日至月末最后一天,包括起讫日期。

第四条 信用证与合同

a. 就性质而言,信用证与可能作为其依据的销售合同或其他合同,是相互独立的交易。即使信用证中提及该合同,银行亦与该合同完全无关,且不受其约束。因此,一家银行作出兑付、议付或履行信用证项下其他义务的承诺,并不受申请人与开证行之间或与受益人之间在已有关系下产生的索偿或抗辩的制约。

受益人在任何情况下,不得利用银行之间或申请人与开证行之间的契约关系。

b. 开证行应劝阻申请人将基础合同、形式发票或其他类似文件的副本作为信用证整体组成部分的做法。

第五条 单据与货物/服务/行为

银行处理的是单据,而不是单据所涉及的货物、服务或其他行为。

第六条 有效性、有效期限及提示地点

a. 信用证必须规定可以有效使用信用证的银行,或者信用证是否对任何银行均为有效。对于被指定银行有效的信用证同样也对开证行有效。

b. 信用证必须规定它是否适用于即期付款、延期付款、承兑抑或议付。

C. 不得开立包含有以申请人为汇票付款人条款的信用证。

d. i. 信用证必须规定提示单据的有效期限。规定的用于兑付或者议付的有效期限将被认为是提示单据的有效期限。

ii. 可以有效使用信用证的银行所在的地点是提示单据的地点。对任何银行均为有效的信用证项下单据提示的地点是任何银行所在的地点。不同于开证行地点的提示单据的地点是开证行地点之外提交单据的地点。

e. 除非如29(a)中规定,由受益人或代表受益人提示的单据必须在到期日当日或在此之前提交。

第七条 开证行的承诺

a. 倘若规定的单据被提交至被指定银行或开证行并构成相符提示,开证行必须按下述信用证所适用的情形予以兑付:

i. 由开证行即期付款、延期付款或者承兑；
  ii. 由被指定银行即期付款而该被指定银行未予付款；
  iii. 由被指定银行延期付款而该被指定银行未承担其延期付款承诺，或者虽已承担延期付款承诺但到期未予付款；
  iv. 由被指定银行承兑而该被指定银行未予承兑以其为付款人的汇票，或者虽已承兑以其为付款人的汇票但到期未予付款；
  v. 由被指定银行议付而该被指定银行未予议付。
  b. 自信用证开立之时起，开证行即不可撤销地受到兑付责任的约束。
  c. 开证行保证向对于相符提示已经予以兑付或者议付并将单据寄往开证行的被指定银行进行偿付。无论被指定银行是否于到期日前已经对相符提示予以预付或者购买，对于承兑或延期付款信用证项下相符提示的金额的偿付于到期日进行。开证行偿付被指定银行的承诺独立于开证行对于受益人的承诺。

第八条　保兑行的承诺
  a. 倘若规定的单据被提交至保兑行或者任何其他被指定银行并构成相符提示，保兑行必须：
  i. 兑付，如果信用证适用于：
  a) 由保兑行即期付款、延期付款或者承兑；
  b) 由另一家被指定银行即期付款而该被指定银行未予付款；
  c) 由另一家被指定银行延期付款而该被指定银行未承担其延期付款承诺，或者虽已承担延期付款承诺但到期未予付款；
  d) 由另一家被指定银行承兑而该被指定银行未予承兑以其为付款人的汇票，或者虽已承兑以其为付款人的汇票但到期未予付款；
  e) 由另一家被指定银行议付而该被指定银行未予议付。
  ii. 若信用证由保兑行议付，无追索权地议付。
  b. 自为信用证加具保兑之时起，保兑行即不可撤销地受到兑付或者议付责任的约束。
  c. 保兑行保证向对于相符提示已经予以兑付或者议付并将单据寄往开证行的另一家被指定银行进行偿付。无论另一家被指定银行是否于到期日前已经对相符提示予以预付或者购买，对于承兑或延期付款信用证项下相符提示的金额的偿付于到期日进行。保兑行偿付另一家被指定银行的承诺独立于保兑行对于受益人的承诺。
  d. 如开证行授权或要求另一家银行对信用证加具保兑，而该银行不准备照办时，它必须不延误地告知开证行并仍可通知此份未经加具保兑的信用证。

第九条　信用证及修改的通知
  a. 信用证及其修改可以通过通知行通知受益人。除非已对信用证加具保兑，通知行通知信用证不构成兑付或议付的承诺。
  b. 通过通知信用证或修改，通知行即表明其认为信用证或修改的表面真实性得到满足，且通知准确地反映了所收到的信用证或修改的条款及条件。
  c. 通知行可以利用另一家银行的服务（"第二通知行"）向受益人通知信用证及其修改。通过通知信用证或修改，第二通知行即表明其认为所收到的通知的表面真实性得到满足，且通知准确地反映了所收到的信用证或修改的条款及条件。

d. 如一家银行利用另一家通知行或第二通知行的服务将信用证通知给受益人，它也必须利用同一家银行的服务通知修改书。

e. 如果一家银行被要求通知信用证或修改但决定不予通知，它必须不延误通知向其发送信用证、修改或通知的银行。

f. 如果一家被要求通知信用证或修改，但不能确定信用证、修改或通知的表面真实性，就必须不延误地告知向其发出该指示的银行。如果通知行或第二通知行仍决定通知信用证或修改，则必须告知受益人或第二通知行其未能核实信用证、修改或通知的表面真实性。

第十条　修改

a. 除本惯例第三十八条另有规定外，凡未经开证行、保兑行（如有）以及受益人同意，信用证既不能修改也不能撤销。

b. 自发出信用证修改书之时起，开证行就不可撤销地受其发出修改的约束。保兑行可将其保兑承诺扩展至修改内容，且自其通知该修改之时起，即不可撤销地受到该修改的约束。然而，保兑行可选择仅将修改通知受益人而不对其加具保兑，但必须不延误地将此情况通知开证行和受益人。

c. 在受益人向通知修改的银行表示接受该修改内容之前，原信用证（或包含先前已被接受修改的信用证）的条款和条件对受益人仍然有效。受益人应发出接受或拒绝接受修改的通知。如受益人未提供上述通知，当其提交至被指定银行或开证行的单据与信用证以及尚未表示接受的修改的要求一致时，则该事实即视为受益人已作出接受修改的通知，并从此时起，该信用证已被修改。

d. 通知修改的银行应当通知向其发出修改书的银行任何有关接受或拒绝接受修改的通知。

e. 不允许部分接受修改，部分接受修改将被视为拒绝接受修改的通知。

f. 修改书中作出的除非受益人在某一时间内拒绝接受修改，否则修改将开始生效的条款将被不予置理。

第十一条　电讯传递与预先通知的信用证和修改

a. 经证实的信用证或修改的电讯文件将被视为有效的信用证或修改，任何随后的邮寄证实书将被不予置理。

若该电讯文件声明"详情后告"（或类似词语）或声明随后寄出的邮寄证实书将是有效的信用证或修改，则该电讯文件将被视为无效的信用证或修改。开证行必须随即不延误地开出有效的信用证或修改，且条款不能与电讯文件相矛盾。

b. 只有准备开立有效信用证或修改的开证行，才可以发出开立信用证或修改预先通知书。发出预先通知的开证行应不可撤销地承诺将不延误地开出有效的信用证或修改，且条款不能与预先通知书相矛盾。

第十二条　指定

a. 除非一家被指定银行是保兑行，对被指定银行进行兑付或议付的授权并不构成其必须兑付或议付的义务，被指定银行明确同意并照此通知受益人的情形除外。

b. 通过指定一家银行承兑汇票或承担延期付款承诺，开证行即授权该被指定银行预付或购买经其承兑的汇票或由其承担延期付款的承诺。

c. 非保兑行身份的被指定银行接受、审核并寄送单据的行为既不使得该被指定银行具有兑付或议付的义务，也不构成兑付或议付。

第十三条　银行间偿付约定

a. 如果信用证规定被指定银行（"索偿行"）须通过向另一方银行（"偿付行"）索偿获得偿付，则信用证中必须声明是否按照信用证开立日正在生效的国际商会《银行间偿付规则》办理。

b. 如果信用证中未声明是否按照国际商会《银行间偿付规则》办理,则适用于下列条款:

i. 开证行必须向偿付行提供偿付授权书,该授权书须与信用证中声明的有效性一致。偿付授权书不应规定有效日期。

ii. 不应要求索偿行向偿付行提供证实单据与信用证条款及条件相符的证明。

iii. 如果偿付行未能按照信用证的条款及条件在首次索偿时即行偿付,则开证行应对索偿行的利息损失以及产生的费用负责。

iv. 偿付行的费用应由开证行承担。然而,如果费用系由受益人承担,则开证行有责任在信用证和偿付授权书中予以注明。如偿付行的费用系由受益人承担,则该费用应在偿付时从支付索偿行的金额中扣除。如果未发生偿付,开证行仍有义务承担偿付行的费用。

c. 如果偿付行未能于首次索偿时即行偿付,则开证行不能解除其自身的偿付责任。

第十四条　审核单据的标准

a. 按照指定行事的被指定银行、保兑行(如有)以及开证行必须对提示的单据进行审核,并仅以单据为基础,以决定单据在表面上看来是否构成相符提示。

b. 按照指定行事的被指定银行、保兑行(如有)以及开证行,自其收到提示单据的翌日起算,应各自拥有最多不超过五个银行工作日的时间以决定提示是否相符。该期限不因单据提示日适逢信用证有效期或最迟提示期或在其之后而被缩减或受到其他影响。

c. 提示若包含一份或多份按照本惯例第十九条、二十条、二十一条、二十二条、二十三条、二十四条或二十五条出具的正本运输单据,则必须由受益人或其代表按照相关条款在不迟于装运日后的二十一个公历日内提交,但无论如何不得迟于信用证的到期日。

d. 单据中内容的描述不必与信用证、信用证对该项单据的描述以及国际标准银行实务完全一致,但不得与该项单据中的内容、其他规定的单据或信用证相冲突。

e. 除商业发票外,其他单据中的货物、服务或行为描述若须规定,可使用统称,但不得与信用证规定的描述相矛盾。

f. 如果信用证要求提示运输单据、保险单据和商业发票以外的单据,但未规定该单据由何人出具或单据的内容。如信用证对此未做规定,只要所提交单据的内容看来满足其功能需要且其他方面与十四条 d 款相符,银行将对提示的单据予以接受。

g. 提示信用证中未要求提交的单据,银行将不予置理。如果收到此类单据,可以退还提示人。

h. 如果信用证中包含某项条件而未规定需提交与之相符的单据,银行将认为未列明此条件,并对此不予置理。

i. 单据的出单日期可以早于信用证开立日期,但不得迟于信用证规定的提示日期。

j. 当受益人和申请人的地址显示在任何规定的单据上时,不必与信用证或其他规定单据中显示的地址相同,但必须与信用证中述及的各自地址处于同一国家内。用于联系的资料(电传、电话、电子邮箱及类似方式)如作为受益人和申请人地址的组成部分将被不予置理。然而,当申请人的地址及联系信息作为按照十九条、二十条、二十一条、二十二条、二十三条、二十四条或二十五条出具的运输单据中收货人或通知方详址的组成部分时,则必须按照信用证规定予以显示。

k. 显示在任何单据中的货物的托运人或发货人不必是信用证的受益人。

假如运输单据能够满足本惯例第十九条、二十条、二十一条、二十二条、二十三条或二十四条的要求,则运输单据可以由承运人、船东、船长或租船人以外的任何一方出具。

第十五条 相符提示

a. 当开证行确定提示相符时,就必须予以兑付。

b. 当保兑行确定提示相符时,就必须予以兑付或议付并将单据寄往开证行。

c. 当被指定银行确定提示相符并予以兑付或议付时,必须将单据寄往保兑行或开证行。

第十六条 不符单据及不符点的放弃与通知

a. 当按照指定行事的被指定银行、保兑行(如有)或开证行确定提示不符时,可以拒绝兑付或议付。

b. 当开证行确定提示不符时,可以依据其独立的判断联系申请人放弃有关不符点。然而,这并不因此延长十四条 b 款中述及的期限。

c. 当按照指定行事的被指定银行、保兑行(如有)或开证行决定拒绝兑付或议付时,必须一次性通知提示人。

通知必须声明:

i. 银行拒绝兑付或议付;及

ii. 银行凭以拒绝兑付或议付的各个不符点;及

iii.

a)银行持有单据等候提示人进一步指示;或

b)开证行持有单据直至收到申请人通知弃权并同意接受该弃权,或在同意接受弃权前从提示人处收到进一步指示;或

c)银行退回单据;或

d)银行按照先前从提示人处收到的指示行事。

d. 第十六条 c 款中要求的通知必须以电讯方式发出,或者,如果不可能以电讯方式通知时,则以其他快捷方式通知,但不得迟于提示单据日期翌日起第五个银行工作日终了。

e. 按照指定行事的被指定银行、保兑行(如有)或开证行可以在提供第十六条 C 款 iii、a 款或 b 款要求提供的通知后,于任何时间将单据退还提示人。

f. 如果开证行或保兑行未能按照本条款的规定行事,将无权宣称单据未能构成相符提示。

g. 当开证行拒绝兑付或保兑行拒绝兑付或议付,并已经按照本条款发出通知时,该银行将有权就已经履行的偿付索取退款及其利息。

第十七条 正本单据和副本单据

a. 信用证中规定的各种单据必须至少提供一份正本。

b. 除非单据本身表明其不是正本,银行将视任何单据表面上具有单据出具人正本签字、标志、图章或标签的单据为正本单据。

c. 除非单据另有显示,银行将接受单据作为正本单据如果该单据:

i. 表面看来由单据出具人手工书写、打字、穿孔签字或盖章;或

ii. 表面看来使用单据出具人的正本信笺;或

iii. 声明单据为正本,除非该项声明表面看来与所提示的单据不符。

d. 如果信用证要求提交副本单据,则提交正本单据或副本单据均可。

e. 如果信用证使用诸如"一式两份"、"两张"、"两份"等术语要求提交多份单据,则可以提交至少一份正本,其余份数以副本来满足。但单据本身另有相反指示者除外。

第十八条　商业发票

a. 商业发票:

i. 必须在表面上看来系由受益人出具(第三十八条另有规定者除外);

ii. 必须做成以申请人的名称为抬头(第三十八条 g 款另有规定者除外);

iii. 必须将发票币别作成与信用证相同币种;

iv. 无须签字。

b. 按照指定行事的被指定银行、保兑行(如有)或开证行可以接受金额超过信用证所允许金额的商业发票,倘若有关银行已兑付或已议付的金额没有超过信用证所允许的金额,则该银行的决定对各有关方均具有约束力。

c. 商业发票中货物、服务或行为的描述必须与信用证中显示的内容相符。

第十九条　至少包括两种不同运输方式的运输单据

a. 至少包括两种不同运输方式的运输单据(即多式运输单据或联合运输单据),不论其称谓如何,必须在表明上看来:

i. 显示承运人名称并由下列人员签署:

承运人或承运人的具名代理或代表,或船长或船长的具名代理或代表。承运人、船长或代理的任何签字必须分别表明承运人、船长或代理的身份。代理的签字必须显示其是否作为承运人或船长的代理或代表签署提单。

ii. 通过下述方式表明货物已在信用证规定的地点发运、接受监管或装载预先印就的措词,或注明货物已发运、接受监管或装载日期的图章或批注。运输单据的出具日期将被视为发运、接受监管或装载以及装运日期。然而,如果运输单据以盖章或批注方式标明发运、接受监管或装载日期,则此日期将被视为装运日期。

iii. 显示信用证中规定的发运、接受监管或装载地点以及最终目的地的地点,即使:

a)运输单据另外显示了不同的发运、接受监管或装载地点或最终目的地的地点,或

b)运输单据包含"预期"或类似限定有关船只、装货港或卸货港的指示。

iv. 系仅有的一份正本运输单据,或者,如果出具了多份正本运输单据,应是运输单据中显示的全套正本份数。

v. 包含承运条件须参阅包含承运条件条款及条件的某一出处(简式或背面空白的运输单据)者,银行对此类承运条件的条款及条件内容不予审核。

vi. 未注明运输单据受租船合约约束。

b. 就本条款而言,转运意指货物在信用证中规定的发运、接受监管或装载地点到最终目的地的运输过程中,从一个运输工具卸下并重新装载到另一个运输工具上(无论是否为不同运输方式)的运输。

c.

i. 只要同一运输单据包括运输全程,则运输单据可以注明货物将被转运或可被转运。

ii. 即使信用证禁止转运,银行也将接受注明转运将发生或可能发生的运输单据。

第二十条　提单

a. 无论其称谓如何,提单必须表面上看来:

ⅰ. 显示承运人名称并由下列人员签署：

承运人或承运人的具名代理或代表，或船长或船长的具名代理或代表。承运人、船长或代理的任何签字必须分别表明其承运人、船长或代理的身份。代理的签字必须显示其是否作为承运人或船长的代理或代表签署提单。

ⅱ. 通过下述方式表明货物已在信用证规定的装运港装载上具名船只：

预先印就的措词，或注明货物已装船日期的装船批注。提单的出具日期将被视为装运日期，除非提单包含注明装运日期的装船批注，在此情况下，装船批注中显示的日期将被视为装运日期。

如果提单包含"预期船"字样或类似有关限定船只的词语时，装上具名船只必须由注明装运日期以及实际装运船只名称的装船批注来证实。

ⅲ. 注明装运从信用证中规定的装货港至卸货港。

如果提单未注明以信用证中规定的装货港作为装货港，或包含"预期"或类似有关限定装货港的标注者，则需要提供注明信用证中规定的装货港、装运日期以及船名的装船批注。即使提单上已注明印就的"已装船"或"已装具名船只"措词，本规定仍然适用。

ⅳ. 系仅有的一份正本提单，或者，如果出具了多份正本，应是提单中显示的全套正本份数。

ⅴ. 包含承运条件须参阅包含承运条件的条款及条件的某一出处（简式或背面空白的提单）者，银行对此类承运条件的条款及条件内容不予审核。

ⅵ. 未注明运输单据受租船合约约束。

b. 就本条款而言，转运意指在信用证规定的装货港到卸货港之间的海运过程中，将货物由一艘船卸下再装上另一艘船的运输。

c.

ⅰ. 只要同一提单包括运输全程，则提单可以注明货物将被转运或可被转运。

ⅱ. 银行可以接受注明将要发生或可能发生转运的提单。即使信用证禁止转运，只要提单上证实有关货物已由集装箱、拖车或子母船运输，银行仍可接受注明将要发生或可能发生转运的提单。

d. 对于提单中包含的声明承运人保留转运权利的条款，银行将不予置理。

第二十一条　非转让海运单

a. 无论其称谓如何，非转让海运单必须表面上看来：

ⅰ. 显示承运人名称并由下列人员签署：

承运人或承运人的具名代理或代表，或船长或船长的具名代理或代表。承运人、船长或代理的任何签字必须分别表明其承运人、船长或代理的身份。代理的签字必须显示其是否作为承运人或船长的代理或代表签署提单。

ⅱ. 通过下述方式表明货物已在信用证规定的装运港装载上具名船只：

预先印就的措词，或注明货物已装船日期的装船批注。非转让海运单的出具日期将被视为装运日期，除非非转让海运单包含注明装运日期的装船批注，在此情况下，装船批注中显示的日期将被视为装运日期。

如果非转让海运单包含"预期船"字样或类似有关限定船只的词语时，装上具名船只必须由注明装运日期以及实际装运船只名称的装船批注来证实。

ⅲ. 注明装运从信用证中规定的装货港至卸货港。

如果非转让海运单未注明以信用证中规定的装货港作为装货港，或包含"预期"或类似有关限定装货港的标注者,则需要提供注明信用证中规定的装货港、装运日期以及船名的装船批注。即使非转让海运单上已注明印就的"已装船"或"已装具名船只"措词,本规定仍然适用。

iv. 系仅有的一份正本非转让海运单,或者,如果出具了多份正本,应是非转让海运单中显示的全套正本份数。

v. 包含承运条件须参阅包含承运条件条款及条件的某一出处(简式或背面空白的提单)者,银行对此类承运条件的条款及条件内容不予审核。

vi. 未注明运输单据受租船合约约束。

b. 就本条款而言,转运意指在信用证规定的装货港到卸货港之间的海运过程中,将货物由一艘船卸下再装上另一艘船的运输。

c.

i. 只要同一非转让海运单包括运输全程,则非转让海运单可以注明货物将被转运或可被转运。

ii. 银行可以接受注明将要发生或可能发生转运的非转让海运单。即使信用证禁止转运,只要非转让海运单上证实有关货物已由集装箱、拖车或子母船运输,银行仍可接受注明将要发生或可能发生转运的非转让海运单。

d. 对于非转让海运单中包含的声明承运人保留转运权利的条款,银行将不予置理。

第二十二条 租船合约提单

a. 无论其称谓如何,倘若提单包含有提单受租船合约约束的指示(即租船合约提单),则必须在表面上看来:

i. 由下列当事方签署:

船长或船长的具名代理或代表,或船东或船东的具名代理或代表,或租船主或租船主的具名代理或代表。船长、船东、租船主或代理的任何签字必须分别表明其船长、船东、租船主或代理的身份。

代理的签字必须显示其是否作为船长、船东或租船主的代理或代表签署提单。代理人代理或代表船东或租船主签署提单时必须注明船东或租船主的名称。

ii. 通过下述方式表明货物已在信用证规定的装运港装载上具名船只:

预先印就的措词,或注明货物已装船日期的装船批注。

租船合约提单的出具日期将被视为装运日期,除非租船合约提单包含注明装运日期的装船批注,在此情况下,装船批注中显示的日期将被视为装运日期。

iii. 注明货物由信用证中规定的装货港运输至卸货港。卸货港可以按信用证中的规定显示为一组港口或某个地理区域。

iv. 系仅有的一份正本租船合约提单,或者,如果出具了多份正本,应是租船合约提单中显示的全套正本份数。

b. 即使信用证中的条款要求提交租船合约,银行也将对该租船合约不予审核。

第二十三条 空运单据

a. 无论其称谓如何,空运单据必须在表面上看来:

i. 注明承运人名称并由下列当事方签署:

承运人,或承运人的具名代理或代表。

承运人或代理的任何签字必须分别表明其承运人或代理的身份。

代理的签字必须显示其是否作为承运人的代理或代表签署空运单据。

ⅱ. 注明货物已收妥待运。

ⅲ. 注明出具日期。这一日期将被视为装运日期，除非空运单据包含注有实际装运日期的专项批注，在此种情况下，批注中显示的日期将被视为装运日期。

空运单据显示的其他任何与航班号和起飞日期有关的信息不能被视为装运日期。

ⅳ. 表明信用证规定的起飞机场和目的地机场。

ⅴ. 为开给发货人或托运人的正本，即使信用证规定提交全套正本。

ⅵ. 载有承运条款和条件，或提示条款和条件参见别处。银行将不审核承运条款和条件的内容。

b. 就本条而言，转运是指在信用证规定的起飞机场到目的地机场的运输过程中，将货物从一飞机卸下再装上另一飞机的行为。

c.

ⅰ. 空运单据可以注明货物将要或可能转运，只要全程运输由同一空运单据涵盖。

ⅱ. 即使信用证禁止转运，注明将要或可能发生转运的空运单据仍可接受。

第二十四条 公路、铁路或内陆水运单据

a. 公路、铁路或内陆水运单据，无论名称如何，必须看似：

ⅰ. 表明承运人名称，并且由承运人或其具名代理人签署，或者由承运人或其具名代理人以签字、印戳或批注表明货物收讫。

承运人或其具名代理人的售货签字、印戳或批注必须标明其承运人或代理人的身份。

代理人的收获签字、印戳或批注必须标明代理人系代表承运人签字或行事。

如果铁路运输单据没有指明承运人，可以接受铁路运输公司的任何签字或印戳作为承运人签署单据的证据。

ⅱ. 表明货物在信用证规定地点的发运日期，或者收讫代运或代发送的日期。运输单据的出具日期将被视为发运日期，除非运输单据上盖有带日期的收货印戳，或注明了收货日期或发运日期。

ⅲ. 表明信用证规定的发运地及目的地。

b.

ⅰ. 公路运输单据必须看似为开给发货人或托运人的正本，或没有认可标记表明单据开给何人。

ⅱ. 注明"第二联"的铁路运输单据将被作为正本接受。

ⅲ. 无论是否注明正本字样，铁路或内陆水运单据都被作为正本接受。

c. 如运输单据上未注明出具的正本数量，提交的分数即视为全套正本。

d. 就本条而言，转运是指在信用证规定的发运、发送或运送的地点到目的地之间的运输过程中，在同一运输方式中从一运输工具卸下再装上另一运输工具的行为。

e.

ⅰ. 只要全程运输由同一运输单据涵盖，公路、铁路或内陆水运单据可以注明货物将要或可能被转运。

ⅱ. 即使信用证禁止转运，注明将要或可能发生转运的公路、铁路或内陆水运单据仍可接受。

第二十五条 快递收据、邮政收据或投邮证明

a. 证明货物收讫待运的快递收据，无论名称如何，必须看似：

ⅰ. 表明快递机构的名称，并在信用证规定的货物发运地点由该具名快递机构盖章或签字；并且

ii. 表明取件或收件的日期或类似词语。该日期将被视为发运日期。

b. 如果要求显示快递费用付讫或预付，快递机构出具的表明快递费由收货人以外的一方支付的运输单据可以满足该项要求。

c. 证明货物收讫待运的邮政收据或投邮证明，无论名称如何，必须看似在信用证规定的货物发运地点盖章或签署并注明日期。该日期将被视为发运日期。

第二十六条 "货装舱面"、"托运人装载和计数"、"内容据托运人报称"及运费之外的费用

a. 运输单据不得表明货物装于或者将装于舱面。声明货物可能被装于舱面的运输单据条款可以接受。

b. 载有诸如"托运人装载和计数"或"内容据托运人报称"条款的运输单据可以接受。

c. 运输单据上可以以印戳或其他方式提及运费之外的费用。

第二十七条 清洁运输单据

银行只接受清洁运输单据。清洁运输单据指未载有明确宣称货物或包装有缺陷的条款或批注的运输单据。"清洁"一词并不需要在运输单据上出现，即使信用证要求运输单据为"清洁已装船"的。

第二十八条 保险单据及保险范围

a. 保险单据，例如保险单或预约保险项下的保险证明书或者声明书，必须看似由保险公司或承保人或其代理人或代表出具并签署。代理人或代表的签字必须标明其系代表保险公司或承保人签字。

b. 如果保险单据表明其以多份正本出具，所有正本均须提交。

c. 暂保单将不被接受。

d. 可以接受保险单代替预约保险项下的保险证明书或声明书。

e. 保险单据日期不得晚于发运日期，除非保险单据表明保险责任不迟于发运日生效。

f.

i. 保险单据必须表明投保金额并以与信用证相同的货币表示。

ii. 信用证对于投保金额为货物价值、发票金额或类似金额的某一比例的要求，将被视为对最低保额的要求。

如果信用证对投保金额未作规定，投保金额须至少为货物的 CIF 或 CIP 价格的110%。

如果从单据中不能确定 CIF 或者 CIP 价格，投保金额必须基于要求承付或议付的金额，或者基于发票上显示的货物总值来计算，两者之中取金额较高者。

iii. 保险单据须标明承包的风险区间至少涵盖从信用证规定的货物监管地或发运地开始到卸货地或最终目的地为止。

g. 信用证应规定所需投保的险别及附加险（如有的话）。如果信用证使用诸如"通常风险"或"惯常风险"等含义不确切的用语，则无论是否有漏保之风险，保险单据将被照样接受。

h. 当信用证规定投保"一切险"时，如保险单据载有任何"一切险"批注或条款，无论是否有"一切险"标题，均将被接受，即使其声明任何风险除外。

i. 保险单据可以援引任何除外责任条款。

j. 保险单据可以注明受免赔率或免赔额（减除额）约束。

第二十九条 截止日或最迟交单日的顺延

a. 如果信用证的截止日或最迟交单日适逢接受交单的银行非因第三十六条所述原因而歇业，则截止日或最迟交单日，视何者适用，将顺延至其重新开业的第一个银行工作日。

143

b. 如果在顺延后的第一个银行工作日交单,指定银行必须在其致开证行或保兑行的面函中声明交单是在根据第二十九条 a 款顺延的期限内提交的。

c. 最迟发运日不因第二十九条 a 款规定的原因而顺延。

第三十条 信用证金额、数量与单价的增减幅度

a. "约"或"大约"用语信用证金额或信用证规定的数量或单价时,应解释为允许有关金额或数量或单价有不超过 10% 的增减幅度。

b. 在信用证未以包装单位件数或货物自身件数的方式规定货物数量时,货物数量允许有 5% 的增减幅度,只要总支取金额不超过信用证金额。

c. 如果信用证规定了货物数量,而该数量已全部发运,及如果信用证规定了单价,而该单价又未降低,或当第三十条 b 款不适用时,则即使不允许部分装运,也允许支取的金额有 5% 的减幅。若信用证规定有特定的增减幅度或使用第三十条 a 款提到的用语限定数量,则该减幅不适用。

第三十一条 分批支款或分批装运

a. 允许分批支款或分批装运。

b. 表明使用同一运输工具并经由同次航程运输的数套运输单据在同一次提交时,只要显示相同目的地,将不视为部分发运,即使运输单据上标明的发运日期不同或装卸港、接管地或发送地点不同。如果交单由数套运输单据构成,其中最晚的一个发运日将被视为发运日。

含有一套或数套运输单据的交单,如果表明在同一种运输方式下经由数件运输工具运输,即使运输工具在同一天出发运往同一目的地,仍将被视为部分发运。

c. 含有一份以上快递收据、邮政收据或投邮证明的交单,如果单据看似由同一块地或邮政机构在同一地点和日期加盖印戳或签字并且表明同一目的地,将不视为部分发运。

第三十二条 分期支款或分期装运

如信用证规定在指定的时间段内分期支款或分期发运,任何一期未按信用证规定期限支取或发运时,信用证对该期及以后各期均告失效。

第三十三条 交单时间

银行在其营业时间外无接受交单的义务。

第三十四条 关于单据有效性的免责

银行对任何单据的形式、充分性、准确性、内容真实性、虚假性或法律效力,或对单据中规定或添加的一般或特殊条件,概不负责;银行对任何单据所代表的货物、服务或其他履约行为的描述、数量、重量、品质、状况、包装、交付、价值或其存在与否,或对发货人、承运人、货运代理人、收货人、货物的保险人或其他任何人的诚信与否,作为或不作为、清偿能力、履约或资信状况,也概不负责。

第三十五条 关于信息传递和翻译的免责

当报文、信件或单据按照信用证的要求传输或发送时,或当信用证未作指示,银行自行选择传送服务时,银行对报文传输或信件或单据的递送过程中发生的延误、中途遗失、残缺或其他错误产生的后果,概不负责。

如果指定银行确定交单相符并将单据发往开证行或保兑行。无论指定的银行是否已经承付或议付,开证行或保兑行必须承付或议付,或偿付指定银行,即使单据在指定银行送往开证行或保兑行的途中,或保兑行送往开证行的途中丢失。

银行对技术术语的翻译或解释上的错误,不负责任,并可不加翻译地传送信用证条款。

第三十六条　不可抗力

银行对由于天灾、暴动、骚乱、叛乱、战争、恐怖主义行为或任何罢工、停工或其无法控制的任何其他原因导致的营业中断的后果,概不负责。

银行恢复营业时,对于在营业中断期间已逾期的信用证,不再进行承付或议付。

第三十七条　关于被指示方行为的免责

a. 为了执行申请人的指示,银行利用其他银行的服务,其费用和风险由申请人承担。

b. 即使银行自行选择了其他银行,如果发出指示未被执行,开证行或通知行对此亦不负责。

c. 指示另一银行提供服务的银行有责任负担被执行银行因执行指示而发生的任何佣金、手续费、成本或开支("费用")。

如果信用证规定费用由受益人负担,而该费用未能收取或从信用证款项中扣除,开证行依然承担支付此费用的责任。

信用证或其修改不应规定向受益人的通知以通知行或第二通知行收到其费用为条件。

d. 外国法律和惯例加诸于银行的一切义务和责任,申请人应受其约束,并就此对银行负补偿之责。

第三十八条　可转让信用证

a. 银行无办理转让信用证的义务,除非该银行明确同意其转让范围和转让方式。

b. 就本条款而言:

转让信用证意指明确表明其"可以转让"的信用证。根据受益人("第一受益人")的请求,转让信用证可以被全部或部分地转让给其他受益人("第二受益人")。

转让银行意指办理信用证转让的被指定银行,或者,在适用于任何银行的信用证中,转让银行是由开证行特别授权并办理转让信用证的银行。开证行也可担任转让银行。

转让信用证意指经转让银行办理转让后可供第二受益人使用的信用证。

c. 除非转让时另有约定,所有因办理转让而产生的费用(诸如佣金、手续费、成本或开支)必须由第一受益人支付。

d. 倘若信用证允许分批支款或分批装运,信用证可以被部分地转让给一个以上的第二受益人。

第二受益人不得要求将信用证转让给任何次序位居其后的其他受益人。第一受益人不属于此类其他受益人之列。

e. 任何有关转让的申请必须指明是否以及在何种条件下可以将修改通知第二受益人。转让信用证必须明确指明这些条件。

f. 如果信用证被转让给一个以上的第二受益人,其中一个或多个第二受益人拒绝接受某个信用证修改并不影响其他第二受益人接受修改。对于接受修改的第二受益人而言,信用证已做相应的修改;对于拒绝接受修改的第二受益人而言,该转让信用证仍未被修改。

g. 转让信用证必须准确转载原证的条款及条件,包括保兑(如有),但下列项目除外:

——信用证金额;

——信用证规定的任何单价;

——到期日;

——单据提示期限;

——最迟装运日期或规定的装运期间。

以上任何一项或全部均可减少或缩短。

必须投保的保险金额的投保比例可以增加,以满足原信用证或本惯例规定的投保金额。

可以用第一受益人的名称替换原信用证中申请人的名称。

如果原信用证特别要求开证申请人名称应在除发票以外的任何单据中出现时,则转让信用证必须反映出该项要求。

h. 第一受益人有权以自己的发票和汇票(如有),替换第二受益人的发票和汇票(如有),其金额不得超过原信用证的金额。在如此办理单据替换时,第一受益人可在原信用证项下支取自己发票与第二受益人发票之间产生的差额(如有)。

i. 如果第一受益人应当提交其自己的发票和汇票(如有),但却未能在收到第一次要求时照办;或第一受益人提交的发票导致了第二受益人提示的单据中本不存在的不符点,而其未能在收到第一次要求时予以修正,则转让银行有权将其从第二受益人处收到的单据向开证行提示,并不再对第一受益人负责。

j. 第一受益人可以在其提出转让申请时,表明可在信用证被转让的地点,在原信用证的到期日之前(包括到期日)向第二受益人予以兑付或议付。本条款并不损害第一受益人在第三十八条 h 款下的权利。

由第二受益人或代表第二受益人提交的单据必须向转让银行提示。

信用证未表明可转让,并不影响受益人根据所适用的法律规定,将其在该信用证项下有权获得的款项让渡与他人的权利。本条款所涉及的仅是款项的让渡,而不是信用证项下执行权力的让渡。

本章参考文献

[1] 姜学军. 国际结算[M]. 大连:东北财经大学出版社,2006.
[2] 王学惠,王可畏. 国际结算[M]. 北京:北京交通大学出版社,2009.
[3] 刘铁敏. 国际结算[M]. 北京:清华大学出版社,2010.
[4] 张东祥. 国际结算[M]. 3 版. 武汉:武汉大学出版社,2004.
[5] 苏宗祥. 国际结算[M]. 北京:中国金融出版社,2003.

第五章 Chapter 5

国际结算方式(三)——银行保函、备用信用证和保付代理

【学习要点及目标】

通过本章学习要求学生理解银行保函的含义、关系人及主要内容,能够掌握银行保函的业务流程,熟悉银行保函的种类,了解备用信用证的定义、性质,能够比较分析备用信用证与银行保函的联系与区别,了解保理业务的概念、产生和发展,熟悉保理业务的分类和服务项目,掌握保理业务的程序。

【引导案例】

英国泰克斯公司从中国进口纺织品。几年前,当该公司首次从我国进口商品时,采用的是信用证结算方式。但随着进口量的逐渐增长,它越来越感到这种方式的烦琐与不灵活,还要向开证行提供足够的抵押。为了继续保持业务增长,该公司开始谋求至少60天的赊销付款方式。但我国出口商考虑到这种方式下的收汇风险过大,因此没有同意。之后,该公司转向英国保理商艾利克斯公司寻求解决方案。英国的进口保理商为该公司核定了一定的信用额度,并通过中国银行通知了我国出口商。通过双保理机制,进口商得到了赊销的优惠付款条件,而出口商得到了100%的风险保障以及发票金额80%的贸易融资。公司董事史密斯先生称,国际保理业务为他们提供了极好的无担保延期付款条件,通过这种结算方式帮助他们扩大了从中国的进口量,而中国的供货商对此也十分高兴。虽然进口产品的价格会高一些,但史密斯先生认为对他们而言,还是有相当大的好处。当进口商下订单时,交货价格就已经确定,他们不需负担信用证手续费等其他附加费用。对出口商而言,虽然理论上说信用证方式可以保护出口商的利益,但实务中由于很难做到完全的单证相符,因此出口商的收汇安全也受到挑战。史密斯先生介绍,该公司在与中国供货商合作的5年时间里仅有两笔交易出现一些货物质量方面的争议,但问题都很快得到解决,且结果令双方满意。

通过上述案例,我们可以进一步认识到国际保理正逐渐发挥越来越大的作用,比起信用证这种当前运用最为广泛的结算方式,显示了一定的优势。在不久的将来国际保理在国际结算领域将会发挥更为重要的作用。

(资料来源:徐进亮,李俊.国际结算实务与案例.北京:机械工业出版社,2011.)

随着全球经济的日益壮大,各个国家经济之间的依赖性和互补性也日益紧密,货物、服务和技术流通也越来越频繁,对外贸易交易金额越来越大,交易方式也越来越多样化。但是在国际经济交往中,由于交易双方处于不同的国家和地区,都对交易对象的资信状况缺乏了解和信任。为了使双方能放心大胆地达成交易,常常需要由一个信誉卓著、资金充足的第三方作为担保人,担保人以自己的资信向一方提供另一方一定履约的保证。银行因为具有雄厚的资金和较强的经营能力,常常应客户的要求,担当这种担保人,这成为银行的经常性业务。目前,银行保函和备用信用证是担保的重要形式,是除信用证以外两种属于银行信用性质的有条件付款保证文件,也是国际结算中主要的支付方式。它们在国际金融、国际租赁和国际贸易以及国际经济合作中的应用十分广泛。

第一节 银行保函

在国际贸易中,跟单信用证是买方以银行信用向卖方做出的付款保证,但这种方式并不适用于卖方向买方担保的情况,也不适用于除货物买卖以外的其他国际经贸活动。以银行信用的形式对国际经济贸易活动中可能存在的风险提供保障的措施——银行保函应运而生。

一、银行保函的定义、性质及作用

(一)银行保函的定义

保函(Letter of Guarantee, L/G)又称保证书。它是指金融中介机构(银行、保险公司、担保公司或者某个人)针对某一贸易项下或者合约关系,应交易一方当事人的请求,向另一方当事人开立的一种书面信用担保凭证。保证在申请开立保函的人未能按双方协议履行责任或义务时,由金融中介机构代其履行一定金额、一定期限范围内的某种支付责任或经济赔偿责任。其中,由银行作为担保人所开立的保函,就成为银行保函。

银行保函(Bank's Letter of Guarantee)又称银行保证书,它是商业银行根据申请人的要求向受益人开出的担保申请人正常履行合同义务的书面保证。保证如果申请人未能按照双方协议履行其责任或义务时,银行代为履行一定金额、一定期限范围内的某种支付责任或经济赔偿责任。

银行保函最初产生是采用口头信誉担保的形式。当时在商品经济不发达、法律不健全的情况下,手续简便、成本较低、易于操作的第三方担保的支付方式,受到广大交易者的欢迎。进入20世纪60年代,随着国际贸易的内容、形式以及交易环境的变化,国际结算日益频繁,金额不断增加,手续越来越烦琐。银行保函的规范性和程序化、简单灵活性适应了这一新形势的要求,逐渐成为国际经济交往中广泛应用的结算方式。当前有关银行保函的国际惯例是由国际商会制定并修改的《见索即付保函统一规则》(*Uniform Rules for Demand Guarantees*)即国际商会第458号出版物,简称URDG458。但由于其条款过于笼统,缺乏可操作性,国际商会在2007年4月决定对其进行修改,最终形成了《2010年见索即付保函统一规则》URDG758,并于2010年7月1日起生效。

(二)银行保函的性质

在经济贸易合同中,虽然一般都会规定各方当事人的权利和义务,具有一定的约束力,但这种约束仅限于商业信用,取决于交易对方的信誉,保障不够有力。尤其是在国际业务中,双方当事人互不了解、互不信任,往往需要银行信用介入,由银行担保一方履约,取得对方的信任,以促成交易的实现。因此,银行保函使交易各方履行义务受到了双重信用保障,其性质是一种备用的银行信用。

在实务操作中,根据银行保函与基础合同的关系不同,可以将银行保函分为独立性保函和从属性保函两大类。除了所有银行保函都具备不可撤销的性质外,两类银行保函的性质有所区别。

独立性保函(Independent Guarantee)是根据基础合同开出的,但不依附于基础合同而存在的,具有独立法律效力的担保文件。它具有以下性质:

1. 银行承担第一性的偿付责任

在独立性银行保函中,担保银行不管申请人是否同意付款,也不负责调查申请人是否履行合同,只要达到银行保函规定的偿付条件,担保银行均履行付款义务。银行不能主张源于基础交易的任何抗辩。

2. 独立性保函独立于基础合同

独立性保函的独立性体现在担保银行要承担第一性的偿付责任,而这种责任独立于申请人在交易合同项下的义务,只要受益人提出索款的要求、具备银行保函规定的偿付条件,担保银行就应该对受益人进行偿付。

3. 银行付款的唯一条件是单据

独立性保函合同项下,担保银行处理的是受益人索款时提供的单据,如果单据与保函合同所要求的单据相一致,那么担保银行就应该无条件地履行保函中的义务,除非银行有充分的理由证明受益人欺诈行为的存在。

【案例5.1】

由甲银行根据委托人A的指示开立了一张以B公司为受益人的独立性保函,保函中规定受益人B索赔时需要提供首次书面索赔要求,B公司在知晓委托人A全部履行了合同项下的责任义务的情况下,仍然向甲银行提出索赔要求。请问银行支付后是否需要承担责任?

分析：

根据 URDG758 规定，保函具有单据化性质。在本案例中，虽然甲银行不了解 B 公司情况，也不了解合同的履行状况，但只要其提供了保函中规定的单据，银行就必须付款，而无须承担任何责任。

（资料来源：梁远辉，刘丹. 国际结算[M]. 武汉：华中科技大学出版社，2007.）

从属性保函（Accessory Guarantee）只是基础合同的一个附属性契约，它的法律效力依据合同的存在而存在。它具有以下性质：

1. 银行承担第二性的偿付责任

在从属性银行保函中，担保银行承担第二性的付款责任，担保银行的偿付责任从属于或者说依赖于申请人在基础合同中的责任义务，只有在其违约的情况下，担保银行才负责进行赔偿。

2. 从属性保函依附于基础合同

由于从属性银行保函从属于基础合同，它存在的前提条件是合同的存在，如果基础合同失效，则保函也随之失效。

3. 从属性保函只有在违约情况下支付

如果保函申请人正常履行合同或者申请人被解除了合同项下的责任义务，则银行也就免除了对受益人的偿付责任。

现代国际贸易中，银行从事保函业务已经成为一种普遍现象，但是根据从属性保函的性质，银行是否偿付要视基础合同是否违约而定，银行往往会被卷入合同双方的争议中，因此，实际业务中独立性保函的使用更为广泛。它不仅适用于非融资交易也适用于融资交易。

（三）银行保函的作用

银行保函的使用范围十分广泛，除用于贸易结算外，还可用于投标、履约、预付款、维修、质量、补偿贸易、来料加工、工程承包等各种国际经济交易的履约担保。银行保函作为一种银行信用工具，在国际经济交往中发挥着非常重要的作用。其主要功能之一是以银行信用为手段来保护受益人的经济利益，促使交易活动的顺利进行。另外，银行保函还具有保证合约的正常履行、预付款项的归还、合同标的物的质量完好等其他功能。具体而言，银行保函在实际业务中发挥以下两方面的作用：

1. 保证合同价款的支付

银行保函可以用来充当商业往来的支付手段，解决合同价款或者费用的支付问题。例如，付款保函的使用，使得收款方获得收回货款的保证，便利了贸易的顺利进行。

2. 保证合同义务的履行

银行保函可以对合同义务的履行起到担保作用。它可以对经济合同利益受到侵害的一方进行补偿，并对违约的一方进行相关的制裁。例如，维修保函和质量保函。

【小资料 5.1】

中信银行保函业务力助我国进出口

在当今全球经济活动中,无论是商品买卖、劳务、技术贸易、工程项目承包、承建,还是物资进出口报关、大型成套设备租赁、诉讼程序中的诉讼保全,抑或是通过金融机构在金融市场上融资,银行保函都扮演着重要的角色。银行保函业务是指银行应委托人申请开立书面信用担保凭证,保证在一定期限内当委托人对其债权人或受益人不能按照合同规定履行某种义务时,由银行按约定承担连带责任、代为偿付债务或给予赔偿的业务。

中信银行作为一家长期精心服务于国际投资与贸易的全国性商业银行,是保函业务领域的佼佼者。2011 年,中信银行青岛分行共进行保函业务 14 笔,为进出口企业融资 2.85 亿元。

记者了解到,保函业务是中信银行的传统优势产品之一,在行业内有口皆碑。中信银行保函业务拥有良好的国际信誉、优秀的人才队伍以及丰富的办理经验,目前,中信银行的保函业务种类包括融资类保函和非融资类保函等两大类十多个业务品种,为国内企业的海外发展提供众多便利:可以为大型工程、大型设备的进出口创造有利机会;以银行信用为担保,更易赢得交易对手的信任;低廉的手续费为企业大大节省运营成本,为企业提供了融资便利。

中信银行福州分行国际业务负责人表示,只要符合中信银行贷款基本条件的企业都可以申请办理银行保函业务。在中信银行办理保函业务的流程比较简便。申请人向中信银行提交由其签章的开立保函申请书,同时提交保函的背景资料,包括合同、有关部门的批准文件、近期财务报表和其他有关证明文件等。申请人需确定相关的保函格式并加盖公章,落实银行接受的担保、包括缴纳保证金、质押、抵押或第三者信用担保等。银行对其审核批准后对外开立保函。

经外管局批准,中信银行已获得为境外投资企业提供融资性对外担保的额度,可更好地为"走出去"企业的境外融资提供担保。中信银行始终注重保函业务新产品的开发,积极配合国家出台的各项经济发展政策,支持了我国加工贸易、境外工程承包及劳务输出的发展,有力地推动了我国进出口业务的增长。

(资料来源:吴雪.中信银行保函业务力助我国进出口.东南网.2012-01-30.)

二、银行保函的当事人、内容及种类

(一)银行保函的当事人

银行保函涉及的当事人有多个,但是基本当事人有三方:委托人、受益人和担保人。除此之外,在保函业务的实际操作中,根据具体情况还可能涉及通知行、保兑行、反担保行、转开行和指示行等其他当事人。

1. 委托人

委托人(Principal)也就是银行保函的申请人,是向银行申请开立保函的经济合同的一方当事人。委托人为提高自身的资信,向银行申请,以银行的信用提高甚至取代自身的商业信用的当事人。

委托人的主要职责：

①按照经济合同规定履行相关义务,避免发生保函项下的赔偿。

②补偿担保行为履行担保责任时所支付的一切费用以及利息。

④预支担保行要求的抵押。

2. 受益人

受益人(Beneficiary)是有权按照保函的规定出具索款通知或连同其他单据,向担保行提出索赔的一方,是保函中担保权利的享受者。

受益人的主要职责：

①按照经济合同规定履行相关的责任和义务。

②在委托人不履行或者不能完全履行合同义务时,按照保函规定,在保函有效期内提交相符的索款声明。

3. 担保行

担保行(Guarantor)是接受委托人的申请开立保函的银行,并向保函的受益人承担有条件或无条件付款保证的银行。

担保行的主要职责是：

①接受委托人申请后,凭委托人的指示向受益人开立保函。

②审核受益人提交的所有索赔单据,并按保函规定向受益人承担付款义务。

③如果委托人无法立即偿还担保行的付款,担保行有权处置委托人提交的押金和抵押品等。

除了以上三个基本当事人外,根据保函使用的具体情况,还可能存在以下几个当事人：

1. 通知行

通知行(Advising Bank)是受担保行的委托,将保函交给受益人的银行。由于其最大的职能是将保函转递给受益人,因此也被称为转递行。另外,通知行在转递之前,要负责核实印鉴或者密押来确定保函表面的真实性。但对于保函内容的正确性以及在邮寄过程中可能出现的延误、遗失等均不负责,也不承担保函项下的任何支付。

2. 保兑行

当受益人对担保行的资信状况不满意时,可以要求由另外一家银行对保函加具保兑。这家应担保行的要求,以自身的信誉对担保行的支付承诺予以保证的银行就是保兑行。它的职责是一旦担保行不按照规定履行赔偿义务时,由保兑行(Confirming Bank)代其向受益人进行偿付,从而使得受益人获得双重担保。

3. 转开行

转开行(Reissuing Bank)是指根据担保行的请求,向受益人开出保函的银行。通常是受益人所在地的银行。在实际操作中,有些受益人只接受来自本国银行出具的保函,可申请人到受益人所在地的银行开具保函往往不太现实,因此,申请人只能通过本国的银行转而委托受益人所在地的银行,凭申请人往来银行的反担保开出所要求的保函。转开行开立保函以后,当发生符合保函规定的情况下,受益人只能向转开行要求偿付。转开行向受益人赔付后,有权向担保行索取赔偿款项。

4. 反担保行

反担保行(Counter Guarantor)是指为申请人向担保行开出书面反担保的当事人。其职责在于:向担保行做出承诺,当担保行在保函项下付款后,可以从反担保行处得到及时、足额的补偿。在结算实务中,担保行为降低自身风险,往往要求申请人以外的第三方对担保行进行再担保,一旦受益人向担保行索赔,担保行付款后,可以按照反担保协议向提供反担保的当事人索赔。由于反担保行的存在,降低了担保行的风险;而且,涉及的当事人增加了,申请人的履约压力也变大,促使申请人合同的履行。

(二)银行保函的内容

根据《见索即付保函统一规则》的规范和要求,银行保函的内容分为基本内容和附属内容两个部分。实务中的银行保函种类繁多,内容也不尽相同。但各国银行已经逐步统一开出保函的基本内容,归纳起来主要包括如下方面:

1. 银行保函的基本内容

(1)保函当事人的名称和详细地址

保函当事人包括:委托人、受益人和担保行,在保函中需要准确、完整写出这些基本当事人的名称和详细地址。因为委托人关系到保函赔偿项的最终补偿;受益人的名称和地址决定通知行的转递是否准确;担保行的地址涉及保函的法律适用性以及受益人交单地点和保函的到期地点。

(2)保函的种类

银行保函的种类决定了保函的开立的目的、保函性质、涉及的保函当事人、当事人的职责和义务,保函的业务流程等很多问题,因此,在保函内容上必须明确写明保函的种类。

(3)保函所依据的合同或标书以及有关的参考编号

交易双方的责任和义务是根据经济合同来确定的,经济合同是保函担保的标的物,因此,保函中必须写明交易合同、协议或标书的号码、签约日期,签约双方及其规定的主要内容,作为判断交易双方是否违约的依据。

(4)保函金额以及所采用货币种类

保函金额是担保行担保的最高限度,通常也是受益人的最高索偿金额。它可以是具体的金额,也可以用交易合同的一定百分比来表示。但一定要写明货币种类,金额的大小必须完整、一致。

(5)保函的有效期限

保函的有效期包括生效日期和失效日期两方面内容。不同的保函的生效日期是不同的,例如投标保函一般自开立之日起生效,预付款保函则在申请人收到款项之日生效,以避免在申请人收到预付款之前被无理索赔的风险。保函的失效日期是指担保行收到受益人索偿文件的最后期限。一般规定一个明确时间,日期一到,担保行要求受益人将保函退还或者注销。

(6)保函的索偿条件

保函的索偿条件是判断委托人是否违约、受益人是否有资格得到赔偿的证明。当前通常的做法是:受益人提交符合保函中所规定的单据。这种方法认为索偿条件不必与事实相联系,但必须由受益人在有效期内提交保函规定的单据或书面文件,即可认定所规定的付款条件已经具备,索赔有效。

2. 银行保函的附属内容

①保函的编号和开立的日期。

②保函的生效条款。

③保函适用的法律或者仲裁条款。

④不可抗力条款。

⑤保函的责任条款。

(三)银行保函的种类

银行保函形式灵活、简便可靠,因而被广泛运用于国际经济合作的各个领域。根据结算中对其不同的需求和用途,种类繁多的银行保函有不同的分类方式,实际业务中主要有如下分类:

1. 根据保函与基础合同的关系,分为独立性保函和从属性保函

(1)独立性保函

独立性保函与基础合同以及其履行情况相脱离。虽然其开立是根据基础合同的需要,但一经开立就拥有了独立的效力,付款责任依据独立性保函自身的条款而定。目前,国际银行界多数都采用独立性保函。

(2)从属性保函

从属性保函的法律效力是依附于基础合同的。这种保函是其基础合同的附属性合同,担保行是否需要承担付款责任是由其基础合同的实际履行状况决定的。从属性保函是不具备独立的法律效力的。传统的银行保函大多都是从属性保函。

2. 根据开立方式不同,分为直接保函和间接保函

(1)直接保函

直接保函是银行应委托人的要求,将保函直接开给受益人,而不经过其他当事人的环节,这是保函开立方式中最为简单、最为直接的一种。但这种开立方式受益人不太愿意接受,因为受益人很难判断保函的真伪,无法保证自身的权利;另外,由于担保行在国外,索偿有一定难度。

(2)间接保函

间接保函是指申请人所在地的银行以提供反担保的形式委托受益人所在地的一家银行向

受益人开立并对受益人承担付款责任的保函。在现实业务中,这种开立方式的保函使用比较普遍。因为它容易辨别保函真伪,索赔也比较方便。

3. 根据支付前提的差异,分为信用类保函和付款类保函

(1) 信用类保函

信用类保函使用中,银行的支付行为只有在保函委托人有违约行为时,受益人索偿的情况下才发生的。这种保函支付的前提是申请人的违约行为与事实。其主要包括投标保函、履约保函、预付款保函、维修保函、质量保函等。

(2) 付款类保函

付款类保函是为某种必然会涉及支付行为的经济活动所开立的保函。这里的支付是基础合同下的一种义务,而不是保函项下的付款行为。因此,这种支付只要交易产生就必然发生,支付的前提是受益人是否履约。其主要包括:付款保函、租赁保函、补偿贸易保函等。

4. 根据保函的用途和功能,分为出口保函、进口保函、对销贸易保函和其他保函

(1) 出口保函

出口保函泛指出口方在出口中申请并由银行向进口方开立的保函。这种保函开立的目的是为了满足商品出口和国际工程承包的需求。其主要包括投标保函、保留金保函、履约保函、质量保函等。

投标保函(Tender Guarantee)是银行向受益人(招标人)承诺;或按照担保申请人所授权的银行的指示向招标人承诺,当投标人不履行其投标所产生的义务时,担保行应在规定的金额限度内向受益人付款。在招投标业务中,投标人向招标人递交投标书时,必须随附银行的投标保函。开标后,中标的投标人先前附来的银行投标保函立即生效。

保留金保函(Retention Money Guarantee)也称"滞留金保函""质保金保函""预留金保函""留置金保函"或"尾款保函",是指出口商或承包商向银行申请开出的,以进口方或工程业主为受益人的保函,保证在提前收回尾款后,如果出口方提供货物或承包工程达不到合同规定的质量标准时,出口方或承包商将把这部分留置款项退回给进口方或工程业主。否则,担保银行将给予赔偿。

履约保函(Performance Guarantee)是在国际工程承包中,担保行应承包方(申请人)的请求,向工程的业主方(受益人)做出的一种履约承包合同的保证承诺。如果劳务方和承包方日后未能按时、按质、按量完成其所承建的工程,则银行将向业主方支付一笔约占合约金额5% ~ 10%的款项。

质量保函(Quality Guarantee)是应出口方或承包方申请,向进口方或业主保证,如货物或工程的质量不符合合同约定,而出口方或承包方又不能依约更换或维修时,担保行将保函金额赔付给进口方或业主的书面文件。质量保函的担保金额一般为合同金额的 5% ~ 10%,有效期由双方根据交易需要协商确定。

（2）进口保函

进口保函是银行应进口方申请并向出口方开立的保函。其主要包括付款保函、延期付款保函、租赁保函等。

付款保函（Payment Guarantee）担保行应进口方或者业主的申请而向出口方或承包商出具的，保证进口方履行因购买商品、技术、专利或劳务合同项下的付款义务而出具的书面承诺。

延期付款保函（Deferred Payment Guarantee）是银行应进口方或者业主的申请向出口方或承包商开立的对延期支付或者远期支付的合同价款和利息所作出的付款保证承诺。

【小资料5.2】

截至2011年4月2日，利比亚两家银行共向中国进出口银行、中国银行、中国建设银行提出11笔保函延期要求，总金额4.97亿美元，涉及中土集团、中水电集团、葛洲坝集团、大连国际、北京建工、北京宏福、华丰公司7家企业的8个项目。可见，现实生活中，延期付款保函的使用越来越频繁。

（资料来源：利比亚两银行向我国申请保函延期. 新京报, 2011-04-04.）

租赁保函（Leasing Guarantee）指担保行根据承租人的申请，向出租人开立的保证承租人按照合同规定支付租金的付款保证承诺。租赁保函的金额应与租金及相应的利息相等，一般自承租人收到租赁设备并验收合格后生效，至承租人支付完全部的租金或双方的协议失效。

（3）对销贸易保函

对销贸易保函是在对销贸易中使用的，分为补偿贸易保函、来料加工和来件装配保函。

补偿贸易保函（Guarantee for Compensation Trade）是补偿贸易合同项下，银行应设备或技术的引进方申请，向设备或技术的提供方所做出的一种旨在保证引进方在引进后的一定时期内，以其所生产的产成品或以产成品外销所得款项，来抵偿所引进之设备和技术的价款及利息的保证承诺。

来料加工（Processing Guarantee）和来件装配保函（Assembly Guarantee）的性质是一样的，是银行应进料或进件方的申请向供料或供件方出具的书面保证文件。保证进料或进件方收到与合同相符的原料或元件后，以利用该原料或元件进行加工或装配的成品交给来料或供件方。

（4）其他保函

除进口类保函、出口类保函和对销贸易保函以外，其他需要担保行予以提供保证的保函归纳到其他保函中，这里主要包括借款保函、保释金保函等。

借款保函（Loan Guarantee）指在国际借贷中，银行应借款人要求向贷款方开立的保证借款人到期归还贷款本息，否则由担保行进行赔付的书面担保文件。借款保函的担保金额一般为贷款总额及其利息之和，保函自开立之日起生效，至借款人偿清全部本利总和之日失效。

保释金保函（Bail Bond）是银行应国内船务公司或其他运输公司的申请为其保释因海上事故或其他原因而被扣留的船只或其他运输工具向当地法院出具的保证文件，保证船运公司按当地法院判决赔偿损失，否则担保行代为赔偿。保释金额的大小一般要根据损失数额的多少确定,损失额由法院认定,保函的有效期可至法庭作出判决日后的若干天。

【式样5.1】

PERFORMANCE BOND

致:受益人

保函编号 Our Ref. No.

To: The beneficiary

出具日期:Date:

敬启者 Dear Sirs,

履约保函(PERFORMANCE BOND)

本保函是为(申请人名称)(以下简称供货人)根据(合同编号及签署日期)向(受益人)提供(货物名称)而出具的。

This bond is hereby issued to serve as a performance bond of name of the applicant for the supply of name of goods for name of the sales contract and its number.

(担保人名称)特此不可撤销地保证自己、其继承人和受让人在下列情况下,无追索地用美元向你方支付合同金额的×%,即(担保金额):

The name of the guarantor hereby irrevocably guarantees and binds itself, its successors and assignees to pay you, without recourse, up to the total amount of currency and figures representing × percent (×%) of the contract price in US dollar and accordingly covenants and agrees as follows:

(1)如果供货人未能按合同及其后可能做出的合同变更、合同修改、合同补充和合同变动,包括对不合格商品的更换或修补条款履行责任(以下简称违约),则我们在收到你方指出供货人违约的书面通知时,向你方支付索赔书上所要求的一笔或数笔款项,但不超过本保函担保的总金额(担保金额)。

a) On the supplier's failure of the faithful performance of all the contract documents and modifications, amendments, additions and alterations thereof that may hereafter be made, including replacement and/or making good of defective goods (hereinafter called the failure of performance) as determined by you and notwithstanding any objection by the Supplier, the Bank shall, on your demand in a written notification stating the effect of the failure of performance by the Supplier, pay you such amount or amounts as required by you not exceeding in aggregate amount of guarantee in the manner specified in the said statement.

(2)本保函项下的付款将不减去任何现在的或将来的税款、费用扣留等。

b) Any payment hereunder shall be made free and clear of and without deduction for or on account of any present or future taxes, duties, charges, fees, deductions or withholding of any nature whatsoever imposed.

(3)本保函内所含的各项约定构成了担保银行不可撤销的直接责任。上述合同中的任何条款变更,你方所允许的时限或做出的任何行为或发生的疏漏,尽管可能免责或解脱银行,都不能解除银行的此项责任。

c) The covenants contained herein constitute irrevocable direct obligations of the Bank. No alteration in the terms of the contract to be performed there under and no allowance of time by you or any other act or omission by you which for this provision might exonerate or discharge the Bank shall in any way release the Bank from any liability hereunder.

(4)本保函自上述合同签署之日起生效直至(合同失效日)为止。本保函到期后,请将其退回我方注销。

d) This guarantee shall become effective from that date of the signing of the said contract and shall remain valid until the date of its expiry. Upon expiry, please return this guarantee to us for cancellation.

担保人:(签字、盖章)
Guarantor:_____

【式样5.2】

供货保函(中英文)

Guarantee for Supply of a Vessel

致:受益人　　　　　　　　　　　　保函编号:Our Ref. No. _____
To: The beneficiary
敬启者:Dear Sirs,　　　　　　　　　出具日期:Date:_____

供货保函　　第　　号

鉴于根据 ABC(卖方)和 XYZ(买方)于×年×月×日签订的第×××号造船合同及其×年×月×日合同修改(附件)卖方同意为买方建造一艘×××吨位的单桨柴油发动机集装箱轮船,该船名称为××号,地点广州造船厂,其条款和条件见合同,

WHEREAS by Shipping Contract No. _____ dated _____ (as subsequently amended by Addendum dated _____) (the Shipping Contract) concluded between ABC (the Seller) and XYZ (the Buyer), the Seller agreed to construct for the Buyer one _____ mt. dw, single screw, diesel driven, container vessel named _____ at Guangzhou Shipyard upon the terms and conditions therein appearing; and,

鉴于根据造船合同第×条第1段规定,卖方同意获取一份银行按照造船合同上的条款和条件向买方出具的担保函,

WHEREAS by Paragraph 1 of Article _____ of the Shipping Contract the Seller has agreed to procure a Letter of Guarantee to be given by the Bank to the Buyer upon the terms and conditions appearing therein,

为此现在,我们,下面签署人××银行,凭相应的对价并应卖方的要求,特此不可撤销地保证:

NOW THEREFORE, we, the undersigned _____ Bank, for good and valuable consideration and at the request of the Seller, do hereby irrevocably guarantee that:

1. 如果发生这样的情况,即:卖方变得有义务支付该轮船、其船体、机械和部件、设备维修和/或更换任何劣质部件(担保项目)的有关费用,而这些项目正是卖方根据造船合同第×条规定所保证的项目,

1. in the event that the Seller shall become liable to pay the cost of the repair and/or replacements in respect of any defects of the Vessel, her Hull, her machinery and all parts and equipment thereof (the Guarantee Items) which are the subject of guarantee by the Seller under the provisions of Article _____ of the Shipping Contract; and,

2. 如果发生卖方未能按照本保函的条款支付上述费用的情况,则我们应在收到你方书面索赔后×工作日之内向你方支付这样的一笔或数笔等额款项,但该书面索赔应附带下列材料:

A.(1)买方致卖方信件的副本,该信件通知了卖方买方已经索赔的劣质项目,同时说明其性质以及由此造成的损害程度,并附带:

2. in the event that the Seller fails to pay such costs in accordance with the terms of the Guarantee provisions, then we shall pay you such sum or sums equivalent to such costs within _____ business days after our receipt from you of a demand in writing, which shall be accompanied by:

A. (1) copy letter from the Buyer to the Seller whereby the Seller has been notified of the defect for which the Buyer has made a claim, describing the nature of the defect and the extent of the damage caused thereby, with:

a. 卖方确认根据保函规定对劣质项目应加以补救的信件;

(a) Letter of the Seller's acceptance of the said defect as justifying remedy under the Guarantee provisions, or

b. 买方出具的证明,申明在上述通知后×日内没有得到卖方的回应;和

(b) A certificate from the Buyer stating that no response was received from the Seller within _____ days of the said notification, and

(2)买方致卖方信件的副本,该信件告诉卖方将要修理或已经修理某一项或数项的时间和地点;和

(2) Copy letter from the Buyer to the Seller notifying the Seller of the time and place where repairs of the item or items will take place or have taken place, and

(3) 下列二者之一 (3) either

a. 有关造船厂、制造商或供货人出具的一张或数张原始发票(一式两份)并经船厂质量保证工程师签署(按造船合同规定)或

(a) an original invoice or invoices (in duplicate) from the relevant Shipyard, manufacturer or supplier, which shall be countersigned by the Shipyard's guarantee engineer (as defined in the Shipping Contract), or

b. 有关造船厂、制造商或供货人出具的一张或数张原始发票(一式两份),连同经信誉良好的损坏评级机构鉴定员签署的证明书。

(b) an original invoice or invoices (in duplicate) from the relevant Shipyard, manufacturer or supplier, together with a certificate signed by a reputable classification society surveyor;

B. 根据造船合同第×条和保函规定所指定的仲裁或仲裁委员会出具的以买方为受益人的仲裁书公证副本。

B. notary-certified copy of an arbitration award in favor of the Buyer rendered by an arbitrator or arbitration board appointed pursuant to Article _____ of the Shipping Contract and the Guarantee provisions.

3. 本保函项下我们承担的义务总值无论如何不应超过×××美元(大写×××),并且该金额应随着卖方和/或我们按照本保函的条款和条件不时支付给买方的金额自动递减。

3. The maximum aggregate amount of our liability under this Guarantee shall in no event exceed the sum of USD _____ (say _____) Furthermore, this sum shall be automatically reduced by any sum or sums paid by the Seller and/or by us to the Buyer from time to time in accordance with the terms and conditions of this Guarantee.

4. 就本保函而言,根据本保函第2项提出的索赔并附带所规定的单据,对于卖方向买方支付上述第1项所指的费用的义务应当是最后的(结论性的),只要不是在索赔函附带有按上述第2项B点要求的仲裁裁决书或上述A(1)点要求的卖方的信函的情况下,我们在收到该索赔后×工作日之内并未得到卖方关于此种义务存在争议的信函或电传通知。

4. For the purpose of this Guarantee a demand presented to us in accordance with the provisions of Paragraph 2 hereinabove and accompanied by the documents therein specified shall be conclusive as to the liability of the Seller to the Buyer to pay the costs referred to in Paragraph 1 hereinabove, provided that in any case other than a demand accompanied by an arbitration award per Paragraph 2B hereinabove or a letter of the Seller's acceptance per Paragraph 2A (1) hereinabove we have not, before or within _____ business days after receipt of such demand, received notice in writing or by telex from the Seller that such liability is disputed.

5. 本保函从买方接受并提走轮船之日起生效,并(在下列附带条件下)期满失效:

5. This Guarantee shall be effective from the date on which the Buyer accepts and takes

delivery of the Vessel and (subject to the proviso set below) shall expire and cease to have effect：

（a）于×年×月×日，根据柴油发动机配 20L_UT 质量保证的有关规定提出任何索赔，或

（a）in respect of any claim under the Guarantee provisions relating to the diesel engine T220L-UT _____ on _____ , or

（b）于提货×月后的某日根据该质量保证规定提出任何其他索赔。

（b）in respect of all other claims under the Guarantee provisions on a date _____ months after the date of delivery of the Vessel.

6. 本保函受英国法律制约并按英格兰法律解释。我们特此同意，就与本保函相关的任何法律诉讼或程序而言，服从英格兰法庭的非专属管辖权。

6. This Letter of Guarantee shall be governed by and construed in accordance with the Laws of England. We hereby agree to submit to the non-exclusive jurisdiction of the English courts for the purpose of any legal action or proceedings in connection herewith.

我行派遣充分授权的代表作为证人于前述日期签署本保函。

IN WITNESS WHEREOF, the Bank has caused this Guarantee to be executed by its duly authorized representative on the date first above written.

担保人：_____

（资料来源：http://blog.sina.com.cn/s/blog_4dae264e0100vhrn.html.）

三、银行保函的业务程序

在实际业务中，银行保函的开立方式可以分为直接和间接两种，其中直接开立是担保行直接将保函开给受益人；间接开立又分为通过通知行或转递行开立和通过转开行开立两种。因此，银行保函的开立方式可分为直开方式、通知方式和转开方式三种。不同的开立方式下，银行保函的主要流程也不同，但对银行来说业务基本相似。

（一）不同开立方式下，银行保函的业务流程

1. 直开方式下，银行保函的业务流程（如图 5.1 所示）

①申请人和受益人签订合同或协议。

②申请人向担保行提出开立银行保函的申请。

③担保行向受益人直接开出保函。

④受益人在发现申请人违约后，向担保行提出索赔，担保行向受益人赔付。

⑤担保行赔付后，向申请人索赔，申请人赔偿担保行损失。

2. 通知方式下，银行保函的业务流程（如图 5.2 所示）

①申请人和受益人之间签订合同或协议。

②申请人向担保行提出开立保函的申请。

③申请人向反担保人提出申请开立反担保函。

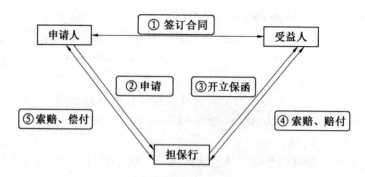

图 5.1　直开方式下银行保函的业务流程

④反担保行向担保行开立不可撤销反担保函。
⑤担保行开出保函后,将保函交给通知行。
⑥通知行通知受益人。
⑦受益人在申请人违约后,通知通知行向担保行索赔。
⑧担保行赔付。
⑨担保行向申请人索赔,申请人赔付。

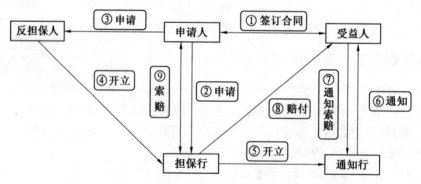

图 5.2　通知方式下银行保函的业务流程

3. 转开方式下,银行保函的业务流程(如图 5.3 所示)

①申请人和受益人之间签订合同或协议。
②申请人向担保行提出开立保函的申请。
③担保行开立反担保函并要求转开行转开。
④转开行转开保函给受益人。
⑤受益人在申请人违约后,向转开行进行索赔。
⑥转开行赔付后,根据反担保函向担保行索赔。
⑦担保行赔付。
⑧担保行向申请人索赔,申请人赔付。

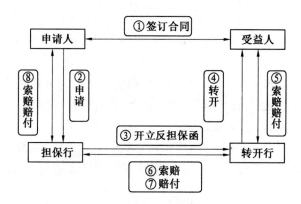

图 5.3 转开方式下银行保函的业务流程

(二) 银行对保函业务的处理程序

对于银行来说,主要有两方面的业务:对外开出银行保函和处理外来保函。业务的基本程序一般包括以下环节:

1. 银行收到开立保函申请

企业业务需要时,向银行请求出具保函需要递交保函申请书;并按照银行要求提交合同或标书的副本、财产抵押书、财务报表以及交易相关的其他文件。保函申请书是由银行出具的,由企业填写的,它是银行对外开立保函的法律依据。银行在制作保函申请书内容时,除了要表示企业请求银行按合同规定出具保函以外,还要明确申请人的责任义务和担保行的免责事项。

2. 担保行对相关情况进行审查

银行在收到保函申请书后,要进行多方面的审查,以决定是否接受申请。担保行重点审查的内容包括如下几个方面:

(1) 申请人资格的审查

依据《境内机构对外提供外汇担保管理办法》的规定,保函的申请人必须是中国境内登记的中国企业;国家外汇管理局审批同意的驻外中国企业;能提供等值外汇资产抵押的境内外国机构和外国企业。

(2) 对申请手续的审查

对申请手续的审查主要包括审查保函申请书的内容是否清晰、准确、完整,申请人提交的文件是否真实、齐全。

(3) 对项目进行审查

银行要对保函涉及项目的合法性、可行性以及效益情况进行分析,如审查申请人的履约能力、项目的先进性、项目所需资金来源、预计产出情况、价格以及行情等。

(4) 对反担保及抵押的审查

对于反担保的审查主要是审核反担保人的担保资格,审查反担保文件是否为不可撤销,审查保证金的情况。对抵押的审查包括抵押物的合法性、抵押物的所有权、抵押物的可转让性以及其实际价值、抵押时是否履行正确的审批登记程序等。

3. 担保行开立保函

在审查上述资料无误的情况下,担保行开具保函。首先,对开出的保函进行编码登记;其次,开出保函,一式五联。最后,在保函发出前,担保行对保函条款的文字格式进行严格检查。

4. 修改保函

在银行保函的有效期内,经过各方当事人的一致同意,可以对保函内容进行修改。担保行在接到申请人提出的修改申请,对受益人同意修改的意思表示进行审核后,向受益人发出修改函电,主管负责人签字后发出。

5. 赔付及索赔

银行保函的申请人违约,受益人对担保行提出索赔。银行需要审核受益人提交的全套单据是否符合保函的要求,以判断是否应予以赔付,但不可拖延付款。在担保行对外付款后,可以立即向保函的申请人或者反担保人提出索赔,要求偿还其代为支付的款项。

6. 撤销保函

保函到期或者担保行赔付的情况下,银行保函失效。担保行应该向受益人发出函电,要求退还保函正本,并将保函留底从档案卷中调出,用红笔注明"注销"字样,连同退回的保函正本一同归于清讫卷备查。

7. 开立通知函或转开函

银行除了对外开立保函外,也会收到外来银行的保函,要求我银行作为通知行或者转开行开立通知函或者转开函。开立通知函时,要核对保函的印鉴和密押与担保函是否相符,收取0.1%的手续费,银行对受益人的索偿不负责任;开立转开函时,要开立一份以原担保函为基础,以真实受益人为抬头的新的保函,银行对受益人的索偿负有责任。

四、银行保函和信用证的异同点

(一)相同点

1. 同是由银行开立

银行保函和信用证一样,都是由银行应申请人的请求,向受益人开立的有条件的支付担保或者是承诺。

2. 同属银行信用

银行保函和信用证一样,都是银行以自身信誉向受益人开立的,以减少受益人或者避免因申请人不履约而遭受的损失,同属于银行信用。

3. 同属于纯粹的单据业务

在银行保函和信用证业务中,当事人处理的只是单据,而不是合同涉及的标的物。

(二)不同点

1. 银行付款责任不同

在信用证业务中,开证行承担第一性付款责任;在银行保函业务中,独立性保函下,银行承担第一性付款责任,而从属性保函银行则承担第二性付款责任。

2. 银行付款依据不同

信用证下付款依据是全套货运单据与信用证是否相符,而银行保函下这些单据不是索赔的依据,索赔依据是受益人提交的书面索款文件和申请人不履约的"事实"。

3. 适用范围不同

信用证业务一般只适用于货物买卖,而银行保函除适用货物买卖外,还广泛的用于国际工程承包、投标招标、国际租赁、借款贷款等交易活动,因而它不仅仅是一种结算方式,也可以作为担保合同项下责任义务得以履约的手段。

4. 能否融资不同

信用证项下受益人可通过议付取得资金融通,而银行保函项下单据不成为索汇的依据,也不能作抵押贷款,受益人不能取得资金融通。

5. 到期地点不同

信用证的到期地点可以在开证行所在地,也可在受益人所在地或者承兑行或议付行所在地,而银行保函的到期地点一般在担保行所在地。

第二节 备用信用证

传统的银行保函容易使银行卷入商业纠纷中,美国用法律禁止了银行保函的开立,各种担保业务只能由担保公司来完成。但在实际业务中,客户往往希望银行能够开具保函。因此,美国银行业为了同担保公司进行业务竞争,同时避开法律的约束,19世纪后期,备用信用证作为银行保函的替代品产生于美国银行业。随着独立性保函的产生,银行保函与备用信用证的性质、内容和作用已经大致趋同。

一、备用信用证的定义及性质

(一)备用信用证的定义

备用信用证(Standby Letter of Credit)简称SBLC,又称担保信用证,是指开证行根据开证申请人的请求,对受益人开立的承诺承担某项义务的凭证。开证行保证在开证申请人未能履行义务时,受益人凭备用信用证的规定向开证行开具汇票,并提交开证申请人未能履约的证明,即可得到开证行的偿付。可见,备用信用证是一种特殊的信用证,它既具备一般信用证的特点,也具有银行保函向客户提供担保的功能。

在国际商会 1983 年修订的《跟单信用证统一惯例》中,首次明确表明将备用信用证列入信用证的范围,1998 年 12 月国际商会又制定了《国际备用信用证惯例》(ISP98)并在 1999 年 1 月 10 日开始实施。

(二)备用信用证的性质

1. 不可撤销性

备用信用证是不可撤销的,开证行对备用信用证的修改或者撤销必须经过各方当事人的同意,除非是备用信用证另有规定。

2. 独立性

备用信用证是一种独立性的担保。它开立的依据是国际经济贸易交往中的基础合同,但一经开立,备用信用证就与基础合同相独立,开证行在履行信用证下义务时不以基础合同为条件。

3. 跟单性

备用信用证与跟单信用证相似,在使用时具有单据性特点。开证行付款的条件是受益人提供备用信用证中要求的单据是否相符,开证行支付的依据只是单据。

4. 强制性

备用信用证对开证行具有一定的强制性。它在开立后就具备了约束力,无论开证行是否收取费用、受益人是否因信赖信用证而采取了行动。

二、备用信用证的当事人、内容及种类

(一)备用信用证的当事人

备用信用证的使用所涉及的相关当事人主要包括:

1. 申请人

备用信用证的申请人(Applicant)是向银行提出申请开立备用信用证的当事人,或者是以自身名义为其他人申请开立备用信用证的开证申请人。

2. 开证行

开证行(Issuing Bank)是指接受开证申请人的申请,开立备用信用证的银行。

3. 受益人

受益人(Beneficiary)是指备用信用证中指定的有资格获得付款的当事人。

4. 通知行

通知行(Advising Bank)是指受开证行的委托,将备用信用证传递给受益人的银行。通知行有权不接受开证行的委托,但一旦接受,就要核对备用信用证的表面真实性并及时通知给受益人。

5. 保兑人

保兑人(Confirmer)是在开证行指定下,以自身信誉向受益人承诺保证承付该证的担保

人。保兑人独立于开证行的,其对备用信用证的付款地位是相同的。

6. 指定人

备用信用证可以指定其他人进行通知、接受提示、转让、保兑、议付、承担延期付款义务,这个被指定的人就是指定人(Nominated Bank)。它也有权不对备用信用证的指示采取任何行为。

7. 提示人

提示人(Presenter)是指代表受益人或者指定人进行提示的当事人。

备用信用证相关当事人之间的基本法律关系如下:

①申请人和受益人是交易合同关系。他们之间签订的基础合同是开立备用信用证的原因,但一旦开立,备用信用证的法律地位就不受基础合同关系的影响,受益人不能利用基础交易的瑕疵而进行索偿。

②申请人与开证行之间是委托合同关系。申请人委托开证行对受益人偿付,开证行按照申请人的开证申请书行事。当开证行未履行委托合同或者对受益人的付款不满足委托合同中的条件,申请人可以拒绝偿付。

③开证行与受益人之间的权利义务由备用信用证规定。当申请人未履约情况下,受益人可提交符合备用信用证规定的索偿单据向开证人索偿。需要指出的是:ISP98 中规定,保兑人与开证人负有相同的义务和责任,因此,保兑人与受益人之间的关系等同于开证人与受益人之间的关系。

④开证人与通知行之间的关系是委托代理的关系。

(二)备用信用证的内容

①备用信用证本身的项目。注明备用信用证的类别、号码、当事人信息、开证地点、开证日期、备用信用证金额(开证行承担保证兑付的金额)其货币的名称和数额,必须明确具体。

②要求受益人提供的索偿单据或文件。受益人凭以向开证行索取款项必备的规定单据和文件,包括汇票、违约证明、声明文件和其他单据。

③备用信用证的开立依据。

④开证行的签章。

【式样5.3】

Standby Letter of Credit

To:Bank of communications,SHENYANG Branch

From:XYZ BANK

Date:20 DECEMBER 2004

With reference to the loan agreement no. 2004HN028 (hereinafter referred to as "the agreement") signed between Bank of Communications, SHENYANG Branch (hereinafter referred to as "the lender") and LIAONING ABC CO., LTD (hereinafter referred to as "the borrower") for a principal amount of RMB2,000,000 (in words), we hereby issue our irrevocable standby letter of credit no. 810LC040000027D in the lender's favor for amount of the HONGKONG AABBCC CORPORATION which has its registered office at AS 8 FL. 2SEC. CHARACTER RD. HONGKONG for an amount up to UNITED STATES DOLLARS THREE MILLION ONLY. (USD3,000,000) which covers the principal amount of the agreement plus interest accrued from aforesaid principal amount and other charges all of which the borrower has undertaken to pay the lender. The exchange rate will be the buying rate of USD/RMB quoted by Bank of Communications on the date of our payment. In the case that the guaranteed amount is not sufficient to satisfy your claim due to the exchange rate fluctuation between USD and RMB we hereby agree to increase the amount of this standby L/C accordingly.

Partial drawing and multiple drawing are allowed under this standby L/C.

This standby letter of credit is available by sight payment. We engage with you that upon receipt of your draft(s) and your signed statement or tested telex statement or SWIFT stating that the amount in USD represents the unpaid balance of indebtedness due to you by the borrower, we will pay you within 7 banking days the amount specified in your statement or SWIFT. All drafts drawn hereunder must be marked drawn under XYZ Bank standby letter of credit no. 810LC040000027D dated 20 DECEMBER 2004.

This standby letter of credit will come into effect on 20 DECEMBER 2004 and expire on 09 DECEMBER 2005 at the counter of bank of Communications, SHENYANG branch.

This standby letter of credit is subject to Uniform Customs and Practice for Document Credits (1993 revision) International Chamber of Commerce Publication No. 500.

Bank signature：

(资料来源:交行融资性备用信用证样本.世贸人才网.2006-12-15.)

(三)备用信用证的种类

备用信用证的用途比较广泛、使用起来方便灵活,它作为银行保函的一种替代形式,可以用在国际经济交易中的担保。根据ISP98的规定,将常用的备用信用证分为以下几类:

1. 履约备用证

履约备用证(Performance Standby L/C)是担保一项除支付金钱以外的某种义务的履行,包括对开证申请人在基础合同交易中违约所致损失的赔偿。

2. 预付款保证备用信用证

预付款保证备用信用证(Advance Payment Standby)是用于担保申请人对受益人的预付款所应承担的义务和责任。这种备用信用证通常用于进出口贸易中进口方向出口方支付的预付款或者国际工程承包项目中业主向承包人支付的合同总价10%~25%的工程预付款。

3. 反担保备用信用证

反担保备用信用证(Counter Standby)又被称为对开备用信用证,它支持反担保备用信用证受益人所开立的另外的备用信用证或其他承诺。

4. 融资保证备用信用证

融资保证备用信用证(Financial Standby)支持付款义务,包括对借款的偿还义务的任何证明性文件。广泛用于国际信贷融资安排。

5. 投标备用信用证

投标备用信用证(Tender Bond Standby)用于担保申请人中标后执行合同的责任和义务,如果投标人未能履行合同,开证行必须按备用信用证的规定向受益人进行赔付。

6. 直接付款备用信用证

直接付款备用信用证(Direct Payment Standby)用于担保到期付款,尤其是到期没有任何违约时支付本金和利息。它已经突破了备用信用证备的传统担保性质,主要用于担保企业发行债券或订立债务契约时的到期支付本息义务。

7. 商业备用信用证

商业备用信用证(Commercial Standby)是指如不能以其他方式付款,为申请人对货物或服务的付款义务进行保证。

8. 保险备用信用证

保险备用信用证(Insurance Standby)用于担保申请人的保险或再保险义务。

三、备用信用证和银行保函的异同点

(一)相同点

1. 同属于银行信用

备用信用证与常用的保函(独立性保函)由银行或其他实力雄厚的非银行金融机构应某项交易合同项下的当事人(申请人)的请求或指示,向交易的另一方(受益人)开立的书面文件,承诺对提交的在表面上符合其条款规定的书面索赔声明或其他单据予以付款。

2. 当事人基本相同

保函与备用信用证的当事人基本相同,一般包括申请人、担保人或开证行(二者处于相同地位)、受益人。两者之间的法律关系是,申请人与担保人或开证行之间是契约关系。

3. 性质相同

目前独立性保函使用较多,它在性质上与备用信用证日趋相同。主要表现在以下几个方面:开证行的担保或付款责任都是第一性的;开立的依据都是基础交易合同,但一经开立就成为独立于基础合同的文件;都属于纯粹的单据业务。

4. 用途相同

备用信用证和银行保函都是国际结算的重要形式。在国际经贸交往中,两者都可以用于

招标交易中的投标担保、履约担保、设备贸易的预付款、还款担保、质量或维修担保、国际技术贸易中的付款担保等,备用信用证作为银行保函的替代品,两者的用途如出一辙。

(二) 不同点

1. 法律效力有所不同

备用信用证作为信用证的一种形式,并无从属性与独立性之分,它具有信用证的"独立性、自足性、纯粹单据交易"的特点,开证行只根据信用证条款与条件来决定是否偿付,而与基础合约并无关。银行保函有从属性保函和独立性保函之分,从属性保函是基础合同的一个附属性契约,其法律效力要依赖于基础合同的效力。独立性保函则不同,它虽是依据基础合同开立,但一经开立,便具有独立的效力,它与备用信用证才相同。

2. 付款责任不同

备用信用证的开证行付款责任是第一性的。但银行保函中,独立性保函担保行承担第一性的付款责任,而从属性保函下担保行承担第二性的付款责任。

3. 到期地点不同

备用信用证可以由第三方议付、承兑或者付款,所以到期地点可以在开证行所在地,也可能在受益人所在地甚至是其他地点;而银行保函的到期地点在担保行所在地。

4. 适用的法律规范和国际惯例不同

备用信用证的法律依据是1999年实施的《国际备用证惯例》,而由于各国对银行保函的法律规范各不相同的,到目前为止,尚未有一个可为各国银行界和贸易界公认的保函国际惯例。国际经贸实践中常用的规则是《见索即付保函统一规则》、《合约保函统一规则》等。

四、《国际备用信用证惯例》主要内容简介

1983年国际商会制订的《跟单信用证统一惯例》(UCP400)首次明确规定该惯例适用于备用信用证。1993年的UCP500第一条也明确规定,UCP500适用于所有在正文中标明按本惯例办理的跟单信用证(包括本惯例适用范围内的备用信用证)。"本惯例适用范围内"这句话的含义是:只有UCP500中适用于备用信用证的条款方能适用于备用信用证,而其他的条款就不能适用于备用信用证。实践证明,UCP500的多数条文都不适用于备用信用证。为此,1998年4月6日,在美国国际金融服务协会、国际银行法律与实务学会和国际商会银行技术与实务委员会的共同努力下,《国际备用信用证惯例》(International Standby Practices,简称ISP98,为国际商会第590号出版物)终于公布,并已于1999年1月1日起正式实施,填补了备用信用证在国际规范方面的空白。

ISP98共有十条规则,89款。这十条规则分别为:总则;责任;交单;审单;通知拒付、放弃拒付及单据处理;转让、让渡及依法转让;取消;偿付责任;时间规定;联合/参与等。按照ISP的规定,任何备用信用证,只要明确注明根据ISP98开立,则适用于本惯例。一份备用信用证可以同时注明依据ISP98和UCP600开立,但前者优于后者对备用信用证进行解释和处理。

随着 UCP600 的发布和实施，ISP98 也将得以进一步修订和完善。

第三节　银行保函和备用信用证的风险及防范

与其他结算方式相同，银行保函和备用信用证也并不是绝对安全的支付方式。在实际业务中，各方当事人都会面临国家风险、政策风险、法律风险和经济风险的可能，而造成损失。下面针对银行保函和备用信用证的具体情况介绍下这两种方式下的风险及其防范。

一、银行保函的风险

（一）受益人面临的风险

对于受益人而言，采用银行保函方式的风险主要体现在如下方面：

1. 信用风险

受益人的信用风险来自于两个方面：保函的委托人和担保行。首先，银行保函分为独立性和从属性两种，在从属性保函中银行只承担第二性的付款责任，只有在委托人违约的情况下，银行才具备付款义务，因此，银行保函仍有可能是以委托人的信用作为履约担保。其次，保函的开立银行一般是由委托人指定的，往往在委托人所在地，受益人对其资信和经营作风等方面并不容易掌握，这会使得受益人承担银行的信用风险甚至是委托人与银行联合欺诈的风险。

【案例 5.2】

我国某公司与一个泰国客户签订了付款合同，由泰国客户的一家银行开立保函。我公司考虑到双方交易属于第一次，为了确保收款的安全性，采用了无条件银行保函的方式。我公司按照合同规定交货 3 个月后仍然没有收到泰国客户的货款，后来干脆与客户丧失了联系。经过查询才得知，开立保函的银行仅仅是一个类似于地下钱庄的私立金融机构，已经申请破产，我公司不得不承担钱货两空的结果。

分析：

本案例属于泰国客户与银行的诈骗行为，但如果我公司能够提前对开立保函的银行进行有效的资信调查，就可以避免蒙受这样的损失。

（资料来源：叶陈云，叶陈刚. 国际结算[M]. 上海：复旦大学出版社，2007.）

2. 技术性风险

受益人面临的技术性风险来源于：受益人本身和担保行两个方面。首先，受益人本身的技术性问题是指本企业保函的相关工作人员的错误或过失所造成的风险，例如，订立合同不严格，造成纠纷；对保函条款不认真审核，造成索赔困难。其次，担保行的技术性问题是指其在开立保函时，由于工作人员的失误、工作差错以及客观因素的限制导致的支付风险，例如，保函金额规定不合理、保函有效期不严密、索偿条件不严谨、保函转让条款设限等等。

(二)担保行面临的风险

1. 来自于委托人的风险

银行保函开立就是为了保证委托人基础合同的履约行为,所以委托人对基础合同的履行情况决定了保函的履行。担保行向受益人进行赔付后,担保行再向委托人进行索偿,但一旦委托人破产或无力偿还或不愿偿还,担保行就会得不到债务补偿而遭受损失。

2. 来自反担保的风险

为避免由于委托人的资信不良造成的担保行赔付后无法索偿的损失,一般在开立银行保函前,担保行都会要求委托人提供相应额度的反担保,在委托人无法偿还债务时,使用反担保进行补偿。反担保的形式有保证金、抵押或者找寻反担保人等。但如果出现抵押品的市场价值降低、手续不完备、重复抵押等情况,或出现反担保人资信不佳而无力偿还或推卸责任等情况,则都可能造成担保行遭受损失的风险。

3. 来自于受益人的风险

在银行保函方式下,受益人与担保行之间存在着合同关系,尤其是独立性保函下两者之间的合同不依附于委托人和受益人之间的贸易合同。担保行的责任是在收到受益人提交的符合保函条款规定的索赔书和相关单据后,向受益人赔付一定金额。在实务中,见索即付保函使用较多,则受益人的索赔无需任何条件,仅凭借声明书即可索赔。如果受益人经营作风不良,在委托人已经正常履约的情况下仍然要求担保行付款,就会使得担保行陷入不合理索赔的风险中。

4. 来自保函内容本身的风险

保函条款是担保行是否向受益人进行赔付的关键性文件,它具备法律效力,其内容必须要严谨、合理、明确、具体,否则就会产生文本风险。保函条款的规定直接关系到担保行的责任和风险,如果条款中出现不详细明确的措辞,就有可能被委托人或者受益人利用,而造成受益人据此索赔,而委托人又不予偿付的风险。

5. 来自银行内部的操作风险

银行保函属于银行的中间业务,缺乏严格的会计核算程序、完善的会计凭证制约,又不受资金的约束,因此,操作风险相对较大。如果内部管理不严格、风险防范机制不健全或者业务操作不规范都会引起风险。

二、备用信用证的风险

备用信用证具有不可撤销、独立性和跟单性的特征,决定其在使用过程中的灵活性和用途的多样性,但随着备用信用证应用的不断广泛,它在实践中出现的纠纷也日益增多。备用信用证使用中各方当事人面临的风险主要有以下几个方面。

(一)申请人面临的风险

在备用信用证方式下,申请人面临的主要风险是来自于受益人的风险。受益人的资信状况直接关系其是否滥用其向开证行及开证申请人追偿的权利,如果受益人的信誉太差,就有可能发生不合理索赔甚至是欺诈行为。另外,开立备用信用证的目的是为了巩固自己的商业信用,所以选择一个资信状况好的开证行对履约和融资是非常有益的。

(二)受益人面临的风险

1. 来自于开证行的风险

受益人面临的开证行的风险主要体现在开证行的资信状况上,因为开证行的还款能力直接关系到备用信用证是否能履行。尤其是当金融危机出现时,欧美国家的中小银行倒闭、破产的很多,也使得这些银行开立的备用信用证自动失效了,受益人的权益无法得到保护。

2. 来自于申请人的风险

申请人的资信状况不佳情况下,申请人可能编造虚假的根本不存在的开证行或者假冒有影响力的开证行开出假的备用信用证。另外,申请人可能会在申请开立信用证时,故意设置若干隐蔽性的限制条款,使得受益人在交易中完全处于被动,而申请人随时可以免除责任。

3. 来自于备用证条款的风险

要仔细审核备用信用证的有关的条款受益人能否办理,尤其是应注意所要求的单据是否容易得到。例如,申请人不履行义务或不付款由第三方所开具的证明等等。只有能够容易得到才可能考虑接受此类信用证。同时,受益人尤其要注意避免不必要的疏忽,否则很容易引起损失。

(三)开证行面临的风险

1. 来自于申请人的风险

由于备用信用证的独立性,开证行不能以申请人的破产、倒闭、无力偿还而逃避付款责任。而且,备用信用证下,开证行无法控制货物,也不能控制货物的物权凭证,因此无法保证申请人的偿付行为。

【案例5.3】

河南一外贸公司与国外公司签订了一份进出口合同,根据合同要求,河南某外贸公司申请一份由农业银行河南分行开立的备用信用证,由于受到金融危机的影响,该外贸公司经营资不抵债而宣布破产,然而,开证行开出备用信用证后必须按照备用信用证的条款进行付款,由于该企业开出备用信用证时在银行的抵押物小于备用信用证的金额,导致了农行受到不小的损失。

分析:

本案例中农业银行河南分行遭受了来自于不良资信状况的开证申请人的开证风险。由于备用信用证的独立性,开证行一经开立信用证就不可逃避付款责任。案例中开证行可以通过在开证前仔细审核申请人资信,要求提供多种形式的足额担保等方式降低来自申请人的开证风险。

(资料来源:王腾,曹红波.彻底搞懂备用信用证[M].北京:中国海关出版社,2009.)

2. 来自于受益人的风险

备用信用证在实际使用中,受益人的欺诈风险是最为常见的。由于备用信用证方式下,开证行的付款条件只需受益人提供申请人的违约声明即可,而违约声明是由受益人自己出具的,如果受益人明知申请人并未违约或者申请人的违约是由受益人违约行为造成的,却仍提出与备用信用证表面相符、内容不实的单据,向开证行提出索赔要求,会造成开证行的利益损失。

【案例5.4】

某年9月,湖北某出口商与马来西亚某进口商签订了一份210万美元的钢材出口合同,根据合同规定,中国银行湖北分行开出了一份备用信用证。货物到达后,中国银行收到了马来西亚进口商寄交来的违约声明以及相关单据,根据备用信用证的规定,中国银行需要向马来西亚进口商支付费用。事后经过调查,我国的出口商出口的货物是完全按照合同规定发货,而由于该货物在国际价格上变动较大,进口商进口该批货物无法获得利润而进行了伪造一份违约声明的做法进行欺诈,开证行在一定程度上受到了损失。

分析:

该案例银行遭遇的风险来自于备用信用证受益人的欺诈行为。为避免由于受益人资信状况不佳所导致的欺诈行为,开证行需要在开立信用证时对受益人资信进行调查,并注意核对备用信用证使用中文件的真伪。

(资料来源:纪建勇.备用信用证应用及其风险研究.豆丁网.)

三、银行保函和备用信用证风险的防范

(一)银行保函的风险防范

1. 受益人保函业务风险的防范

对于受益人面临的信用风险,要加强对委托人和担保行的资信调查。关于委托人的资信调查具体内容在汇款中已经介绍,担保行的资信调查在信用证的风险防范中已经提及,不再阐述。针对技术风险,首先受益人要提高本企业工作人员的业务水平和素质;其次,无条件保函更侧重于保护受益人的利益,在保函的选择上尽量选择该种保函;最后,收到保函时,认真检查保函的内容和索赔单据是否相符,尤其是对保函的金额、生效期、有效期和索偿条件是否明确。

2. 担保行保函业务风险的防范

针对于委托人带来的风险,担保行在开立保函之前,要对保函的委托人进行全面的调查。主要审核委托人是否为独立的法人、是否具有签订该合约的条件、是否具有偿付的能力、是否能够提供有效的反担保等等,还要审核委托人的财务状况、人员素质、管理能力和经营经验等。除此之外,担保行还要对基础合同进行审查,对合同中的不合理或者不利之处提出建议,防患于未然。

针对于反担保带来的风险,如果反担保的形式为物权抵押,则要求抵押物所有权归委托

所有或所有人授权给委托人经营管理并同意抵押;避免同一物权的重复抵押;将抵押物品送交资产评估机构进行估价;与企业签订抵押合同并经过公证机关公证,以确保担保行的权益受到法律保护。如果采用第三者作为反担保人的形式,担保行要对反担保人的经济实力、经营状况、偿还能力、反担保函中反担保人的责任义务是否明确等。

针对于受益人带来的风险,要对受益人进行全面的资信调查。但由于受益人与担保行不在一个国家,担保行要想了解受益人的资金状况、经营情况和经营作风,需要通过其在海外的分行、支行或者代理行、或者通过国际知名的咨询与评级机构或者相关商会等民间组织。

针对于保函内容带来的风险,担保行要对保函各项条款进行全面的审查。重点审核:保函金额是否合理、有效期是否明确,尤其是索赔条款,担保行应当注意将事实条件转化成单据条件,将见索即付转变为有条件的凭单据付款。

除此之外,为防范风险,要按照收益与风险相对称、高风险高收益的原则,担保行可以按照保函业务中委托人的信用等级与风险大小收取佣金,对于信用等级相对较低、风险较大的客户收取较高的佣金,以弥补风险损失。

(二)备用信用证的风险防范

1. 申请人备用证业务风险的防范

为防止受益人在备用信用证的有效期内提出不合理的付款要求而造成申请人利益损失,首先,要对受益人的经营能力、资金情况、信誉情况进行全面调查;如果资信调查不够详尽,那么就要在开立备用信用证的申请书中注意付款单据条款的严谨性,指示银行严格遵守条款进行付款,以防止因条款疏忽而造成的损失,对受益人索偿进行限制。其次,应尽量选择延期付款的备用信用证,一旦出现受益人的欺诈行为,申请人还能够有足够的时间请求禁制令。

【案例5.5】

开证银行I向受益人开立了一份不可撤销的备用信用证,并通过A银行通知,该证在I银行有效并在I银行到期,要求的单据为:a. 以I银行为付款人的即期汇票;b. 未付款之商业发票的副本;该副本发票未加注日期,但列名了交货的日期在交单15天之内。c. 受益人授权代表的声明:证明所附发票已过期至少30天且已向开证申请人要求过付款。在该备用信用证到期前5天,申请人通知I银行:已无任何未结清之发票需付款给受益人,所以I银行对该备用信用证项下之任何支款都不应予以支付。但是,就在该证到期前一天,A银行以快递方式代受益人提交下列单据:a. 以I银行为付款人的即期汇票;b. 未付款之商业发票副本,该副本发票未加注日期,但列明了交货的日期在交单15天之内;c. 备用信用证所需要的违约声明。银行在审核单据后,贷记A银行账户,借记申请人账户支付了该证项下的款项。申请人对此提出异议:a. 申请人先前已通知I银行对受益人已无未结清之发票,I银行不应支付该信用证项下所支取的任何款项;b. 银行本应注意到:尽管信用证所要求的违约声明称申请人的违约情况存在,但很明显,发票上的交货日期表明并无任何金额过期30天;c. 发票表明交货仅在提交单据前15天内完成,因此,提交单据前仅过去15天,受益人不应宣称已过30天,其陈述与事实不符;d.申请人要求重新贷记其账户。I银行拒绝了申请人的要求,并声称其做法完全符合信用证的条款。

分析:

该案例中,I银行拒绝付款是正确的,因为作为银行其保证付款的条件上,只要提交了规定的单据和符合信用证条款的声明就必须付款,况且银行是不受申请人的陈述制约的。因此,作为申请人应吸取的教训是应注意单据的严谨性,该证要求的违约声明只要求一份已向申请人要求付款的证明,而没有进一步要求加列"不仅已向申请人要求付款,而且申请人也未于到期支付款项"。条款上的漏洞使受益人有了可乘之机,从而出现了风险,这是应该引起申请人注意的。

(资料来源:徐颖.备用信用证的法律特征及其风险防范.)

2. 受益人备用证业务风险的防范

针对开证行和申请人的资信风险,受益人应该对其做充分的资信调查,防止收款不到的风险。另外,要认真审核备用信用证真伪,以防止备用信用证的融资欺诈行为。具体做法:审核电开是否有密押,备用信用证开头是否有报号、电传号,结尾有无回执。审核电传号码是否规范、开证行是否存在等。

针对备用信用证具体内容存在软条款的风险,受益人应对备用信用证进行仔细审核,如果发现有与合同不一致的地方,应立即向申请人提出修改要求,否则会使受益人行使索款权利受到影响。

3. 开证行备用证业务风险的防范

为防止申请人资信不良给备用信用证的开证行带来的损失,首先,开证行必须在开证之前对申请人进行充分审查,全面了解申请人的信誉情况、经营能力和资金实力。即使是老客户,也应定期对其进行重新评估,以防止其资信变化。其次,开证行对客户的经营范围和状况也应有所了解,当客户的基础交易与其以往大不相同,甚至在其经营范围之外,开证行就应提高警惕,进行仔细审查看是否存在欺诈行为。最后,要求申请人提供充分的担保。无论采取哪种形式都应确保其具有较强的担保力。关于担保的注意事项在保函中已经阐述,不再赘述。

为避免来自受益人的欺诈风险,尽量要求受益人提交由第三人出具的较客观的单据。备用信用证的单据一般为索偿要求、债不履行或其他支款事由的声明。如果备用信用证项下所要求的单据仅为此类索偿要求和声明书,那么在申请人与受益人联合欺诈的情况下,开证行便很容易上当受骗。因此,开证行在开立备用信用证时,应尽量劝说申请人在信用证单据项下加列法律或司法文书、货运单据等更为客观的由第三人出具的单据。开证行应遵守单据严格相符原则,以免在给付后因单证不严格相符而丧失向申请人追偿的权利,承担不必要的风险。

另外,开证行要建立及健全内部控制与风险管理机制。以尽可能地减少损失、降低失误率,避免经常被职员和客户欺诈。

第四节 保付代理

一、保付代理的定义

保付代理(Factoring)是指在出口方以挂账、承兑交单等方式销售货物时,保理商购进出口方的应收账款,并向其提供资金融通、进口方资信评估、销售账户管理、信用风险担保、账款催收等一系列服务为一体的综合金融服务方式。

保付代理是常见于赊销贸易的结算方式,也是一种综合性的金融服务。保理商负责对进口方的资信进行调查,并给出口方提供进口方的信用额度,对额度内的风险提供担保。除此之外,保理商还向出口方提供催收账款、进行相关账务管理和资金融通等服务,从而解除了出口方的后顾之忧。保理服务避免了赊销的负面影响,使得企业在赊销贸易中实现利益最大化的目标。

【案例5.6】

国际保理业务中保理商的责任和作用

我国出口商A以D/A方式与澳大利亚进口商B签订一项出口贸易合同,并委托我国银行C(出口保理商)叙作出口保理业务,双方签署了出口保理业务协议和保理融资扣款授权书。出口商A交给银行C一张金额为20万美元的发票并获得融资12万美元。同时,银行C将该发票转让给进口保理商美国银行D,但货物抵达澳大利亚后20天,美国银行D给我国银行C银行发来贸易纠纷通知书,认为该批商品可能存在质量问题,表示将延长付款时间以检查质量,D银行已将核准信用额度取消。我国银行C收到通知书后立刻转给出口商A,为了避免贸易货款回收风险,我国银行C通知将从账目上扣除贸易融资款项以及利息费用。但遭到出口商A的反对,因为出口商A认为进口商B没有提供法定检验机构的质量检验证明,不能单凭自身的判断作为依据,于是银行C请求D银行协助调查进口商提出质量问题的原因并督促拿出有力的证据,但银行D表示自己已经取消了已核准的发票金额,不再承担应收账款的收取责任。银行C认为银行D的做法违背了国际保理惯例,立即向国际保理商联合会申诉,但联合会在取证后认定,由于进口商B不能提供法定的质量证明,银行D仍需承担赔付货款的责任,虽然进口商B继续拖延支付货款,但银行D必须对出口商给予赔付,出口商A收到货款后向中国银行C偿还了贸易融资款。

案情分析:本案例较好地体现了国际保理业务中保理商的职责和作用。出口商A在进口商B不能提供法定证据证明其产品存在质量问题的情况下,拒绝了出口保理商银行C的扣款要求,并在出口保理商的帮助下使得进口商不得不承担了赔付货款的责任,较好维护自身的利益。而出口保理商当初扣款的做法并不合理,存在逃避保理商职责的嫌疑,同时在贸易纠纷未成立的情况下,其消极做法容易引起出口商融资纠纷。在出口商据理力争下,出口保理商及时纠正了其不正确做法并帮助出口商及时收回货款。此外,虽然根据国际保理惯例,进口保理商不承担贸易纠纷项下的付款责任,但有义务尽力协助解决纠纷,包括对进口商的法律诉讼。本案例中的进口保理商在贸易纠纷未被认可前,关注自己利益胜过自身信誉,单方面启动保障条款,擅自取消已核准的信用额度,不愿意承担付款责任,违背了国际保理的相关精神,因此出口保理商可以通过向IFC申诉,借助法律来保护期合法利益。本案例值得注意的是,如果进口商在规定时间内拿出了法定证据证明出口商产品确实存在质量问题,那么进口保理商可以在赔付后向出口保理商追索货款。同时在实务中,出口保理商无论为出口商还是自身的利益考虑,对进口保理商都应该做出慎重的选择。

(资料来源:徐进亮,李俊.国际结算实务与案例[M].北京:机械工业出版社,2011.)

二、保付代理的产生及发展

(一)保付代理的产生

保付代理是一种通过购买债权而获利的古老的商业行为,起源于5000多年前的古巴比伦时期。18世纪的欧洲,采用寄售方式的商务代理活动演变为提供市场行情调查、代办手续、短期贸易融资等多种服务的保理。真正现代意义的保理服务出现在19世纪90年代的美国,美国通过立法保证了保理服务的合法性,保理公司提供国内保理服务、坏账防范和货物存贮融资等服务。

(二)保付代理的发展

第二次世界大战以后,保理业务得到了较快发展,业务内容越来越丰富。20世纪60年代,美国的银行开始逐渐取代专门的保理公司,并将保理业务由国内扩展到国外。与此同时,欧洲各国也开始引进保理服务,其银行和金融机构逐步开展国内和国际保理服务。进入20世纪70年代,亚洲和拉美地区的保理业务也得到发展。随着国际贸易竞争的不断加剧,国际贸易的买方市场逐渐形成,赊销贸易日益盛行。由于保理业务能有效地避免出口方风险,因而20世纪80年代,保理业务被世界各国竞相采用,得到了快速的发展。目前,保理业务基本上取代信用证,在国际结算中的地位越来越重要。世界上开展保理业务的国家和地区达到40多个,美国、欧洲和亚太地区成为开办保理服务的三大区域。

【小资料5.3】

1968年11月,来自15个国家的30多家银行和保理公司在瑞典首都斯德哥尔摩召开大会,大会决定成立国际保理联合会(Factors Chain International),总部设在荷兰的阿姆斯特丹。它是由世界上近千家保理公司组成的世界性联合体,其目的是为会员提供国际保理服务的统一标准、程序、法律依据和技术咨询并负责组织协调和技术培训。目前,国际保理联合会可向法国、德国、中国香港、意大利、日本、新加坡、英国、美国等近50多个国家和地区提供国内或国际保理业务。

1992年3月14日，中国银行北京分行分别与美国国民保理公司和英国米兰银行所属的鹰狮保理公司签署保理协议，率先开办国际保理业务。1993年3月，中国银行成为国际保理联合会的正式成员。目前，中国银行与20多个国家和地区的50多家保理公司签署了国际保理业务协议。截止到2010年底，我国入会成员共22个，包括中国银行、中国建设银行、中国农业银行、中信银行、中国光大银行、上海浦发银行、华夏银行、大连银行、上海银行等。

（资料来源：根据百度百科整理.）

三、保付代理的服务内容

（一）资信调查及信用评估

一家贸易公司的经常往来客户多说有几百家少说有几十家，如何能够掌握这些客户资信变化状况，将销售控制在信用限额以内，避免收汇风险的产生，对于每个公司都是非常重要的现实问题。对于绝大多数公司而言，建立自己的资信调查网络是个庞大而又耗资的工程。但在保理业务中，客户通过与保理商签订销售协议，保理商会随时调整每个客户的信用销售额度，并将它提供给客户。

【案例5.7】

我国公司利用保理的资信业务避免重大损失的案例很多。例如，某公司向马来西亚出口拖拉机，进出口双方之前曾有过贸易往来，债务人有拖延付款的习惯，我出口公司申请保理业务，通过中国银行向马来西亚银行申请额度。最终银行答复进口公司规模太小，无法批出额度。由于出口公司在对俄贸易中受到过损失，对银行的信息十分重视，取消所有发货。半年后，债务人破产倒闭。

分析：

本案例是进出口公司利用保理服务避免贸易损失的成功案例之一。保理商拥有国际保理商联合会广泛的网络和官方、民间的咨询机构，也可以利用其母银行的分支机构和代理网络，通过各种渠道，收集有关进口方的背景、实力、潜在的发展机会，以及对客户资信有直接影响的外汇管制、外贸体制、金融政策、国家政局变化的最新动态资料。保理公司本身也有高效的调研部门及企业信息数据库，拥有专业的、有经验的资信人才和信贷专家，这些便利条件，使得保理商能够迅速及时掌握客户资信变化情况，并对企业资信做出权威、专业、迅捷的评估，并应出口商要求，提供商资报告。在此基础上，对出口商的每个客户核定合理的信用销售额度，并将坏账风险降至最低。

（资料来源：徐新伟.国际结算[M].北京：北京大学出版社；中国林业出版社，2007.）

（二）信用风险担保

保理商不仅为客户提供信用额度作为参考，还对已核准的应收账款提供100%信用担保。只要出口方将客户的销售控制在核准的信用额度内，就可以有效的规避买方信用造成的坏账风险。但由于产品质量、服务水平、交货期等原因导致的贸易纠纷所形成的呆账和坏账,保理商不承担赔偿责任。

(三)贸易融资

保理商承担了信用风险担保的责任,而且还会提供合同金额70%~80%的融资。尤其是无追索权的保理,保理商放弃对出口商融资后的追索权,对出口商而言,相当于提前获得了销售收入,改善了公司的资金流动、提高其清偿能力。另外,保理商提供的融资手续简便。不像信用放款那样需要办理复杂的审批手续,也不用抵押放款的抵押物过户移交手续,只要出口商发货后凭发票通知保理商就可以立即获得融资。

(四)债款回收

出口商都希望在不损害彼此良好关系的情况下,将账款催缴回来,但由于现实中存在语言和商业环境以及法律制度等多方面的因素制约,导致出口商收取账款效果往往不佳,进而会影响公司的资金周转情况。保理商往往拥有比较专业的收款专家和法律顾问,他们拥有丰富的收款技术和经验,能够妥善的解决出口商的债款回收问题。

(五)销售分户账管理

在保理业务中,出口商可以将公司的售后账务管理交给保理商代为管理,保理商利用其完备的账务管理人员和办公设备,进行记账、催收、清算等工作,使得出口商节约大量的财务人员、办公设备和邮寄账单的邮电费和电话费等管理费用,还可以让出口商集中精力抓生产和销售,因此,保理商提供的销售分户账管理业务对出口商的经营管理非常有利。

四、保付代理业务的作用

保理业务范围广泛,在国际结算中使用越来越频繁,对国际贸易的促进作用日益提升。作为一种金融业务,保理拓展了金融机构的服务领域。另外,保理业务培育出新的经济增长点。

(一)保理业务扩大交易规模

在国际贸易中,贸易规模受到很多情况的制约,例如,进口方不能或者不愿意开立信用证或承兑汇票;出口方不愿以赊销作为付款方式;出口方对进口方的信誉和财务能力存在疑虑等。保理既能保证出口方收取账款,增加销售收入,又能保证进口方收取货物,舒缓付款压力,对双方都有利。因此,保理使得赊销付款方式更安全,贸易手续更简化,交易速度更快,从而促进贸易规模的扩大。

(二)拓展了金融机构的服务领域

随着世界经济的高速发展,金融活动日益发达,金融业竞争也日益激烈。金融机构要想在竞争中制胜,必须要满足客户的需要,不断创新服务领域。保理业务提供的保证收款、账户管理、资信咨询、融资等服务不仅可以满足客户需要,而且利润较其他经营业务都要高。因此,保理服务既拓展了金融机构的服务领域,又扩大了金融机构的盈利。

（三）培育出新的经济增长点

保理业务中，保理商需要与储运部门、商检部门、港务局等相关部门联合起来向客户提供服务，使得金融机构在巩固金融业发展的同时，也大力发展新的中间业务品种，有助于培育新的经济增长点。

五、保付代理的种类

依据不同的分类标准可以将保付代理业务分为不同类型。

（一）根据融资与否，保付代理分为到期保理和融资保理

1. 到期保理

到期保理（Maturity Factoring）即保理商在收到出口方提交的、代表应收账款的发票等单据时，并不向出口方提供融资，而是在单据到期后，再向出口方支付货款。无论到时候货款是否能够收到，保理商都必须支付货款。

2. 融资保理

融资保理（Financed Factoring）即当出口方将代表应收账款的票据交给保理商时，保理商立即以预付款方式向出口方提供不超过应收账款80%的融资，剩余20%的应收账款待保理商向债务人（进口方）收取全部货款后，再行清算。这是比较典型的保理方式。

（二）根据是否向进口方公开保理商，分为公开型保理和隐蔽型保理

1. 公开型保理

公开型保理（Disclosed Factoring）即当出口方将单据出售给保理商后，保理商出面向进口方收款，出口方也通知进口方将货款付给保理商。

2. 隐蔽型保理

隐蔽型保理（Undisclosed Factoring）即出口方不愿让进口方知道其缺乏流动资金而使用保理业务，因此在把单据出售给保理商后，仍然由自己出面收款，然后再转交给保理商。

（三）根据保理商是否有追索权，分为无追索权保理和有追索权保理

1. 无追索权保理

无追索权保理（Non-recourse Factoring）即保理商根据出口方所提供的核准信用额度，在信用额度内承购供应商对该债务人的应收账款并提供坏账担保责任，在保理商因发生债务人信用风险（即债务人清偿能力不足或破产等情形而无法收回应收账款时），不能再向出口方追索已发放的融资款，或在未发放融资款时，对于额度内的应收账款，仍在到期后一定期间内未收回时，应向出口方做出担保付款。

2. 有追索权保理

有追索权保理（Recourse Factoring）即保理商不负责为出口方核定信用额度和提供坏账担保，仅提供包括融资在内的其他服务。如果债务人因清偿能力不足而形成呆账、坏账时，保理

商有权向出口商进行追索。

（四）根据当事人参与模式不同，分为单保理和双保理

1. 单保理

单保理（Solo Factoring）即出口地银行不是出口保理商，出口方与出口地银行之间也不订立保理协议，因此，出口方银行只是出口方与进口保理商之间的"中间媒介"。出口方与进口国保理商签订保理分协议，出口地银行承担传递函电、划拨款项的功能。由进口保理商开展进口方资信调查、核定信用额度、提供信用额度内的坏账担保、融资等保理业务。因此，在单保理模式下，基本当事人只有三个：出口方、进口方和进口保理商。

单保理模式的优点在于：免除了两个保理商业务重复问题。因此，相比双保理模式收费较低，这样减轻了出口方的负担，同时也提高了划款速度。单保理模式的缺点在于：出口方与进口保理商分处于不同国家，在法律、政策、贸易习惯以及语言上彼此都不够熟悉，会加大收款难度。另外，出口方银行只负责函电传递，不承担保理业务，出口方融资渠道减少。

2. 双保理

双保理（Dual Factoring）即出口方在采用赊销（O/A）方式向债务人（进口方）销售货物时，由出口保理商和进口保理商共同为出口商提供的集贸易融资、账款管理、催收、信用风险控制及坏账担保为一体的综合性金融服务。双保理下，出口方和进口方只需和本国的保理商联系，避免了法律、商业惯例和语音等方面的差异，有效地降低了成本，提供了工作效率。

双保理业务的优点在于：首先，出口方收款方便、安全。双保理模式下，出口方与本国保理商交往，彼此比较熟悉，消除了语言、法律、政策、贸易习惯等诸多方面的障碍，节约了大量的人力、物力、财力而且降低了风险。其次，双保理业务模式使得出口方融资更加方便。由于双保理模式存在两个保理商，出口方可以获得出口保理商的融资，也可以向进口保理商申请融资。出口方可以选择进口保理商和出口保理商中贴现率较低的一方提供融资业务，以降低成本。如果此时进口保理商提供的融资是以进口方所在国货币进行支付，还可有效规避汇率变动带来的风险。

当然，双保理模式也存在不足：由于存在两个保理商同时承担保理业务，会使出口方采用保理业务的费用提高一些，不可避免的出现重复业务重复收费的现象，从而增加出口方负担。另外，由于存在出口保理商的中间环节，资金的划拨速度可能被减缓。

六、保付代理业务的利弊

（一）保理对于出口方的利弊

1. 保理对于出口方的好处

（1）提高资金的使用效率

保理业务使得出口方发货或者提供服务后，只要将发票转让给保理商就可以获得一定的

货款,有利于出口方尽快收回资金、加速其周转,缓解出口方的资金压力,提高企业的经济效益。

(2)有效地规避风险

与其他结算方式相比,保理业务能有效地保护出口方的利益,只要其提供的货物或服务与贸易合同相符,在保理商无追索权地购买票据后,就可以将信用和汇率等风险转移给保理商。

(3)手续简便、节约费用

当前,保理业务已经采用先进的电子数据系统完成信息传递,其操作简便、快捷,免除了进出口方繁琐的手续。保理商负责账款的处理、催收等管理,可以减少出口企业的管理成本,使得企业集中精力参与国际竞争。

(4)促进出口战略的实施

保理商替代出口方对进口方进行资信调查,并为出口方提供确定销售规模所需的信息,解除出口方由于对新市场和新客户的担忧,有利于出口业务的扩大。

2. 保理对于出口方的弊端

保理业务对于出口方的主要弊端是:保理商所收取的管理费用增加了出口方的出口成本。因为,保理商收取的手续费是由出口商进行支付的,出口商会将其加入商品价格中,从而降低了企业的出口竞争力。

(二)保理对于进口方的利弊

1. 保理对于进口方的好处

(1)避免积压和占用资金

保理业务适用于赊销方式,进口方无需占用资金即可实现进口;另外,保理业务的手续费由出口方支付,免除了进口方的银行费用和押金,从而避免资金占用。

(2)扩大营业额

进口方通过保理商实现了延期付款,无须交付保证金或者抵押,可以用有限的资金购入更多的货物,也可以在收到货物后甚至是将货物出售后一定期限后不动用自有资金从事经营,扩大了营业额。

(3)简化进口手续

保理业务不需要处理繁杂的财务文件,进口方可以迅速获得急需的进口货物,节省了由于开证、催证等环节的时间,简化了进口手续。

(4)保证收到复核合同的货物

保理商向出口方承担买方信用担保的前提是出口方严格履行合同义务,出口方为了顺利收到货款,都会按照合同规定发货并提交单据。所以,在一定程度上保证了进口商收取单据的真实性和货物的合格性,降低了出口方欺诈的可能性。

【案例5.8】

某出口方A出口一批货物给进口方B,他授权当地的一家出口保理商C开展出口保理业务,出口保理商通过联系进口保理商为其提供了8万美元的信用额度核准,并很快与出口方签订了保理协议,在出口方提交了相应的发票后,出口保理商向其提供了80%的信用额度的融资。但是10天后,出口保理商却收到进口保理商发来的贸易纠纷通知,告知他出口方年初以托收方式发给进口方的同样的货物存在严重的质量问题并已经被当局没收,致使进口方已经付款的货物无法提货。与此同时,进口保理方还随附了一张进口国的质量检验当局开立的证明书,因此,进口方拒绝支付保理项下的应收账款。出口保理商为了避免损失,很快将出口方账户上的款项重新划归自己名下。出口方当时没有提出异议,而是寻求与进口方进行磋商,但是5个月后进口方因为经营不善而破产。此时,出口方转而对出口保理商提出索赔,他认为出口保理商随便划拨保理项下的融资款项是非常不妥的。因为保理项下的货物并没有发生质量问题,出口保理商不能因为其他结算方式下出口的货物存在问题导致进口方没有提到货物就随便划转保理项下的资金。请问,出口保理商有无权利划转已经向出口商融通的资金?

分析:

出口保理商有权利划转已经向出口方融资的资金。其理由如下:国际保理商联合会制定的《国际保理业务惯例规则》第二十七条规定,如果债务人拒绝接受货物或发票或提出抗辩、反索或抵消,并且如果出口保理商发生争端的应收账款所涉及的发票日后90天内收到争议通知,进口保理商不应被要求对由于这种争议而被债务人拒付的金额进行付款。在本案例中,进口方事实上就是采用反索以免除自己的支付责任。首先,在保理项下的货物并没有质量问题,所以进口方不能采用抗辩方式来拒付货款。出口保理商也不能划拨出口方账户上的资金。但在本案例中,进口方是通过另外一批货物由于质量问题从而导致自己没有收到货物,据此不支付保理项下的应收账款。与此同时,进口保理商业提交了相应的质量证明书,所有的这些都构成了反索成立的条件。其次,如果贸易纠纷没有在合理的时间内解决,出口保理商有权主动冲账,出口方如果对此提出异议可以在出口保理商为其提供的对账单30天内通知保理商,否则被认为默认,出口方不能位次提出异议。本案例中出口方当时并没有提出异议,而是与进口方磋商,进口方破产后才提出异议,此时已经过了提出异议的时间。

(资料来源:徐进亮,李俊. 国际结算实务与案例[M]. 北京:机械工业出版社,2011.)

2. 保理对于进口方的弊端

保理业务对进口方是相当有利的,但为获得保理服务支持下的赊销贸易,进口方需要受到保理商严格的资信调查,而且出口方有权要求保理商为进口方核定一个销售信用额度,限制了其与出口方的交易规模。

(三)保理对于保理商的利弊

1. 保理业务对于保理商的好处

对于保理商来说,开展保理业务最大的益处就是获得收益。保理商收取的服务费用由两部分构成,即利息和手续费。

2. 保理业务对于保理商的弊端

保理商提供保理服务是存在很大风险的,一旦出现坏账、贸易纠纷和汇率等问题,保理商就会蒙受损失。

七、保付代理业务的风险及防范

保理业务涉及进口方、出口方和保理商三个主要当事人,其中,进口方凭借自身信用获得保理商提供的债务担保,因此,保理业务的风险主要集中在出口方和保理商这两个当事人身上。

(一)保付代理业务的风险

1. 保付代理业务中出口方面临的风险

保理业务并不能完全免除进口方的信用风险。因为,即使出口方完全履约,进口方仍然可以有意寻找各种借口、挑起贸易争端、制造贸易纠纷,达到少付款、晚付款或者不付款的目的。另外,进口方可能与保理商联合对出口方进行欺诈。如果保理商有意夸大进口方的信用额度,而出口方又缺乏对客户的了解,出口方仅凭借保理商的信息确立交易额,又未订立融资条件,即使保理商承担授信额度的100%的责任,出口方也会遭受财货两空的局面。

2. 保付代理业务中保理商面临的风险

在保理业务中,保理商承担了进口方的信用风险,同时以购买出口方应收账款的形式提供融资,因此,保理商最主要的风险来源于进出口方的信用风险。保理商能否合理地控制客户的风险,对客户进行准确的风险评估是保理业务能否顺利开展的基础。出口保理商对于出口方的资信调查往往比较容易,但对进口方的调查则要通过其在国外的分支机构或者代理行来办理,往往不太好掌握。另外,开展无追索权的保理业务,使得保理商丧失对融资方的追索权,需要对资金风险进行控制和分散,但目前为保理业务提供保险的公司较少,保理商往往独自承担信用风险,从而增加了风险成本。

(二)保付代理业务风险的防范

1. 出口方的风险防范

在保理业务中,出口方应该注意产品质量,避免发生各种争议和纠纷导致无法获得付款。如果产生贸易纠纷,应该设法在合理期限内解决问题。如果是出口方责任造成的纠纷则应该积极补救,将损失降到最低。如果是进口方故意引发纠纷,则应积极沟通,取得保理商的支持。另外,出口方应在贸易前做好资信调查,调查对象除了进口方还包括保理商,在确保两者资金可靠、信誉卓著、经营作风正派的情况下,再进行保理操作。

2. 保理商的风险防范

首先,保理商应在提供保理服务之前,对进出口方做好资信调查。在保理业务的整个过程中,保理商要全方位、深层次、多渠道对进出口方的综合经济情况和综合商业形象进行调查。

主要针对进出口方的工商注册情况、财务状况、公司结构、管理人员情况、历史重大交易额、法庭诉讼记录以及专业信用评估机构对该公司的信用等级评估等方面进行调查;并要把静态分析和动态分析相结合,不仅要对其过去的资信状况进行全面了解和分析,也要根据其生产经营的变化趋势,对其未来的资信做出预测;不仅要对新发展的客户进行调查,对原有的保理客户也要坚持调查,从而确定与之交易的方式,以降低业务风险。

其次,保理商根据进出口方的资信情况,可以选择自身风险相对小的保理类型开展业务。在保理商对进口方的资信水平没有把握的情况下,优先选择有追索权的保理方式,这样无论进口方出现何种问题,保理商都有权向出口方追回货款。另外,在双保理模式下,进口保理商也承担对进口方到期不付款的坏账担保,所以出口保理商可以采用双保理模式来转移或分散风险。

最后,保理协议是明确保理商与出口方之间权利义务的基础,它直接关系到保理商是否能够取得无瑕疵的应收账款所有权,因此,在签订保理协议时,要对出口方担保条款、通知条款、附属权利转让条款做出合理、明确的规定,以保障应收账款的安全性。

关 键 名 词

银行保函(Bank's Letter of Guarantee)　　独立性保函(Independent guarantee)
从属性保函(Accessory guarantee)　　投标保函(Tender Guarantee)
保留金保函(Retention Money Guarantee)　　履约保函(Performance Guarantee)
质量保函(Quality Guarantee)　　借款保函(Loan Guarantee)
备用信用证(Standby letter of credit)　　保付代理(Factoring)
到期保理(Maturity factoring)　　融资保理(financed Factoring)
公开型保理(Disclosed Factoring)　　隐蔽型保理(Undisclosed Factoring)
无追索权保理(Non-recourse factoring)　　有追索权保理(Recourse factoring)
单保理(Solo Factoring)　　双保理(Dual Factoring)

思 考 题

1. 独立性保函有哪些特点?
1. 银行保函与信用证相比有哪些区别和联系?
2. 不同开立方式下,银行保函的业务程序都有哪些?
3. 备用信用证的性质有哪些?
4. 备用信用证与银行保函有哪些区别和联系?
5. 保理业务的作用有哪些?
6. 双保理模式下,主要的业务流程有哪些?
7. 保理业务对于各方当事人的利弊如何?

8. 美国A银行拟凭中国香港B银行开立的以A银行为受益人的备用信用证向C客户提供100万美元的信贷。A银行因缺少B银行的印签本,便去B银行纽约分行核对。尽管在核对过程中双方还存在争议,但仍在信用证上签注了"印签相符,B银行"的字样,落款是B银行分行的两位职员签名。A银行随后凭持有B银行纽约分行的印签本核对了该两名职员的签名,完全相符。就此,C客户从A银行取得了100万美元。不久,A银行为信用证的一些小修改和B银行沟通,B银行否认曾开立此证,并表示对该证不承担任何责任。因而,A银行要求凭信用证支取100万美元遭到拒绝。B银行声称该信用证系伪造,并且信用证上某些内容足以引起A行警觉。A银行称,印签经过核对相符,该证是真实的,为此双方发生争执。

请问,如果你是法官,你将如何判定此案?

【阅读资料】

国际商会见索即付保函统一规则(URDG758)(2010年修订本)

目　　录

第1条　URDG的适用范围

第2条　定义

第3条　解释

第4条　开立和生效

第5条　保函和反担保函的独立性

第6条　单据与货物、服务或履约行为

第7条　非单据条件

第8条　指示和保函的内容

第9条　未被执行的申请

第10条　保函或保函修改书的通知

第11条　修改

第12条　保函项下担保人的责任范围

第13条　保函金额的变动

第14条　交单

第15条　索赔要求

第16条　索赔通知

第17条　部分索赔和多次索赔;索赔的金额

第18条　索赔的相互独立性

第19条　审单

第20条　索赔的审核时间;付款

第21条　付款的货币

第22条　相符索赔文件副本的传递

第 23 条　展期或付款

第 24 条　不相符索赔,不符点的放弃及通知

第 25 条　减额与终止

第 26 条　不可抗力

第 27 条　关于单据有效性的免责

第 28 条　关于信息传递和翻译的免责

第 29 条　关于使用其他方服务的免责

第 30 条　免责的限制

第 31 条　有关外国法律和惯例的补偿

第 32 条　费用的承担

第 33 条　保函转让与款项让渡

第 34 条　适用法律

第 35 条　司法管辖

附　录

适用 URDG758 的见索即付保函格式 *

可加入见索即付保函格式中的选择性条款

适用 URDG758 的见索即付反担保函格式

国际商会保函专项工作组工作章程

DOCDEX:解决 URDG 争议的专业服务

第 1 条　URDG 的适用范围

　　a. 见索即付保函统一规则(简称"URDG")适用于任何明确表明适用本规则的见索即付保函或反担保函。除非见索即付保函或反担保函对本规则的内容进行了修改或排除,本规则对见索即付保函或反担保函的所有当事人均具约束力。

　　b. 如果应反担保人的请求,开立的见索即付保函适用 URDG,则反担保函也应适用 URDG,除非该反担保函明确排除适用 URDG。但是,见索即付保函并不仅因反担保函适用 URDG 而适用 URDG。

　　c. 如果应指示方的请求或经其同意,见索即付保函或反担保函根据 URDG 开立,则视为指示方已经接受了本规则明确规定的归属于指示方的权利和义务。

　　d. 如果 2010 年 7 月 1 日或该日期之后开立的见索即付保函或反担保函声明其适用 URDG,但未声明是适用 1992 年本还是 2010 年修订本,亦未表明出版物编号,则该见索即付保函或反担保函应适用 URDG2010 年修订本。

第 2 条　定义

在本规则中:

　　通知方　指应担保人的请求对保函进行通知的一方;

　　申请人　指保函中表明的、保证其承担基础关系项下义务的一方。申请人可以是指示方,也可以不是指示方;

　　申请　指开立保函的请求;

经验证的 当适用于电子单据时,指该单据的接收人能够验证发送人的表面身份以及所收到的信息是否完整且未被更改;

受益人 指接受保函并享有其利益的一方;

营业日 指为履行受本规则约束的行为的营业地点通常开业的一天;

费用 指适用本规则的保函项下应支付给任何一方的佣金、费用、成本或开支;

相符索赔 指满足"相符交单"要求的索赔;

相符交单 保函项下的相符交单,指所提交单据及其内容首先与该保函条款和条件相符,其次与该保函条款和条件一致的本规则有关内容相符,最后在保函及本规则均无相关规定的情况下,与见索即付保函国际标准实务相符;

反担保函 无论其如何命名或描述,指由反担保人提供给另一方,以便该另一方开立保函或另一反担保函的任何签署的承诺,反担保人承诺在其开立的反担保函项下,根据该受益人提交的相符索赔进行付款;

反担保人 指开立反担保函的一方,可以是以担保人为受益人或是以另一反担保人为受益人,也包括为自己开立反担保函的情况;

索赔 指在保函项下受益人签署的要求付款的文件;

见索即付保函或保函 无论其如何命名或描述,指根据提交的相符索赔进行付款的任何签署的承诺;

单据 指经签署或未经签署的纸质或电子形式的信息记录,只要能够由接收单据的一方以有形的方式复制。在本规则中,单据包括索赔书和支持声明;

失效 指失效日或失效事件,或两者均被约定情况下的较早发生者;

失效日 指保函中指明的最迟交单日期;

失效事件 指保函条款中约定导致保函失效的事件,无论是在该事件发生之后立即失效,还是此后指明的一段时间内失效。失效事件只有在下列情况下才视为发生:

a.保函中指明的表明失效事件发生的单据向担保人提交之时;

或者

b.如果保函中没有指明该种单据,则当根据担保人自身记录可以确定失效事件已经发生之时。

保函 参见 见索即付保函:

担保人 指开立保函的一方,包括为自己开立保函的情况;

担保人自身记录 指在担保人处所开立账户的借记或贷记记录,这些借记或贷记记录能够让担保人识别其所对应的保函;

指示方 指反担保人之外的,发出开立保函或反担保函指示并向担保人(或者反担保函情况下向反担保人)承担赔偿责任的一方。指示方可以是申请人,也可以不是申请人;

交单 指根据保函向担保人提交单据的行为或依此交付的单据。交单包括索赔目的之外的交单,例如,为了保函效期或金额变动的交单;

交单人 指作为受益人或代表受益人进行交单的人,或在适用情况下,作为申请人或代表申请人进行交单的人;

签署 当适用于单据、保函或反担保函时,指其正本经出具人签署或出具人的代表人签署,既可以用电子签名(只要能被单据、保函或反担保函的接收人验证),也可以用手签、摹样签字、穿孔签字、印戳、符号或其他机械验证的方式签署;

支持声明　指第15条a款或第15条b款所引述的声明文件；

基础关系　指保函开立所基于的申请人与受益人之间的合同、招标条件或其他关系。

第3条　解释

就本规则而言，

a. 担保人在不同国家的分支机构视为不同的实体。

b. 除非另有规定，保函包括反担保函以及保函和反担保函的任何修改书，担保人包括反担保人，受益人包括因反担保函开立而受益的一方。

c. 关于提交一份或多份电子单据正本或副本的任何要求在提交一份电子单据时即为满足。

d. 在表明任何期间的起始、结束或持续时，

ⅰ. 词语"从……开始(from)"、"至(to)"、"直至(until,till)"及"在……之间(between)"，包括所提及的日期；

ⅱ. 词语"在……之前(before)"以及"在……之后(after)"，不包括所提及的日期。

e. 词语"在……之内（within）"用来描述某个具体日期或事件之后的一段期间时，不包括该日期或该事件的日期，但包括该期间的最后一日。

f. 如用"第一流的"、"著名的"、"合格的"、"独立的"、"正式的"、"有资格的"或"本地的"等词语用来描述单据的出具人时，允许除受益人或申请人之外的任何人出具该单据。

第4条　开立和生效

a. 保函一旦脱离担保人的控制即为开立。

b. 保函一旦开立即不可撤销，即使保函中并未声明其不可撤销。

c. 受益人有权自保函开立之日或保函约定的开立之后的其他日期或事件之日起提交索赔。

第5条　保函和反担保函的独立性

a. 保函就其性质而言，独立于基础关系和申请，担保人完全不受这些关系的影响或约束。保函中为了指明所对应的基础关系而予以引述，并不改变保函的独立性。担保人在保函项下的付款义务，不受任何关系项下产生的请求或抗辩的影响，但担保人与受益人之间的关系除外。

b. 反担保函就其性质而言，独立于其所相关的保函、基础关系、申请及其他任何反担保函，反担保人完全不受这些关系的影响或约束。反担保函中为了指明所对应的基础关系而予以引述，并不改变反担保函的独立性。反担保人在反担保函项下的付款义务，不受任何关系项下产生的请求或抗辩的影响，但反担保人与担保人或该反担保函向其开立的其他反担保人之间的关系除外。

第6条　单据与货物、服务或履约行为

担保人处理的是单据，而不是单据可能涉及的货物、服务或履约行为。

第7条　非单据条件

除日期条件之外，保函中不应约定一项条件，却未规定表明满足该条件要求的单据。如果保函中未指明这样的单据，并且根据担保人自身记录或者保函中指明的指数也无法确定该条件是否满足，则担保人将视该条件未予要求并不予置理，除非为了确定保函中指明提交的某个单据可能出现的信息是否与保函中的信息不存在矛盾。

第8条　指示和保函的内容

开立保函的指示以及保函本身都应该清晰、准确，避免加列过多细节。建议保函明确如下内容：

a. 申请人；

b. 受益人；

c. 担保人；

d. 指明基础关系的编号或其他信息；

e. 指明所开立的保函，或者反担保函情况下所开立的反担保函的编号或其他信息；

f. 赔付金额或最高赔付金额以及币种；

g. 保函的失效；

h. 索赔条件；

i. 索赔书或其他单据是否应以纸质和/或电子形式进行提交；

j. 保函中规定的单据所使用的语言；以及

k. 费用的承担方。

第9条 未被执行的申请

担保人在收到开立保函的申请，而不准备或无法开立保函时，应毫不延迟地通知向其发出指示的一方。

第10条 保函或保函修改书的通知

a. 保函可由通知方通知给受益人。无论是对保函直接进行通知，还是利用其他人（第二通知方）的服务进行通知，通知方都向受益人（以及适用情况下的第二通知方）表明，其确信保函的表面真实性，并且该通知准确反映了其所收到的保函条款。

b. 当第二通知方对保函进行通知时，应向受益人表明，其确信所收到的通知的表面真实性，并且该通知准确反映了其所收到的保函条款。

c. 通知方或第二通知方通知保函，不对受益人承担任何额外的责任或义务。

d. 如果一方被请求对保函或保函修改书进行通知但其不准备或无法进行通知时，则应毫不延迟地通知向其发送保函、保函修改书或通知的一方。

e. 如果一方被请求对保函进行通知并同意予以通知，但无法确信该保函或通知的表面真实性，则其应毫不延迟地就此通知向其发出该指示的一方。如果通知方或第二通知方仍然选择通知该保函，则其应通知受益人或第二通知方其无法确信该保函或通知的表面真实性。

f. 担保人利用通知方或第二通知方的服务对保函进行通知，以及通知方利用第二通知方的服务对保函进行通知的，在尽可能的情况下，应经由同一人对该保函的任何修改书进行通知。

第11条 修改

a. 当收到保函修改的指示后，担保人不论因何原因，不准备或无法作出该修改时，应毫不延迟地通知向其发出指示的一方。

b. 保函修改未经受益人同意，对受益人不具有约束力。但是，除非受益人拒绝该修改，担保人自修改书出具之时起即不可撤销地受其约束。

c. 根据保函条款作出的修改外，在受益人表示接受该修改或者作出仅符合修改后保函的交单之前，受益人可以在任何时候拒绝保函修改。

d. 通知方应将受益人接受或拒绝保函修改书的通知毫不延迟地通知给向其发送修改书的一方。

e. 对同一修改书的内容不允许部分接受，部分接受将视为拒绝该修改的通知。

f. 修改书中约定"除非在指定时间内拒绝否则该修改将生效"的条款应不予置理。

第 12 条　保函项下担保人的责任范围

担保人对受益人仅根据保函条款以及与保函条款相一致的本规则有关内容,承担不超过保函金额的责任。

第 13 条　保函金额的变动

保函可以约定在特定日期或发生特定事件时,保函金额根据保函有关条款减少或增加。只有在下列情况下该特定事件才视为已经发生:

a. 当保函中规定的表明该事件发生的单据向担保人提交之时,或者

b. 如果保函中没有规定该单据,则根据担保人自身记录或保函中指明的指数可以确定该事件发生之时。

第 14 条　交单

a. 向担保人交单应:

ⅰ. 在保函开立地点或保函中指明的其他地点

ⅱ. 在保函失效当日或之前。

b. 交单时单据必须完整,除非明确表示此后将补充其他单据。在后一种情况下,全部单据应在保函失效当日或之前提交。

c. 如果保函表明交单应采用电子形式,则保函中应指明交单的文件格式、信息提交的系统以及电子地址。如果保函中没有指明,则单据的提交可采用能够验证的任何电子格式或者纸质形式。不能验证的电子单据视为未被提交。

d. 如果保函表明交单应采用纸质形式并以特定方式交付,但并未明确排除使用其他交付方式,则交单人使用其他交付方式也应有效,只要所交单据在本条 a 款规定的地点和时间被收到。

e. 如果保函没有表明交单是采用纸质形式还是电子形式,则应采用纸质形式交单。

f. 每次交单都应指明其所对应的保函,例如标明担保人的保函编号。否则,第 20 条中规定的审单时间应自该事项明确之日起开始计算。本款规定不应导致保函的展期,也不对第 15 条 a 款或第 15 条 b 款关于任何单独提交的单据也要指明所对应的索赔书的要求构成限制。

g. 除非保函另有约定,受益人或申请人出具的,或代表其出具的单据,包括任何索赔书及支持声明,使用的语言都应与该保函的语言一致。其他人出具的单据可使用任何语言。

第 15 条　索赔要求

a. 保函项下的索赔,应由保函所指明的其他单据所支持,并且在任何情况下均应辅之以一份受益人声明,表明申请人在哪些方面违反了基础关系项下的义务。该声明可以在索赔书中作出,也可以在一份单独签署的随附于该索赔书的单据中作出,或在一份单独签署的指明该索赔书的单据中作出。

b. 反担保函项下的索赔在任何情况下均应辅之以一份反担保函向其开立的一方的声明,表明在其开立的保函或反担保函项下收到了相符索赔。该声明可以在索赔书中作出,也可以在一份单独签署的随附于该索赔书的单据中作出,或在一份单独签署的指明该索赔书的单据中作出。

c. 本条 a 款或 b 款中有关支持声明的要求应予适用,除非保函或反担保函明确排除该要求。"第 15 条 a、b 款中的支持声明不予适用"等类似表述即满足本款要求。

d. 索赔书或支持声明的出单日期不能早于受益人有权提交索赔的日期。其他单据的出单日期可以早于该日期。索赔书或支持声明或其他单据的出单日期均不得迟于其提交日期。

第 16 条　索赔通知

担保人应毫不延迟地将保函项下的任何索赔和作为替代选择的任何展期请求通知指示方,或者适用情况下的反担保人。反担保人应毫不延迟地将反担保函项下的任何索赔和作为替代选择的任何展期请求通知指示方。

第17条　部分索赔和多次索赔;索赔的金额

a.一项索赔可以少于可用的全部金额("部分索赔")。

b.可以提交一次以上的索赔("多次索赔")。

c."禁止多次索赔"的用语或类似表述,表示只能就可用的全部或部分金额索赔一次。

d.如果保函约定只能进行一次索赔,而该索赔被拒绝,则可以在保函失效当日或之前再次索赔。

e.一项索赔是不相符的索赔,如果:

ⅰ.索赔超过了保函项下可用的金额,或者

ⅱ.保函要求的任何支持声明或其他单据所表明的金额合计少于索赔的金额。

与此相反,任何支持声明或其他单据表明的金额多于索赔的金额并不能使索赔成为不相符的索赔。

第18条　索赔的相互独立性

a.提出一项不相符索赔或者撤回一项索赔并不放弃或损害及时提出另一项索赔的权利,无论保函是否禁止部分或多次索赔。

b.对一项不相符索赔的付款,并不放弃对其他索赔必须是相符索赔的要求。

第19条　审单

a.担保人应仅基于交单本身确定其是否表面上构成相符交单。

b.保函所要求的单据的内容应结合该单据本身、保函和本规则进行审核。单据的内容无需与该单据的其他内容、其他要求的单据或保函中的内容等同一致,但不得矛盾。

c.如果保函要求提交一项单据,但没有约定该单据是否需要签署、由谁出具或签署以及其内容,则:

ⅰ.担保人将接受所提交的该单据,只要其内容看上去满足保函所要求单据的功能并在其他方面与第19条b款相符,并且

ⅱ.如果该单据已经签署,则任何签字都是可接受的,也没有必要表明签字人的名字或者职位。

d.如果提交了保函并未要求或者本规则并未提及的单据,则该单据将不予置理,并可退还交单人。

e.担保人无需对受益人根据保函中列明或引用的公式进行的计算进行重新计算。

f.保函对单据有需履行法定手续、签证、认证或其他类似要求的,则表面上满足该要求的任何签字、标记、印戳或标签等应被担保人视为已满足。

第20条　索赔的审核时间;付款

a.如果提交索赔时没有表明此后将补充其他单据,则担保人应从交单翌日起五个营业日内审核该索赔并确定该索赔是否相符。这一期限不因保函在交单日当日或之后失效而缩短或受影响。但是,如果提交索赔时表明此后将补充其他单据,则可以到单据补充完毕之后再进行审核。

b.一旦担保人确定索赔是相符的,就应当付款。

c.付款应在开立保函的担保人或开立反担保函的反担保人的分支机构或营业场所的所在地点,或者保函或反担保函中表明的其他地点("付款地")进行。

第21条　付款的货币

a.担保人应按照保函中指明的货币对相符索赔进行付款。

b. 如果在保函项下的任何付款日，
　ⅰ. 由于无法控制的障碍，担保人不能以保函中指明的货币进行付款，或者
　ⅱ. 根据付款地的法律规定使用该指明的货币付款是不合法的，
则担保人应以付款地的货币进行付款，即使保函表明只能以保函中指明的货币进行付款。以该种货币付款对指示方，或者反担保函情况下的反担保人具有约束力。担保人或者反担保人，可以选择以该付款的货币，或者以保函中指明的货币获得偿付，或者在反担保函的情况下，以反担保函中指明的货币获得偿付。

c. 根据 b 款规定以付款地的货币付款或偿付时，应以应付日该地点可适用的通行汇率进行兑付。但是，如果担保人未在应付日进行付款，则受益人可以要求按照应付日或者实际付款日该地点可适用的通行汇率进行兑付。

第 22 条　相符索赔文件副本的传递

担保人应将相符索赔书及其他任何有关单据的副本毫不延迟地传递给指示方，或者在适用的情况下，传递给反担保人以转交给指示方。但是，反担保人，或在适用情况下的指示方，都不应在此传递过程中制止付款或偿付。

第 23 条　展期或付款

a. 当一项相符索赔中包含作为替代选择的展期请求时，担保人有权在收到索赔翌日起不超过三十个日历日的期间内中止付款。

b. 当中止付款之后，担保人在反担保函项下提出一项相符索赔，其中包含作为替代选择的展期请求时，反担保人有权中止付款，该中止付款期间不超过保函项下的中止付款期间减四个日历日。

c. 担保人应毫不延迟地将保函项下的中止付款期间通知指示方，或者反担保函情况下的反担保人。反担保人即应将保函项下的该中止付款和反担保函项下的任何中止付款通知指示方。按本条规定行事即尽到了第 16 条规定的通知义务。

d. 在本条 a 款或 b 款规定的期限内，如果索赔中请求的展期期间或者索赔方同意的其他展期期间已获满足，则该索赔视为已被撤回。如果该展期期间未获满足，则应对该相符索赔予以付款，而无需再次索赔。

e. 即使得到展期指示，担保人或反担保人仍可拒绝展期，并应当付款。

f. 担保人或反担保人应将其在 d 款项下进行展期或付款的决定，毫不延迟地通知给予其指示的一方。

g. 担保人和反担保人对根据本条中止付款均不承担任何责任。

第 24 条　不相符索赔，不符点的放弃及通知

a. 当担保人确定一项索赔不是相符索赔时，其可以拒绝该索赔，或者自行决定联系指示方，或者反担保函情况下的反担保人，放弃不符点。

b. 当反担保人确定反担保函项下的一项索赔不是相符索赔时，可以拒绝该索赔，或者自行决定联系指示方，放弃不符点。

c. 本条 a 款或 b 款的规定都不延长第 20 条中规定的期限，也不免除第 16 条中的要求。获得反担保人或指示方对不符点的放弃，并不意味着担保人或反担保人有义务放弃不符点。

d. 当担保人拒绝赔付时，应就此向索赔提交人发出一次性的拒付通知。该通知应说明：
　ⅰ. 担保人拒绝赔付，以及
　ⅱ. 担保人拒绝赔付的每个不符点。

e. 本条 d 款所要求的通知应毫不延迟地发出，最晚不得迟于交单日翌日起第五个营业日结束之前。

f. 如果担保人未能按照本条 d 款或 e 款的规定行事,则其将无权宣称索赔书以及任何相关单据不构成相符索赔。

g. 担保人在提交了本条 d 款中要求的通知之后,可以在任何时候将任何纸质的单据退还交单人,并以自认为适当的任何方式处置有关电子记录而不承担任何责任。

h. 就本条 d 款、f 款和 g 款而言,"担保人"包括"反担保人"。

第 25 条　减额与终止

a. 保函的可付金额应根据下列情况而相应减少:

ⅰ. 保函项下已经支付的金额,

ⅱ. 根据第 13 条所减少的金额,或者

ⅲ. 受益人签署的部分解除保函责任的文件所表明的金额。

b. 无论保函文件是否退还担保人,在下列情况下保函均应终止:

ⅰ. 保函失效,

ⅱ. 保函项下已没有可付金额,或者

ⅲ. 受益人签署的解除保函责任的文件提交给担保人。

c. 如果保函或反担保函既没有规定失效日,也没有规定失效事件,则保函应自开立之日起三年之后终止,反担保函应自保函终止后 30 个日历日之后终止。

d. 如果保函的失效日不是索赔提交地点的营业日,则失效日将顺延到该地点的下一个营业日。

e. 如果担保人知悉保函由于上述 b 款规定的任一原因而终止,则除非因失效日届至,担保人应将该情况毫不延迟地通知指示方,或者适用情况下的反担保人,在后一种情况下,反担保人也应将该情况毫不延迟地通知指示方。

第 26 条　不可抗力

a. 在本条中,"不可抗力"指由于天灾、暴动、骚乱、叛乱、战争、恐怖主义行为或担保人或反担保人无法控制的任何原因而导致担保人或反担保人与本规则有关的营业中断的情况。

b. 如果由于不可抗力导致保函项下的交单或付款无法履行,在此期间保函失效,则:

ⅰ. 保函及反担保函均应自其本应失效之日起展期 30 个日历日,担保人在可行的情况下应立即通知指示方,或者反担保函情况下的反担保人,有关不可抗力及展期的情况,反担保人也应同样通知指示方;

ⅱ. 不可抗力发生之前已经交单但尚未审核的,第 20 条规定的审核时间的计算应予中止,直至担保人恢复营业;以及

ⅲ. 保函项下的相符索赔在不可抗力发生之前已经提交但由于不可抗力尚未付款的,则不可抗力结束之后应予付款,即使该保函已经失效,在此情况下担保人有权在不可抗力结束之后 30 个日历日之内在反担保函项下提交索赔,即使该反担保函已经失效。

c. 如果由于不可抗力导致反担保函项下的交单或付款无法履行,在此期间反担保函失效,则:

ⅰ. 反担保函应自反担保人通知担保人不可抗力结束之日起展期 30 个日历日。同时反担保人应将不可抗力及展期的情况通知指示方;

ⅱ. 不可抗力发生之前已经交单但尚未审核的,第 20 条规定的审核时间的计算应予中止,直至反担保人恢复营业;以及

ⅲ. 反担保函项下的相符索赔在不可抗力发生之前已经提交但由于不可抗力尚未付款的,则不可抗力结

束之后应予付款,即使该反担保函已经失效。

d. 根据本条规定进行的任何展期、中止或付款均对指示方有约束力。

e. 担保人和反担保人对于不可抗力的后果不承担进一步的责任。

第27条　关于单据有效性的免责

担保人不予承担的责任和义务:

a. 向其提交的任何签字或单据的形式、充分性、准确性、真实性、是否伪造或法律效力;

b. 所接收到的单据中所作或添加的一般或特别声明;

c. 向其提交的任何单据所代表的或引述的货物、服务或其他履约行为或信息的描述、数量、重量、品质、状况、包装、交付、价值或其存在与否:以及

d. 向其提交的任何单据的出具人或所引述的其他任何身份的人的诚信、作为与否、清偿能力、履约或资信状况。

第28条　关于信息传递和翻译的免责

a. 当单据按照保函的要求传递或发送时,或当保函未作指示,担保人自行选择传送服务时,担保人对单据传送过程中发生的延误、中途遗失、残缺或其他错误产生的后果,不予负责。

b. 担保人对于技术术语的翻译或解释上的错误,不予负责,并可不加翻译地传递保函整个文本或其任何部分。

第29条　关于使用其他方服务的免责

为了执行指示方或反担保人的指示,担保人利用其他方的服务,有关费用和风险均由指示方或反担保人承担。

第30条　免责的限制

担保人未依诚信原则行事的情况下,第27条到29条免责条款不适用。

第31条　有关外国法律和惯例的补偿

指示方,或反担保函情况下的反担保人,应就外国法律和惯例加诸于担保人的一切义务和责任对担保人进行补偿,包括外国法律和惯例的有关内容取代了保函或反担保函有关条款的情况。反担保人依据本条款补偿了担保人之后,指示方应对反担保人予以补偿。

第32条　费用的承担

a. 指示其他方在本规则下提供服务的一方有责任负担被指示方因执行指示而产生的费用。

b. 如果保函表明费用由受益人负担,但该费用未能收取,则指示方仍有责任支付该费用。如果反担保函表明保函有关的费用由受益人负担,但该费用未能收取,则反担保人仍有责任向担保人支付该费用,而指示方有责任向反担保人支付该费用。

c. 担保人或任何通知方都不得要求保函或对保函的任何通知或修改以担保人或通知方收到其费用为条件。

第33条　保函转让与款项让渡

a. 保函只有特别声明"可转让"方可转让,在此情况下,保函可以就转让时可用的全部金额多次转让。反担保函不可转让。

b. 即使保函特别声明是可转让的,保函开立之后担保人没有义务必须执行转让保函的要求,除非是按担保人明确同意的范围和方式进行的转让。

c. 可转让的保函是指可以根据现受益人("转让人")的请求而使担保人向新受益人("受让人")承担义务的保函。

d. 下列规定适用于保函的转让:

ⅰ. 被转让的保函应包括截至转让之日,转让人与担保人已经达成一致的所有保函修改书;以及

ⅱ. 除了上述 a 款、b 款和 d 款项下(1)节规定的条件之外,可转让保函只有在转让人向担保人提供了经签署的声明,表明受让人已经获得转让人在基础关系项下权利和义务的情况下,才能被转让。

e. 除非转让时另有约定,转让过程中发生的所有费用,都应由转让人支付。

f. 在被转让的保函项下,索赔书以及任何支持声明都应由受让人签署。除非保函另有约定,在其他任何单据上可以用受让人的名字和签字取代转让人的名字和签字。

g. 无论保函是否声明其可转让,根据可适用法律的规定:

ⅰ. 受益人可以将其在保函项下可能有权或可能将要有权获得的任何款项让渡给他人;

ⅱ. 但是,除非担保人同意,否则担保人没有义务向被让渡人支付该款项。

第 34 条 适用法律

a. 除非保函另有约定,保函的适用法律应为担保人开立保函的分支机构或营业场所所在地的法律。

b. 除非反担保函另有约定,反担保函的适用法律应为反担保人开立反担保函的分支机构或营业场所所在地的法律。

第 35 条 司法管辖

a. 除非保函另有约定,担保人与受益人之间有关保函的任何争议应由担保人开立保函的分支机构或营业场所所在地有管辖权的法院专属管辖。

b. 除非反担保函另有约定,反担保人与担保人之间有关反担保函的任何争议应由反担保人开立反担保函的分支机构或营业场所所在地有管辖权的法院专属管辖。

适用 URDG758 的见索即付保函格式 *

[担保人的信头或 SWIFT 标识代码]

致:[填写受益人的名称和联系信息]

日期:[填写开立日期]

保函种类:[标明是投标保函、预付款保函、履约保函、付款保函、留置金保函、质量保函等]

保函编号:[填写保函相关编号]

担保人:[填写名称及保函开立地址、除非在信头已表明]

申请人:[填写申请人的名称及地址]

受益人:[填写受益人的名称及地址]

基础关系:申请人关于[填写保函所基于的申请人与受益人之间的合同、招标条件、或其他关系的编号或其他信息]项下的义务

保函的金额与币种:[填写保函最高赔付的大小写金额及币种]

除下文明确要求的支持声明外,还需提交的任何支持索赔的单据:[填写需提交的任何支持索赔的附加单据。如果保函不需提交除索赔书和支持声明外的任何附加单据,此处空白或填写"没有"]

需提交单据的语言:[填写需提交单据的语言。除非另有规定,申请人或受益人出具单据使用的语言应与保函的语言一致。]

交单形式：[填写纸质形式或电子形式。如采用纸质形式，需指明交付方式。如采用电子形式，需指明交单的文件格式、信息提交的系统以及电子地址。]

交单地点：[采用纸质形式交单的情况下，担保人指明单据提交到其分支机构的地址；采用电子形式交单的情况下，指明电子地址，如担保人的 SWIFT 地址。如果本栏位未填写交单地点，则交单地点为前文中担保人开立保函的地点]

失效：[填写失效日期或描述失效事件]

费用的承担方：[填写费用承担方的名称]

作为担保人，我们在此不可撤销地承诺，在收到受益人提交的相符索赔后，向受益人支付最高不超过保函金额的任何款项。索赔应按上述交单形式提交，并随附前文列明的可能需提交的其他支持索赔的单据，并且在任何情况下提交一份受益人的声明，声明申请人在哪些方面违反了基础关系项下的义务。受益人的声明可以在索赔书中作出，也可以在一份单独签署的随附于该索赔书的单据中作出，或是在一份单独签署的指明该索赔书的单据中作出。

保函项下的任何索赔必须在前文规定的失效当日或之前，于前文指明的交单地点被我们收到。

本保函适用《见索即付保函统一规则（URGD）》2010 年修订本，国际商会第 758 号出版物。

签字

可加入见索即付保函格式中的选择性条款

可以提交索赔的起始时间如不同于保函开立之日：

本保函项下的索赔可以自[指明日期之日起，或事件如:]提交

——申请人在担保人处所开立账户[指明账户号码]收到[填写将收到预付款的币种及准确金额]，这些汇款应标明其所对应的保函；

——担保人收到[填写将收到预付款的币种及准确金额]，并将贷记申请人在担保人处所开立的账户[指明账户号码]，这些汇款应标明其所对应是保函；*或

——向担保人提交一份声明，声明[投标保函已释放][满足下列条件的跟单信用证已开出：指明金额、开证方或保兑方或货物或服务的描述]或者[基础合同生效]。

金额变动条款

○ 保函金额可根据[选择下列一个或多个选项:]减少[填写保函金额的百分比或准确金额和币种]

——向担保人提交下列单据：[填写单据清单]；

——在保函中指明的指数导致减额的情况下[填写导致保函金额减少的指数数值]；或

——（在付款保函的情况下）：汇款[填写准确金额和币种]

至受益人在担保人处所开立的账户[指名账户号码]，这些汇款记录应能够让担保人识别出其所对应的保函（例如：援引保函相关编号）。

○保函金额可根据[选择下列一个或多个选项]增加[填写保函金额的百分比或准确金额和币种]

——向担保人提交下列单据：[填写单据清单]；

——向担保人提交申请人的声明，声明由于基础合同扩大了工程范围或增加了工程价值，并指明新的工程价值的金额及币种；或

——在保函中指明的指数导致增额的情况下[填写导致保函金额增额的指数数值]。

受益人所提交的关于15条a款中支持声明的示范条款：
○在投标保函的情况下，支持声明可声明：
申请人：
——在标期内撤标，或
——作为公告的中标人，申请人没有根据投标要约签订合同和/或没有按招标文件提供所要求的保函。
○在履约保函的情况下，支持声明可声明：
申请人因［晚交付］［未按期完成合同履约］［合同项下规定提供的货物数量不足］［交付的工程有质量缺陷］等违反了基础关系项下的义务。
○在付款保函韵情况下，支持声明可声明：
申请人没有履行合同付款义务。
○起草其他类型保函(预付款，留置金，交货，质量，维修等)项下的支持声明，可以使用概括性的表述，而无需受益人证实索赔，或在保函本身没有明确要求的情况下，无需提供违约的技术细节。

适用URDG758的见索即付反担保函格式

［反担保人的信头或SWIFT标识代码］

致：［填写担保人的名称和联系信息］

日期：［填写开立日期］

请按照以下文本向受益人开出你方保函，相关责任由我们承担：

［引用以下适用URDG758的见索即付保函格式，提供保函的简要信息或采用你方认为适用的保函格式］

保函种类：［标明是投标保函、预付款保函、履约保函、付款保函、留置金保函、质量保函等］

保函编号：［担保人填写保函相关编号］

担保人：［担保人填写名称及保函开立地址，除非在前文已表明］

申请人：［填写申请人的名称及地址］

受益人：［填写受益人的名称及地址］

基础关系：申请人关于［填写保函所基于的申请人与受益人之间的合同、招标条件、或其他关系的编号或其他信息］项下的义务

保函的金额与币种：［填写保函最高赔付的大小写金额及币种］

除下文明确要求的支持声明外，还需提交的任何支持索赔的单据：［填写需提交的任何支持索赔的附加单据。如果保函不需提交除索赔书和支持声明外的任何附加单据，此处空白或填写"没有"］

需提交单据的语言：［填写需提交单据的语言。除非另有规定，申请人或受益人出具单据使用的语言应与保函的语言一致］

交单形式：［填写纸质形式或电子形式。如采用纸质形式，需指明交付方式。如采用电子形式，需指明交单的文件格式、信息提交的系统以及电子地址］

交单地点：［采用纸质形式交单的情况下，担保人指明单据提交到其分支机构的地址；采用电子形式交单的情况下，指明电子地址，如担保人的SWIFT地址。如果本栏未填写交单地点，则交单地点为前文中担保人开立保函的地点］

失效：［填写失效日期或描述失效事件］

费用的承担方：［填写费用承担方的名称］

作为担保人,我们在此不可撤销地承诺;在收到受益人提交的相符索赔后,向受益人支付最高不超过保函金额的任何款项。索赔应按上述交单形式提交,并随附前文列明的可能需提交的其他支持索赔的单据,并且在任何情况下提交一份受益人的声明,声明申请人在哪些方面违反了基础关系项下的义务。受益人的声明可以在索赔书中作出,也可以在一份单独签署的随附于该索赔书的单据中作出,或是在一份单独签署的指明该索赔书的单据中作出。

保函项下的任何索赔必须在前文规定的失效当日或之前,于前文指明的交单地点被我们收到。

本保函适用《见索即付保函统一规则(URDG)》2010年修订本,国际商会第758号出版物。

[引用结束]

作为反担保人,我们在此不可撤销地承诺,在收到担保人的相符索赔后,向担保人支付最高不超过下文所述反担保函金额的任何款项。索赔应按后文规定的交单形式提交,并随附担保人的声明,声明担保人在保函项下已收到相符索赔。担保人的声明可以在索赔书中作出,也可以在一份单独签署的随附于该索赔书的单据中作出,或是在一份单独签署的指明该索赔书的单据中作出。

反担保函项下的任何索赔必须在后文规定的失效当日或之前,于后文指明的交单地点被我们收到。

反担保函编号:[填写反担保函相关编号]

反担保人:[填写名称及保函开立地址,除非在信头已表明]

担保人:[填写担保人的名称及保函开立地址]

反担保函的金额与币种:[填写反担保函最高赔付的大小写金额及币种]

交单形式:[填写纸质形式或电子形式。如采用纸质形式,需指明交付方式。如采用电子形式,需指明交单的文件格式、信息提交的系统以及电子地址]

交单地点:[采用纸质形式交单的情况下,反担保人指明单据提交到其分支机构的地址;采用电子形式交单的情况下,指明电子地址,如反担保人的SWIFT地址。如果本栏未填写交单地点,则交单地点为前文中反担保人开立保函的地点]

反担保函失效:[填写失效日期或描述失效事件。注意反担保函的失效因包含邮递期而通常晚于保函失效]

费用的承担方:[填写费用承担方的名称,通常由反担保人承担]

担保人在开出保函后应向反担保人确认。

本反担保函适用《见索即付保函统一规则(URDG)》2010年修订本,国际商会第758号出版物。

签字

国际商会保函专项工作组工作章程

1. 保函专项工作组是由国际商会设立的专家组,致力于收集整理与国际保函实务有关的建议和制定新政策。该专项工作组的首轮任期为三年。到期后,除非由保函专项工作组或国际商会银行委员会投票决定将其解散,否则保函专项工作组的任期将每三年一任期自动延展下去。

2. 保函专项工作组的成员主要来自国际商会银行委员会、商业法律与惯例委员会和金融与保险委员会。其他代表相关专业组织的具备相关专业经验的非国际商会成员也可以以观察员的身份申请加入保函专项工作组。

3. 保函专项工作组的首要任务是在所有商务领域和全球各地区宣传推广见索即付保函统一规则,通过定期组织或参与本国、地区性和国际性研讨会,与专业机构和国际组织会谈,授权发行出版物等各种手段,促进其更为广泛的应用。保函专项工作组将关注国际保函实务、相关法律判决和仲裁决定、各国法律法规,以及保函领域内其他国际与地区组织的相关工作。

4. 就保函领域内其他应由国际商会负责完成的工作,保函专项工作组也将考虑并向相关的国际商会委员会提出建议。

5. 保函专项工作组将协助国际商会银行委员会的技术顾问解答与 URDG 有关的问题,同时协助他们在 DOCDEX 规则下做好技术顾问的工作。

6. 如果国际商会的委员会、理事会或国际仲裁法庭秘书处提出要求,保函专项工作组可以答复任何与保函相关的问题,包括其他与保函相关的国际商会规则,如合约保函统一规则,以便确保国际商会处理不同类型保函实务所持立场能够保持一致,并协调保函领域国际商会所有规则和支持性服务的联合推广。

7. 保函专项工作组将定期向国际商会银行委员会或根据其他国际商会委员会或理事会的要求汇报工作。

8. 保函专项工作组将至少每年举办一次会议,或应主席要求随时召开,会议没有最低参会人数要求。

9. 国际商会秘书处将同时承担保函专项工作组秘书处的职责。

成员名单

Georges Affaki(主席,法国),Karin Bachmayer(奥地利),Roeland Bertrams(荷兰),Rolf J. Breisig(德国),Maximilian Burger-Scheidlin(奥地利),Mohammad M. Burjaq(约旦),Carlo Calosso(意大利),Roger F. Carouge(德国),Gabriel Chami(黎巴嫩),Haluk Erdemol(土耳其),Thomas B. Felsberg(巴西),Xavier Fornt(西班牙),Michel Gally(法国),Sir Roy Goode(英国),Andrea Hauptmann(奥地利),Zhou Hongjun(中国),Khaled Kawan(巴林),György Lampert(匈牙利),Fredrik Lundberg(瑞典),Robert Marchal(比利时),Mi Na(中国),Antonio Maximiano Nicoletti(巴西),Eva Oszi-Migléczi(匈牙利),Sae Woon Park(韩国),Christoph Martin Radtke(法国),Natalia A. Rannikh(俄罗斯),Glenn Ransier(美国),Kate Richardson(英国),Zuzana Rollova(捷克),Cristina Rooth(瑞典),Don Smith(美国),Jeremy Smith(英国),Shri K. N. Suvarna(印度),Pradeep Taneja(巴林),Farideh Tazhibi(伊朗) ,Pieris Theodorou(塞浦路斯),Edward Verhey(荷兰),Chen WenYi(中国),Antonella Zanaboni(意大利)。

观察员:

Wilko Gunster(国际商会荷兰委员会),Alison Micheli(世界银行),Jean-Jacques Verdeaux(世界银行)。

DOCDEX:解决 URDG 争议的专业服务

国际商会跟单票据争议解决的专家方案(DOCDEX)规则为有效解决争议提供了一种可选择的渠道。通过这一规则,可以获得独立、公平和快捷的专家意见。

适用范围:DOCDEX 规则适用于解决与下列规则相关的争议:

ICC 见索即付保函统一规则(URDG)

ICC 跟单信用证统一惯例(UCP)

ICC 跟单信用证项下银行间偿付统一规则(URR)

ICC 托收统一规则(URC)

程序:发起 DOCDEX 程序的一方须向 ICC 国际专家技术中心("中心")提出申请。中心将在 30 天之内邀请相关方提供应答文件。随后,中心将立刻指定三位专家("指定专家")。

指定专家在收到案件所有相关文件后的 30 天内,做出专家意见("DOCDEX 意见"),无须听证。

质量监控：在收到 DOCDEX 意见后，将由中心的 ICC 银行委员会的技术顾问或其指定的代表对 DOCDEX 意见进行评判，以确认 DOCDEX 意见与 ICC 银行委员会现行的规则和解释相符。技术顾问或其指定的代表对 DOCDEX 意见的修改须征得大多数指定专家的同意。

专家：指定专家由中心从 ICC 银行委员会的专家名单中选出。专家名单由全球经验丰富并且熟悉相关 ICC 规则的国际专家组成。指定专家的姓名不会向争议当事各方披露。

DOCDEX 意见的性质：除非争议当事各方同意采用 DOCDEX 处理争议，否则 DOCDEX 意见不对争议当事各方具有约束力。然而，DOCDEX 意见为他们的争议提供了极具参考价值的评估意见，并促进争议的友好解决。

时间：当事各方通常会在提出申请后的 60 天内收到 DOCDEX 意见。

费用：标准收费为 5 000 美元。在特殊情况下，最多另收 5 000 美元的额外费用。DOCDEX 意见所有费用合计不超过 10 000 美元。

DOCDEX 规则的相关情况可查询 www.iccdocdex.org

DOCDEX 规则由 ICC 国际商会的国际专家技术中心（中心）与 ICC 银行技术与惯例委员会联合制定。

* URDG758 项下的见索即付保函和反担保函的格式及随后几页中建议的选择性条款，仅供参考使用。它们并不是本规则内容的一部分。

* 这条建议的生效条款，与前一条一样，都经常在预付款保函和留置金保函中适用。在这两种情况下，此条款都是确保受益人在基础合同项下将应付款项支付给申请人之前，不能提出索赔。有两种方法起草这一条款，第一种方法如第一条所示，只有在该款项有效地贷记到申请人账户之后保函才生效。受益人/付款人承担转账错误或第三方扣押的风险。另一种起草方法如第二条所示，只要持有申请人账户的担保人收到付款，受益人的义务视为已经履行。贷记付款至申请人账户的任何延迟由申请人和担保人依据银行-客户关系协议或法律规定解决。

本章参考文献

[1] 梁远辉,刘丹.国际结算[M].武汉：华中科技大学出版社,2007.

[2] 徐新伟.国际结算[M].北京：北京大学出版社,中国林业出版社,2007.

[3] 徐进亮,李俊.国际结算实务与案例[M].北京：机械工业出版社,2011.

[4] 叶陈云,叶陈刚.国际结算[M].上海：复旦大学出版社,2007.

[5] 李慧娟.浅谈国际保理业务的风险及其防范[J].科技广场,2005,07.

[6] 保函与备用信用证的异同点总结.圣才学习网.2010-08-30.

[7] 栗元龙.备用信用证风险防范法律制度初探.天津市河东区职工大学网站.2010-11-27.

[8] 银行保函样本 7 份. http://blog.sina.com.cn/s/blog_4dae264e0100vhrn.html.

[9] 国际保理业务的优缺点. http://www.docin.com/p-77017074.html.

第六章
Chapter 6

国际结算中的单据

【学习要点及目标】

通过本章学习要求学生了解国际结算中的各种单据的种类和作用,熟悉各种单据的内容,掌握合格单据的基本要求,掌握商业发票、海运提单、保险单据的概念和内容,掌握单据的审核,了解国际惯例中与单据有关的要求。

【引导案例】

某年,A 公司向 B 银行提交了由 B 银行所在地 C 银行通知的信用证和一套信用证项下单据,该信用证金额为 604 500 美元。在核实该证真实的前提下,B 银行又对该证项下单据进行了合理、审慎的审核。经审核,B 银行发现此套单据存在不符点:信用证单据条款要求"FULL SET OF CLEAN ON BOARD BILL OF LADING"(全套清洁已装船提单),而 A 公司提供的是"NEGOTIABLE FIATA BILL OF LADING,简称 FBL"(运输行出具运输单据),即以 FBL 代替 B/L。B 银行按惯例向 A 公司提示不符点,并向 A 公司提出两种方案:一是由 A 公司提交以开证行为抬头的 B/L,撤换原来的 FBL;二是由 B 银行向开证行电提不符点,待对方同意后再行寄单。

A 公司表示货物已装船,无法再由船公司出具 B/L,接受第二种方案。于是 B 银行立即向开证行电提上述不符点,并要求开证行尽快给予答复。在这之后的三天内,B 银行一直没有收到开证行的回复。三天后,A 公司向 B 银行提示由 C 银行通知的该证的修改书,修改书将单据条款修改为 B/L 或 FBL。A 公司表示,此项修改表明申请人和开证行接受电提的不符点,已经达到了 B 银行的要求,所以 A 公司要求办理出口押汇,且押汇金额仅为 10 万美元,远低于信用证金额。B 银行并没有听信 A 公司的一面之词,反而提出疑问:按照跟单信用证统一惯例,如果开证行接受上述不符点,它应该在电传中明确表示申请人接受上述不符点,不日将付款,并将这一内容以电传方式通知B银行,而不是采取信用证修改的方式通知,更不应该将此修改发给C银行。这些违反常规的做法引起了B银行的警惕,B银行坚持等待开证行的电传通知,在此期间,将单据保留,既不寄单,也不为A公司办理出口押汇。五天后,开证行开来电传通知,声明申请人拒绝接受上述不符点,此时A公司已不见踪迹。事后据B银行调查,该信用证项下的货物并未如A公司所述已装船,而是留在A公司所在国境内。

评述:

这是一起以诈骗议付行押汇款为目的,境内外不法分子精心策划的骗汇案件。在本案中,A公司和申请人为B银行设下多重圈套,首先,A公司以大额信用证为诱饵,伴以不是物权凭证的FBL,妄图诱导B银行使其想当然地认为FBL就是信用证要求的提单,从而为A公司办理押汇,以达到诈骗B银行押汇款的目的。其次,在B银行审出不符点并电提后,申请人要求开证行不做出付款承诺,即并不以电传方式通知B银行接受不符点,而是以修改方式接受FBL。如果B银行不以国际惯例为依据,就会想当然地认为此修改表示申请人已接受不符点,就会为A公司办理出口押汇。而开证行迟迟不给B银行回复,就是在等待B银行办完押汇将单据寄来时,再以单据存在不符点为由提出拒付。

国际贸易结算中涉及许多单据,有关银行必须根据《跟单信用证统一惯例》的规定进行审核。本案中,FBL是由运输行出具和承运人签发的运输单据,它与B/L是两个概念,并不能代替提单,更为重要的是,它不是物权凭证,这导致了A公司在没有装船的情况下可以取得FBL,妄图以此来代替提单蒙混过关。B银行以《跟单信用证统一惯例》作为办理国际结算业务的依据,合理、审慎的审核单据,从而避免了一起重大骗汇案件的发生。

(资料来源:华坚.国际结算[M].北京:电子工业出版社,2011.)

国际结算发展到今天,已经进入单据化的时代,几乎所有国际结算都是以单据作为结算依据的。在信用证的结算方式下,单据的作用尤为重要,因为银行付款的前提仅仅是单据。随着经济的发展,国际贸易量的扩大,国际结算方式不断变化,所使用的单据种类也逐渐繁多,外贸单证人员在处理国际贸易中的各种单据业务时应注意积累经验和了解有关国际惯例,力求单据正确完整、简洁清晰,避免因单据制作失误而带来的贸易纠纷。

第一节 单据概述

单据(Documents)是指国际贸易结算中使用的所有商业或公务证明与资金支付凭据。单据是办理货物的交付和货款的支付的依据,在国际贸易结算中具有十分重要的作用。

一、单据的作用

单据是国际贸易中买卖双方进行结算所使用的凭证。《联合国国际贸易销售合同公约》第30条规定:"卖方必须按照合同和本公约规定,交付货物,移交一切与货物有关的单据并转移货物所有权。"国际商会制定的《跟单信用证统一惯例》(UCP600)也规定:"在信用证业务中,各方当事人处理的是单据,而不是与单据有关的货物、服务或其他行为。"

在国际贸易中提交单据是卖方的基本义务之一。在跟单信用证和跟单托收业务中,卖方提交单据履行义务,买方凭单付款。其他结算方式,虽不一定是凭单付款,但是买卖双方交接单据仍然是必不可少的。由此可见,单据在国际贸易和国际结算中具有十分重要的作用。

单据的作用主要有以下几方面:

(一)单据是一种履约的证明

单据是出口商用来表明其已经履行合同义务的证明,单据中有全面而详细的货物描述以及出口商履约情况的相关证明,在法律上是一种有效的书面凭证。

(二)单据代表货物的所有权

在国际贸易中货运单据往往代表着是货物的物权,对于出口商来说,移交单据就等于转移了货物,而对于进口商来说,取得单据就意味着取得了货物,买卖双方通过单据的转移从而达到货物转移的目的。

(三)单据是银行办理贸易结算的重要依据

当代国际贸易都是通过银行进行结算的,单据使得银行能够脱离交易双方的具体业务而独立判断付款条件是否成立,这使得国际结算中"凭单付款"得以实现,极大地促进了国际贸易的发展。

(四)单据是买卖双方报关和纳税的重要凭证

各国对进出口均有报关和纳税的规定,而单据则是报关和纳税的重要依据。

二、制作单据的基本要求

在单据制作时必须注意单据在内容和形式上都要符合有关国际惯例和相关法律规定,通常对单据制作有以下要求。

(一)单据内容正确、完整

依据《跟单信用证统一惯例》国际商会第600号出版物(简称UCP600),银行审核单据的标准是"表面上是否与信用证条款相符……单据之间表面互不一致,即视为表面与信用证条款不符",这也就是所谓"严格相符"原则(the Doctrine of Strict Compliance)。为确保安全收汇,单证工作应尽量严谨。因此,合格单据在内容上必须符合合同条款规定,符合货物实际,信用证项下的单据应符合信用证条款要求。

(二)单据制作准确及时、简洁清晰

单据的出单日期要合理,符合商业习惯。交单应在规定的交单截止日之前,单据制作部门要及时与相关部门衔接,做好单据缮制工作,及时取得正确单据。另外,单据内容要按信用证的要求和国际惯例填写,力求简单明了,切勿加列不必要内容,单证表面清洁、美观、大方。

三、单据的种类

随着国际贸易的发展,国际结算中的单据种类也日益繁多,根据不同的划分标准,单据可分为不同种类。一般是以单据的用途不同对其进行分类的。

(一)商业单据

1. 商业发票

商业发票(Commercial Invoice)是出口方向进口方开列发货价目清单,是买卖双方记账的依据,也是进出口报关交税的总说明。商业发票是一笔业务的全面反映,内容包括商品的名称、规格、价格、数量、金额、包装等,同时也是进口商办理进口报关不可缺少的文件,因此商业发票是全套出口单据的核心,在单据制作过程中,其余单据均需参照商业发票缮制。

2. 装箱单

装箱单(Packing List)是发票的补充单据,它列明了信用证(或合同)中买卖双方约定的有关包装事宜的细节,便于国外买方在货物到达目的港时供海关检查和核对货物,通常可以将其有关内容加列在商业发票上,但是在信用证有明确要求时,就必须严格按信用证约定制作。

3. 重量单/磅码单

重量单(Weight List/ Weight Memo)是主要包装单据的一种,按照装货重量成交的货物,在装运时出口商必须向进口商提供的一种证明文件,它证明所装货物的重量与合同规定相符,货到目的港有缺重量时出口商不负责任。若按照卸货重量成交的货物,如果货物缺重量时,进口商必须提供质量证明书,才可向出口商、轮船公司或保险公司提出索赔。

4. 数量单

数量单(Certificate of Quantity)是关于货物数量的证明书,一般由出口商或厂商出具。

5. 质量证明书

产品质量证明书(Certificate of Quantity)是由生产企业的质量管理检测部门出具的,同时该生产企业的检测实验室应当取得相关部门的认定,产品质量证明书一般没有固定的格式,根据产品、材料的不同体现其检测性能参数等即可,需要单位盖检测专用章。

(二)货运单据

1. 提单

提单(Bill of Lading)是作为承运人和托运人之间处理运输中双方权利和义务的依据。虽然一般它不是由双方共同签字的一项契约,但就构成契约的主要项目如船名、开航日期、航线、靠港以及其他有关货运项目,是众所周知的;运价和运输条件,承运人也是事先规定的。因此在托运人或其代理人向承运人定舱的时候就被认为契约即告成立,所以虽然条款内容是由承运人单方拟就,托运人也应当认为双方已认可,即成为运输契约。因此,习惯上也就成了日后处理运输中各种问题的依据。

2. 运输单据

运输单据（Transport Documents）是承运人收到承运货物签发给出口商的证明文件，它是交接货物、处理索赔与理赔以及向银行结算货款或进行议付的重要单据。

3. 航运公司证明

航运公司证明（Shipping Company's Certificate）是为满足进口商的要求，出口人在交单议付时，往往还须按信用证要求出具船公司的有关证明。比较常用的有船籍证、航程证、船龄证、船级证、等，说明载货船只允许进入目的港的证明以及船公司的收费证明等。

4. 邮包收据

邮包收据（Parcel Post Receipt）是邮包运输的主要单据，它既是邮局收到寄件人的邮包后所签发的凭证，也是收件人凭以提取邮件的凭证，当邮包发生损坏或丢失时，它还可以作为索赔和理赔的依据。但邮包收据不是物权凭证。

（三）保险单据

保险单（Insurance Documents）简称为保单，是保险人与被保险人订立保险合同的正式书面证明。保险单必须完整地记载保险合同双方当事人的权利义务及责任。保险单记载的内容是合同双方履行的依据，保险单是保险合同成立的证明。

（四）官方单据

1. 海关发票

海关发票（Customs Invoice）是进口商向进口国海关报关的证件之一。是根据某些国家海关的规定，由出口商填制的供进口商凭以报关用的特定格式的发票，要求国外出口商填写，供本国商人（进口商）随附商业发票和其他有关单据，凭以办理进口报关手续。

2. 领事发票

领事发票（Consular Invoice）是由进口国驻出口国的领事出具的一种特别印就的发票，是出口商根据进口国驻在出口地领事所提供的特定格式填制，并经领事签证的发票。

3. 进口许可证

进口许可证（Import License）是国家有关当局批准商品可以进口的证明文件。

4. 出口许可证

出口许可证（Export License）是指对于有配额限制的商品出口时，由有关部门签发的配额证明。

5. 产地证明书

产地证明书（Certificate of Origin）又称原产地证书，简称产地证。是由政府或公证机构或出口商出具的一种证明货物原产地或制造地的证书。

第二节　商业单据

一、商业发票

商业发票(Commercial Invoice)是指出口商向进口商开出的载明所出售货物的各项细节的清单,其中包括货物的名称、规格、单价、数量、总金额等。发票在国际贸易中具有重要位置,它是进出口交易双方交接货物和结算货款的凭证。商业发票全面反映了合同内容,是最重要的结算工具之一。

(一)商业发票的作用

1. **商业发票是全套单据缮制和审核的中心**

商业发票是全面反映交易内容的书面文件,出口商在制作其他单据时均需按照商业发票来制作,其他发票在内容上也不得与商业发票记载相矛盾。在信用证项下,银行确定各单据是否一致时,主要是看各种单据是否与商业发票记载一致,因此,商业发票是银行重点审核的单据。

2. **商业发票是出口商向进口商交货或履约的证明**

商业发票上详尽反映了出口商交货的内容,进口商根据商业发票就可以在表面上判断出口商所发出的货物是否与合同中约定一致。同时,根据相关法律规定,出口商也应对自己出具商业发票的真实性承担法律责任,因此,商业发票也是出口商履约的证明。

3. **商业发票是进出口双方的记账凭证**

进出口双方都需要根据商业发票的内容,逐笔登记入账。出口商通过发票了解销售情况,核算盈亏;进口商也可以通过商业发票了解业务情况,掌握经济效益。

4. **商业发票是报关征税的依据**

世界上大多数国家海关都根据发票中的货物描述、货价和产地等内容对进口商进行征收关税。商业发票是向海关报关的必要文件。

此外,商业发票还具有代替汇票作为付款依据以及作为货物发生损失时索赔依据等作用。

(二)商业发票的基本内容

商业发票没有统一格式,但它的内容和文字描述必须符合信用证的规定,具体内容如下:

1. **首文部分**

首文部分主要对商业发票自身及其当事人的说明,首文包括以下几部分:

(1)出口商名称与地址

一般的商业发票在顶端都有醒目的出口商全称、地址、电传、电挂、电话、传真以及 E-mail 地址等。出口商的名称与地址必须与信用证上规定受益人的名称和地址严格一致。

(2) 发票名称

一般商业发票都醒目地印着"COMMERCIAL INVOICE"或"INVOICE"字样,发票名称应与信用证要求一致。

(3) 发票编号与日期

发票编号是出口商统一编制的,一般采用顺序号。发票的日期为发票的签发日期,信用证项下发票的开立日期可以早于或晚于信用证开证日,但不能晚于信用证交单日和有效期。

(4) 发票抬头人的名称与地址

在采用信用证方式时,发票抬头人应为开证申请人的名称与地址。如果信用证中指定发票抬头人,则须严格按照信用证的规定填写。

(5) 合同号码与信用证号号码

在商业发票中如实填写。尤其是付款信用证,在不要求出具汇票的情况下,商业发票上必须注明信用证号码,此时,商业发票作为付款的依据,起到代替汇票的作用。

(6) 装运基本情况。包括运输方式、船名称、装运港和目的港等记载,这些记载应与提单上记载保持一致。

2. 本文部分

本文部分是商业发票的核心内容。主要内容包括唛头、货物描述、货物数量、货物单价与总金额、包装、重量以及其他特殊说明等。

(1) 货物的唛头与货号

为了识别货物而在货物外包装上制作的运输标志(Shipping Mark),称为唛头。在货物有唛头时,商业发票一定打上唛头,发票中的唛头可以作为依据,分别与提单、保险单、包装单上的唛头核对,确保各项单据唛头相符。货号即商品编号,是对不同款的商品所标记的唯一编号,每一款不同商品都应有一个唯一的货号,如在信用证中有规定,商业发票中应予以记载。

(2) 货物描述

即有关货物的名称、品质、规格、尺寸、颜色等有关的记载。依照 UCP600 第 18 条的规定,商业发票中关于货物的描述必须与信用证描述相符。ISBP58 也规定,商业发票中货物的描述必须与信用证规定相一致,但并不要求如同照镜子那样一模一样。但需要注意的是,商业发票中货物的名称、规格必须完全符合信用证的描述,尽量做到一字不差。任何省略或添加品名的字词,都可能造成单据表面不符。其他单据则可使用货物统称,但不得与信用证规定的货物描述有抵触。因此,信用证所列货物的规格,须在商业发票上充分显示出来。若信用证与合同有出入,应以信用证为准;信用证所列货物规格即使有明显差错,也不可以按习惯缮制单据,应要求修改信用证;信用证用文字说明货物的规格,商业发票上也应做出与信用证完全相符的说明。

【式样 6.1】

商业发票样式
COMMERCIAL INVOICE

Exporter:		Commercial Invoice Number:	
Company Name:			
Address:			
Contact Person:			
Phone/Fax:			
Importer:			
Company Name:			
Address:			
City:			
State/Country:		Total Weight:	
Contact Person:			
Phone/Fax:			

Full Description Of Goods	Harmonized code	No. of Items	Quantity	Unit Value (USD)	Total Value (USD)
				Total Invoice Value:	

I declare that the information is true and correct to the best of my knowledge, And that the goods are of ___Chinese___ origin.

I (name)_____ certify that the contents of this shipment are as stated above.

Authorized Signature:_____

Date:_____

(3) 货物的数量

货物的数量必须根据实际情况在商业发票中列明,并与其他单据相一致。在信用证项下的商业发票,其有关数量的记载必须与信用证规定相一致。在实务中,允许货物的实际交易数量与信用证规定的数量有一定的增减幅度。UCP600 第十三条规定:a."约"或"大约"用于信用证金额或信用证规定的数量或单价时,应解释为允许有关金额或数量或单价有不超过 10% 的增减幅度。b. 在信用证未以包装单位件数或货物自身件数的方式规定货物数量时,货物数量允许有 5% 的增减幅度,只要总支取金额不超过信用证金额。c. 如果信用证规定了货物数量,而该数量已全部发运,及如果信用证规定了单价,而该单价又未降低,或当第三十条 b 款不适用时,则即使不允许部分装运,也允许支取的金额有 5% 的减幅。若信用证规定有特定的增减幅度或使用第三十条 a 款提到的用语限定数量,则该减幅不适用。

(4) 货物的包装与重量

货物的包装与重量应与合同规定和实际装运相一致,在采用信用证方式时应注意包装记载须符合信用上对包装规定的要求。商业发票上应列明货物的毛重、净重。

(5) 单价和总价

商业发票中的单价必须表明贸易术语。如果信用证规定了单价,则商业发票中必须与其一致,发票金额即为总值,应等于单价乘以数量。信用证项下的商业发票,其发票金额不能超过信用证规定的金额。信用证指定兑现的银行可以拒绝接受金额超过信用证金额的商业发票。但是 UCP600 第十八条也指出:"按照指定行事银行的被指定银行、保兑行(如果有的话)或开证行可以接受金额超过信用证所允许金额的商业发票,倘若有关银行已经兑付或已经议付的金额没有超过信用证所允许的金额,则该银行的决定对各有关银行均有约束力。"上述规定表明如果付款行或承兑行或议付行接受了超额商业发票,其支付或承诺支付的金额又未超过信用证金额,则开证行不得拒绝接受该超额商业发票。

商业发票的总金额通常是指可以收取的价款,如果合同中包含佣金和折扣,而信用证又未加规定的,总金额中不应扣减佣金,因为原则上佣金应由卖方收到货款后向中间商支付;但折扣通常被总金额中扣减,因为折扣不是出口商可以收取的价款。

另外,UCP600 在第十八条中增加了必须将商业发票上的币种做成与信用证规定币种相同的规定。

(6) 其他内容

有些国外来证有时要求加注各种费用金额、特定号码(如许可证号码、税则编号)、有关证明文句等,一般将这些内容打在发票商品栏下面的空白处。

3. 结文部分

结文部分主要是开立发票人即出口商的名称、地址和签字或签章。在信用证方式下,商业发票只能由信用证中规定的受益人出具,除非信用证另有规定,一般出口商可以不签字或签章;但信用要求发票签字或签章的话,则签字或签章人必须是信用证中规定的受益人,否则视为无效发票。此外,由于商业发票多套使用,对于正本发票必须加注"正本"字样。

【案例7.1】

发票商品名称与信用证规定不符造成的拒付

我国某出口商A与国外进口商B签订一份出口花生的合同,合同规定使用不可撤销即期信用证。不久A收到B所在国F银行开来的信用证。出口商A经审核后,开始备货、发货,缮制单据,并在信用证有效期内将单证提交给我国C银行进行议付。经议付行审核,发现发票上货物名称为"Peanut",与信用证上名称"Groundnut"不相符,议付行提出恐遭到开证行拒付。而出口商A坚持认为发票货物的名称与信用证中关于货物的表述是同一种货物,只是语言习惯不同,而合同中所记载的货物名称也确实是"Peanut",进口方对此应该十分清楚,应该不会有问题。议付行劝说未果情况下,向开证行进行了寄单索偿。但未得到开证行付款,不久该产品市场行情下跌,议付行收到开证行来电,因发票货物名称与信用证不符,所以开证行拒付。出口商A与进口商B几经交涉后仍无结果,最后被迫以降价20%收回货款,蒙受重大损失。

评述:

这是由于发票货物名称与信用证名称不符而造成的拒付案例。虽然信用证产生于合同,一旦信用证生效后就不受合同的制约,所以合同对信用证并不具有法律上的约束力。在实务中应做到发票上货物的名称与信用证中关于货物的描述严格相符,避免因自身疏忽而给对方留下可乘之机。

(资料来源:姚新超.国际结算与贸易融资[M].北京:北京大学出版社,2010.)

二、装箱单、重量单、尺码单

(一)装箱单

装箱单(Packing List)又称包装单,是表明出口货物的包装形式、包装内容、数量、质量、体积或件数的单据。其主要用途是作为海关、进出口商等验货的凭据及发票的补充。一般都详细列明货物包装及每个包装单位的内容。如每件货物的规格、数量、唛头、花色、样式等。信用证中有关货物的包装描述必须在装箱单上得到完整的反映,如果信用证要求提供详细装箱单,则装箱单的内容应能反映每一件商品包装的目录及其他相关信息。

(二)重量单

重量单(Weight List)是用于说明每个包装单位中重量情况的单据。按装货重量成交的货物,在装运时出口方须向进口方提供重量单,以供买方收货时核对使用。重量单的签发人可以是出口商、商品检验机构、公证行、重量鉴定人等。按装货重量成交的货物,在装运港交货,出口方提供与合同相符的重量单等单据,即完成了交货责任,货到目的地数量如有短少,出口方不负责。如系目的码头交货,货到岸时有短量,进口商必须提交重量单才能向出口方、船公司或保险公司索赔。通常把重量单和装箱单合并为装箱、重量单,以简化单据。

（三）尺码单

尺码单（Measurement List）是侧重于说明货物尺码方面详细情况的单据。其在装箱单基础之上重点说明每件不同规格项目商品的尺码和总尺码，如果不是同一尺码应逐件列明。

装箱单、重量单和尺码单都不应显示货物的单价和总金额。

第三节　运输单据

在国际贸易结算中，运输单据是基本单据之一。运输单据由货物承运人或其代理人签发给出口商，证明货物已发运，或已装上运输工具，或已由承运人监管的单据。运输单据往往还是一种物权凭证。按照运输方式不同，运输单据有海运提单、航空运单、铁路运单、公路运单、邮寄收据和快递收据、多式联运单据等种类。

一、海运提单

海运提单（Ocean/Marine Bill of Lading，B/L），简称提单，是货物承运人或其代理人签发给托运人，证明托运的货物已经收到，或装运到船上，约定将该项货物运往目的地交予提单持有人的物权凭证。《汉堡规则》对提单的定义是："提单是指证明海上运输合同和货物由承运人接管或装载，以及承运人保证凭以交付货物的单据。"

（一）海运提单的作用

①提单是货物收据。海运提单是海运承运人签发给托运人，确认已经按提单上所记载有关货物的标志、数量以及货物的包装情况等内容收到或接管货物的证明。

②海运提单是物权凭证。收货人或者提单合法持有人，有权凭提单向承运人提取货物，谁持有提单谁就可以向承运人要求交付货物。而且提单可以经过交付或背书进行转让，通过提单转让可以实现货物所有权的转让。由于提单具有物权凭证的作用，所以在国际市场上，提单可以在载货船舶抵达目的港交货之前办理转让或凭以向银行办理抵押贷款，即交付提单与交付货物所有权具有同等效力。

③提单是运输合同的证明。如果承运人和托运人之间订有运输合同，提单往往是运输合同成立的证明。如果承运人和托运人之间没有订立合同，则提单通常被视为双方之间的运输合同。因此，提单是承运人与托运人之间处理双方在运输中权利和义务问题的主要依据。

④提单是收取运费的证明，也是向船公司或保险公司索赔的重要依据。

（二）海运提单的当事人

1. 承运人

承运人（Carrier）是负责运输货物的当事人，即船方，它是接受托运人的委托，将货物运往目的港的一方。承运人一般是实际拥有运输工具的运输公司，也可以不是运输工具的实际拥有者,即租船人,但无论哪种情况,承运人都对其运送的货物以及货物在运送过程中发生的损坏与灭失负责。承运人的主要权利是要求托运人或收货人按约定支付运费。

2.托运人

托运人(Shipper/Consignor)是与承运人签订运输合同的当事人,即货方。一般情况下,托运人即是发货人。如果信用证中规定买方作为托运人,则提单上托运人一栏内就是实际的收货人,即开证申请人。托运人有权指定收货人。如果提单未经托运人授权而转让,托运人可以对抗持提单主张物权的善意受让人。

3.收货人

收货人(Consignee)通常是合同中的买方,也可以是托运人自己。收货人有权凭提单向承运人提取货物。收货人在提单的抬头人一栏内列明。所以收货人又叫抬头人。根据记载方式不同,提单抬头分成三大类。

(1)记名抬头

在抬头栏中写明收货人的名称。这种提单不能转让,只能由提单指定的收货人背书提货。其记载形式为"Consignee to A Co."或"To A Co."。

(2)指示性抬头

在抬头栏中写有"凭指示"(Order)字样,这种提单经背书后可以转让,持有人可以凭以向船方提取货物。这种提单在国际贸易中的应用最为常见。一般其记载形式为"To order of A Co."或"To order"。

(3)来人抬头

这种提单在抬头人栏内留空不填写或在抬头人栏内写有"交持单来人"(To bear)字样。即承运人将货物交给提单的持有人,任何持有提单的人都可以提货。

(4)被通知人

被通知人(Notify party)不是提单的当事人,只是承运人为了方便货主提货的通知对象。被通知人通常是进口方在目的港的代理人,货到目的港时由承运人通知其办理报关提货等手续。

(5)受让人

提单若被转让,就会出现受让人(Transferee),受让人接受了被转让提单,也就意味着他承担了托运人在运输契约中的义务,但他也由此获得凭提单提取货物的权利。

(6)持单人

持单人(Holder)是经过正当交接手续取得并持有提单的人。在提单交接的不同阶段,他可能是不同的人。当然,只有最终的持单人才能凭提单提取货物。

(三)管辖海运提单的国际公约

为了调整承运双方的权利义务关系,在国际海运提单的管辖方面先后产生了三个国际公约,分别是《海牙规则》、《维斯比规则》和《汉堡规则》。

1.《海牙规则》

《海牙规则》(Hague Rules)的全称为《统一提单的若干法律规定的国际公约》(International Convention for the Unification of Certain Rules of Law Relating to Bills of Lading),是关于提单法律规定的第一部国际公约。为统一世界各国关于提单的不同法律规定,并确定承运人与托运人在海上货物运输中的权利和义务,1924年8月25日,在比利时布鲁塞尔26个国家参加会议签订了《海牙规则》,该公约于1931年6月2日生效。至今已有80多个国家和地区承认并采用了该公约,我国于1981年承认了该公约。

《海牙规则》的基本精神是确定了承运人最低限度义务,其产生在一定程度上改变了提单条款完全由承运人任意规定、货方利益完全没有保障的状况,使提单下货方的利益在一定程度上获得了一些安全保障;同时也使各国的提单内容基本趋于一致。

总体看来,《海牙规则》无论是对承运人义务的规定,还是免责事项,索赔诉讼,责任限制,均是体现着承运方的利益。而对货方的保护则相对较少。这也是船货双方力量不均衡的体现。力量不均衡势力相互妥协的产物不可避免地有各种缺点和不足。

2.《维斯比规则》

随着国际经贸的发展,《海牙规则》的部分内容已落后,不适应新的需要。对其修改已成为种必然趋势。这样,从60年代开始,国际海事委员会着手修改《海牙规则》,于1968年2月通过了《关于修订统一提单若干法律规定的国际公约的协定书》,简称《海牙—维斯比规则》,并于1977年6月生效,这就是《维斯比规则》(Visby Rules)。

《维斯比规则》并未对《海牙规则》的基本原则做实质性修改,只是提高了货物损害赔偿的最高限额,明确了集装箱和托盘运输中计算赔偿的数量单位,扩大了公约适用范围。《维斯比规则》仍然没有改变《海牙规则》偏袒承运人利益的状况,该公约至今仅获得10多个国家的承认。

3.《汉堡规则》

鉴于《海牙规则》过于偏向承运人的利益,各国特别是广大的发展中国家,代表了货主的利益,提出彻底修改《海牙规则》的要求日益高涨,联合国贸易和发展会议的航运委员会于1969年4月的第三届会议上设立了国际航运立法工作组,研究提单的法律问题。工作组在1971年2月,国际航运立法工作组召开的第二次会议上作出两项决议:第一,对《海牙规则》和《维斯比规则》进行修改,必要时制定新的国际公约;第二,在审议修订上述规则时,应清除规则含义不明确之处,建立船货双方平等分担海运货物风险的制度。

后来,此项工作移交给联合国国际贸易法委员会。该委员会下设的国际航运立法工作组,于1976年5月完成起草工作,并提交1978年3月6日至31日在德国汉堡召开的有78个国家代表参加的联合国海上货物运输公约外交会议审议,最后通过了《1978年联合国海上货物运输公约》(United Nations Conventiononthe Carriage of GoodsbySea,1978)。由于这次会议是在汉堡召开的,所以这个公约又称为《汉堡规则》(Hamburg Rules)。该公约于1992年11月正式生效。

《汉堡规则》将《海牙规则》中偏袒承运人利益的 17 项责任条款全部废除,汉堡规则对海牙规则做了根本性的修改,扩大了承运人责任,承运人承担"完全过失责任",既要对管理货物的过失负责,又要对驾驶和管理船舶的过失负责。此外,还对承运人的责任期间、赔偿责任、责任限度等做了重大调整和修改。该公约在较大程度上保护了货方的利益。

《汉堡规则》作为平衡船货双方利益的一项国际公约,其制定是相对完备的,也是体现了公正合理的主旨。但作为既得利益者的海运大国却不愿采纳此公约,而是继续采用《海牙—维斯比规则》,以维护其已得利益,因而,海运大国加入此公约的几乎还没有,汉堡规则的普及化还有很长的路要走。

（四）海运提单的内容

海运提单由各航运公司自行设计制作,其内容虽不完全相同,但它们主要条款基本一致,完整的提单一般包括正面内容和背面内容。

1. 正面内容

（1）承运人（Carrier）

包括承运人的名称和主要营业场所（一般是事先印就的）。

（2）托运人（Shipper）

托运人的名称与地址。

（3）收货人（Consignee）

此栏即抬头人栏,可以做成指示性抬头和来人抬头,一般情况下提单不做记名抬头,因为做成记名抬头银行和发货人将无法控制货权。

【式样 6.2】

海运提单样式

SHIPPER				
CONSIGNEE		B/L NO.		
NOTIFY PARTY		ORIGINAL Combined Transport Bill of Lading		
PR-CARRIAGE BY	PLACE OF RECEIPT			
OCEAN VESSEL VOY.	PORT OF LOADING			
PORT OF DISCHARGE	PLACE OF DELIVERY	FINAL DESTINATION FOR THE MERCHANT'S REFERENCE		
MARKS	NOS. & KINDS OF PKGS	DESCRIPTION OF GOODS	G. W.（KG）	MEAS(M^3)
TOTALNUMBER OF CONTAINERS OR PACKAGES（IN WORDS）				

FREIGHT & CHARGES	REVENUE TONS	RATE	PER	PREPAID	COLLECT
PREPAID AT	PAYABLE AT	PLACE AND DATE OF ISSUE			
TOTAL PREPAID	NUMBEROF ORIGINAL B(S)L	SIGNED FOR THE CARRIER			
DATE	LOADING ON BOARD THE VESSEL BY				

(4)被通知人(Notify Party)

如提单中有被通知人,则被通知人的地址需要填写完整、准确。如果是记名提单或收货人指示提单且收货人又有详细地址的,此栏可不填写。

(5)船名及航次(Name of Vessel,Voyage)

(6)装运港和卸货港或目的港(Port of Shipment And Port Of Discharge Or Final Destination)

装运港即起运港,是承运人责任的起点,填写具体港口,如上海,不能笼统的填写中国港口。卸货港是承运人责任的终点,填写货物实际卸下的港口名称,要注意国名与港口的问题。世界上不同国家有相同名称的港口,同名港口须加注国名。在货物将于卸货港被转运时或在集装箱运输时,须填写目的地。

(7)货物描述(Description of Goods)

包括唛头和货号、货名、包装、件数、重量、体积或尺码等。由托运人提供上述信息,并保证它们的准确性。在信用证业务中,唛头的记载应与信用证以及发票上的唛头完全一致,当货物是散装无唛头时,应标出"N/M"。货物名称可以用统称,但须与信用证用字相符。

(8)运费、其他费用、付款地点和方式(Freight And Charges,Freight Payable At…)

除非信用证另有规定,一般不列明运费的具体金额,而只注明"运费付至"或"运费预付"等。

(9)正本份数(Number of Original B/L)

提单有正本和副本之分,正本提单可以用来提货或背书转让,副本提单则无此功能。正本提单往往有数份,每一张正本提单都具有相同的效力,而且一张提单用于提货后,其余的便宣告失效,要控制货权就要掌握全套正本提单,因此,承运人必须在提单上说明整套提单的正本份数。

(10)提单签发地点、日期、提单编号(Place And Date of Issue,B/L No.)

提单签发地点涉及适用法律。签发地点就是承运人营业所在地,不一定是起运港。提单签发时间表示货物实际装运的时间或已接受船方、船代理等有关方面监管的时间,即货权转移的时间。提单日期不得迟于信用证规定的最迟装运日期,否则银行将拒绝接受。提单编号位于提单右上角,它同装货单、大副收据或场站收据的号码是一致的,是承运人处理业务的必要顺序号。

(11)契约文句(Diction of Contract)

提单正面通常会印就好少量的契约文句,主要有四方面内容:一是收货(或已装船)文句。说明承运人已经实际控制了货物。二是内容不知悉文句。注明承运人只对货物表面状况进行核实,对提单上填写的货物重量、数量、品质等内容不负核对之责。三是承认接受文句。表明托运人只要接受了提单就意味着接受提单上的一切条款,包括背面的契约条款。四是签署文句。表明签发了几张正本提单,凭其中一张提货后其余均告失效。

2. 海运提单背面内容

(1)货方定义

各船公司的提单中,一般都订有定义条款,对作为运输合同当事人一方的"货方"(Merchant)的含义和范围作出规定,将"货方"定义为"包括托运人、受货人、收货人、提单持有人和货物所有人"。

(2)适用法律条款

包括首要条款(Paramount Clause)、管辖权条款(Jurisdiction Clause)和诉讼条款(Law of Suit of Clause)。首要条款说明提单所适用的法律依据,即如果发生纠纷时,应按哪一国家的法律和法庭裁决,对承运人具有重要意义,故称为"首要条款"。管辖权条款和诉讼条款是规定如遇有关运输合同发生争执纠纷应按哪国法律判决,由哪国法院审理。世界上许多国家的提单规定,与提单有关的纠纷按船主所在国家法律处理。

(3)承运人责任条款(Carrier's Responsibility Clause):说明签发本提单的承运人对货物运输应承担的责任和义务。各船公司的提单条款中都列有承运人对货物运输承担责任的开始和终止时间的条款。

(4)包装与唛头条款(Packing and Mark Clause)

要求在起运之前,托运人对货物加以妥善包装、货物唛头必须确定明显,并将目的港清楚地标明在货物外表,在交货时仍要保持清楚。

(5)留置权条款(Lien Clause)

如果货方未交付运费、空仓费、滞期费、共同海损分摊的费用及其他一切与货物有关的费用,承运人有权扣押或出售货物以抵付欠款,如仍不足以抵付全部欠款,承运人仍有权向货方收回差额。

(6)运费条款(Freight Clause)

预付运费应在起运时连同其他费用一并支付。

(7)免责条款(Exception Clause)

由于提单的首要条款都规定了提单所适用的法规,而不论有关提单的国际公约或各国的海商法都规定了承运人的免责事项,所以不论提单条款中是否列有免责事项条款的规定,承运人都能按照提单适用法规享受免责权利。

(8) 索赔条款(Claim Clause)

包括损失赔偿责任限制(Limit of Liability),即指已明确承运人对货物的灭失和损坏负有赔偿责任应支付赔偿金时,承运人对每件或每单位货物支付的最高赔偿金额;索赔通知(Notice of Claim),亦称为货物灭失或损害通知(Notice of Loss Damage);诉讼时效(Time Bar),即指对索赔案件提起诉讼的最终期限,等等。

此外,提单背面内容还包括:转运或转船条款、卸货和交货条款、动植物和舱面货条款、危险品条款等诸多规定。

(五)海运提单的种类

根据不同的标准,海运提单可以分为不同的种类,不同种类的海运提单,其效力是不同的。

按提单收货人的抬头不同分为记名提单(Straight B/L)、不记名提单(Bearer B/L,or Open B/L,or Blank B/L)和指示提单(Order B/L)。

1. 记名提单

记名提单又称收货人抬头提单,是指提单上的收货人栏中已具体填写收货人名称的提单。提单所记载的货物只能由提单上特定的收货人提取,如果承运人将货物交给提单指定的以外的人,即使该人占有提单,承运人也应负责。这种提单失去了代表货物可转让流通的便利,但同时也可以避免在转让过程中可能带来的风险。记名提单一般只适用于运输展览品或贵重物品,特别是短途运输中使用较有优势,而在国际贸易中较少使用。

2. 不记名提单

在提单上收货人一栏内没有指明任何收货人,而注明"提单持有人"(Bearer)字样或将这一栏空白,不填写任何人的名称的提单。这种提单不需要任何背书手续即可转让,或提取货物,极为简便。承运人应将货物交给提单持有人,谁持有提单,谁就可以提货,承运人交付货物只凭单,不凭人。这种提单丢失或被窃,风险极大,若转入善意的第三着手中时,极易引起纠纷,故国际上较少使用这种提单。

3. 指示提单

在提单正面"收货人"一栏内填上"凭指示"(to Order)或"凭某人指示"(Order of……)字样的提单。这种提单按照表示指示人的方法不同,指示提单又分为托运人指示提单、记名指示人提单和选择指示人提单。指示提单是一种可转让提单。提单的持有人可以通过背书的方式把它转让给第三者,而不须经过承运人认可,所以其流通性更大。指示提单在国际海运业务中使用较广泛。

按货物是否已装船划分为已装船提单和备运提单。

1. 已装船提单

已装船提单(Shipped B/L,or on Board B/L)是指货物装船后由承运人或其授权代理人根据大副收据签发给托运人的提单。如果承运人签发了已装船提单,就是确认他已将货物装在船上。这种提单除载明一般事项外,通常还必须注明装载货物的船舶名称和装船日期,即是提单项下货物的装船日期。

2. 备运提单

收货待运提单又称备运提单(Received For Shipment B/L)、待装提单，或简称待运提单。它是承运人在收到托运人交来的货物但还没有装船时，应托运人的要求而签发的提单。签发这种提单时，说明承运人确认货物已交由承运人保管并存在其所控制的仓库或场地，但还未装船。所以，这种提单未载明所装船名和装船时间，在跟单信用证支付方式下，银行一般都不肯接受这种提单。但当货物装船，承运人在这种提单上加注装运船名和装船日期并签字盖章后，待运提单即成为已装船提单。

按提单上有无批注划分为清洁提单(Clean B/L)和不清洁提单(Unclean B/L or Foul B/L)。

1. 清洁提单

在装船时，货物外表状况良好，承运人在签发提单时，未在提单上加注任何有关货物残损、包装不良、件数、重量和体积，或其他妨碍结汇的批注的提单称为清洁提单。使用清洁提单在国际贸易实践中非常重要，买方要想收到完好无损的货物，首先必须要求卖方在装船时保持货物外观良好，并要求卖方提供清洁提单。

2. 不清洁提单

在货物装船时，承运人若发现货物包装不牢、破残、渗漏、玷污、标志不清等现象时，大副将在收货单上对此加以批注，并将此批注转移到提单上，这种提单称为不清洁提单。在国际贸易的实践中，银行是拒绝出口商以不清洁提单办理结汇的。为此，托运人应把损坏或外表状况有缺陷的货物进行修补或更换。

根据运输方式不同划分为直达提单和转船提单。

1. 直达提单

直达提单(Direct B/L)，又称直运提单，是指货物从装货港装船后，中途不经转船，直接运至目的港卸船交与收货人的提单。直达提单上不得有"转船"或"在某港转船"的批注。凡信用证规定不准转船者，必须使用这种直达提单。如果提单背面条款印有承运人有权转船的"自由转船"条款者，则不影响该提单成为直达提单的性质。在贸易实务中，如信用证规定不准转船，则买方必须取得直达提单才能结汇。

2. 转船提单

转船提单(Transhipment B/L)是指货物从起运港装载的船舶不直接驶往目的港，需要在中途港口换装其他船舶转运至目的港卸货，承运人签发这种提单称为转船提单。在提单上注明"转运"或在"某某港转船"字样，转船提单往往由第一程船的承运人签发。由于货物中途转船，增加了转船费用和风险，并影响到货时间，故一般信用证内均规定不允许转船，但直达船少或没有直达船的港口，买方也只好同意可以转船。

按提单内容的简繁划分为全式提单和简式提单。

1. **全式提单**

全式提单(Long form B/L)是指提单除正面印就的提单格式所记载的事项,背面列有关于承运人与托运人及收货人之间权利、义务等详细条款的提单。由于条款繁多,所以又称繁式提单。在海运的实际业务中大量使用的大都是这种全式提单。

2. **简式提单**

简式提单(Short Form B/L, Or Simple B/L),又称短式提单、略式提单,是相对于全式提单而言的,是指提单背面没有关于承运人与托运人及收货人之间的权利义务等详细条款的提单。这种提单一般在正面印有"简式"(Short Form)字样,以示区别。按照国际贸易惯例,银行可以接受这种简式提单。这种简式提单与全式提单在法律上具有同等效力。

按签发提单的时间划分倒签提单、预借提单和过期提单。

1. **倒签提单**

倒签提单(Anti-Dated B/L)是指承运人或其代理人应托运人的要求,在货物装船完毕后,以早于货物实际装船日期为签发日期的提单。当货物实际装船日期晚于信用证规定的装船日期,若仍按实际装船日期签发提单,托运人就无法结汇。为了使签发提单的日期与信用证规定的装运日期相符,以利结汇,承运人应托运人的要求,在提单上仍以信用证的装运日期填写签发日期,以免违约。

签发这种提单,尤其当倒签时间过长时,有可能推断承运人没有使船舶尽快速遣,因而承担货物运输延误的责任。特别是市场上货价下跌时,收货人可以以"伪造提单"为借口拒绝收货,并向法院起诉要求赔偿。承运人签发这种提单是要承担一定风险的。但是为了贸易需要,在一定条件下,比如在该票货物已装船完毕,但所签日期是船舶已抵港并开始装货,而所签提单的这票货尚未装船,是尚未装船的某一天;或签单的货物是零星货物而不是数量很大的大宗货;或倒签的时间与实际装船完毕时间的间隔不长等情况下,取得了托运人保证承担一切责任的保函后,才可以考虑签发。

2. **预借提单**

预借提单(Advanced B/L)是指货物尚未装船或尚未装船完毕的情况下,信用证规定的结汇期(即信用证的有效期)即将届满,托运人为了能及时结汇,而要求承运人或其代理人提前签发的已装船清洁提单,即托运人为了能及时结汇而从承运人那里借用的已装船清洁提单。这种提单往往是当托运人未能及时备妥货物或船期延误,船舶不能按时到港接受货载,估计货物装船完毕的时间可能超过信用证规定的结汇期时,托运人采用从承运人那里借出提单用以结汇,当然必须出具保函。签发这种提单承运人要承担更大的风险,可能构成承、托双方合谋对善意的第三者收货人进行欺诈。

3. **过期提单**

过期提单(Stale B/L)有两种含义,一是指出口商在装船后延滞过久才交到银行议付的提单。二是指提单晚于货物到达目的港,这种提单也称为过期提单。除非信用证另有规定,银行不接受过期提单。

按收费方式划分为运费预付提单、运费到付提单和最低运费提单。

1. 运费预付提单

成交 CIF、CFR 价格条件为运费预付,按规定货物托运时,必须预付运费。在运费预付情况下出具的提单称为运费预付提单(Freight Prepaid B/L)。这种提单正面载明"运费预付"字样,运费付后才能取得提单;付费后,若货物灭失,运费不退。

2. 运费到付提单

以 FOB 条件成交的货物,不论是买方订舱还是买方委托卖方订舱,运费均为到付(freight payable at destinaiion),并在提单上载明"运费到付"字样,这种提单称为运费到付提单(Freihgt To Collect B/L)。货物运到目的港后,只有付清运费,收货人才能提货。

3. 最低运费提单

最低运费提单(Minimum B/L)是指对每一提单上的货物按起码收费标准收取运费所签发的提单。如果托运人托运的货物批量过少,按其数量计算的运费额低于运价表规定的起码收费标准时,承运人均按起码收费标准收取运费,为这批货物所签发的提单就是最低运费提单,也可称为起码收费提单。

按托运货物是否成组化,可分为非成组化货物提单和托盘、拖车、集装箱提单。

1. 非成组化提单

非成组化提单(Non-Unitized Goods B/L)是货物没有按托盘、拖车或集装箱等成组化单位来托运的提单。成组化商品运输是一种先进的运输方式,具有减少货物损耗、节约包装材料及提高装卸效率等优点,因而近几十年来托盘、拖车、集装箱业务发展迅速,尤其是集装箱运输业务发展迅猛。

2. 集装箱提单

集装箱提单(Container B/L)是指为装运集装箱所签发的提单,是集装箱货物运输下主要的货运单据,负责集装箱运输的经营人或其代理人,在收到集装箱货物后而签发给托运人的提单。在集装箱提单上常见的术语有以下 4 种。

FCL(Full Container Load)即整箱货,集装箱内所装的货物属于同一个货主。

LCL(Less Than a Container Load)整箱货的相对用语,指装不满一整箱的小票货物。箱内所装的货物不都属于一个货主。

CY(Container Yard)集装箱堆场,有些地方也叫场站。堆场是集装箱通关上船前的统一集合地,在堆场的集装箱货物等待通关,这样便于船公司、海关等进行管理。

CFS(Container Freight Station)即集装箱货运站,是处理拼箱货的场所,它办理拼箱货的交接,配载积载后,将箱子送往 CY 并接受 CY 交来的进口货箱,进行拆箱、理货、保管,最后拨给各收货人。

【案例7.2】

倒签提单引发的贸易纠纷

2010年7月,中国华兴贸易公司与美国JAMES贸易有限公司签订了一项出口货物的合同,合同中,双方约定货物的装船日期为2010年11月,以信用证方式结算货款。合同签订后,由于华兴贸易公司没有能够很好地组织货源,直到2011年1月才将货物全部备妥,并于2011年1月12日装船。中国华兴贸易公司为了能够如期结汇取得货款,要求某运输公司按2010年11月的日期签发提单,并凭借提单和其他单据向银行办理了议付手续,收清了全部货款。但是,当货物运抵纽约港时,美国收货人JAMES贸易有限公司对装船日期发生了怀疑,JAMES公司遂要求查阅航海日志,某运输公司的船方被迫交出航海日表。JAMES公司在审查航海日志之后,发现了该批货物真正的装船日期是2011年1月12日,比合同约定的装船日期要迟延达两个多月,于是,JAMES公司向当地法院起诉,控告我国华兴贸易公司和某运输公司串谋伪造提单,进行欺诈,即违背了双方合同约定,也违反法律规定。美国当地法院受理了JAMES贸易公司的起诉,并扣留了该运货船舶。在审法院的审理过程中,华兴公司承认了其违约行为,某运输公司也意识到其失礼之处,遂经多方努力,争取庭外和解,最后,我方终于在美国与JAMES公司达成了协议,由华兴公司和某运输公司支付美方JAMES公司赔偿金,JAMES公司方撤销了起诉。

评述:

这是一宗有关倒签提单的案件。提单是国际货物运输合同的一种基本形式,是一种重要的国际货物单据。在本案中,托运人未能及时备妥货物的情况下,应该及时与美方JAMES公司取得联系,请求修改信用证,并求得对方的谅解,即使对方不同意如此做,至多也只付违约金,而且只有在美方公司确有损失的前提下才付赔偿金。而不应该要求承运人倒签提单,从而造成了买方和承运人共同成为被告,被控合谋伪造单据进行欺诈,既蒙受了经济损失,也丧失商业信誉。

(资料来源:中国进出口网. http://www.iexportcn.com.)

二、航空运单

航空运单(Air Transport Documents)是承运人与托运人之间签订的运输契约,也是承运人或其代理人签发的货物收据。航空运单还可作为核收运费的依据和海关查验放行的基本单据。但航空运单不是代表航空公司的提货通知单。在航空运单的收货人栏内,必须详细填写收货人的全称和地址,而不能做成指示性抬头。

航空运单与海运提单有很大不同,它不是物权凭证,它是由承运人或其代理人签发的重要的货物运输单据,是承托双方的运输合同,其内容对双方均具有约束力。航空运单不可转让,持有航空运单也并不能说明可以对货物要求所有权。

(一)航空运单的属性与作用

1. 航空运单是发货人与航空承运人之间运输合同

航空运单与海运提单不同,航空运单不仅证明航空运输合同的存在,而且航空运单本身就是发货人与航空运输承运人之间缔结的货物运输合同,在双方共同签署后产生效力,并在货物到达目的地交付给运单上所记载的收货人后失效。

2. 航空运单是承运人签发的已接收货物的证明

航空运单也是货物收据,在发货人将货物发运后,承运人或其代理人就会将其中一份交给发货人,作为已经接收货物的证明。除非另外注明,它是承运人收到货物并在良好条件下装运的证明。

3. 航空运单是承运人据以核收运费的账单

航空运单分别记载着属于收货人负担的费用,属于应支付给承运人的费用和应支付给代理人的费用,并详细列明费用的种类、金额,因此可作为运费账单和发票。承运人往往也将其中的承运人联作为记账凭证。

4. 航空运单是报关单证之一

出口时航空运单是报关单证之一。在货物到达目的地机场进行进口报关时,航空运单也通常是海关查验放行的基本单证。

5. 航空运单同时可作为保险证书

如果承运人承办保险或发货人要求承运人代办保险,则航空运单也可用来作为保险证书。

6. 航空运单是承运人内部业务的依据

航空运单随货同行,证明了货物的身份。运单上载有有关该票货物发送、转运、交付的事项,承运人会据此对货物的运输做出相应安排。

(二)航空运单的内容

目前从事国际货物运输的航空公司使用的都是统一的一式12份的航空运单,其中前三份为正本,每份都印有背面条款,其中一份交发货人,是承运人或其代理人接收货物的依据;第二份由承运人留存,作为记账凭证;最后一份随货同行,在货物到达目的地,交付给收货人时作为核收货物的依据。其余副本由航空公司按规定和需要进行分发。

航空运单与海运提单类似也有正面、背面条款之分,不同的航空公司也会有自己独特的航空运单格式。各航空公司所使用的航空运单则大多借鉴 IATA 所推荐的标准格式,差别并不大。这种标准化的单证对航空货运经营人提高工作效率,促进航空货运业向电子商务的方向迈进有着积极的意义。

航空运单具体内容一般包括:航空运单的号码、承运人或代理人名称和地址及其签字或签章及签发的日期和地点、托运人或其代理人名称和地址及其签字或签章、收货人名称和地址、起运地、转运地和目的地、制单日期及地点、运费费率和金额、运费交付情况、申报价值和保险金额、货物描述、处理情况、契约文句、有关声明等内容。

(三)航空运单主要分类

1. 航空主运单

凡由航空运输公司签发的航空运单就称为航空主运单(Master Air Waybill,MAWB)。它是航空运输公司据以办理货物运输和交付的依据,是航空公司和托运人订立的运输合同,每一批航空运输的货物都有自己相对应的航空主运单。

2. 航空分运单

集中托运人在办理集中托运业务时签发的航空运单称为航空分运单(House Air Waybill, HAWB)。在集中托运的情况下,除了航空运输公司签发主运单外,集中托运人还要签发航空分运单。在这种运输方式下,货主与航空运输公司没有直接的契约关系。不仅如此,由于在起运地货物由集中托运人将货物交付航空运输公司,在目的地由集中托运人或其代理从航空运输公司处提取货物,再转交给收货人,因而货主与航空运输公司也没有直接的货物交接关系。

三、铁路运单

铁路运单(Rail Transport Documents)是国际铁路运输中使用的单据,是由铁路承运人或其代理人签发证明托运人与承运人运输合约的凭证。

(一)铁路运输的特点

铁路运输和其他运输方式相比具有如下特点:①运输能力大,这使它适合于大批量低值产品的长距离运输。②单车装载量大,加上有多种类型的车辆,使它几乎能承运任何商品,几乎可以不受重量和容积的限制。③车速较高,平均车速在五种基本运输方式中排在第二位,仅次于航空运输。④铁路运输受气候和自然条件影响较小,在运输的经常性方面占优势。⑤可以方便地实现驮背运输、集装箱运输及多式联运。

(二)《国际货协》与《国际货约》

国际铁路联运是指由铁路负责办理两个或两个以上国家铁路全程运送的货物运输,其运单是使用一份统一的国际联运单据,它是参加联运的发送铁路与发货人之间订立的运输契约,其中规定了参加联运的各国铁路和收、发货人的权利和义务,对收、发货人和铁路都具有法律约束力。该运单从始发站随同货物附送至终点站并交给收货人,它不仅是铁路承运货物出具的凭证,也是铁路同货主交接货物、核收运杂费用和处理索赔与理赔的依据。

国际铁路联运业务集中在欧亚大陆,由两大片共同组成,分别由不同国际公约管辖。一片是由《国际货协》(《国际铁路货物联运协定》)参加国组成,包括波兰、匈牙利、保加利亚、捷克、罗马尼亚、蒙古、朝鲜、越南、中国等国。另一片由《国际货约》(《国际铁路货物运输公约》)参加国组成,包括法国、德国、比利时、卢森堡、荷兰、意大利、英国、丹麦、西班牙、葡萄牙、希腊、挪威、瑞典、芬兰、瑞士、奥地利、土耳其等国。《国际货协》和《国际货约》都规定片内可以办理同一运单的联运,即把货物发往片内任何一个车站只需在发货站办理一次手续,在由一国铁路向另一国铁路移交货物时无须发货人和收货人参加。由于不同片的接壤国家之间订立有双边协定,所以可以办理跨片联运,但在货物出片时需要再办一次手续。

《国际货协》和《国际货约》的联运单都是由发运站加日期戳签发的。它只是运输合约和货物收据,而不是物权凭证。同航空运单一样,均做成记名抬头、不可转让。货物抵达目的站后,承运人通知运单抬头人提货,运单是承运人向收货人核收运杂费和点交货物的依据。

四、公路运单

公路运单(Roadway Bill)是指在公路货物运输时,由承运人或其代理人向托运人签发的,作为收到货物的收据和合同的证明。

公路运输也是陆路上运输的一种基本方式。公路运输机动灵活、方便,是港口、车站、机场集散进出口货物的重要手段。我国在陆地上与很多国家相邻,所以在我国边疆地区与邻国进出口贸易中,公路运输也占有重要地位。

《国际公路货物运输公约》规定公路运单是运输合同,是承运人收到货物的初步证据和交付货物的证明。运单的内容包括有关当事人的名称地址、货物说明、货物的接管与交货地点、运输费用的说明,有关办理海关和其他手续的必要通知、运单的签发日期和地点等。除此以外,运单通常还包括是否允许转运的说明、货物价值、交付承运人的单据清单、发货人关于货物保险所给予承运人的指示等。公路运单的正本一式三份。第一份正本运单交给发货人,第二份随货物同行,第三份则由承运人留存。

五、快递收据和邮政收据

按照UCP600的规定,除非信用证另有规定,在信用证规定的货物装运地点由任何快递公司或部门的快递收据,银行均可接受。如果申请人愿意指定一家特定的快递公司或部门发货,则申请人必须在信用证中予以说明。快递收据(Courier Receipt)必须注明取件或收件的日期,此日期即被视为装运期或发运日期。若要求显示快递费用付讫或预付,则快递机构出具的表明快递费由收货人以外的一方支付的运输单据可以满足该项要求。

邮政运输是一种手续简便、运输范围较广的运输方式。当通过邮局邮寄货物时,由经办邮局签发的货物收据与合同证明就是邮政收据(Post Receipt)。邮政运输虽然手续简便、费用低廉,但运量有限,故适用于运量轻和体积小的商品。证明货物收讫待运的邮政收据,无论名称如何,必须看似在信用证规定的货物装运地点盖章或签署并注明日期。邮政收据应该由寄件人填写寄件人、收件人的名称以及地址、邮件货物的价值、名称等内容。邮局核实重量并收费后,予以签发。一份随同所邮物品一起发往目的地,然后由目的地邮局向收件人发出取件通知书,另一份则交给寄件人向银行办理议付。由于邮局收据及快递收据必须载明特定的收货人,因此,开证行如未收足百分之百押金,应规定收据上的收货人为开证行,以便掌握货权。

六、国际多式联运单据

多式联运是指货物运输需经两段或两段以上的运输方式来完成,如海陆、海空或海海等。船船(海海)联运在航运界也称为转运,包括海船将货物送到一个港口后再由驳船从港口经内河运往内河目的港。

联运的范围超过了海上运输界限,货物由船舶运送经水域运到一个港口,再经其他运输工具将货物送至目的港,先海运后陆运或空运,或者先空运、陆运后海运。当船舶承运由陆路或飞机运来的货物继续运至目的港时,货方一般选择使用船方所签发的多式联运提单。

国际多式联运单据(Multimodal Transport B/L Or Intermodal Transport B/L)由承运人或其代理人签发,其作用与海运提单相似,既是货物收据也是运输契约的证明,在单据作成指示抬头或不记名抬头时,可作为物权凭证,经背书可以转让。

《联合国国际货物多式联运公约》规定:"国际多式联运单据是证明多式联运合同和多式联运经营人接管货物并保证按照该合同条款交付货物的单证。"由此定义可知,多式联运单据是货物收据和运输合同证明,但是否为物权凭证并没有明确说明,只是规定多式联运经营人接管货物时,应签发一项多式联运单据,该单据应依发货人选择,或为可转让单据或为不可转让单据。

第四节 保险单据

在国际贸易中,由于货物的运输距离长,环境复杂多变,货物经常会由于自然灾害,意外事故等因素遭受损失,所以绝大多数国际贸易货物都通过办理货物运输保险来达到防范风险、减少损失的目的。保险单据是保险公司与被保险人双方拟定保险契约的证明,对订立双方的权利和义务作出规定,是保险公司履行赔偿责任的依据。

一、保险单的定义及作用

(一)保险单据的定义

保险单据(Insurance Documents)是保险公司接受投保人的投保后出具明确其承保责任的书面凭证。

(二)保险单据的作用

保险单据既是保险公司对被保险人的承保证明,也是双方权利和义务的契约。在被保货物遭受损失时,保险单是被保险人索赔的主要依据,也是保险公司理赔的主要根据。

二、保险单的有关当事人

(一)保险人

保险人(Insurer)是指经营保险业务,与投保人订立保险合同,并按照保险合同规定履行补偿经济损失义务的一方。一般是指保险公司,还有保险商及其代理人等。

(二)被保险人

被保险人(The Insured/Assured)是指货物发生保险事故遭受损害时,有权凭保险合同的规定向保险人要求赔偿的一方,包括投保人和受保险合同保障的人。在国际贸易中投保人既可以是出口商,也可以是进口商,具体哪一个当事人对货物进行投保依照贸易合同规定。

(三)保险经纪人

保险经纪人(The Insurance Broker)是指以代办保险人身份与投保人订立保险合同,为保险人承揽保险业务,收取佣金的保险中介人。保险经纪人在受理保险业务时,签发的是暂保单,然后再向保险人投保。保险经纪人虽然是向保险人收取佣金,但实质上只能将其视为投保人的代理人,而不是保险人。

三、保险单的内容及种类

(一)保险单的内容

1. 保险公司名称

应根据信用证和合同要求到相应的保险公司去办理保险单据。

2. 保险单据名称

此栏按照信用证和合同填制。

3. 发票号码

此栏填写投保货物商业发票的号码。

4. 保险单号

此栏填写保险单号码。

5. 被保险人

如信用证和合同无特别规定,此栏一般填信用证的受益人,即出口商名称。

6. 标记

此栏填制装船唛头,与提单上同一栏目内容相同。

7. 包装及数量

此栏填制包装件数,与提单上同一栏目内容相同。

【式样6.3】

保险单样式

中国人民保险公司

THE PEOPLE'S INSURANCE COMPANY OFCHINA

总公司设于北京　　一九四九年创立

Head Office：BEIJING　　Established in 1949

发票号码　　保险单　　保险单号次

INVOICE NO：_____　INSURANCE POLICY POLICY NO：_____

中国人民保险公司(发下简称本公司)

This Police of Insurance witnesses that The People's Insurance Company of China（hereinafter called "The Company"）

根据

at the request of _____

(以下简称被保险人)的要求,由被保险人(hereinafter called the "Insured") and in consideration of the agreed premium

向本公司缴付约定的保险费,按照本保险单 paying to the Company by the Insured, Undertakes to insure the undermentioned

承保险别和背面所载条款与下列特款承保 Goods in transportation subject to the conditions of this Policy as per Clauses

下述货物运输保险,特立本保险单。

printed overleaf and other special clauses attached hereon.

标　记 Marks & Nos	包装及数量 Quantity	保险货物项目 Description of Goods	保险金额 Amount Insured

总保险金额：

TOTAL AMOUNT INSURED：

保费　　　　　　　　费率　　　　　　　　装载运输工具

Premium as arranged　　Rate as arranged　　Per conveyance

开航日期　　　　　　　自　　　　　　　　至

Sig on or abt _____　From _____　To _____

承保险别

Conditions

所保货物,如遇出险,本公司凭本保险单及其他有关证件给付赔款。

Claims, if any, Payable On, surrender of this Policy together with other relevant documents.

所保货物,如发生本保险单项下负责赔偿的损失事或事故,应立即通知本公司下述代理人查勘。
In the event of accident whereby loss or damage may result in a claim under this policy immediate notice applying for survey must be given to the company's Agent as mentioned hereunder.

中国人民保险公司
THE PEOPLE'S INSURANCE CO. OF CHINA

赔款偿付地点
Claim payable at _____

日期
DATE _____

8. 保险货物项目

此栏填制货物的名称,一般使用统称即可,与提单上名称相同。

9. 保险金额

保险金额应严格按照信用证和合同上的要求填制,如信用证和合同无明确规定,一般都以发票金额加一成(即110%的发票金额)填写。

10. 总保险金额

这一栏目只需将第9栏中的保险金额以大写的形式填入,计价货币也应以全称形式填入。(注意:保险金额使用的货币单位应与信用证中的一致。)

11. 保费

此栏一般由保险公司填制或已印好。

12. 费率

此栏由保险公司填制或已印上"AS ARRANGED"字样。

13. 装载运输工具

此栏应按照实际情况填写。

14. 承保险别

此栏应根据信用证或合同中的保险条款要求填制。

15. 赔款偿付地点

此栏应按照信用证或合同规定而填制,如无具体规定,一般将目的地作为赔付地点,将目的地名称填入这一栏目,赔款货币为投保险金额相同的货币。

16. 日期

此栏填制保险单的签发日期。由于保险公司提供仓至仓服务,所以保险手续应在货物离开出口方仓库前办理,保险单的签发日期应为货物离开仓库的日期或至少填写早于提单签发的日期。

（二）保险单据的分类

1. 保险单

保险单（Insurance Policy）俗称大保单，是一种正规的保险合同，除载明被保险人（投保人）的名称、被保险货物（标的物）的名称、数量或重量、唛头、运输工具、保险的起讫地点、承保险别、保险金额、出单日期等项目外，还在保险单的背面列有保险人的责任范围，以及保险人与被保险人各自的权利、义务等方面的详细条款，它是最完整的保险单据。保险单可由被保险人背书，随物权的转移而转让，它是一份独立的保险单据。

2. 保险凭证

保险凭证（Insurance Certificate）俗称小保单，它有保险单正面的基本内容，但它没有了保险单反面的保险条款，是一种简化的保险合同。

3. 联合保险凭证

联合保险凭证（Combined Insurance Certificate）俗称承保证明，它是我国保险公司特别使用的一种更为简化的保险单据，由保险公司在出口公司提交的发票上加上保险编号、承保险别、保险金额、装载船只、开船日期等，并加盖保险公司印章即可，与正式保单具有相同效力，这种单据不能转让。

4. 暂保单

暂保单（Cover Note）是一种非正式的、临时性的保险单，是在被保险人投保时不了解货物装载船名以及起航日期的情况下，由保险人向其出具表示接受投保并承诺保险责任的临时文件，在确定船名或起航日期后，被保险人再凭暂保单换取正式保单。暂保单并不是保险公司与投保人签订的正式保险合同，不起保险单的作用，不能凭以向保险人索偿。而且UCP600第二十八条第c款规定暂保单将不被银行接受。

四、货物运输保险的险别

保险人的责任是以保险的险别名称来表示的，而保险的险别是根据损失的原因和类型来确定的。

（一）海上运输货物的损失种类

在海上货物运输途中，因自然灾害、意外事故等原因，可能造成各种损失一般称之为海损。海损按损失程度可分为全部损失和部分损失。

1. 全部损失

全部损失（Total Loss）简称全损，是指整批或不可分割的一批被保险货物在运输途中全部遭受损失。全损又分为实际全损和推定全损。

实际全损是指货物在运输途中完全灭失或受到严重损坏而完全失去商业价值或不能再归被保险人所拥有。发生实际全损时，被保险人无须办理任何法律手续，即可向保险人要求全损赔偿。

推定全损是指货物在运输途中受损后,尽管未达到实际全损程度,但实际全损已经不可避免,或者为避免发生实际全损所需支付的费用与继续将货物运抵目的地的费用之和超过保险价值。在推定全损情况下,被保险人可以要求保险人按部分损失赔偿,也可要求按全部损失赔偿。

2. 部分损失

部分损失(Partial Loss)是指不属于实际全损和推定全损的损失。部分损失又分为共同海损和单独海损。

共同海损是指同一海上航程中,船舶、货物和其他财产遭遇共同风险,为了共同安全,船长有意合理地采取有效措施而发生的直接损害支出及施救支付的特殊费用。船舶发生共同海损后,凡属于共同海损范围的损失,均可通过共同海损清算,由船方、货主和运费收入方根据获救价值按比例分摊,然后再向各自保险人索赔。

单独海损是指除共同海损以外的部分损失,即被保险货物遭遇海上风险受损后,其损失程度未达到全损程度,而且该损失应由受损方单独承担的部分损失。单独海损是否赔偿以及如何赔偿,以保险单的约定为准。

(二)海上运输保险的险别

1. 基本险

基本险是指运输货物必须投保的险别。它可以单独投保,是保险人对承保标的物承担的最基本的险别。在海运货物保险中,这类保险主要承保自然灾害和意外事故等海上风险。在国际上,基本险大体上分为平安险、水渍险和一切险三种。

平安险(Free From Particular Average, FPA)。平安险的承保范围是由自然灾害或意外事故所造成的全损和共同海损分摊的部分,对于自然灾害造成的单独海损不予保障。平安险是保险人责任范围最小的一种基本险。

水渍险(With Particular Average, WPA 或 WA)。水渍险的承保范围包括除平安险的责任范围外,还包括自然灾害造成的单独海损。水渍险的保险人责任范围大于平安险。

一切险(All Risks)。一切险是海洋运输保险中责任最为广泛的一种基本险。它包括平安险和水渍险的各项责任外,还包括一般外来风险所造成的全部或部分损失。但一切险并不是对任何风险所导致的损失都负责,对于货物的内在缺陷或自然损耗造成的损失以及运输延迟、战争、罢工等特殊外来因素所导致的损失,保险人不负责赔偿责任。

2. 附加险

附加险是在基本险之外,根据货物运输途中不同的需要加保的险别。其承保范围是基本险承保范围之外的其他外来因素造成的损失和费用。附加险不能单独投保,只有在投保一种基本险的基础之上,才能根据货运需要加保附加险。投保人只能投保一种基本险,但是可以根据需要投保若干种附加险。

根据引起损失原因不同,附加险可以分为一般附加险和特别附加险两种。

一般附加险承保一般外来风险。一般包括偷窃提货不着险、淡水雨淋险、短量险、破碎碰撞险、混杂玷污险、串味险、受潮受热险、钩损险、锈损险、包装破裂险、渗漏险等 11 种险别。

特别附加险承保特别外来风险。一般包括战争险、罢工险、拒收险、交货不到险、黄曲霉素险、进口关税险、舱面险、存仓火险扩展条款等 8 种险别。

(三)其他货物运输保险险别

1. 陆运货物保险险别

陆运货物保险承保陆运途中因自然灾害或意外事故造成货物的损失。陆运保险也分为基本险和附加险两类。基本险包括陆上运输货物基本险和陆上运输冷藏货物基本险。附加险也分为一般附加险和特别附加险。

2. 航空货物运输保险险别

航空货物运输保险承保航空运输途中因自然灾害或意外事故造成的损失。其基本险分别为航空运输险和航空运输一切险。

3. 邮运包裹保险险别

邮运包裹保险承保邮递途中因自然灾害或意外事故造成的货物损失。其基本险别为邮包险和邮包一切险。

五、保险单据的转让及保险条款

(一)保险单据的转让

保险单转让一般采用空白背书方式,由被保险人在保单背面签名,也可以采用记名背书的方式,由被保险人在保单背面签名后,再写上受让人名称。

从法律上说,卖方转让已经保险的货物,与转让该项货物的保险单是两回事,不能将它们等同起来。当卖方转让已经保险的货物时,该项货物的保险不能自动地转让给买方。因为保险合同不是被保险财产的附属物,不能跟随货物的转让,而自动转让,要由被保险人在保险单上背书,表示转让之意思,才能产生转让之效果。

需要注意的是,不论采取何种转让方式,保单的转让必须在货物所有权转让之前,或与货物所有权转移同时进行。如果货物的所有权已经转移,然后再办理保险,这种转让无效。因为此时被保险人已经丧失货物所有权,无可保利益,保单转让无效。

(二)保险条款

保险条款是指保险单上规定的有关保险人与被保险人的权利、义务及其他保险事项的条文。国际保险市场上,各国保险组织都制定有自己的保险条款。但最为普遍采用的是英国伦敦保险协会所制定的《协会货物条款》(Institute Cargo Clauses, I. C. C)。《协会货物条款》现行版本于 1982 年 1 月 1 日修订实施,我国企业以 CIF 或 CIP 出口时,一般采用我国 1981 年修订的《海洋运输货物保险条款》，但是外国客户如要求按《协会货物条款》投保，我们可予接受。

《协会货物条款》共有6种险别，分别是：协会货物条款(A)(ICC(A))、协会货物条款(B)(ICC(B))、协会货物条款(C)(ICC(C))、协会战争险条款(IWCC)、协会罢工险条款(ISCC)、恶意损害险(Malicious Damage Clause)。

无论是伦敦保险协会的《协会货物条款》还是我国的《海洋运输货物保险条款》，对于保险人承担保险责任的起止期限一般都是采用"仓至仓"条款。"仓至仓"条款所指的运输包括海上、陆上、内河和驳船运输的整个运输过程。海上货物运输保险合同中规定保险责任起止期的条款。保险期间自货物从保险单载明的起运地发货人的仓库或储存处开始运输时生效，到货物运达保险单载明目的地收发人的最后仓库或被保人用作分配、分派或非正常运输的其他储存处所为止。如未抵达上述仓库或储存处所，则以被保险货物在最后目的地卸离海轮满60日为止。在货物未经运抵收货人仓库或储存处所并在卸离海轮60天内，需转运到非保险单载明的目的地时，以该项货物开始转运时终止。

第五节 其他单据

在国际贸易中，为了符合进口国法律规定或应进口商的需要出口商还需提交一些其他的附属单据，尤其是在使用信用证的结算方式下，出口商必须按照规定提供相应的单据才能顺利结汇，如检验证明书、进口许可证、出口许可证、海关发票、领事发票、产地证明书、黑名单证书等。

一、检验证明书

（一）检验证明书的定义

检验证明书(Inspection Certificate/Survey Report)，简称检验证或商检证书，是由政府检验机构或公证行或制造厂商对出口商品进行检验或鉴定后，根据货物的实际检验结果，结合外贸合同与信用证要求，对外签发的关于商品品质、规格、重量、数量、包装、检疫等各方面或某方面鉴定的书面证明文件。

出具检验证明书的机构，应是独立于买卖双方的第三者，以便能够从公正的立场做出客观的检验结果。一般国家都设有专业检验机构和鉴定机构。

（二）检验证明书的作用

①作为出口货物已经达到某种标准的证明文件。
②作为计价结算的依据。
③作为报关验放的有效证件。
④作为索赔、仲裁或诉讼的证明文件。

(三)检验证明书的种类

1. 品质检验证书

品质检验证书(Inspection Certificate of quality)又称质量检验证书。用以证明进出口商品品质、规格、等级、成分、性能等情况的证书。证明内容包括抽样过程、检验依据、检验结果和评定意见等四项。

2. 兽医检验证书

兽医检验证书(Veterinary Inspection Certificate)用以证明进出口肉类、绒毛、皮张、猪鬃等动物产品经卫生检疫合格情况的证书。

3. 重量或数量检验证书

重量或数量检验证书(Inspection Certificate of weight or quantity)用以证明进出口商品的重量或数量的证书。

4. 卫生检验证书

卫生检验证书(Sanitary Inspection Certificate)又称健康机构证书。用以证明肠衣、罐头、蛋品、乳制品、冻鱼等供食用的动物产品、食品以及人发等经卫生检验或检疫合格的证书。

5. 熏蒸证书

熏蒸证书(Fumigation Certificate)用以证明出口谷物、油籽、豆类、皮张等商品及包装用木材与植物性填充物等已经熏蒸灭虫等情况的证书。

6. 包装检验证书

包装检验证书(Inspection Certificate of Packing)用以证明进出口商品包装情况。可按信用证或合同规定单独出证,或在品质或质量及数量检验证书中同时证明包装情况。

7. 船舱检验证书

船舱检验证书(Inspection Certificate of Hold/Tank)用以证明承运出口商品的船舱情况的证书,证明船舱的清洁、密固、冷藏效能及其他技术条件符合保护承载商品的质量与安全要求的证书。

二、进口许可证和出口许可证

(一)进口许可证

进口许可证(Import License)是指对于进口商品由进口国政府有关部门签发允许其进口报关的证明文件。一国政府为了禁止、控制或统计某些进口商品的需要,规定只有从指定的政府机关申办并领取进口许可证,商品才允许进口。进口许可证制是进口国采用的行政管理手续,它要求进口商向有关行政管理机构呈交申请书或其他文件,作为货物进口至海关边境的先决条件。即进口商进口商品必须凭申请到的进口许可证进行,否则一律不予进口的贸易管理制度。

从进口许可证与进口配额的关系来看,进口许可证可分为两种:第一种,有定额的进口许可证。即国家预先规定有关商品的进口配额,在限额内,根据进口商的申请,对每一笔进口货物发给进口商一定数量或金额的进口许可证。第二种,无定额的进口许可证。即进口许可证不与进口配额相结合,国家有关政府机构预先不公布进口配额,有关商品的进口许可证只在个别考虑的基础上颁发。因为它是个别考虑的,没有公开的标准,因而给正常贸易带来更大的困难,起更大的限制进口的作用。

(二)出口许可证

出口许可证(Export License)是指对于有配额限制的商品出口时,由有关部门签发的配额证明。一般凡是国家宣布实行出口许可证管理的商品,不管任何单位或个人,也不分任何贸易方式,出口前均须申领出口许可证,否则海关不会接受其报关。出口许可证在填写时必须要与报关单保持一致,不能有相互矛盾的地方。出口许可证所允许出口的数量。在实际出运时,不能超出。同时,出口许可证的任何更改都要经过原发证机构办理。

三、海关发票和领事发票

(一)海关发票

海关发票(Customs Invoice)是进口商向进口国海关报关的证件之一。是根据某些国家海关的规定,由出口商填制的供进口商凭以报关用的特定格式的发票,要求国外出口商填写,供本国商人(进口商)随附商业发票和其他有关单据,凭以办理进口报关手续。

(二)领事发票

领事发票(Consular Invoice)是由进口国驻出口国的领事出具的一种特别印就的发票,是出口商根据进口国驻在出口地领事所提供的特定格式填制,并经领事签证的发票。这种发票证明出口货物的详细情况,为进口国用于防止外国商品的低价倾销,同时可用作进口税计算的依据,有助于货物顺利通过进口国海关。

四、产地证明书

产地证明书(Certificate of Origin)又称原产地证书,简称产地证。是由政府或公证机构或出口商出具的一种证明货物原产地或制造地的证书。

(一)产地证明书的作用

产地证明书的主要作用是供进口国海关核定货物产地国,有些国家在进口商品方面实行差别税率,通过产地证明书可以证明货物的原产地,以便进口国海关确定对货物应征税率。

同时产地证明书也是进口国海关进行贸易统计、控制或禁止从某些国家或地区输入货物的主要依据,所以要求进口商报关时必须提供产地证明书证明货物来源以便进行统计。

(二)产地证明书的种类

产地证明书根据出具的单位不同,大致可分为三类:政府授权机构签发的产地证明书、商会签发的产地证明书、出口厂商签发的产地证明书。在我国,政府授权机构是指中国进出口商品检验检疫局和商务部对外贸易公司,而商会是指中国国际贸易促进委员会。在信用证结算方式下,产地证明书应按照信用证具体规定出具。如无指定,一般可由政府授权的商品检验机构或出口地其他有权检验机构签发。

在我国出口业务中常用的产地证明书有以下几种:

①出口商产地证明书。它是指由出口商或出口厂商自己出具的产地证明书。当进口商只要求提供产地证明书而未指定签发人时,便可出具出口商产地证明书。

②中国国际贸易促进委员会产地证明书,简称贸促会产地证明书。

③商检局产地证明书。它是由我国各地进出口商品检验检疫局签发的具有特定格式的联合检验产地证明书。

④普遍优惠制产地证明书,即 GSP 产地证,简称普惠制产地证。普惠制由商检局签署,是给惠国向受惠国单方面提供的一种比最惠国关税更为优惠的关税待遇。取得普惠制待遇后,受惠国必须向给惠国提供受惠国有关部门签署的普惠制产地证。普惠制产地证有国际统一的专用格式,称为普惠制格式 A(GSP From A),其尺寸、版面、图案、用纸等都有严格规定。在我国,唯一授权签发普惠制产地证的机构是各地的进出口商品检验检疫局。

五、黑名单证书

黑名单证书又称黑名单证明,一个国家与其他的国家政治关系恶化、紧张,或某国处于战争状态时,要求对一些事项进行证明,内容包括:货物产地不属于某特定国家;有关各方(制造商、银行、保险公司、船公司等)不属于黑名单之列;装货船只或飞机不停靠此类国家港口,挂持此类国家的旗帜。

比如,北非的利比亚属阿拉伯国家,进入该国的货物须提供黑名单证书,具体规定为:出口商须出具运输货物的船舶不在"黑名单"上,而且没有停靠以色列港口的声明。声明可由航运公司写在海运提单上。

关 键 名 词

商业发票(Commercial Invoice)　　海运提单(Ocean/Marine Bill of Lading, B/L)
航空运单(Air Transport Documents)　　铁路运单(Rail Transport Documents)
公路运单(Roadway Bill)　　快递收据和邮寄收据(Courier Receipt And Post Receipt)
国际多式联运单据(Multimodal Transport B/L Or Intermodal Transport B/L)

思 考 题

1. 什么是单据？单据的作用有哪些？
2. 单据有哪些种类？
3. 制作单据的基本要求是什么？
4. 什么是商业发票？它的作用是什么？
5. 什么是海运提单？它有哪些种类？
6. 什么是保险单据？它有哪些作用？
7. 单据风险有哪些？如何防范单据风险？

【阅读资料】

如何做好外贸单证工作

本章主要学习的是国际贸易结算中的各种单据，虽然各种单据学习起来让人感觉眼花缭乱，复杂难懂，但是在外贸工作中单据却有着举足轻重的作用。下面是一名外贸单证员从事单证工作的经历，参照他的成长经历讨论应如何做好外贸单证工作。

我在一家外贸公司做单证员，公司对外贸易的产品很多，从机械设备、五金产品、化工产品，到纺织品、农产品、电子产品等，几乎什么出口产品都有。两年的工作经历使我从一名新人成长为一名优秀的单证员。

刚到公司，我被分配做单证，虽说在学校学的是外贸专业，但因为实际业务操作经验不足，我都是按书本学到的知识套用，因而老出错，一度还被停止做单证。

为了做好单证工作，我开始留意观察其他人如何做。那时，公司分为八个部，每个部都有单证员，部门独立核算，彼此之间的业务也保密，就是想到别的部门也要经过上级领导批准。从一般渠道无法做到，我就自己想办法。我在同部门里看到其他单证员作废的单证，当他们要撕掉的时候，我就说："给我做草稿纸吧。"另外就是找机会帮其他单证员做他们不想做的事。他们不想自己去做，就要教我怎么去做，我就有机会锻炼自己。我还常在下班时去其他部门找好友聊天或打牌，从他们的牢骚和闲聊中了解其他部门的单证情况。

这样经过三个月时间，我很快就掌握了做单证的经验和技巧，加上学校学到的知识，公司里所有的单证我都会做，并且做得最好，两年内没有一笔单证出错，没有一笔不符点和退证退单，成为公司第一单证员，连公司总经理和别的部门经理都要求我去帮他们做单证。我的具体操作过程如下：

1. 当拿到信用证后，先仔细审查有没有与合同有出入的地方，包括：产品名称、数量、开证行、公司名称、有效期、最迟装运期，有没有软条款、特别规定等。如有问题，立即与业务人员商洽，最好把所有问题一次向外商提出，请求修改信用证。

2. 严格按照信用证条款，认真缮制各种单据，如商业发票、包装单据、保险单据、产地证等。

3. 货物装船后，及时联系船公司或船代理，要求他们先将做好的提单传真给我确认。我会认真仔细按信用证上面的要求核对。发现问题立即要求对方修改。

4. 所有单证都必须反复核对，一笔信用证的单证，至少全面核对五次，做到单证一致，单单一致。

5. 交单的时候，应注意核查：有没有提单背书，发票、装箱单是否正确、规范；有没有遗漏一些特别规定，如信用证号码必须填写，海关编码必须显示，船代理必须显示，电话传真必须显示等。

总之，做单证不是一件容易的事，必须有耐心、有恒心，更要细心，只有这样才能成为一名合格的单证员。

（资料来源：冯静. 单证缮制与操作[M]. 北京：中国劳动社会保障出版社，2011.）

本章参考文献

[1] 华坚. 国际结算[M]. 北京:电子工业出版社,2010.
[2] 徐进亮,李俊. 国际结算实务与案例[M]. 北京:机械工业出版社,2011.
[3] 应诚敏,刁霖. 国际结算[M]. 北京:高等教育出版社,2009.
[4] 姚新超. 国际结算与贸易融资[M]. 北京:北京大学出版社,2010.
[5] 刘铁敏. 国际结算[M]. 北京:清华大学出版社,2010.
[6] 冯静. 单证缮制与操作[M]. 北京:中国劳动社会保障出版社,2011.
[7] 梁媛媛,金颖,蒋伟娟. 外贸单证实务[M]. 北京:北京理工大学出版社,2011.
[8] http://bbs.fobshanghai.com.
[9] http://www.wtojob.com.
[10] http://baike.baidu.com.
[11] http://www.szhcchcc.com.
[12] http://www.360doc.com.

第七章
Chapter 7

国际结算中的融资方式

【学习要点及目标】

通过本章的学习,使学生了解国际贸易融资方式的种类和作用,掌握各种国际结算方式下对应贸易融资方式的定义、基本特点及操作流程,并明晰各种融资方式的风险及防范。

【引导案例】

巧妙应用银行国际贸易融资产品

甲公司是一家专门从事机电产品出口的公司,规模不大,其出口产品均采用远期信用证(见票后90天)结算方式,公司通过房产抵押等方式在中行获得了20万美元的打包贷款额度和30万美元的出口押汇额度。

2006年2月1日,该公司收到一笔30万美元的信用证,到期日为4月30日。该笔信用证项下的货物需在2个月之后装运,届时该公司另外将收到一笔25万美元的信用证。因资金周转问题,上述两份信用证项下,公司均拟向银行申请办理打包贷款业务,用于出口产品的采购。

由于在向银行申请办理了第一笔信用证项下打包贷款业务后,甲公司的打包贷款额度已被全部占用,公司又无法提供额外的抵质押品或有效担保,银行将不同意为其办理第二笔信用证项下的打包贷款业务。这种情况下,企业只有想办法尽快将第一笔信用证的打包贷款归还或者转为其他出口融资。

在银行的建议下,4月1日,第一笔信用证项下货物装运出口,公司立即向银行提交全套出口单据并申请叙作出口押汇业务,同时将出口押汇款项用于归还打包贷款。这样银行就恢复了公司的打包贷款额度。这时候公司收到第二笔信用证,就可以向银行申请办理第二笔信用证的打包贷款了。

4月15日,银行接到开证行的承兑通知后(到期日为7月15日),再次建议该公司申请办理福费廷业务,银行通过福费廷无追索地买入了公司的出口单据。福费廷业务无须占用公司的工商授信额度,而改占用银行的金融机构额度,这样公司在银行的出口押汇额度也得到了恢复,恢复的出口押汇额度又可以用于第二笔信用证项下交单的押汇。

分析:

在本案例中,甲公司巧妙地利用了银行的贸易融资产品,在银行授信额度有限的情况下,最大限度地做大了贸易融资,加速了资金周转,扩大了业务规模,因此,进出口贸易公司应在国际结算业务中充分运用各种融资方式,提高国际市场竞争力。

(资料来源:赵益华.国际贸易结算实务[M].北京:北京大学出版社,2007.)

第一节　国际贸易融资概述

一、国际贸易融资的概念

在国际贸易结算业务中,银行往往向有资格的客户提供融资服务,这类服务和结算过程紧密相关,从而也称为国际贸易结算融资,简称国际贸易融资(Finance of Foreign Trade)。结算融资包括两种形式,一种是银行向客户直接提供资金融通,另一种是银行为客户提供信用保证,使客户能从贸易对方或第三方取得融资的方便。

二、国际贸易融资的特点及意义

国际贸易融资是由银行向进出口商提供的资金融通,也称进出口融资,它按融资期限不同分为短期贸易融资与中长期贸易融资;国际贸易融资方式根据银行提供融资便利的对象不同可以分为进口贸易融资和出口贸易融资两大类。

(一)国际贸易融资的特点

1. 资金或商品信贷

国际贸易融资是由进、出口商相互之间提供资金或商品信贷,银行及其他金融机构、政府机构或国际金融机构等向进出口商提供资金信贷,为促进国际贸易提供支持。这是国际贸易融资的基础功能,下面介绍的两项功能均是在这一基础的功能之上派生出来、服务于这一基础功能的。

2. 融通或信用保险

银行或其他金融机构通过为客户提供各种融通、票据保证或信用担保等服务,为贸易中的各种信贷业务,以及保付代理等新型的贸易结算服务等业务提供支持。

3. 出口信用保险

政府的专门机构可以通过对战争、动乱、没收和货币不可兑换等各种国家风险,以及有关商业风险提供特别的保险,为国际贸易中的资金融通或信用担保业务以及保付代理和包买票据等新型的贸易结算服务业务等提供全面的支持。

(二)国际贸易融资的意义

1. 国际贸易融资有助于调整一国进出口结构,促进国际收支平衡

国际收支是衡量一国经济发展的一个重要的指标。无论是逆差还是顺差,对一国经济的发展都是不利的,贸易与经济是紧密联系在一起的,国际贸易融资在改善生产资源的合理配置,改变进出口数量,平衡国际收支方面有重要的作用。

2. 国际贸易融资有利用国际贸易融资,大力发展出口

对于发展中国家,在加速工业化和发展民族工业的过程中,十分倚重于出口贸易,但是发展中国家面临资金和技术的双缺口压力,一方面出口的产品多为劳动密集型产品;另一方面,进口商品多为工业制成品和大型的设备,容易引起贸易进口失衡,因此,多数发展中国家采取"奖出限入"的发展战略,这往往需要国际贸易融资支持。

3. 国际贸易融资有利于增强外贸企业的国际竞争力

进出口企业发展需要有必要的资金投入,国际贸易融资直接与国际结算相联系,银行为进出口商提供信贷,向进出口商及其客户提供多种金融服务,能够解决外贸企业在取得信用证后备货和出运,以及货物出运后、货款收到之前的资金困难问题,为企业免去了后顾之忧,帮助企业进入和开拓国际市场,有利于提高外贸企业国际竞争力。

国际贸易融资是由银行向进出口商提供的资金融通,没有融资就没有结算,贸易融资不仅能增加一国的对外贸易,而且能促进一国银行业务的良性发展。近年来,伴随着国际贸易竞争的加剧,贸易融资的重要性日益凸显,且逐渐成为各商业银行进行业务竞争的焦点。

【小资料7.1】

我国国际结算和贸易融资的发展现状和趋势

我国商业银行普遍开办国际结算和贸易融资业务始于20世纪90年代。近年来,中国经济和对外贸易保持了高速增长,金融体制改革进一步深化,国有大型商业银行纷纷股改上市,中小股份制银行发展也十分活跃,外资银行大举进入中国市场,银行业竞争日趋激烈。同时,由于存贷利差的缩小,银行传统的存贷款业务利润空间不断收窄,中间业务成为银行市场开拓的重点,国际结算和贸易融资领域的竞争日趋白热化。在这样的背景下,我国的国际结算和贸易融资市场出现了新的特点。

一、建立单证中心,实现国际业务的集中化操作

伴随着信息技术的不断发展,主要是网络技术和通信技术的不断发展,以集中经营国际结算业务的单证中心模式应运而生。从国际化大银行贸易融资业务的发展道路来看,建立单证中心、实现国际业务的集中化操作,对于降低成本、提高效率、增强专业化水平、控制风险具有重要作用,国内各商业银行都认识到单证中心模式是国际业务发展的大势所趋,纷纷将建立单证中心提上议事日程。

二、国际结算和贸易融资业务的范围逐渐扩大

随着国际结算和贸易融资领域竞争的白热化,各商业银行根据客户的实际需求,不断扩大业务的市场范围,产品应用拓展至国内贸易,服务延伸至客户整个业务过程。

三、产品创新和技术创新层出不穷

创新是企业的生命线,近年在国际结算和贸易融资领域的创新如雨后春笋层出不穷,既有产品创新和流程创新,又有技术创新和营销模式创新。这些创新活动大大丰富了国际结算和贸易融资市场上的产品种类,为客户提供了更多的选择。

(资料来源:钟俊. 中国贸易金融网. 2010-06.)

第二节 进口融资方式

进口融资,是指银行等金融机构对本国进口商从国外进口商品授予信用。进口商只有在进行了结算即付款后才能拿到提货单据,否则不能提货,在这个过程中,银行也可以通过各种进口融资方式,向进口商提供一定的资金融通便利,为进口商解决资金周转的困难。

一、开证授信额度

(一)开证授信额度的定义

开证授信额度(Limits for Issuing Letter of Credit)是指开证行对在本行开户且资信良好的进口商,在申请开立信用证时,提供的免收保证金或不要求其办理反担保或抵押的最高资金限额。这是银行根据资信情况对进口商在开证方面给予的信用支持,这样能使进口商的资金压力减轻,是对进口商的一种资金融通方式。

对于开证行来说,只要出口商提交的单据相符,便承担了第一性的付款责任,因此银行把开立信用证视为一种授信业务。进口商必须向银行提供保证金、抵押品或担保书后,银行才会考虑为该进口商开出信用证。在实际业务中,为了方便一些资信较好的、有一定清偿能力的客户,银行通常根据客户所提供的抵押品数量和质量及客户的资信情况,核定一个相应的开证额度,供客户循环使用。在开证授信额度内,不收保证金或减收保证金。

(二)开证授信额度的种类

银行根据自己实际业务需要,可将开证授信额度分为以下几种。

1. 循环使用的开证授信额度

在订立循环使用的额度后,客户可无限次地在额度内委托银行对外开出信用证。当然银行可以根据客户的资信变化和业务需求变化随时对额度作必要的调整。这种授信额度进口商在限额内自行掌握,反复周转使用,多用于在银行开立账户并与银行长期保持良好业务关系的进口商。

2. 一次性的开证授信额度

这种额度只是客户的一个贸易或几个贸易合同核定的一次性开证额度,是不能循环使用的。如果客户成交了一笔大额生意,普通开证额度不够使用或者普通额度的大量占用会影响其正常经营,这时银行可根据其资信情况和抵押品的情况核定一次性的开证额度,供此份合同项下使用。这种额度只是供某一笔进口开证业务使用,该业务结束后则额度失效,它主要用于银行对其资信有一定了解,但业务往来不多的进口商。

(三)授信额度的确定

授信额度的确定是建立在银行对客户的了解和信任基础上的,银行一般是从以下几个方面调查和了解客户情况的。

1. 企业以往的授信记录及其信用情况

银行对于经常光临本行的客户,一般都对其每笔业务作了必要的授信记录,用来评价其信用水平,为将来对其授信提供依据。对于已经提供了授信额度的客户也应坚持做好记录,以此来确定是否增加或减少对该企业的信用额度。

2. 企业的财务状况和管理水平

企业财务状况是一家企业能否顺利向前发展,并保证承担对银行履行其债务义务的重要标识。管理水平是衡量一家企业能否在激烈的市场竞争中更好地向前发展,进而能够在与银行的交往中确保银行的权益的另外一个标准。

3. 企业发展前景

银行提供授信额度的对象应该是那些有良好发展前景的企业。银行支持这些企业不但可以降低风险,也有利于扩大银行与这些企业之间的业务往来,使银行从中获益。

(四)开证授信额度的操作程序

①需要申请开证授信额度的进口商应按照银行规定的格式填写申请书,表明申请的额度、期限和种类等。

②银行根据进口商的申请书,审查其资信情况、经营状况、财务状况及以往的业务记录,确定对该进口商的授信额度。

③银行与进口商签订进口开证授信额度协议书,列明双方的责任和义务。

④签订协议后,进口商可以使用开证授信额度,银行则应对客户建立业务档案,根据协议规定的总额度,对进口商的开证金额实行余额控制。

需要注意的是,并不是有了授信额度,银行就必须为进口商开证。进口商每次开证时,都要向银行提交开证申请书,银行除审查开证额度外,还要对申请书本身和货物等方面进行全面的了解,如果认为存在较大的风险,银行有权不开证。

二、假远期信用证

假远期信用证是指开证行应进口商的请求,向出口商开立的、要求出口商提交远期汇票,但却由开证行或其指定银行即期付款的信用证。

在远期信用证下,严格而言,开证行(汇票的付款人)应在进口商提供充足的押金或进口商资信非常好的情况下,对远期汇票在到期时才可以对出口商付款;但在假远期信用证下,开证行却凭出口商提交的远期汇票而予以即期付款,这就意味着开证行代替进口商提前支付款项给了出口商。它相当于开证行对进口商提供了资金融通。假远期信用证通常是在买卖双方签订了即期交易,但进口商却面临资金困难的情况下使用的。通过此种方式,可以解决进口商出现的资金难题,从而有利于进出口贸易的发展。

(一)假远期信用证的定义

假远期信用证(Usance Credit Payable at Sight)是指信用证项下远期汇票付款按即期付款办理的信用证,它是相对于远期信用证而言的,它既非远期信用证,也非即期信用证。就商品交易而言是一笔即期的买卖,就汇票的付款期而言,却是以远期买卖的面貌呈现的,这是出口方银行通过开证行向开证申请人(进口商)提供短期融资的一种方式。

(二)假远期信用证的操作程序

①进口商与出口商双方在开证前就开立假远期信用证的付款期限和融资条件达成一致。
②进口商向开证行申请开立假远期信用证,并提交以下材料:
a. 开证申请书;
b. 进口合同;
c. 开立假远期信用证承诺书;
d. 银行要求的其他材料。
③开证行对申请人资信情况、偿债能力、贸易背景及所提交的材料进行审核,落实有效担保措施,必要时可要求其缴存保证金。
④开证行对外开出信用证,并在信用证中对信用证项下所产生的各项应付款项的承担方及各方的责任义务作出明确规定,并且,在开立信用证时应注明以下内容。
a. 本信用证项下汇票付款日为见票后若干天;
b. 本信用证项下远期汇票付款按即期付款办理。
⑤开证行收到信用证项下单据后,按照信用证的规定对外付款。
⑥进口商于融资到期日归还融资银行融资款项,包括本金和利息。

(三)假远期与真远期信用证的比较

假远期信用证与真远期信用证一样,其融资都是由远期信用证项下远期汇票承兑与贴现实现的。但是,两者又有很大程度上的不同。

1. 贸易合同规定的付款期限不同

一般来说,贸易合同是信用证开立的基础,真远期信用证符合这一条件,信用证与合同的付款期限相同,都是远期付款。但是假远期信用证却不符合这一条件,信用证是远期付款,合同却是即期付款。对于与合同付款条款不一致的信用证,受益人通常是不会接受的,受益人接受假远期信用证是为了给进口商从银行融资提供方便。

2. 支付贴息者不同

真远期信用证的融资者是受益人,贴息支付者也是受益人;假远期信用证的融资者是开证申请人,融资成本由其承担。

三、进口押汇

进口押汇也是银行向进口商提供的一种融资方式。在信用证业务中,进口商只有在付款后才能获得货物的所有权凭证,但有时进口商去银行赎单会有支付困难,这时,他可以要求银行购买汇票和单据,银行提供一种短期贷款。进口押汇业务是指对于以信用证或进口托收方式结算的进口业务,进口商在赎单时流动资金不足,银行根据进口商的申请,为进口商提供90天以内短期资金融通先行对外支付,待进口商销售货款回笼后再归还押汇款项。

进口押汇业务可使进口商在货款回笼前获得资金融通,解决流动资金周转不足的困扰。通过进口押汇的融资利率远低于人民币贷款利率,且随借随还,费用支出合理,从而能够降低进口商总体财务成本,且无需开立外汇贷款专户。进口押汇按基础结算方式划分,可分为进口信用证押汇和进口托收押汇。

(一) 进口信用证押汇

1. 概念

进口信用证押汇是指开证行在收到信用证项下单据,审单无误后,根据其与开证申请人签订的《进口押汇协议》和开证申请人提交的信托收据,先行对外付款并放单。开证申请人凭单提货并在市场销售后,将押汇本息归还开证行。对于银行而言,无论是与一般的流动资金贷款相比,还是与远期信用证相比,相当于专项贷款并使银行押有货物所有权的进口押汇,实际上安全得多,收益也更好。而对外贸企业而言,进口信用证押汇一方面使贷款期限比较灵活,可以降低成本;另一方面在人民币贷款利率与国外相应贴现利率基本持平的情况下,可以利用人民币而不是外币押汇,以防范汇率风险。

2. 业务程序

①进口商向开证行提出进口押汇申请。当信用证项下的单据到达开证行之后,作为信用证开证申请人的进口商向开证行提出进口押汇申请。进口押汇须逐笔申请,逐笔使用,通常不设额度,押汇期限一般不超过90天。

②开证行审核押汇条件。由于进口押汇的还款资金是进口商的经营利润,风险较大,因此开证行必须对进口商的经营状况和资信程度有所了解。为了防范风险和损失,开证行可适当要求进口商提供一定的担保、抵押或质押。此外,开证行还应对进口货物的市场行情有所了解,若货物的变现能力较强,则可适当放宽押汇条件,否则应从严控制押汇条件。

③签订进口押汇合同。开证行完成上述程序后,认为进口商的风险在可控制范围内,则可

以与进口商签订进口押汇合同,列明申请人名称、信用证编号、押汇金额和期限、押汇利率、还款日期以及还款责任与违约处理等。

④进口商提交信托收据。订立进口押汇合同之后,进口商应向开证行提交信托收据,将货物的所有权转让给开证行,信托收据实质上就是进口商将货物抵押给银行的确认书。凭信托收据提取的货物,其货权仍属于银行,进口商处于代保管货物的地位,其义务是将信托收据项下的货物与其他货物分开保管。信托收据项下的货物出售后所得的价款应交付银行,在账目上应单独进行账务处理,不得将信托收据项下的货物抵押给他人。

⑤开证行押汇并对外付款,进口商提货。完成上述程序后,开证行向受益人付款或向指定银行偿付;进口商取得货运单据提取货物,按贸易要求加工和转售。

⑥进口商依照押汇合同的规定,于约定到期日向开证行还款,赎回信托收据。

(二)进口托收押汇

1. 概念

进口托收押汇这种融资是指在付款交单(D/P)支付方式下,进口国的代收行以包括代表物权的提单在内的货运单据为质押,向进口商提供垫款的融资业务。代收行在收到出口商通过托收行寄来的全套托收单据后,根据进口商提交的押汇申请、信托收据以及代收行与进口商签订的《进口托收押汇协议》,先行对外支付并放单,进口商凭单提货,用销售后的货款归还代收行押汇本息。

2. 业务程序

这种融资的业务程序与信用证项下的进口押汇程序类似。当进口国的代收行收到出口国托收行寄来的托收项下的货运单据之后,根据进口商的请求,并与其订立押汇协议,进口商提交信托收据,由代收行先行对外付款,同时将货运单据交给进口商办理存仓、保险、转售或加工使用。到期后,进口商向代收行还本付息。

无论对于银行或外贸企业而言,进口托收押汇的优点和进口信用证押汇相比,大体一致。但银行自身的风险却远远超过进口信用证押汇。因为进口信用证押汇是建立在银行负有第一性付款责任的信用证业务基础上,如果单单相符、单证一致,即使开证申请人不付款,开证行也必须履行对外付款的义务。这样,如果剔除汇率风险和利息两个因素,进口押汇并没有给开证行带来更大的风险。而进口托收则属于商业信用,无论进口商是否付款,代收行都没有责任。但如果为进口商续做进口托收押汇,进口商无疑将原本给予出口商的商业信用转给了代收行,从而加大了代收行的风险。作为代收行,应当根据进口商的资信情况、业务情况、抵(质)押/担保情况,为其核定一个押汇额度,供其周转使用,做到拓展业务和防范风险的有机结合。目前在我国银行信贷业务中,对进口商的贸易融资主要是进口信用证押汇。

(三)信托收据

1. 概念

信托收据(Trust of Receipt,T/R)是进口商向融资银行提供的一种书面保证文件,请求延期付款,并凭信托收据借出货运单据先行提货。它表明进口商是以受托人身份提货、报关、存仓、保险和出售,货物所有权归属融资银行,所得销售款归融资银行所有,并保证到期付款,这是银行对进口商融资的通常做法。

信托收据这种融资方式的核心是依据信托收据进口商与银行便形成一种信托关系。进口商以受托人的身份,根据信托收据上的条款,用信托收据换取货运单据,提取货物后出售这些货物,将出售货物的货款一次或分数次还给银行,以清偿其票款;而银行则是信托人的身份,保留对货物的所有权,也就是以进口商的货物作为抵押品,直到票款完全得到清偿。进口商如违反信托收据上的条款,银行有权以货物所有人的身份,随时向进口商收回货款,以确保其债权。

2. 信托收据的主要功能

凭信托收据放单是银行进行进口押汇业务的方式之一,信托收据主要应用于在L/C项下凭T/R借单和在远期托收项下凭信托收据借单(D/P·T/R)。信托收据的主要功能就是协助进口商从银行获得资金融通,以利于资金周转。假如某进口商从国外进口货物,当货物到达目的港时,通常汇票和货运单据已经寄到进口地银行。在即期付款信用证项下,开证行应该立即付款,进口商也应备款赎单,但若采用信托收据的融资方式,开证银行准许进口商凭信托收据换取单据提走货物,货物售出后获得货款交付开证行以赎回信托收据,这就是开证行凭信托收据对进口商的垫款;在远期付款信用证项下,进口商需要在汇票到期日付款赎单,但有时会遇到货到赎单日未到的情形,为防止货物滞留港口码头,遭到损失或罚款,开证行或代收行允许进口商凭T/R借单先行提货,待到期日再偿还款项、正式赎单。在远期托收结算方式下,进口商向代收行请求延期付款,并凭信托收据借出货运单据先行提货,进口商是以代收行受托人身份按贸易要求加工、转售,货物所有权归属代收行,所得销售款归代收行所有,并保证到期付款,这是银行对进口商融资的通常做法。

这种融资方式对进口商极具吸引力,而信托方(开证行或代收行)须承担到期收不回款项的钱货两空的风险。

【案例7.1】

我国天津某外贸企业与某国A商达成一项出口合同。付款条件为付款交单(D/P)、见票后45天付款。当汇票及所附单据通过托收行寄抵进口地代收行后,A商及时在汇票上履行了承兑手续。货抵目的港时,由于用货心切,A商出具信托收据向代收行借得单据,先行提货转售。汇票到期时,A商因经营不善,失去偿付能力。代收行以汇票付款人拒付为由通知托收行,并建议由我外贸企业向A商索取货款。对此,你认为我外贸企业应如何处理?

案例分析:代收行凭信托收据将单据借给进口商,未经委托人授权,到期进口商失去偿付能力应由代收行负责。因此,我出口企业不能接受代收行要我向A商索取贷款的建议,而应通过托收行责成代收行付款。

(资料来源:庄乐梅.国际结算实务精要[M].北京:中国纺织出版社,2008.)

四、提货担保

如果国际贸易中交易双方所在国距离很近,就会经常出现货物早于单据到达的情况,这时,进口商就需要持银行开立的提货担保书才能提取货物。在交还提货担保书之后,进口商才能从开证行获得单据。

(一)定义

提货担保(Guarantee for the Release of Goods)是指当货物已运抵目的地而提单尚未寄到时,进口商可凭到货通知单请求开证行出具提货担保书,凭以从船务公司先行提货。该提货担保书中声明,正本提单到达后进口商应立即向船务公司提示,当船务公司因提货担保而蒙受损失时,由进口商及开证行负连带赔偿责任。

从提货担保的实践来看,它具有以下特征:

①它是银行对船公司所作出的一种保证行为,即如果进口方最终不能提供正本提单,银行应承担相应的担保责任。

②作出担保的银行通常是信用证的开证行。

③担保的对象仅限于信用证项下的提货。

④提货担保项下银行的担保责任具有无限责任的特点。当提货担保项下发生索赔时,由于赔偿责任包括但不仅限于货物本身,开证行赔付的金额可能比单据金额要多。

⑤担保期限具有不确定性,担保责任在以正本提单换回提货担保时解除。

(二)业务程序

①进口商向船务公司索取空白提货担保书(Letter of Guarantee for Release of Goods),同时填写提货担保申请书,连同发票和进口许可证,一并交付开证行/代收行。提货担保申请书表明银行进行提货担保的一切后果均由进口商负责,并同意当正本提单寄到,即将上述提货担保书换回,以解除银行的担保责任,并授权银行支付货款。

②银行收到进口商的提货担保申请书后,应核实进口商的货物及其申报价值是否与信用证或托收项下货物相符。同时要求进口商提供全部货款作为保证金,或在其有足够的信用额度时(托收项下还须提交文件以证明所提货物的物权属于谁及其真实价值)方可加具银行担保,进口商凭提货担保书办理提货手续,如发生任何索赔货款之事,银行负责赔偿。

③银行收到正本提单后,可凭进口商的保证金办理赎单,并在提单背面写明"To Release our Guarantee only",凭此向船务公司换回提货担保书,交还银行注销。

五、汇出汇款项下的融资业务

(一)定义

汇出汇款项下的融资业务是指采用汇款方式结算的、进口合同规定货到付款的国际贸易项下进口货物到港后,根据申请人的书面申请,银行为其支付给国外出口商的部分或全部应付货款提供的短期资金融通,并按约定利率和期限由申请人还本付息的业务。同进口业务的其他融资品种一样,汇出汇款项下的融资业务也是银行为进口商提供的一种资金融通,有很强的目的性,具有专款专用的特点。

(二)办理流程

①进口商向银行申请办理进口汇出汇款项下的融资业务,首先应与银行签订融资协议,对双方在出口融资业务下的权利和义务进行明确。申请时应同时提交以下资料:

  a. 汇出汇款项下的融资业务申请书;
  b. 汇出汇款业务申请书;
  c. 汇出汇款项下的融资应提交的付汇单据,包括贸易合同、报关单正本、商业发票、汇票(如有)及国家外汇管理政策所要求的其他材料;
  d. 银行要求的其他资料。

②银行对进口商的资信情况、偿债能力、贸易背景以及所提交的材料进行审核,落实有效担保措施,必要时可要求其缴存保证金。

③银行对融资款项进行发放处理并使用该款项进行付汇。

④融资到期时,进口商以自有资金归还银行本息。

第三节　出口融资方式

出口融资是银行为出口业务提供的资金支持。对于出口商来说,并不能保证在任何时候都能有足够的资金来经营其出口业务,特别是在货物数量多、金额较大的情况下,就需要某种形式的资金融通,这种融资有时会涉及生产销售的整个过程,可能发生在货物的装运前或装运后。货物装运前,出口商可能需要资金采购备货或完成货物的生产,直到货物装运上船;货物装运后,若不是采用即期付款的结算方式,出口商就要到规定的付款期限才能收到货款,在这段时间,出口商的资金被占用,一旦急需用款就必须另外融资。由于大部分国家采取鼓励出口政策,因此,出口融资存在着多种形式。

一、打包放款

(一)打包放款的定义

打包放款(Packing Loan)是信用证项下银行向出口商提供的一种装船前的融资。出口商收到国外开来的信用证,凭信用证正本和销售合同作为还款凭证和抵押品,向银行申请抵押贷款,主要用于该信用证项下出口商品的进货、备料、生产和装运。贷款的回收靠的是出口项下的收汇,因此一般来说还贷是有保证的。这种贷款最初是指出口商接到信用证后,因货物包装出现资金困难,而凭借信用证向当地银行借款,银行为协助客户缓解资金困难,使货物早日装运,在一定的保证下给予的融资,因此称之为"打包放款"。随着贸易的发展和这种融资方式的广泛使用,打包放款已经不仅仅局限于货物的包装方面了。

（二）打包放款的融资期限和融资比例

打包放款的融资期限由银行根据出口商品的生产周期和交换时间而确定,一般最长也不超过一年。融资比例由银行根据出口商的资信状况和清偿能力核定,通常不超过信用证额的 90%。打包放款的货币,一般是以人民币为主。特殊情况下,如需支付外汇运费,也可申请少量外汇打包放款,贷款金额是信用证总金额的 40%~80%,贷款期限 3 个月,最长不超过信用证有效期后 21 天。打包放款是一种短期的融资业务,它具有周转快,使用效率高,申请手续简便等特点,能缓解出口商资金短缺的困难,帮助企业按期完成出口商品的生产和交货。

（三）打包放款的操作程序

1. 申请

申请打包放款的出口商必须将信用证项下单据交给贷款银行做出口押汇或收妥结汇,贷款银行即从出口押汇或收妥结汇金额中扣还打包放款本息和其他费用,如有还款不足部分,由贷款银行从出口商的存款账户划款归还贷款。如果出口商具备了银行所规定的打包放款的条件,便可以向银行申请打包放款。首先要填写打包放款申请书,如式样 7-1 所示,规定借款用途,连同信用证正本一起办理申请贷款手续。

2. 审查

受理银行对打包贷款申请人的资信状况、贸易背景及所提交的材料进行审核,包括资信的审查和信用证的审查两个方面。银行的审查是贷款银行通过审查销售合同了解出口商资信,出口商能否按期、按质、按量完成交货任务。还要通过审查信用证了解开证行的资信,信用证中是否有约束性的软条款,能否控制物权单据以减少业务风险等。

【式样 7.1】

出口商品打包放款申请书

中国工商银行_____分行制订
年　月　日

银行通知号		企业性质	
L/C 编号			
L/C 效期			本项贷款用途
L/C 金额 （万元外币）		L/C 支付条件	
申请贷款金额 （万元人民币）		申请贷款期限	

	我单位以上述信用证正本为抵押，申请叙作打包放款，保证该信用证交你行议付。请予以审核批准。 此致 敬礼 中国工商银行_____分行_____支行 申请单位签章： 年 月 日	
银行审批意见	外汇结算科审查意见： 年 月 日 支行行长审批意见： 年 月 日	工、商信贷科调查意见： 年 月 日 工、商信贷处长意见： 年 月 日
	分行行长审批意见： 年 月 日	

3. 签约

即双方签订打包放款合同。经审查，若银行同意出口商的申请，则双方磋商后即可签约。合同的内容除了有贷款货币、金额、期限、利率、还款方式、违约处理等项目外，还包括出口商的承诺，如：出口商在此合同下的全部出口商品必须向银行所认可的保险机构投保；银行有权检查监督出口商对贷款的使用情况；有关打包放款合同项下贷款债务的转移必须经银行同意等。

4. 发放

签约后银行便可向符合放款条件的出口商发放贷款，在贷款发放之前，由银行经出口商在往来账户外另开专用账户，由出口商陆续支用。

5. 归还

出口商按照信用证规定发货后向银行交单，提供打包放款的银行承担议付行的义务，当出口商交单议付时，收汇款首先用于偿还融资款项，银行从议付款中扣除打包放款的本金、利息和其他费用，余款入出口商账户，也可按协议在收妥结汇时归还。

【案例7.2】

打包放款业务

甲公司是国内一家专门出口机械设备的公司，与进口商采用远期信用证（见票后90天）结算方式，在中国银行某支行有80万美元的打包贷款额度和50万美元的出口押汇额度。2月1日，甲公司从国外收到一笔50万美元的信用证，到期日为4月30日。据公司告，该笔信用证项下的货物将安排在2个月之后装运，届时公司将另外收到一笔80万美元的信用证。现公司面临资金周转困难,该如何应对?

案例分析:上述两份信用证项下,甲公司均可凭信用证正本和销售合同作为还款凭证和抵押品,向银行申请抵押贷款,办理打包放款业务,主要用于该信用证项下出口商品的进货、备料、生产和装运。

(资料来源:潘天芹.新编国际结算教程[M].杭州:浙江大学出版社,2010.)

二、红条款信用证

红条款信用证(Red Clause Credit)属于部分预支信用证的一种,最早使用是在向澳洲购买羊毛时需要预付部分货款,所以在信用证中加列预支条款,规定允许出口商在全部货运单据备齐之前可预先向出口地的银行预支部分货款,为了醒目,起初用红墨水书写,由此得名为红条款信用证。

红条款信用证是对出口商的资金融通,授权指定议付行通过与受益人签订"预支条款信用证垫付放款合同"而预先垫付部分信用证金额,例如,支付给出口商80%信用证金额用于备货装运,待其交单请求议付时,以议付款项偿还垫款本息。倘若出口商不能办理议付时,则垫款本息应由开证行负责偿还,进口商及开证行一般不会贸然开出这种信用证,以免遭受损失,除非对受益人的信用十分了解,确信受益人能按信用证要求装运货物,提供单据。同时由于"红条款"是开证行应买方即开证申请人的要求才加上的,因此开证行随后可向申请人追索此款。

一般来讲,预支条款可以分为两种。第一种是以货款方式预先垫付。如果信用证到期,受益人无法办理议付,指定银行可向开证行求偿垫款本息。第二种是以预付方式预先购买。由受益人交来汇票(或收据)和承诺书,议付行予以议付或购买,扣减利息后将垫款预付给受益人,待受益人交来汇票和货运单据时,将预先垫付的净款从议付款项中扣除。

红条款信用证一般只是在特定的交易中使用,主要在与远东国家和新西兰、南非、澳大利亚等国交易羊毛、棉花、米时使用。在实际业务中进口商之所以愿意开出这样的信用证主要是受市场供求的影响,若货源紧缺,而进口商又急于进货,红条款信用证往往就成为出口商与之成交的条件。

三、出口押汇

(一)出口押汇的定义

出口押汇(Export Bill Purchase)是银行以单据为抵押先垫付一笔资金给出口企业,这样就能使出口商在整个业务中资金不被占用,在进口商未付款以前就能得到货款。如果索偿时遭到受票人的拒付,银行可向出口商行使追索权,追回已垫付款项和利息。信用证项下和托收项下的单据都可申请做出口押汇,即出口押汇可被分为出口信用证押汇和出口托收押汇。

（二）出口信用证押汇

1. 出口信用证押汇的概念

出口信用证押汇（Bill Purchase Under Documentary Credit）是指出口商为了解决资金周转的困难，凭进口银行开来的信用证将货物发运后，按照信用证要求制作单据并提交其往来银行要求议付，即以出口单据为抵押，要求银行（即押汇行）提供在途资金融通。对议付行来讲，这种融资风险较小，收款比较有保障。

2. 出口信用证押汇的业务程序

①签订总质权书：总质权书（General Letter of Hypothecation）是由出口商出具并正式签署的，具有法律效力并用于明确双方责任范围和义务的文件。当出口汇票遭到付款人拒绝时，银行有权出售出口商提供的抵押品，如出售的货款不够抵还贷款时，银行有权向出口商追索差额。总质权书具有持续效力，出口商不必每次另行签立，所以，叫做总质权书。

②出口商填写出口押汇申请书，如式样 7.2 所示，并向银行交付信用证正本和全套单据。

③银行核对申请书印鉴后开始审查单据，保证单据不存在不符点。银行一般只对符合条件的出口信用证做押汇。审查开证行资信，确定索汇线路。

④办理押汇手续、计算押汇利息。押汇利息原则上按伦敦或中国香港同业拆放市场利率加 0.5%～1% 计收。计算押汇天数，确定押汇金额等。

⑤银行在扣除费用后，向出口商办理结汇。

⑥银行在办理完向出口商结汇后，即可向国外银行索汇，收回款项。

如因开证行倒闭、邮寄单据遗失延误、电讯失误等非押汇行本身过失而导致的拒付、迟付、少付，押汇行有权主动向受益人追回全部垫款及其利息。遇到开证行无理挑剔、拒付、迟付或少付时，押汇行负责对外交涉，以维护出口方权益，如交涉无效造成损失，押汇行仍可向受益人追索，产生的纠纷由买卖双方直接交涉。

【式样 7.2】

出口押汇申请书

致：中国工商银行_____分行：

　　兹附来_____号信用证项下单据一套（发票号码_____，金额_____），请你行根据"叙作出口押汇暂行办法"的规定，办理押汇。我公司按已签订的"出口押汇总质权书"条文承担义务。

银行意见：　　　　　　　公司财务章：

　　　　　　　　　　　　　　　　　　　　　年　　月　　日

（三）出口托收押汇

出口托收押汇（Bill Purchase Against Documentary Collection）是采用托收结算方式的出口商在提交单据时，要求托收银行以出口商的汇票和货运单据做抵押，预先支付部分或全部货款，待托收款项收妥后归还银行垫款的融资方式。基本做法是出口商按合同规定装运后制作一套符合合同规定的单据，开立以进口商为付款人的汇票，要求托收行做出出口托收押汇。

出口商向托收行申请办理出口托收押汇，首先应与银行签订出口押汇协议，对双方在出口押汇的权利和义务进行明确。

①出口商就某一特定单据申请办理出口押汇时应向押汇银行提交以下文件：

a. 出口押汇申请书；

b. 托收单据；

c. 银行要求的其他材料。

②银行对押汇申请人的资信状况、贸易背景及所提交的材料进行审核，并根据审核结果确定融资比例，落实有效担保措施。

③银行对押汇款项进行发放处理。

④收到托收项下货款时，该款项首先被用于偿还押汇本息，余额入押汇申请人账户；如押汇到期仍未收到代收行付款，押汇申请人应以自有资金偿还银行押汇本息。

两种出口押汇的根本区别在于：前者有开证行的付款保证，属于银行信用；而后者付款与否完全取决于付款人，属于商业信用。

四、票据贴现

（一）票据贴现的概念

票据贴现（Discoumt of Drafts）是指出口商发货并取得国外进口商、开证行或其他汇票付款人已承兑的汇票后，当地银行有追索权的买进已经承兑的远期汇票，为出口商提供短期资金融通的业务。票据贴现业务的基本条件是：已承兑的远期汇票，由持票人向银行提出贴现申请，银行同意后，根据本行贴现率扣减贴息和手续费后买下票据，票据到期时收回票款。

（二）票据贴现的业务程序

票据贴现业务流程如图7.1所示。

（三）票据贴现的特点及注意事项

①出口商签订合同时与进口商约定以远期承兑信用证作为结算方式。

②开证行承兑远期汇票或发出承兑通知后，出口商需向银行提交贴现申请书。

③银行一般不办理无贸易背景、用于投资目的的票据贴现。

④贴现利息于垫款前扣除贴现费用包括承兑费、印花税和贴现息三种，均应在垫款前扣除。

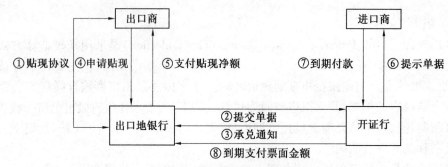

图 7.1　票据贴现业务流程图

⑤票据流动性大。贴现后票据所载权益属于银行,银行背书后可随时转让给其他银行或中央银行要求再贴现。

五、银行承兑

(一)银行承兑的概念

银行承兑是指银行对远期汇票表示承担到期付款责任的承诺行为。在对外贸易中完成一笔交易,从合同签订到装运结汇,一般需要很长一段时间。在这期间,如果进口商不能付款,对出口商来说会造成一定经济损失。出口商有时不完全相信进口商的支付能力,为了保障凭票付款,出口商往往提出汇票由银行承兑的条件。在这种情况下,进口商应取得银行方面承兑出口商汇票的同意,出口商就不必向进口商提示汇票,而是向进口商的银行提示汇票。由于银行同意承兑汇票,它必须在汇票规定的期限内兑付汇票,进口商则于付款日前将款项交付承兑银行,以使后者兑付出口商开出的汇票。银行承兑是银行对外贸易融资的重要方式之一,银行承兑对于西方国家的进口业务有特殊的作用。

(二)银行承兑业务流程

①进口商在洽谈进口贸易的同时,与银行商定请其承兑出口商汇票。
②出口商对银行开出汇票,背书后连同单据交自己往来银行,请求议付,收回贷款。
③议付银行将汇票单据寄交其代理行转进口商银行,后者凭货物单据承兑汇票。
④出口商银行的代理行将承兑汇票留在该行或在市场上贴现。
⑤汇票到期时,进口商对承兑银行付款,后者支付承兑汇票。出口商有时不愿接受银行承兑信用,而要求进口商以现金支付,在这种情况下,进口商同承兑银行商妥,由承兑银行承兑进口商开出的汇票,进口商持此银行承兑汇票至货币市场贴现,以贴现款向出口商支付货款,在汇票到期日前,再将货款交付承兑银行,由它偿付到期汇票。

银行对进口商提供承兑信用,无须银行为进口商垫付资金。办理承兑的银行不一定是进口商本国的银行,第三国银行也可以承兑出口商开出的汇票。例如,中国进口商以银行承兑的方式从日本进口货物,根据日本出口商的要求,中国进口商可以请求本国银行转请日本的银行承兑日本出口商开出的汇票,中国银行在汇票到期时将进口商应付的款项汇至日本银行。

在国际金融市场上,银行承兑汇票易于流通和转让,持票人如想在汇票到期之前取得票款,可以通过背书将汇票向银行贴现,银行扣除一定利息和手续费后将票款付给持票人,因此,银行承兑融资对于促进进出口贸易的发展具有重要的意义。

六、福费廷

福费廷业务是20世纪60年代起源于欧洲的一种中长期国际贸易融资方式,上世纪70年代,美国、英国和加拿大等发达国家也开始办理此项业务。目前,该业务已逐渐扩展到亚洲、非洲、中南美洲和中东等发展中国家,成为一种贸易融资工具。

(一)福费廷的概念及特性

福费廷(Forfaiting 的音译,源于法语,意指权利放弃给他人)又被称为包买票据,是指票据包买商以无追索的方式买入贸易项下未到期的银行汇票、本票或信用证应收账款,从而为出口商提供融资的一种方式。是指在大型成套设备等资本货物的出口中,当出口商以赊销等方式出口货物后,由票据包买商(Forfaiter,办理福费廷业务的商业银行)以固定利率的贴现方式,在无追索权的条件下,买入出口商因出口货物所产生的远期付款票据(如汇票或本票),并预付现金给出口商,为出口商提供资金融通。远期付款票据不论是由出口商签发(如远期信用证或 D/A 项下的汇票),还是由进口商签发(如分期付款的本票),原则上都要先由进口国的金融机构加以承兑或保证,为进口商提供信用担保。因此,福费廷是一种兼具融资和规避风险的中长期贸易融资工具。

综合上述,福费廷业务具有以下特性:

1)福费廷主要被用于成套设备、船舶、基建物资等资本货物交易及大型项目交易,票据的开立均以国际贸易为背景,应产生于销售货物或技术或劳务服务的正当贸易,不涉及军事产品。

2)福费廷不仅可以结合远期信用证操作,也可以用在非信用证付款的中长期延付方式,如承兑交单(D/A)、赊销(OA)或分期付款(Installment)等的贸易融资。

3)福费廷是在无追索权(Without Recourse)的基础上,票据包买商向出口商提供贴现贸易融资,即出口商放弃对所出售债权的一切权益,票据包买商也放弃对出口商的追索权,换言之,票据包买商承担债权的风险和责任。

4)票据包买商所贴现的票据必须先经过进口国银行或政府机构的承兑或保证。

5)福费廷的融资期限多以中长期为主,通常在半年以上,一般在1~5年,属于中期融资业务,有的长达10年,通常采用每半年还款一次的分期付款方式。福费廷业务属批发性融资业务,适合于100万美元以上的大中型出口合同,对金额小的项目而言,其优越性不明显。

6)福费廷业务的费用除利息之外,一般还需支付贴现息、选期费、承担费、宽限期贴息和担保费等,故费用较高。

①贴现息:根据融资金额和贴现率计算。贴现率一般是固定的,其高低由进出口国的综合风险数、融资期限和融资货币的筹资成本决定。通常是按包买合同签订日或割日的LIBOR加上利差来计算的。

②选期费:包买商给予出口商提供的贸易融资的一段时间,称为选择期。选择期长短根据交易商品的品种、金额大小决定。选择期不少于48小时,包买商不收费。超过48小时,收取一定的风险承担费,即称为选期费。

③承担费:包买双方达成交易到实际进行贴现的这段时间称为承担期。承担期一般不少于6个月。在这段时期内包买商对该项交易承担了融资责任、汇率风险和利率风险,所以要收取一定的费用,即承担费。

④宽限期贴息:宽限期是指从票据到期日至实际收款日的估计延期天数。由于各国法律的不同规定和各个银行工作的差异以及其他的因素,可能造成票款的迟付,所以可能给收款人增加成本,包买商为了弥补可能发生的损失,在报价时加算几天的贴现息,称为宽限期贴息。

⑤担保费:是指进口方银行因出具保函或对票据进行担保而向进口商收取的风险费和手续费。

福费廷业务的费用前四种表面上是由出口商承担的,但是出口商实际上已经将其记入货价中,转嫁给了进口商。所以,所有的费用都是由进口商承担的。

7)较多地使用美元、德国马克及瑞士法郎等可自由兑换货币为结算和融资货币。

(二)福费廷业务的主要当事人

1. 票据包买商(银行)

票据包买商(银行)(Forfaiter)即福费廷银行,包买商多为出口商所在国的银行及有中长期信贷能力的大金融公司。

2. 出口商

出口商(Exporter)为资本货物交易中的卖方。

3. 进口商

进口商(Importer)为资本货物交易中的买方。

4. 担保人

担保人(Guarantor)是进口商的保证人,一般是进口商的银行。

(三)福费廷业务的程序

福费廷业务流程如图7.2所示。

①进出口商在洽谈贸易时,如想使用福费廷业务,出口商与福费廷银行联系,申请票据包买融资业务。

②进出口商签订贸易合同,规定使用福费廷。

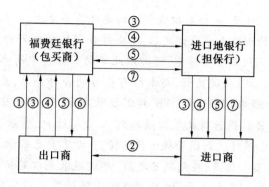

图 7.2 福费廷业务流程图

③出口商向进口商签发远期汇票,并要求进口商取得其往来银行担保。同时担保银行要经出口商所在地银行认可其资信。

④出口商备货发运后,将全套单据通过银行寄交进口商。

⑤进口商将经自己承兑的由银行担保的汇票或本票寄回出口商。

⑥出口商凭此汇票或本票以无追索权方式向福费廷银行提出兑现,卖断票据,取得现款。

⑦福费廷银行将到期票据经进口方银行向进口商提示,分期收回票款。

对出口商而言,使用福费廷业务有许多优点,比如可以立即取得现款,加速资金周转;以无追索权方式卖断票据,可将汇率变动风险和收汇风险转嫁给福费廷银行;并且该业务不占用出口商的信用额度,有利于改善出口商的财务状况。对进口商而言,办理福费廷业务比较简便,不利之处是,福费廷业务的利息和所有费用要计算在货价之中,因此货价比较高。

(四)福费廷业务的作用

1. 对出口商的作用

福费廷业务对出口商的业务有利有弊,就总体而言,利大于弊。

①出口商能立即获得即期融资,有利于加速资金周转,避免资金长期被占用。

②融资手续简单方便。

③不用承担融资期间的利率、汇率、信用和其他风险。

④为国际贸易提供更多的结算方式,更好地适应了贸易双方的需要。

2. 对进口商的作用

①赎单手续简单快捷,可以获得出口商提供的中长期贸易融资。

②必须承担该项业务的所有费用。

【案例 7.3】

出口押汇与包买票据?

2008 年 12 月 10 日,某市 A 公司与德国 B 公司签订了一份出口地毯的合同,合同总价值为 USD31346.86,装运港为中国郑州,目的地为德国法兰克福,收货人为 B 公司,付款条件为

D/P30 天。2008 年 12 月 20 日，A 公司按照合同的要求备齐货物，从郑州港空运至德国法兰克福。在取得空运提单和 FORM A 产地证之后，A 公司会同已缮制好的汇票、发票、单据一起交到该市 C 银行。因 A 公司近期资金紧张，随即以此单向 C 银行申请办理押汇。C 银行考虑虽然托收风险大，但 A 公司资信状况良好，与本行有良好的合作关系，无不良记录，就为 A 公司办理了出口押汇，押汇金额为 USD31346.86，押汇期限为 50 天，到期日为 2009 年 2 月 9 日，押汇利率为 7.4375%。同日 C 银行将此笔款项转到 A 公司账户，随后 A 公司便支用了该笔款项。2009 年 1 月 12 日，C 银行收到国外提示行电传，声称客户已经承兑，并取走了该套单据，到期日为 2009 年 2 月 8 日。但是，在到期日之后，却迟迟未见该笔款项划转过来。经 A 公司与 C 银行协商，由 A 公司与买方联系，但买方声称已将该笔款项转到银行。2009 年 3 月 25 日，C 银行发电至提示行查询，提示行未有任何答复。此时，A 公司再与 B 公司联系，B 公司一直没有回电，到 2009 年 9 月突然来电声称自己破产，已无偿还能力。至此，该笔托收已无收回的可能。C 银行随即向 A 公司追讨，但 A 公司一直寻找借口，拖欠不还。C 银行见 A 公司无归还的诚意，就将 A 公司告上法庭，要求 A 公司履行义务，清偿所欠的银行债务。在法庭上，A 公司则认为自己不具有清偿该笔贷款的义务。理由是自己已将全套单据在 C 银行办理了质押，自己已经将全套单据卖给了银行，既然银行买了全套单据，那么银行应该对这套单据负责，自己虽然可以协助银行追讨欠款，但并无代为付款的义务。那么 A 公司的说法是否正确呢？A 公司是否负有归还此笔贷款的义务呢？

案情分析：显然，A 公司的说法是不正确的。A 公司的管理人员显然是把出口押汇与包买票据混淆了。出口押汇是指出口方银行根据出口商提供的跟单信用证及全套单据，审核无误后，扣除押汇利息，按当月该外汇指定银行挂牌折成人民币，扣除押汇利息后将资金余额划给出口商的一种融资方式。出口押汇一般为信用证项下办理，但对于有些信用等级高、资信状况良好、内部管理严格、经济效益好的企业也可办理托收项下的出口押汇。

包买票据是指出口商所在地银行买进远期票据，扣除利息，付出现款的一种业务，也有人按照 Forfaiting 的译音称之为"福费廷"。在这两种业务中，出口商都是通过单据或票据的买卖，及时获得资金，加速了资金周转。但出口押汇与包买票据有很大的区别。

1. 在出口押汇业务中，如果单据被拒付，则办理押汇的银行可以对出票人行使追索权，要求出票人偿付；而办理包买票据业务的银行则不能对出票人行使追索权，出口商在办理这种业务时是一种买断行为，票据遭到拒付与出口商无关，出口商将票据拒付的风险完全转移给银行。

2. 在出口押汇业务中使用的单据为信用证或托收项下的单据，在一般的国际贸易中使用；包买票据业务中使用的票据是与大型成套设备相关的票据。它可以包括数张等值的期票（或汇票），每张票据的间隔时间一般为 6 个月。

3. 出口押汇中使用的单据除汇票外，还有提单、装箱单、保险单等其他信用证或合同要求的一些单据，银行在向出口商购买这些单据时，主要是货权的转移，故汇票本身并不需担保或承兑;办理包买票据一般只有汇票或本票,这种票据必须由第一流的银行担保。

4.出口押汇手续较简单,一般只收取贷款利息;而办理包买票据业务收费比一般的贴现业务的费用高,除按当时市场利率收取利息外还收取下列费用:①管理费,一次性支付;②承担费;③出口商未能履行或撤销合同,致使包买票据业务不能实现,办理该业务的银行要收取一定的罚款。

针对此项案情,法院经过调查取证,认为A公司办理的是出口押汇业务,而非包买票据,故C银行对A公司有追索权,A公司负有偿还此笔贷款的义务,最后裁定A公司败诉。

(资料来源:孙莹.国际结算[M].厦门:厦门大学出版社,2010.)

七、保付代理

保付代理(International Factoring),简称保理,是近几年来发展较快的固定利率融资业务,通常仅提供180天以内的短期贸易融资。保理和福费廷正好适用于不同领域和期限,从这个意义上说,两者有互补作用。保理业务与福费廷都属于融资结算业务,即出口商都可以在贸易合同规定的收款期之前获得部分或全部货款。而且出口商获得这些融资都可以是无追索权的,只要出口商提供的债权(无论是应收账款还是应收票据),是由正当交易引起的、不受争议的,而且符合保理商和包买商的其他规定,那么即使进口商违约或破产倒闭而产生信用风险,或因进口国政局政策发生变化而产生国家风险,都由保理商和包买商承担。在融资担保和支付条件融为一体的今天,这两种新型的结算方式越来越被广泛应用。

由于它们各自的特点不同,这两种融资方式有着贸易领域和融资期限的互补性,风险承担方式也各不一样。

(一)承作的商品类别与特性不同

保理业务主要适用于日常消费品或劳务的交易,每笔交易金额相对较小,一般是经常性持续进行的,出口商可能就自己的出口商品或服务与保理商签订一个保理协议,涉及的进口商却分布在多个国家或地区;福费廷业务主要针对资本性货物的进出口贸易,金额较大,且业务都是一次性交易。

(二)融资期限不同

保理业务的融资期限取决于赊销期限,一般为发货后1~6个月,个别可长达9个月,属于短期贸易融资;而福费廷业务的融资期限至少在6个月以上,一般长达数年,属于中长期贸易融资。

(三)是否有第三者保证

保理业务因金额小、融资期限短,保理商承担风险较小,因此以设定信用额度的办法来控制风险,不需另外提供担保;而福费廷业务因金额较大,融资期限长,包买商承担风险大,必须要有第三者提供担保。所以保理业务适用于托收项下做短期贸易融资,而福费廷业务可在信用证项下或银行担保项下做中长期贸易融资。

（四）债权确保金额

保理业务中，出口商一般最多只能得到发票金额80%的融资，这部分金额可以免除利率和汇率风险，但尚有部分余额需在赊账到期日支付，所以出口商还要承担有关汇价和迟付方面的残留风险。如果是到期保理方式，则出口商要承担全部利率和汇率变动的风险。而在福费廷业务中，出口商可按票面金额获得融资，而且不承担任何风险。因为，出口商是以无追索权的形式将远期票据出售给包买商的。

八、出口信用保险项下的融资业务

（一）出口信用保险项下融资的定义

出口信用保险是指信用保险机构对企业投保的出口货物、服务、技术和资本的出口应收账款提供安全保障机制的一种保险。出口信用保险项下融资是指出口商在出口货物或提供服务并办理了出口信用保险后，将保险权益转让给银行，融资银行向其提供出口贸易融资，在发生保险责任范围内的损失时，信用保险机构根据赔款转让协议的规定，将按照保险单规定理赔后应付给出口商的赔款直接全额支付给融资银行的业务。近年来，银行出口信用保险项下的融资业务较快发展，有力地支持了出口增长和业务转型。

（二）出口信用保险项下融资业务流程

短期出口信用保险项下贸易融资业务包括业务申请、业务管理、收汇或理赔三个阶段，业务流程如图7.3所示。

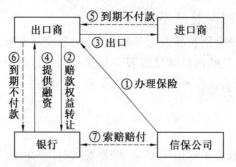

图7.3　出口信用保险项下融资流程

①出口商投保短期出口信用保险，为买方申请信用限额。

②出口商凭保单、限额审批单到银行申请融资，银行核定融资额度投保企业填写《赔款权益转让协议》申请表，同银行签订《赔款权益转让协议》。

③出口商按期出运货物，到信用保险公司申报，缴纳保费。

④出口商凭出口申报单、保费发票及银行所需的相关单证：出口合同、发票、货运单据、质

检单和出口报关单等到银行融资,银行将根据信用保险公司核定的买方信用限额和赔付率,合理确定融资比例,提供融资。

⑤进口商到期不付款,发生了保单责任范围内的损失。

⑥进口商拒付导致出口商到期不能偿还银行融资。

⑦由信用保险公司定损核赔,根据保单条款及《赔款权益转让协议》规定,向银行支付赔款。

【案例7.4】

追加授信额度,扩大出口规模

国内一家专门出口化工产品的公司,采用120天远期承兑交单(D/A 120天)的方式向南美地区出口化工产品。南美是收汇风险相对较高的地区,承兑交单更是风险较高的结算方式。2004年以前,该企业在银行的授信额度只有120万美元,虽然企业要求银行增加融资额度以利于企业扩大业务规模,但银行考虑到该企业的授信额度担保抵押条件有限,并且对南美地区进口商信用和国家风险有所顾虑,因此拒绝为该企业增加授信额度。但银行建议该企业投保出口信用保险,试分析该企业该如何克服难题?案例分析:该企业应接受银行建议,与中信保公司和银行联系签署《赔款权益转让授权协议》,约定一旦发生保险责任范围内的损失,中信保公司将把赔款全额直接支付给银行而非该企业,银行扣除融资本息后再将余款付给该企业。由于收汇有了保障,银行便可考虑在出口信用保险的基础上提高对该企业的授信额度。通过得益于中信保公司的保险支持,该企业能顺利地从银行贷到更多流动资金,有利于提高出口竞争力。

(资料来源:杜建萍.国际贸易实务[M].武汉:武汉理工大学出版社,2009.)

第四节 国际贸易融资中的风险及防范

国际贸易融资业务是商业银行的主营业务之一,而融资业务的一个重要的环节是确定和管理各种融资方式可能出现的风险,国际贸易融资方式面临的风险主要包括信用风险、货币风险、利率风险、抵押风险和兑换风险等等,为了有效地控制这些风险,必须对各种融资方式的风险进行严格分析。

一、国际贸易融资中的风险

(一)开证授信风险

银行办理开证授信所面临的风险主要表现在以下方面:

①对客户信用风险审查不严,担保的合法有效性落实不足。如果银行内部管理不善或工作人员专业水平不高、责任心不强等,可能导致授信审批环节出现道德风险或操作性风险。

②贸易背景不真实。信用证业务如果不是基于真实的贸易背景,就失去了它原有的意义,

因为银行都是根据贸易背景来为企业提供融资支持的。进口商利用信用证业务中银行只处理单据的特点，伪造贸易合同、单据等进行欺诈，会给银行带来资金和信用方面的损失。

③不能有效地控制货权。如果信用证要求的运输单据不是全套物权凭证或开证行不掌握全部货权，如1/3海运提单直接寄给申请人且不需要银行背书转让申请人即可直接提货，银行丧失了货权，对于付款的资金来源就失去了一项保证。

④申请人经营状况和财务情况发生变化导致付款时无力偿付信用证项下款项。

（二）打包放款风险

融资银行办理打包贷款业务所面临的风险主要表现在以下几方面：

①开证行的信用风险。有时可能由于开证行资信欠佳无理拒付或因破产倒闭失去偿还能力等原因，导致出口款项无法收回。实务中更多的是开证行无理挑剔，常见的原因是贸易背景发生变化，使进口商的利益受损，而开证行又向进口商提供了融资，为摆脱风险，开证行最方便的做法就是在单据中寻找不符点，这时哪怕是极小的瑕疵都可能成为开证行拒付的理由，出口商银行将面临收不到款的风险。

②进口商所在国的国家风险。如果进口商所在国家或地区发生暴乱、政变或经济形势恶化等情况，可能造成进口商所在国家或地区实行短期外汇管制政策，从而影响货款的收回。

③信用证条款的风险。信用证条款的风险主要是集中在软条款和运输条款两部分。所谓软条款是指受益人自身无法控制，即无法通过自己的努力满足其要求的条款。比较典型的软条款是货物需经进口方检验，所出具的检验报告作为信用证项下要求的单据。这类条款对受益人而言意味着较大的风险，如果为含有此类软条款的信用证办理打包贷款，且不采取任何防范措施，银行将会面临较大的风险。

运输条款的审核主要是看信用证是否要求货权单据，以及是否要求全套货权单据。由于全套海运提单的每一份正本都具有同等效力，所以如果信用证不要求全套正本运输单据，就意味着出口方银行不能控制货权，如果为此类信用证办理的打包贷款，万一从开证行收不回款，出口方将无法通过处置出口商品来得到补偿，遭受损失的可能性就会增加。

④对受益人的信用风险审核不严，担保的合法有效性落实不足以及因受益人制单能力差导致单据存在不符点而被开证行拒付的风险。

⑤进口商的信用风险。出口商银行对进口商的信用风险也应该进行调查和评估。在出口信用证项下，如果进口商履行了付款责任，开证行自行拒付的情况非常少见，但如果进口商支付困难或恶意违约，开证行拒付的可能性就会大大增加，从而影响货款的收回。

⑥用于办理打包贷款业务的信用证并不具备真实贸易背景。前面提到过，真实的贸易背景是银行办理贸易融资的前提，打包贷款业务也是贸易融资的一种，如果贸易背景不真实，融资款项没有确定的还款来源，银行就可能面临融资款项无法收回或被欺骗的风险。

⑦融资期限与融资金额不合理。打包贷款的融资期限与融资金额应与用于打包的信用证相匹配。如果融资期限过短，融资到期时信用证款项尚未收回，银行可能面临融资款项无法收

回的风险;如果融资金额过大,超过了信用证款项所能覆盖的风险总额,银行同样可能面临融资款项无法收回的风险。

⑧出口商经营状况和财务情况发生变化导致融资款项难以归还。

(三)出口押汇中的风险

1. 出口信用证押汇风险

与打包贷款业务相比,银行办理出口押汇业务也同样面临以下几方面的风险:

①开证行的信用风险。由于开证行资信欠佳无理拒付或因破产倒闭失去偿还能力等原因,有可能会导致出口款项无法收回。更为常见的情况是由于贸易背景发生变化,进口商的利益受损,而开证行又向进口商提供了融资,为摆脱风险,开证行最方便的做法就是在单据中寻找不符点,这时哪怕是极小的瑕疵都可能成为开证行拒付的理由,出口商银行将面临收不到款的风险。

②进口商所在国的国家风险。如果进口商所在国家或地区发生暴乱、政变或经济形势恶化等情况,可能造成进口商所在国家或地区实行短期外汇管制政策,从而影响货款的收回。

③信用证条款的风险。用于办理出口押汇的信用证,其条款风险表现在以下几方面:

第一,信用证存在软条款。在这种情况下,确定受益人是否满足信用证条件的主动权掌握在进口商手中,因此对出口商正常收回十分不利,银行在对这类信用证项下单据办理出口押汇时,应采取相应的防范措施。

第二,运输单据为非物权凭证或不能提交全套物权凭证。贸易融资主要是在控制物权凭证的前提下提供的资金或融资便利,缺少物权凭证或物权凭证不完善对贸易融资来说就是缺少了最基本的内容,极大地增加了银行的风险。在出口押汇中如果出口商提供的运输单据为非物权凭证或不能提供全套物权凭证就意味着银行未能有效地控制货权,其融资的风险全部形成敞口。

第三,信用证为转让信用证。如果信用证是转让后的信用证,且转让行在信用证中明确表示不承担独立付款责任,而是要待收到开证行付款后才对转让证进行偿付,则意味着出口商的收款带有很大的不确定性,对此类信用证项下单据办理押汇,银行同样面临很大风险。

④对受益人的信用风险审核不严、担保的合法有效性落实不足的风险。出口押汇业务还会面临因受益人制单能力差导致单据存在不符点而被开证行拒付的风险。

⑤进口商的信用风险。在出口信用证项下,如果进口商履行了付款责任,开证行自行拒付的情况非常少见,但如果进口商支付困难或恶意违约,开证行拒付的可能性就会大大增加,从而影响货款的收回。因此在信用证业务中进口商的信用对融资款项的收回有着很大的影响。

⑥用于办理押汇/贴现业务的信用证不具备真实贸易背景。同打包贷款一样,如果贸易背景不真实,融资款项没有确定的还款来源,银行就可能面临融资款项无法收回或被欺骗的风险。

⑦融资期限与融资金额不合理。出口押汇/贴现的融资期限与融资金额应与用于打包的

信用证相匹配。如果融资期限过短,融资到期时信用证款项尚未收回,银行可能面临融资款项无法收回的风险;如果融资金额过大,超过了信用证款项所能覆盖的风险总额,银行同样可能面临融资款项无法收回的风险。

⑧出口商经营状况和财务情况发生变化导致融资款项难以归还。

2. 出口托收押汇风险

银行办理托收项下出口押汇业务所面临的风险主要表现在以下几方面:

①进口商的信用风险。如果市场行情发生变化,影响了进口商预期的盈利水平甚至导致亏损,进口商会拒绝办理付款赎单手续,影响出口商收回货款。

②进口商所在国的国家风险。如果进口商所在国家或地区发生暴乱、政变或经济形势恶化等情况,可能造成进口商所在国家或地区实行短期外汇管制政策,从而影响货款的收回。

③对出口商的信用风险审核不严,担保的合法有效性落实不足。在托收业务中,出口商的资信和履约能力直接关系到货款能否按期收回。出口商的信用风险主要表现为制作假单据骗取银行资金,发运货物以次充好,不符合合同规定而导致银行垫款的风险。

④用于办理押汇/贴现业务的单据并不具备真实贸易背景。如果贸易背景不真实,融资款项没有确定的还款来源,银行就可能面临融资款项无法收回或被欺骗的风险。

⑤融资期限与融资金额不合理。托收押汇/贴现的融资期限与融资金额应与相应的单据相匹配。如果融资期限过短,融资到期时相应单据下的款项尚未收回,银行可能面临融资款项无法收回的风险;如果融资金额过大,超过了相应单据下的款项所能覆盖的风险总额,银行同样可能面临融资款项无法收回的风险。

⑥出口商经营状况和财务情况发生变化导致融资款项难以归还。

⑦进口商银行的风险。在实务中,有时进口商银行不按托收行指示或国际惯例行事,在进口商未办理付款或承兑手续的情况下就释放单据,使托收行失去了对货权的控制,并最终影响银行出口押汇资金的安全。

(四)提货担保风险

银行办理提货担保业务所面临的风险主要来自以下几方面:

①来自担保业务本身的风险。在提货担保中一般带有以下词句"因敝公司未凭提单先行提货致使贵公司遭受任何损失,敝公司负责赔偿。××公司(申请人)……我方(开证行)保证上述承诺之履行。××银行"。提货担保是保函的一种特例,一经开出即成为开证行的或有负债,是开证行不可撤销的有条件的承担经济赔偿责任的书面承诺文件,开证行作为担保人负第二性的付款责任。提货担保是不依附于信用证和交易合同而独立的法律文件,担保人根据提货担保条款对船公司进行赔付。当申请人拒绝对船公司的索赔履行赔偿责任时,只要船公司提供了提货担保规定的声明,担保人必须对船公司的损失进行赔付。

②来自提货担保时效性和格式的风险。申请人凭提货担保办理提货手续后,有义务在收到正本提单后,将正本提单交还船公司换回提货担保,并将提货担保退还开证行销案。目前沿

用的提货担保格式一般对效期未作明确规定,也未规定自动失效条款,这种提货担保属于敞口保函。申请人可能在收到全套正本提单后,不去船公司换回提货担保,致使开证行无法销案。有些船公司为保障自身利益,指定使用其自拟的提货担保格式,对保证人要求苛刻。这些自拟的提货担保格式往往包括:第一,保证人负责偿付未付运费、共同海损分摊及因上述货物发生的其他费用。第二,该公司其他财产被扣押或羁留,由保证人提供保释金或其他担保,并负责赔偿由此产生的一切损失和费用。这些条款显然不利于开证行的风险控制。

③来自利用提货担保行骗的风险。这类风险主要有以下几种表现:进口方与出口方串通诈骗开证银行(担保银行);进口方通过设计一定的担保措施来迷惑开证行,骗取提货担保书;担保行收取100%的保证金也可能受骗并陷入贸易纠纷;银行因办理提货担保而陷入无单放货的纠纷。

【案例7.5】

凭保函提货纠纷案

2009年5月2日,甲船公司所属某货轮在香港承运一批货物。货物装船后,甲船公司签发正本提单一式三份。提单载明:托运人名称、收货人凭指示、通知人乙公司、起运港香港、目的港珠海及相应货物等信息。5月3日,货轮抵达珠海,甲船公司通知乙公司提货,因其不能出示正本提单,甲船公司拒绝交付货物。5月9日,乙公司向甲船公司出具一份银行印制的"提货担保书"。担保书在提取货物栏记载信用证号码、货值、货名、装运日期、船名等。在保证单位栏记载:"上述货物为敝公司进口货物。倘因敝公司未凭正本提单先行提货致使贵公司遭受任何损失,敝公司负责赔偿。敝公司收到上述提单后将立即交还贵公司换回此担保书"。乙公司盖章并由负责人签字。在银行签署栏记载:"兹证明上述承诺之履行",落款为丙银行,盖丙银行国际部业务专用章。甲船公司接受"提货担保书",签发了提货单。但乙公司其后没有交款赎单,提单最终被退给托运人。

2010年3月16日托运人持正本提单在香港法院以错误交货为由,对甲船公司提起诉讼,要求赔偿货价损失、利息和其他费用。香港法院判令甲船公司向托运人支付赔偿金并承担托运人所发生的律师费。船公司随后提示相应索赔单据向丙银行提出索赔,认为保函申请人乙公司于2009年5月9日凭提货担保书提取货物后乙公司至今未将该项货物的正本提单交还,要求丙银行赔偿货款损失、利息及其他相关费用。丙银行审核相应单据后向甲船公司进行赔付,并向乙公司提出索赔。

分析:

但凭保函提取货物这一为国际普遍接受的惯例在本案中不但没有加速业务周转,从而使相关各方受益,反而横生出两起诉讼。这并不是凭保函提货这一制度本身的问题,而是有关当事人的不诚信行为作祟,致使正常操作无法进行。乙公司提取货物后并没有向开证行交款赎单,提单最终莫名其妙地回到了托运人手里。托运人发运了货物却收不到货款岂肯善罢甘休,持提单向甲船公司(承运人)起诉是情理之中,胜诉理所当然。而承运人决不会承受这无端损失,向丙银行(保证人)提出索赔也就顺理成章了。

(资料来源:孙莹.国际结算[M].厦门:厦门大学出版社,2010.)

(五)进口押汇风险

银行办理进口押汇业务所面临的风险主要表现在以下方面:

①对客户信用风险审查不严,担保的合法有效性落实不足。银行应对客户的信用风险进行认真分析,尤其是对客户的还款能力进行分析。客户的还款能力取决于客户的经营管理能力、外部市场情况和宏观经济环境变化等诸多因素,这也是影响第一还款来源可靠性的重要因素。

②申请资料要素与信用证不一致。

③信用证要求的运输单据不是全套物权凭证。信用证中对于不同运输方式与运输单据的要求,直接关系到开证银行对于货权的控制程度,从而影响开证行在信用证项下所承担的风险。如果信用证要求非全套物权或非物权单据,如 1/3 正本海运提单直接寄申请人、空运单、铁路运单等,银行将失去对信用证项下货权的控制,加大融资的风险。

④单据存在不符点。对于不符点单据尤其是已经拒付过的单据,当申请人要求办理押汇时,如果开证行在拒付时明确表明持单等候议付行的指示,而又没有得到议付行同意的情况下就付款放单并办理了进口押汇,有可能会面临风险。

⑤押汇用途不符合规定,押汇期限过长或金额过大。

⑥申请人经营状况和财务情况发生变化导致押汇款项难以归还。

(六)汇出汇款项下融资风险

银行办理汇出汇款项下融资所面临的风险表现在以下几个方面:

①对客户信用风险审查不严,担保的合法有效性落实不足。

②办理汇款的业务不具备真实贸易背景或未核注进口报关单。

③融资用途不符合规定,融资期限过长或金额过大。

④融资申请人经营状况和财务情况发生变化导致押汇款项难以归还。

(七)福费廷业务风险

福费廷给进出口商带来许多益处。但是,由于银行对出口商支付的贴现款项没有追索权,银行付款后就独自承担该笔债权的全部风险,因此,在福费廷业务中风险最大的便是银行。

(1)国家风险

这是指银行无法预测的、由于福费廷业务中的债务人或担保银行所在国家或地区实行外汇管制、禁止或限制汇兑、颁布延期付款令、发生战争暴乱等各种情形导致包买商延期或无法收回到期债权的风险。

(2)商业风险

指福费廷业务中如果债务人或担保行本身无力付款,或破产、倒闭而造成的包买商的收汇风险,几乎所有形式的信贷都存在着这种风险。

(3)贸易纠纷风险

由于福费廷票据大多数是和信用证事项联系的,如果信用证开证行可能因单证不符或信用证欺诈等原因行使拒付权利,从而导致包买行遭受拒付风险。

(4)适用法律风险

银行在签订福费廷协议时对法律的选择,可能很难预见票据相关的商品交易的法律适用可能带来的风险,尤其是商品交易所适用的法律发生改变可能导致进口商无法履行付款责任,以致损害银行的合法权益,这点在我国尤为重要。

(5)汇率和利率风险

国际市场变化多端,情况复杂,采取一种非出口商当地使用的货币进行支付,由于受浮动汇率的影响,合同金额在被转换成出口商所在国的货币后,可能会发生很大的变化,而且可能会使最终的债权人蒙受损失。如果包买商提供固定利率的包买安排,往往难以预料国际行情的变化,倘若远期利率变化,包买商就要承担巨大的业务风险。例如,上世纪80年代初,美元利率猛涨至年息20%,惨重的损失使包买商不愿再提供固定利率,而浮动利率又限制了福费廷业务的开展。

(6)其他风险

如果包买商因某种原因而无法正常融资或被迫中止交易时,出口商由于要重新安排融资,并且通常是成本更高的融资而发生的费用和利息也要由包买商承担。福费廷协议成立后,如果银行一方违约,要按照合同法和民法的规定承担对方的利益损失。

二、国际贸易融资风险的防范

(一)开证授信风险防范

银行针对授信开证的风险应采取以下防范措施:

①完善制度,控制内部流程。首先,应建立健全相关规章制度,规范操作规程并严格遵循有关制度进行操作。其次,科学的评审方式和内部流程管理也可在较大程度上避免道德风险的发生。此外,建立专业化较强和技术水平较高的专家队伍,设立较高水准的信息系统和内部监控系统,也是银行对贸易融资业务进行风险控制和管理的有效措施。

②明确审查内容,落实有效担保。开证行应对申请人的基本情况、财务状况、生产经营情况、信用状况以及行业及市场环境进行详细的了解,掌握充分的资料,同时应落实资产抵押、信用担保或部分保证金。

③严格审查信用证条款,控制货权。对于信用证要求非全套物权单据或非物权运输单据的情况,开证行应严格审查贸易背景的真实性,并有效落实银行对货物的所有权,如全套提单通过银行提交或非全套物权单据要经银行背书或授权申请人方可提货等。这样,当申请人不能按时办理相关付款、承兑手续时,开证行一旦进行了垫付还可以通过处置货物来得到补偿,

减少损失。

④加强后期管理，跟踪贸易进程，及时发现和解决问题。信用证开出后开证行应对申请人的资信状况、货物的销售情况及企业的应收账款明细等进行动态跟踪，及早发现及规避风险隐患，对可能出现的问题要及时采取防范补救措施，如要求申请人追加保证金等。

⑤拒绝办理授信开证的情况。对于授信额度不足、以往办理信用证业务中有不良记录、生产经营已出现重大问题或潜在危机的企业，银行应拒绝为其办理授信开证。

（二）打包放款风险防范

银行针对打包放款的风险应采取以下防范措施：

①完善制度。应建立健全相关规章制度、规范操作规程并严格遵循有关制度进行操作。

②明确审查内容，落实有效担保。打包贷款受理银行应对贷款申请人的基本情况、财务状况、生产经营情况、信用状况以及行业及市场环境进行详细的了解，掌握充分的资料，同时应落实资产抵押、信用担保，在打包贷款发放后，应进行必要的监督和制约，对信用证项下的生产、装运的环节进行跟踪，确保该证项下单据通过本行收汇。

③打包贷款业务必须以出口信用证为基础，以信用证受益人或实际供货商为申请人，并逐笔申请，逐笔审核，逐笔办理。同时应根据申请人的资信、偿债能力，结合信用证的付款期限与单据金额，合理设置贷款期限和金额。

④贷款银行还应了解进口商、开证行所在国家或地区和信用证规定的货运目的地的政局、经济环境、金融政策秩序以及受制裁等情况，密切关注进口商、开证行的资信变化以及国际市场信息的变化，发现异常应及时采取防范补救措施。

⑤贷款期限应根据信用证装运及付款期限而定，不宜过长，金额应以信用证金额覆盖本息合计金额为宜。

⑥为便于及时掌握已经叙作了打包贷款业务的信用证的金额、期限、付款条件等重要内容的变更情况，随时对贷款策略进行调整或对可能扩大的风险采取防范补救措施，贷款银行应优先选择通过本行通知的信用证办理打包贷款业务。

⑦对叙作了打包贷款业务的信用证项下单据应严格审核，尽量做到无不符点出单，减少单据被开证行拒付的可能性。

⑧拒绝办理打包贷款的情况。为防止受益人或申请人的欺诈行为，必须严格审查贸易背景，对已产生疑问的业务，应拒绝办理打包贷款业务，以免卷入贸易纠纷或被诈骗。严格审核信用证条款，对于信用证中存在以下问题的，不宜办理打包贷款业务：信用证中明确指定其他银行作为议付行；信用证条款模糊，索汇路线不清晰；开证行资信欠佳；信用证中存在对受益人或议付行不利的软条款。另外，对于已经存在贷款逾期或有不良记录的企业也不应为其办理打包贷款业务。

(三)出口押汇风险防范

1. 出口信用证押汇风险防范

银行针对出口信用证押汇的风险应采取以下防范措施:

①完善制度。应建立健全相关规章制度、规范操作规程并严格遵循有关制度进行操作。

②明确审查内容,落实有效担保。押汇银行应对押汇申请人的基本情况、财务状况、生产经营情况、信用状况以及行业和市场环境进行详细的了解,掌握充分的资料,同时应落实资产抵押、信用担保,在押汇款项发放后,应进行必要的监督和制约。对于不符点单据项下的出口押汇业务,更要从严审核,谨慎办理。

③出口信用证押汇应以信用证项下单据为基础,并逐笔申请,逐笔审核,逐笔办理。同时应根据申请人的资信、偿债能力,结合信用证的付款期限与单据金额,合理设置押汇期限和押汇金额,押汇期限不宜过长,金额应以单据金额为上限,以押汇本息合计不超过单据金额为宜。

④押汇银行还应了解进口商所在国家或地区和信用证规定的货运目的地的政局、经济环境、金融政策秩序以及受制裁等情况,密切关注开证行的资信变化以及国际市场信息的变化,发现异常应及时采取防范补救措施。

⑤严格审核单据。银行工作人员应严格遵循国际惯例审核信用证项下单据,对申请办理出口信用证押汇的单据要做到单证相符,同时还应尽量对单据的真实性进行审核,对有疑问的单据应进行核实,以避免欺诈情况的发生。

⑥拒绝办理出口信用证押汇的情况。为防止受益人或申请人的欺诈行为,必须严格审查贸易背景,对已产生疑问的业务,应拒绝办理押汇业务,以免卷入贸易纠纷或被诈骗。对于信用证中存在以下问题的,不宜办理押汇业务:信用证中明确指定其他银行作为议付行;信用证条款模糊,索汇路线不清晰;信用证中存在对受益人或议付行不利的软条款;信用证未要求提交全套物权单据或未要求物权单据;开证行或付款行所在国家或地区局势紧张动荡或发生战争、金融危机以及外汇管制的情况;信用证为转让信用证,且转让行不承担独立付款责任。另外,对于已经存在押汇逾期或有不良记录的企业也不应为其办理押汇业务。

2. 出口托收押汇风险防范

银行针对托收项下出口托收押汇风险应采取以下防范措施:

①完善制度。应建立健全相关规章制度、规范操作规程并严格遵循有关制度进行操作。

②明确审查内容,落实有效担保。押汇银行应对押汇申请人的基本情况、财务状况、生产经营情况、信用状况以及行业及市场环境进行详细的了解,掌握充分的资料,同时应落实资产抵押、信用担保,检查货物的出口情况。在押汇款项发放后,应进行必要的监督和制约。

③出口托收押汇应以托收项下单据为基础,并逐笔申请,逐笔审核,逐笔办理。同时应根据申请人的资信、偿债能力,结合信用证的付款期限与单据金额,合理设置押汇期限和押汇金额,押汇期限不宜过长,金额应以单据金额能够覆盖押汇本息合计为宜。

④押汇银行还应了解进口商所在国家或地区和托收项下的货运目的地的政局、经济环境、

金融政策秩序以及受制裁等情况,密切关注相关货物国际市场信息的变化,发现异常应及时采取防范补救措施。

⑤拒绝办理出口托收押汇的情况。为防止出口商或进口商的欺诈行为,必须严格审查贸易背景,对已产生疑问的业务,应拒绝办理押汇业务,以免卷入贸易纠纷或被诈骗。另外,对于已经存在押汇逾期或有不良记录的企业也不应为其办理押汇业务。

(四)提货担保风险防范

开证行针对提货担保的风险应采取以下防范措施:

①完善制度。建立健全相关规章制度,规范操作规程并严格遵循有关制度进行操作。

②落实有效担保。提货担保既然一经开出就成为开证行的或有负债,开证行必须落实资产抵押、信用担保或全额保证金,必须要求申请人出具相应格式的信托收据,具体说明在赎单前货物所有权归银行,并负责赔偿银行可能遭受的一切损失。同时在开出提货担保后,开证行应进行必要的监督和制约。

③提货担保仅限于本行开立的信用证项下的商品的提货,信用证中应要求全套正本海运提单通过银行提交,并逐笔申请,逐笔审核,逐笔办理。同时由于提货担保存在金额与期限不确定的特点,银行在收到办理了提货担保的单据后,应督促申请人尽快向船公司换回提货担保函,尽早解除自身的担保责任。

④严格约定申请人不得拒付。在办理提货担保前,开证行应要求申请人提交进口信用证项下正本提单的复印件,并要求申请人书面承诺对于寄来的单据,无论其是否存在不符点,均同意付款或承兑。开证行如根据正本提单复印件审出不符点,申请人应表示接受不符点并同意付款或承兑,否则不予办理提货担保。

⑤严格审查申请人的资信。开证行应重视申请人的一贯做法,对申请人进行授信评级,建立申请人档案,给申请人核定一个总的授信额度。提货担保应该视为开证行给予申请人的短期融资,纳入统一授信管理,一经开出必须在总授信额度中做相应扣减。对同一申请人前一笔提货担保应退还而未及时销案的,不应再开立新的提货担保。

⑥拒绝出具提货担保的情况。为防止受益人或申请人的欺诈行为,必须严格审查贸易背景,对已产生疑问的业务,应拒绝开立提货担保,以免卷入贸易纠纷或被诈骗。另外,当信用证规定,开证行凭非全套货运单据对受益人付款、承兑或授权议付,开证行无法掌握货权时,也不应出具提货担保。

(五)进口押汇风险防范

银行针对进口押汇的风险应采取以下防范措施:

①完善制度。建立健全相关规章制度,规范操作规程并严格遵循有关制度进行操作。

②明确审查内容,落实有效担保。开证行应对申请人的基本情况、财务状况、生产经营情况、信用状况以及行业及市场环境进行详细的了解,掌握充分的资料,同时应落实资产抵押、信

用担保或全额保证金,必须要求申请人出具相应格式的信托收据,具体说明在赎单前货物所有权归银行,并负责赔偿银行可能遭受的一切损失。在押汇款项发放后,开证行应进行必要的监督和制约。

③进口押汇应仅限于本行开立的信用证项下的付款,并逐笔申请,逐笔审核,逐笔办理。同时应根据申请人的资信及偿债能力,合理设置押汇期限和押汇金额。

④对于信用证要求非全套物权单据或非物权运输单据的情况,开证行应严格审查贸易背景的真实性,确定信用证规定的运输方式或运输单据的合理性,对于要求非全套物权单据的情况,在开证时应尽量要求做成以开证行为记名收货人,以控制货权,降低风险,同时应有效落实银行对货物的所有权,以防被欺骗。

⑤对于不符点单据项下办理进口押汇,开证行应要求申请人以书面形式明确表示接受不符点,同意对外付款。对于已经拒付的单据,如申请人接受不符点并要求办理进口押汇,除非信用证规定或开证行在拒付时明确表示在得到申请人同意后开证行可以自行处理单据,开证行应在接到议付行的授权后方可办理进口押汇并放单给申请人。

⑥开证行办理进口押汇后应对申请人的资信状况、货物的销售情况及企业的应收账款明细等进行动态跟踪,及早发现、报告及规避风险隐患,对可能出现的问题要及时采取防范补救措施。

⑦拒绝办理进口押汇的情况。为防止受益人或申请人的欺诈行为,必须严格审查贸易背景,对已产生疑问的业务,应拒绝办理押汇业务,以免卷入贸易纠纷或被诈骗。另外,对于已经存在押汇逾期或有不良记录的企业也不应为其办理押汇业务。

(六)汇出汇款项下融资风险防范

银行针对汇出汇款项下融资风险应采取以下措施:

①完善制度。应建立健全相关规章制度、规范操作规程并严格遵循有关制度进行操作。

②明确审查内容,落实有效担保。银行应对进口商的基本情况、财务状况、生产经营情况、信用状况以及行业及市场环境进行详细的了解,掌握充分的资料,同时应落实资产抵押、信用担保或保证金,在融资款项发放后,银行应进行必要的监督和制约。

③汇出汇款项下融资应仅限于特定的汇付方式的付款,并逐笔申请,逐笔审核,逐笔办理,并根据国家外汇管理局要求,在对外付汇时核注进口报关单。银行应根据进口商的资信及偿债能力,合理设置融资期限和融资金额。

④银行为进口商办理汇出汇款项下融资后应对申请人的资信状况、货物的销售情况及企业的应收账款明细等进行动态跟踪,及早发现及规避风险隐患,对可能出现的问题要及时采取防范补救措施。

⑤拒绝办理进口代收押汇的情况。为防止进口商或出口商的欺诈行为,银行必须严格审查贸易背景,对已产生疑问的业务,应拒绝为其融资,以免卷入贸易纠纷或被诈骗。另外,对于已经有不良记录的企业也不应为其办理融资业务。

(七)福费廷业务风险防范

鉴于银行开展福费廷业务存在种种风险,而福费廷业务金额巨大,因此有必要采取相应的措施来控制风险。

1. 认真拟定并签署福费廷协议

福费廷协议是保障包买商合法权益的最重要的法律文件。包买商应该通过该文件的制定,设计必要的控制风险条款。由于福费廷业务项下包买商对出口商放弃追索权的前提是出口商所出售的债权是合法有效的,因此,包买商如果有证据表明出口商提供的不是源于正当交易的有效票据或债权时,可以适用民法和合同法关于欺诈的规定,对出口商保留追索权。但是,包买商必须在与出口商签订的福费廷协议中明确规定此种情况的追索权保留,比如合同中注明"出口商必须保证所出售的票据源于正当贸易,清洁、有效,否则不享受'无追索权'的豁免"等类似条款。即便如此,包买商一旦放款,损失就已造成,往往难以弥补。所以,福费廷协议的签订一定要详细、周全。

2. 严格审查融资对象资信

为了防范商业风险,包买商应加强对出口商资信情况和贸易背景的审查,对担保银行的信誉进行评估,而且债务人必须是信誉极好的公司。大多数包买商只有在他们对这些风险得以评估的情况下,才肯作出承诺。包买商可以通过专业机构进行调查,对原来没有贸易背景的交易要多加注意,避免为欺诈贸易和非法贸易融资。

3. 寻找可靠有效的担保机制

担保问题在福费廷业务中至关重要。福费廷必须由信誉良好、资力雄厚的银行和金融机构无条件地、不可撤销地提供担保或承兑。从各国福费廷业务开展的实践来看,包买商是否接受一项福费廷业务,很大程度上就取决于担保人的资信情况。担保人的责任就是:对于到期的债权凭证具有绝对的无条件的付款责任。银行承兑、银行加保或者银行保函、备用信用证都是包买商可以接受的担保形式,因此,包买商应当慎重挑选担保人。

4. 了解进口国的法律和贸易惯例

对银行的担保和承兑一定要符合该国法律,以保证票据的清洁性和票据转让的合法有效。由于各国法律对担保的规定存在很大的差异,特别是大陆法系国家和英美法系国家之间更是如此,因此,贴现银行必须谨慎对待担保的法律问题。例如,世界上大多数国家都承认银行保函,而美国却禁止银行经营担保业务,所以美国的银行担保一般通过备用信用证来操作。包买商应对保函的合法性和有效性等进行确切的落实。

5. 汇率和利率风险防范

虽然从原则上来说,有可能使用任何货币贴现各种票据,但大多数包买商只购买那些可用于再融资的货币计值的债权。这些货币在国际市场上被广泛使用,对包买商来说可以避免用其他货币可能产生的融资的困难。因此在实务中,福费廷票据通常是以这些国际通用可自由兑换货币计值的。而且,由于福费廷业务的成本主要取决于包买商的筹资成本,所以疲软的或不稳定的货币所牵涉的各种风险会使福费廷交易费用极其昂贵。因此,采取何种货币支付是重要的。

【案例 7.6】
信用证项下的福费廷业务风险

F 银行与 X 公司签订了福费廷协议。2008 年 10 月,F 银行收到 W 国 A 银行开来的 180 天远期信用证一份,受益人为该行客户 X 公司,金额为 USD 413 000,装运期为 2008 年 11 月 15 日。2008 年 11 月 4 日,X 公司发货后,通过 F 银行将货运单据寄交开证行,以换取开证行 A 银行担保的远期承兑汇票。2008 年 12 月,X 公司将包买所需单据包括"无追索权"背书的 A 银行承兑汇票提交 F 银行包买。次年 2 月,W 国 A 银行突然倒闭,全部资金被 W 国政府冻结,致使 F 银行垫款无法收回,利益严重受损。

分析:

此案例中,F 银行包买的是信用证下的汇票。A 银行是信用证的开证行,日后承兑信用证下的汇票而成为票据承兑人,具有保证按期履行对外支付的义务。但 A 银行倒闭,从而 F 银行即将到期的票据款无法收回。这里,F 银行之所以遭受严重的银行担保风险就是因为 F 银行与 X 公司签署福费廷协议前,没有认真评估担保行 A 银行的信用级别,没有掌握全面信息为 A 银行核定一个合理的信用额度。

(资料来源:朱文忠.新编国际结算与案例[M].北京:对外经济贸易大学出版社,2010.)

关 键 名 词

国际贸易融资(Finance of Foreign Trade)　　打包放款(Packing Loan)
红条款信用证(Red Clause Credit)　　出口押汇(Negotiation)
开证授信额度(Limits for Issuing Letter of Credit)　　票据贴现(Discount of Drafts)
假远期信用证(Usance Credit Payable at Sight)　　信托收据(Trust of Receipt,T/R)
提担保货(Guarantee for the Release of Goods)　　国际保理(International factoring)
福费廷(Forfaiting)

思 考 题

一、简单题

1. 银行对出口商的融资形式有哪些?它们的适用范围是什么?
2. 进口贸易融资的方式有哪些?
3. 什么是打包放款?
4. 信托收据与担保提货的含义及区别是什么?
5. 什么是进口押汇?银行对进口押汇有何要求?
6. 银行如何对进口商进行承兑信用融资?

7. 简述假远期信用证融资的主要特点。
8. 什么是出口押汇？办理出口押汇应注意哪些问题？
9. 信用证下的出口押汇有哪些条件？
10. 福费廷与保理业务的区别主要表现在哪些方面？

二、案例分析题

1. 出口商 A 是银行 B 的客户，A 收到了以其为受益人的信用证，在备货过程中资金不足，向 B 申请信用证下的打包贷款，B 同意发放打包贷款，贷款金额为信用证金额的 80%，贷款期 30 天。双方约定，当 A 发运货物后，即以全套单据向 B 议付，B 从 A 应得的议付款中扣除打包贷款本息。在贷款期内，A 因经营不善倒闭，不再发运货物，因而无法提交单据。A 也无力以另外途径向 B 偿还打包贷款。在打包贷款业务中，银行承担的信用风险与银行在出口押汇业务中承担的信用风险有什么区别？哪个风险的程度更大？为什么？

2. 经营日用纺织品的英国 TEXUK 公司主要从我国进口有关商品。几年前，当该公司首次从我国进口商品时，采用的是信用证结算方式。随着进口量的增长，TEXUK 公司开始谋求至少 60 天的赊销付款方式。虽然他们与我国出口商已建立了良好的合作关系，但是我国供货商考虑到这种方式的收汇风险过大，感到十分棘手。我国供货商希望寻求一种合适的国际贸易结算融资方式，他们目前正在考虑的方式有包买票据和国际保理。请比较包买票据和国际保理的区别。在本案例中，你会建议我国供货商采用哪种方式？为什么？

3. 2003 年 3 月 11 日，我国甲公司与印度尼西亚乙公司签订一笔 2 万美元的出口合同，乙公司要求以 D/P at sight 为付款方式。在货物装船起运后，乙公司又要求国内出口商将提单上的托运人和收货人均注明为乙公司，并将海运提单副本寄给他。货到目的港后，乙公司便以暂时货款不够等原因不付款赎单，要求出口商将付款方式改为 D/A，并允许他先提取货物，否则就拒收货物。由于提单的收货人已记名为乙公司，使国内出口商无法将货物再转卖给其他客户，只能答应其要求。然后乙公司以货物是自己的为由，以保函和营业执照复印件为依据向船公司凭副本海运提单办理提货手续。货物被提走转卖后，乙公司不但不按期向银行付款，而且再也无法联系，使甲公司货、款两空，结合案例分析甲公司面临的风险。

【阅读资料】

联手中国信保，拓展融资空间

传统上银行向出口企业提供的贸易融资主要基于出口商的信用，并以出口收汇款作为还款来源。一旦发生进口商不付款的情况（包括进口商无力付款/无理拒付的商业风险和无法付款的国家风险），银行只能向出口商追索融资本息。这样，银行不但承担了出口商的风险，还要顾虑进口商的信用风险和所在国家风险。在此情况下，银行为保证融资安全，必须严格审查出口商的资信状况，审慎核批对出口商的信用额度。在银行无法判断或承受进口商信用风险和所在国家风险的情况下，一方面会造成企业得不到必要的融资，另一方面也限制了银行贸易融资业务的开展。

这些年来，中国银行与中国出口信用保险公司合作，开始了一种新的业务尝试，将出口贸易融资与出口信用保险相结合,在一定程度上解决了上述问题,实践中取得了很好的效果。银行向投保了出口信用保险的企业提供资金融通,通常会要求该企业将保险单项下从信保公司获得赔款的权益转让给银行,一旦融资项下的出口企业发生了保单责任范围内的收汇损失,信保公司将把赔款直接支付给融资银行,冲抵融资本息。这样就比没有投保出口信用保险的出口多了一层收汇保障,银行所承担的风险也相应降低。在这种情况下,实际上是银行承担了出口商的违约风险,中信保公司承担了进口商的信用风险和所在国家风险,双方优势互补,在风险可控的前提下携手为出口企业提供服务。特别是目前中信保公司的出口信用保险所适用的出口业务期限灵活,短期、中长期都有,所覆盖国家和地区的范围较广,能承保一些高风险国家和地区的出口业务,较好地满足了企业和融资银行的需求。

可以说,出口信用保险项下融资业务的开展,使融资银行、中信保公司、出口企业三方之间建立了更为密切的合作关系:出口企业在投保出口信用保险,规避商业风险和国家风险的同时,利用银行提供的资金融通便利,提前将出口应收账款转换为流动资金,提高了资金使用效率,同时能提升自身在国际市场上的竞争能力,扩大出口规模;融资银行通过与中信保公司的合作,促进了银行和保险公司双方间的优势互补和资源共享,丰富了银行现有的贸易融资业务品种,带动了国际结算和贸易融资业务的共同发展,增强了市场竞争力;因为有了银行的融资承诺,中信保公司的出口信用保险业务对出口企业更加具有吸引力——可谓一举达到了出口企业、融资银行和中信保公司"三赢"的局面。

(资料来源:中国贸易金融网——结算案例专题.2007.)

本章参考文献

[1] 潘天芹.新编国际结算教程[M].浙江大学出版社,2010.

[2] 刘铁敏.国际结算[M].清华大学出版社,2011.

[3] 孙莹.国际结算[M].厦门大学出版社,2010.

[4] 庄乐梅.国际结算实务精要[M].中国纺织出版社,2008.

[5] 原擒龙.商业银行国际结算与贸易融资业务[M].中国金融出版社,2008.

[6] 夏霖.国际结算和贸易融资新品多多[J].国际融资.2011,(03).

[7] 高洁.国际结算案例评析[M].对外经济贸易大学出版社,2006.

[8] 原擒龙.国际结算与贸易融资案例分析[M].中国金融出版社,2010.

[9] 万亿,余霞.贸易融资的演进、理念转变及中国的融资策略–基于国际结算视角[J].中国商贸.2010,(10).

[10] 申海良.商业银行国际贸易融资风险管理实证研究[J].苏州大学学报.2008,(09).

[11] 朱文忠.新编国际结算与案例[M].对外经济贸易大学出版社,2010,(09).

第八章
Chapter 8

非贸易结算的种类和方式

【学习要点及目标】

通过本章教学,要求学生们掌握外币兑换、旅行支票、信用卡这些结算工具的概念、程序及其运用。

【引导案例】

中国银行推长城环球通信用卡　全球支付单一人民币结算

赵小姐今日出国旅游,从购买机票到国外购物,无需任何外汇,仅仅一张长城环球通信用卡用人民币实现全部结算业务。

长城环球通信用卡是中国银行全新推出的一款信用卡产品,该卡秉承中国银行一贯为客户提供全方位、高品质金融服务的宗旨,集合了中国银行信用卡功能和服务优势,可实现全方位的个性化定制。该卡主要有五大特色功能:全球支付单一人民币结算;存款有息、透支享有免息期;无需购汇还款;淘宝支付账户绑定,轻松实现网上购物;三大航空公司积分里程自动兑换,贴心环球出行保险。长城环球通信用卡是全球首款支持人民币自动购汇的信用卡产品,使用该卡每笔全球交易都将自动转换成人民币入账,持卡人只需轻松归还人民币欠款即可,真正实现一卡在手,环球通行!

(资料来源:国内首家金融服务导购平台.爱购金融,2011-03-04.)

国际上能引发债权债务关系的经济活动中,除了包括商品进出口的有形贸易外(Visible Trade),还包括运输、保险、文化交流等其他劳务或服务项目构成的无形贸易(Invisible Trade)。非贸易结算(Non-trade Settlement)是指由无形贸易(Invisible Trade)引起的国际货币收支和国际债权债务的结算。无形贸易与有形贸易(Visible Trade)的结算方式不同。有形贸易结算是指一国对外进出口商品所发生的国际贸易结算。无形贸易结算是指由国际运输、金融、保险等劳务或服务引起的跨国收支。非贸易结算是国际结算的重要组成部分。随着我国经济的发展和市场的开放,尤其是金融、保险、运输及对外文化交流的不断扩大,非贸易结算在我国国际结算业务中,也日益重要。

第一节 非贸易结算项目范围

非贸易外汇的收支项目较多,相对于贸易外汇收支而言,非贸易外汇收支的特点为范围广泛、内容庞杂、项目繁多、金额较低;结算方式多样、灵活。非贸易外汇的收支主要是通过非贸易汇款、外币兑换、旅行支票、旅游信用证、信用卡、光票托收等方式进行结算。近年来,我国的服务贸易外汇收支的项目日益增多。根据业务习惯一般可以分为以下各个项目:

一、海外私人汇款和私人外汇支出

海外私人汇款是指华侨、港澳同胞、中国血统外籍人或外国人汇入、携带或者邮寄的外币,通过电汇信汇票汇等方式,交给中国公民和外国侨民作为赡家、捐赠的外汇收入。外汇支出包括批准我国公民及外国侨民移居出境汇款、外商投资的自偿及纯利的汇出等。

二、运输、邮电行业的外汇收支

(1)铁路收支

铁路收支包括我国铁路货运、客运在境外的营业收入和支出,以及广九线上的铁路运输收入。

(2)海运收支

我国自有船只包括远洋轮船公司经营的对外运输业务所收入的客货运费,以及出售物料等的外汇收入。外汇支出包括对船只(不包括外运公司租轮)所支付的租金、修理费用,在外国港口的使用费,以及在国内向外轮船舶燃料供应公司购买伙食、物料、燃料等支出。

(3)航空运输收支

航空运输收支包括我国民航的国际客货营业收入,如国外飞机在我国机场的使用费和运杂费收入以及我国民航在国外机构的费用支出。

(4) 邮电结算收支

邮电结算收支包括我国邮电部门和外国邮电部门之间结算彼此邮电费用产生的外汇收入和外汇支出。

(5) 外轮代理与服务收入

外国轮船在我国港口所支付的一切外汇费用收入，我国外轮供应公司对远洋货轮、外国轮船以及供应物资和提供服务的外汇收入，以及国外海员在港口银行汇兑的外币、外钞收入。

三、金融行业的收支

(一) 保险收支

我国保险公司进行国际经营的外汇收入，包括保费、分保费、佣金等，以及在港澳地区的分支机构上缴的外汇利润和经费等；保险支出包括我国向国外支付的分保费、保险佣金和保险赔款。

(二) 银行收支

我国银行经营的外汇业务收入，包括手续费、邮电费、利息，以及海外和港澳地区分支机构上缴的利润和经费等；外汇支出包括我国银行为委托国外银行应支付的手续费、邮电费，以及国外银行应支付的外汇利息。

(三) 外币收兑

我国边境和内地银行收兑入境旅客（外宾、华侨、港澳同胞、中国血统外国人、在华外国人）的外币、外钞、旅行支票、旅行信用证和汇票等汇兑收入。

(四) 兑换国内居民外汇

兑换国内居民，包括归侨，侨眷、港澳家属委托银行在海外收取遗产、房地产收入、股票收入、股息、红利、调回国外存款、利息等外汇收入。

四、旅游部门外汇收入

我国各类旅行社和其他旅游经营部门服务业务所得的外汇。

五、图书、影片、邮票收支

中国图书进出口公司、影片公司和集邮公司进出口图书、影片、邮票的外汇收支。

六、机关、企业、团体的外汇收支

包括外资企业外汇投资汇入的收入，驻外企业外汇款项的汇入收入，机关、企业、团体经营外汇支出，外国使领馆在我国收入的汇出，如签证费、认证费等。

第二节 信 用 卡

一、信用卡的定义

信用卡是银行或专门的发卡机构发给资信良好的消费者的一种信用凭证。持卡人可凭卡在发卡机构指定地购物和消费,也可以向银行存取现金。

从形式上看,普通信用卡的尺寸如同身份证,由硬塑料制成。其正面印有发卡机构和信用卡的名称、国际信用卡组织统一标志和防伪暗记、国家、凸起的信用卡号码、有效期限和持卡人姓名(以便压印机将其印在单据上)等。信用卡的背面有一磁条,上面记录着持卡人的有关资料和密码,供专门的电脑终端设备和自动柜员机阅读。信用卡的背面还有持卡人的预留签字和发卡银行的简要说明。

信用卡起源于20世纪初的美国。当时,美国的一些商店、饮食店为扩大销售、方便顾客,创造了信用卡,其雏形类似于一种金属徽章,后来演变成为用塑料制成的卡片,持卡人可以赊销货物或消费,事后付款,这就是信用卡的萌芽。20世纪六七十年代,信用卡在整个西方普及,并逐步为众多的发展中国家所接受和青睐。目前,信用卡已成为许多国家普遍采用的支付方式。

二、信用卡的功能

信用卡的功能是由发卡机构根据社会需要和内部经营能力赋予的,因此各发行机构所发行的信用卡其功能各不相同。但作为信用卡,其基本功能主要有:

(一) 转账结算

这也是信用卡的主要功能。发行机构为了方便持卡人的使用,与一些特约机构建立了联系,包括商店、宾馆、旅游场所和服务机构,持卡人到特约的商号购物或取得服务时,可凭信用卡支付,代替现金结算。

(二) 支取现金

利用信用卡还可以支取现金,这可理解为信用卡的辅助功能。虽然发行机构联系了一些特约机构,但仍不能保证持卡人凭卡办理所有的支付,有些情况下还必须使用现金。以信用卡支取现金要受到一定的限制。

(三) 提供贷款

对于持卡人,允许其在一定的限额内透支,这是发卡机构向客户提供信贷的一种形式,因此信用卡具有消费信贷的功能。尤其是"贷记卡",即使信用卡账户上无存款,也可先行消费,更能体现提供信贷的这种功能。对透支的款项,银行要收取比同期贷款利率高一些的利息。

作为发展最快、普及面很广的信用卡业务,不仅方便了持卡人,也使银行获得了收益。其主要优点在于:

第一,发卡机构可扩大盈利水平。办理信用卡既可获得一定比例的手续费,又可增加利息收入,当持卡人拖欠还款时,时间越长、利息越多,还有特约机构付给的回扣费。

第二,方便持卡人的购买。持卡人不必携带现金,凭卡即可购买,方便、安全,而且发卡机构收回款项(一般在次日算收),减少了风险,加速了资金周转,而且能扩大销售、增加盈利。

第三,对特约机构如商店等来说,虽要付给发卡机构一定的回扣,但可以及时向发卡机构收回款项(一般在次日算收),减少了风险,加速了资金周转,而且能扩大销售、增加盈利。

第四,对代办行来说,可与发卡机构分成特约机构付给的回扣费和手续费,还可无偿使用发卡机构的备用金。

三、信用卡的种类

根据发卡机构、发卡对象、资金的清偿方式、流通范围、持卡人的信誉、地位和清偿责任的不同,信用卡可分为以下几种类型:

(一)根据发卡机构不同

根据发卡机构不同可分为零售信用卡、旅游娱乐卡和银行卡。

1. 零售信用卡

这是商业机构所发行的信用卡,如百货公司、石油公司等,用于购票、用餐、住宿、娱乐等。

2. 旅游娱乐卡

这是服务业发行的信用卡,如航空公司、旅游公司等,用于购票、用餐、住宿、娱乐等。

3. 银行卡

这是银行发行的信用卡,持卡人可在发卡银行的特约商户购物消费,也可以在发卡行所有的分支机构或设有自动柜员机的地方随时提取现金。

(二)根据发卡对象的不同

根据发卡对象的不同可分为公司卡和个人卡。

公司卡的发行对象为各类公司、企业、科研教育等事业单位、国家党政机关、部队、团体等法人组织。个人卡的发行对象则为有稳定收入来源的城乡居民。个人卡以个人名义申领并由其承担用卡的一切责任。

(三)根据资金的清偿方式不同

根据资金的清偿方式不同可分为借记卡和贷记卡。

借记卡也称记账卡,是银行发行的一种先存款后消费的信用卡。持卡人在申领信用卡时,需要事先在发卡银行存有一定的款项以备支用,持卡人购物消费、取现要以存款余额。贷记卡的发卡金融机构允许持卡人在给予的信用额度内先使用,后还款。

(四)按持卡人的信誉、地位等资信情况的不同

按持卡人的信誉、地位等资信情况的不同分为普通卡、金卡和白金卡。

(五)按使用范围不同

按使用范围不同信用卡分为国际卡和国内卡。

【案例8.1】

信用卡诈骗案件数量数额呈升势

近年来,随着信用卡产业的高速发展,涉及信用卡诈骗的犯罪活动也日益增多,已成为当前多发的金融犯罪之一,对金融机构的正常运营造成了一定的影响。自2004年以来,上海市普陀区人民法院共审理此类案件309件,2010年为119件,超越故意伤害案件,成为仅次于盗窃案件的第二大高发刑事案件。由于部分银行对设立特约商户的准入门槛较低、监管不到位、对异常交易并未及时进行欺诈风险的识别和控制,使得POS机在实现信用卡消费功能的同时,极易成为信用卡诈骗犯罪分子的犯罪工具。一些开通POS机的特约商户通过收取高额的手续费,以虚构交易、虚开价格、现金退货等方式,向信用卡持卡人直接支付现金,提供非法套现服务,为信用卡诈骗犯罪大开方便之门,严重扰乱了金融市场的秩序。但就目前情况而言,法律对于这些特约商户的不法行为缺乏有效的规制,在行政法层面和刑法层面未能实现无缝衔接,导致在实践中,相关部门对于这种行为采取最多的处理方式是警告、迟延清算或关闭POS机具等,使得行政处罚和刑事处罚的功能未能有效发挥,难以从根本上给予此类违法行为以有力打击。

(资料来源:http://www.sina.com.cn.中国青年报.2011-02-02.)

四、信用卡业务流程

(一)申请

单位或个人向银行申请办理信用卡时,应填写"信用卡申请表",交发卡银行审核,发卡行要审查申请人的收入、信誉、担保等情况,符合条件者即可得到发卡行发给的信用卡。

(二)使用

1. 支取现金

持卡人凭卡支取现金,可去指定的代付行办理,填写一式三联的取现单,连同信用卡一起交代付行审查。核对无误后,将信用卡的卡号、持卡人姓名、有效期压在取现单上,由经办人员根据持卡人所取金额(在该卡规定取现的最高限额内),加上按协议规定的附加手续费,分别填写在取现单的有关栏目内,交与持卡人签字确认。经核对其签字与信用卡预留印鉴相符,即行兑付其所需的资金。然后将取现单的"顾客联"和信用卡交还持卡人,另将一联取现单连同一联总计单寄发卡行索偿。若持卡人支取现金超过最高用款限额时,代付行必须先用电传与发卡行联系,取得授权后,将授权号码填入取现单,办理兑付。

2. 直接购物消费

持卡人在特约商户购物时,特约商户依上述程序进行处理后缮制总计单,并根据总计单上的余额缮制银行送款单或转账进账单,并附总计单和购货人的签购单送交代办行。代办行应审核各项单据的金额及有关内容,无误后,根据持卡购货金额内扣4%的手续费给付。具体扣费及分成情况视代办行与委托行的协议而定,不是固定不变的,各卡情况也不尽相同。

(三)信用卡的挂失止付

持卡人对其信用卡提出挂失或止付要求时,应直接与发卡机构联系。若代办行受理信用卡挂失申请书,应立即将持卡人的姓名、卡号等以电传或电报通知发卡机构办理挂失止付,并以最快的方式通知各代办行和特约单位停止受理挂失的信用卡,并将信用卡挂失申请书寄往发卡机构。在办理业务过程中,若发现有被注销或止付的信用卡要求兑付,应立即予以扣留收回,并寄往发卡机构。

【小资料8.1】

来自美国,遍及全球

全球信用卡及旅行服务专家美国运通公司,凭借160年的服务品质和不断创新的经营理念,已在130个国家和地区发行了美国运通卡。美国运通卡以提供高水准服务而享有世界第一流消费卡的声誉,在全球拥有近8 800万的优质持卡用户。

美国运通不但在国际信用卡行业享有极高声誉,其持卡人在全球一流酒店、航空公司等众多商户享有独特的尊贵礼遇。今天,美国运通携手招商银行在中国首发美国运通最经典的"百夫长"系列信用卡。从此,中国的消费者也能令人艳羡地持有美国运通经典信用卡,轻松享受环球旅行服务!

(资料来源:招商银行信用卡官方网站.)

第三节　外币兑换业务

一、外币兑换概述

银行办理外币现钞的兑入和兑出的业务,称为外币兑换业务(Exchange of Foreign Bank Notes)。

国家确定某种外币能否收兑,主要考虑两个因素:一是货币发行国对本国货币出入境是否有限制;二是这种货币在国际金融市场上能否自由兑换。

二、兑入外币

凡属国家外汇管理局"外钞收兑牌价表"上所列的各种外币,银行经查验顾客的护照或身份证后办理收兑。银行将按当天外钞买入价折算成人民币,填写一式四联的"外币兑换水单",收点外钞和支付人民币。

三、兑出外币

银行对境外单位或个人要求兑出外币,应查验护照或身份证及原外币兑换水单,在有效期内(从兑入外币之日起6个月内),按不超过原兑换水单上的金额兑换。收回的原兑换水单,加盖"已退回"戳记,作为外汇买卖传票的附件。最后还应在顾客的海关申报单的外币登记栏中写明,以便海关检查放行。

对于批准出国人员申请兑换外币,银行应根据外汇管理部门在"非贸易外汇申请书"上批准的金额办理。办理兑出手续时,应缮制"外币兑换水单"一式四联,根据当天外钞买出价兑付。

四、做好鉴别真伪工作

根据我国外汇管理条例规定,在中国境内的一切中外机构或个人所持有的外币不得在我国境内自有流通使用。所有汇入的外币、携入的外币票据,除另有规定外,都必须存入经营外汇的指定银行;对个人或单位批准供给的外汇,按照规定持等值人民币,兑换成外汇。外宾、华侨入境后,未用完的人民币,按照规定兑成外币携带出境。外币兑换是经营外汇业务银行经常性的业务,也是国家非贸易外汇收支项目之一。

目前在我国挂牌兑换的外币现钞有20余种,每一种都有纸币和铸币,又有多种面额和版式,有的货币伪钞较多,有的货币属于停止流通的废币。所以,收兑外钞时,必须鉴定真伪,防止把伪钞和停止流通的废币收进来。

第一,根据各国钞票的纸张特征、印刷方式和油墨质量等方面鉴别真伪。各国在印刷纸币和造币过程中都采用最新、最完善、最可靠的技术和处理方式,如水印、纤维丝、安全线等用以区别其他货币,避免伪造。

第二,根据钞票的主要项目内容鉴别真伪。钞票一般包括发行机构名称,负责人签章,法律有效词句,装饰票面的风景、人物、花纹、图案等。

第三,容易混有伪钞的外币加以重点识别和防范。

【式样8.1】

外币兑换水单样式

第四节　旅行支票

一、旅行支票的定义

旅行支票(Traveler's Cheque)是由银行和旅行社印发的一种定额支票,主要供旅行者在旅行时使用(购买物品或旅费),它不载明付款人和付款地点,一般也没有日期的限制。除少数印有地区限制和有效期的之外,能在世界范围内使用。

世界上流通的旅行支票式样及内容各不相同,都有自己的标记,但均有初签和复签两项内容及预留的空白位置。初签的位置是供持票人购买时,当着银行经办人员的面签字用的;复签的位置是持票人在兑付旅行支票时签字用的。

二、旅行支票的关系人及业务流程

（一）旅行支票的关系人

1. 出票人，即发行人

它是旅行支票的发行机构，在旅行支票的正面印有发行机构的名称和地址及负责人的签名。旅行支票是以出票人为付款人的支票凭证，因此出票人又是付款人。

2. 持票人

持票人是申请购买旅行支票，在交足金额和手续费后在旅行支票上初签的人。

3. 代售人

代售人是发行旅行支票的银行或旅行社的代理机构，代替发售旅行支票。但并不承担付款责任，付款责任仍由发行人承担。如出票人自己售出旅行支票，则无此代售人。

4. 兑付人

兑付人是根据和发行人签订的代付协议，凭初签和复签相符的旅行支票向持票人兑付现金的人。

5. 受让人

接待旅行者的商店等服务部门接受旅行支票时，旅行者要在抬头栏写上服务部门的名称，被记名的单位便成为受让人。受让人背书后送交兑付行兑现。

（二）旅行支票业务流程

旅行支票的流通过程可以分为如下步骤：

首先，发行人发行，也可请代理人发售。其次，购买人购买后，可直接找银行等兑付，也可转让，这要视抬头而定。最后，兑付人付款后向发行人托收款项。

1. 发行和代售

旅行者（在本国和外国都可）旅游之前，可到发行旅行支票的银行或旅行社申请购买。手续很简单，只要出示护照，填写申请书，注明要买一家银行发行的旅行支票，什么货币及面额和张数即可。若旅行支票的金额是外币，按银行当天卖出汇率折合成本币另加手续费向客户收取或借记其账户。按旅行支票的基本规定，购买者在银行的柜台上要当经办人的面在支票的"初签栏"签名，这叫初签，以便在兑付时与复签栏的签名相核对。

发行旅行支票的银行或旅行社，除自己发行外，还要委托国内外的代理行发售。委托代售人代售旅行支票时，出票行和代售行要签订代售协议，其主要内容有空白旅行支票、有关凭证及宣传品的寄送方法、代售行的责任、支票应如何保存及代售后资金划拨方法等。然后由发行行寄送空白的旅行支票作为代售行的库存储备。代售行收到后，在确认收到的回单上签字，并寄回发行行。售出时，代售行向客户收取票面金额的一定比例的手续费，并要求购买者初签，并及时将售出旅行支票的款项按协议书规定的方法寄到国外委托人指定的账户内。

2. 兑付

收兑旅行支票的机构很多,除银行外,一些大的旅馆、商店、机场也都可以兑付,其使用像钞票一样非常方便。当旅行者在异地需要用钱时,可到兑付点兑付。兑付的程序如下:

首先,要识别旅行支票的真伪。兑付旅行支票时,应熟悉票样,如发行行名称、货币、面额、版面、纸张等,若有疑问应查对样本,发现假票,应予没收。

其次,查验持票人的护照并要求持票人在旅行支票上的"复签栏"内当面复签。作为银行应仔细核对初签和复签是否一致,若有疑问,可以让其在背面再签一次,并将证件的号码抄在支票的背面,以便查询和追逐。核对无误后,扣收一定比例数额的贴息,予以兑付。

最后,兑付旅行支票。由于兑付时,兑付行要垫付资金,直到从发行行收回支票款项,因此兑付时要扣除贴息。若持票人要提取与所持旅行支票币别相同的外币现金,则扣除贴息后的剩余金额为所付外币现金;若持票人要求提取与所持旅行支票币别不同的外币现金时,在扣除票面金额一定比例的贴息后,要按当时外汇买入现汇价与卖出外汇现钞价的比率折算,所得数额才是所付外币现金数额;若持票人要求兑付当地货币,则用兑付地货币与支票上货币的当日买入价计算应付旅游者的金额数,并要扣除一定的贴息。

3. 结算

兑付后,和国外发行人结算头寸,收回垫付的资金,一般是填制买入票据托收委托书进行托收。

4. 挂失

旅行支票遗失或被盗,可向出售银行挂失,即在哪买在哪挂失,说明丢失的时间、地点及支票的面额、号码和数量以及是否已按规定在购买时作了初签,有没有复签等。对于挂失后的旅行支票的退款或补发新旅行支票的规定,各行不同,有的银行规定较松,只要持票人挂失的理由可信而又亟须用款,用电报、电传与发行银行联系,而由发行银行承担,这是银行争揽业务的一种优惠办法。少数银行规定,必须到旅行支票有效期满后,才能退款。但现在银行之间业务竞争激烈,许多银行已不对旅行支票规定有效期。

三、旅行支票的特点及种类

(一)旅行支票的特点

1. 携带安全、轻便

这相对于携带纸币和硬币来讲是显而易见的。且旅行支票如遗失或被窃,可就近向办理旅行支票的银行或代理机构挂失,并可及时获得补偿;客户购买旅行支票时,在支票上留有初签,使用时须有相同字迹的复签,可有效防止假冒。

2. 兑取方便

发票的机构都是在国际上卓有信誉的银行或旅行社,在各大城市的许多银行、旅馆、火车站都可兑付,流通性很强。且旅行支票的面额是固定的,种类多,以美元支票为例,有20元、50元、100元、500元、1 000元的;购买、兑付、使用都不受时间和地点的限制;无使用期限,不会有过期之嫌;为世界各地的银行、大旅店广泛接受;可转让予他人。

3. 风险小

旅游者在购买外币旅行支票时汇率就确定了。在汇率出现剧烈波动,本币在外汇市场上压力增加时,旅游者可以减少汇兑风险。但使用旅行支票时购买者要付手续费,兑付时要扣贴息(0.75%)。

(二)旅行支票的种类

旅行支票有很多种,其中比较有名的是:美国运输公司的美国运通旅行支票(American Express),它是目前世界上发行量最大的旅行支票,主要币种有美元、日元、加拿大元、澳大利亚元、英镑和欧元;此外还有美国花旗银行的美国花旗旅行支票(Citicorp)、欧洲济隆公司的旅行支票(Thomas Cook),VISA、MASTERARD以及日本住友银行发行的日元及美元旅行支票等。目前已有十几种国际上主要货币的旅行支票发行。

【案例8.2】

伪造旅行支票诈骗案

2000年12月25日,A市甲公司财务人员到乙银行A分行营业部要求兑付9张每张价值1 000美元的由美国丙公司发行的旅行支票。该银行业务人员审核后发现,这些旅行支票与运通公司的票样相比,支票的印刷粗糙,估计是彩色复印机所制;票面金额、徽标等没有凹凸感;复签底线也非由小字母组成,而是一条直线,估计是复印机无法分辨原票样的细微字母;票面在紫光灯光下泛白色,没有水印。经仔细查询审核,该行确认这些旅行支票为伪造票据,予以没收。经查,这些伪造的旅行支票是丁公司出具给甲公司抵债用的,甲公司准备兑付后还贷款。

分析:

本案例是利用伪造旅行支票进行诈骗的典型案例。从该案的发生可以看出,境外不法分子常常利用内地银行外汇票据业务经验少的弱点,进行诈骗。

启示:

①银行业务人员要加强对外汇票据业务的学习,掌握外汇票据的识别技术,辨真伪、明是非。

②要有高度的责任感和认真的态度,谨慎细致地处理每一笔业务,不能有半点马虎。

③要向企业宣传外汇票据知识,使企业能够掌握一般的外汇票据鉴别技术。企业遇有难以识别的外汇票据要通过银行进行查询,以免误收假票据而遭受损失。

(资料来源:http://www.worlduc.com/blog2012.aspx? bid=2623742.)

四、旅行支票与支票的不同

旅行支票是一种用于特殊目的的定额支票,二者均是见票即付,但从旅行支票的付款人就是该票的签发人来看,它又带有本票性质,除此之外,二者之间还有如表8.1所示的几个主要不同点。

表8.1 旅行支票与支票的区别

支票	旅行支票
(1)付款条件是:出票人签字和预留样本一致	(1)付款条件是:初签和复签一致
(2)由银行、商号、个人开立	(2)由银行和旅行社开立
(3)金额不是固定的	(3)金额固定
(4)列有付款地和付款名称	(4)不列明付款地和付款名称
(5)期限短	(5)期限长(有时不注明期限)
(6)兑付时不扣息	(6)兑付时要扣息

【式样8.2】

中国银行支票和旅行支票样本

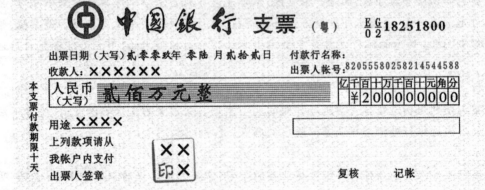

关 键 名 词

非贸易结算(Non-trade Settlement)　　　　无形贸易(Invisible Trade)
外币兑换业务(Exchange of Foreign Currency)　　信用卡(Credit Card)
旅行支票(Traveler's Cheque)

思 考 题

1. 非贸易外汇收支项目有哪些？
2. 什么是信用卡？如何办理信用卡？
3. 旅行支票的特点是什么？

【阅读资料】

招商银行信用卡章程（第五版）
第三章　信用卡的使用

第十三条　持卡人可在境外(含港、澳、台地区，下同)带有银联、维萨、万事达卡、JCB、美国运通或其他银行卡组织受理标识，或境内带有银联受理标识的特约商户以及发卡机构指定的其他特约商户凭卡消费；在境外带有银联、维萨、万事达卡、JCB、美国运通或其他银行卡组织的受理标识的取现网点或 ATM 上提取当地币种现钞；在境内带有银联受理标识的 ATM 上或发卡机构指定的取现网点、ATM 上提取人民币现金，并享受发卡机构提供的其他服务。单位卡不能提取现金。

第十四条　持卡人凭卡在境外带有维萨、万事达卡、JCB、美国运通受理标识的特约商户消费时只需在签购单上签署与卡片背面签名栏内相同的签名；在境外带有银联受理标识的特约商户或在境内消费时，持卡人须按预先与发卡机构的约定输入或无须输入密码，并在签购单上签署与卡片背面签名栏内相同的签名，但持卡人与发卡机构另有约定或银行卡组织另有规定的除外。

持卡人凭卡在发卡机构指定的境内外银行网点联机提取现金时只需输入交易密码;在境内银行网点柜台取现须输入交易密码并在取现单上签署与卡片背面签名栏内相同的签名;在境内压单消费和在境内银行网点压单取现时须签名并出示有效身份证件;在境外银行网点柜台取现须签名并根据要求出示有效身份证件。

第十五条　凡使用密码进行的交易,发卡机构均视为持卡人本人所为,依据密码等电子信息为持卡人办理的存取款、转账结算、网上支付等各类交易,交易所产生的电子信息记录均为该项交易的有效凭据。凡未使用密码进行的交易,则记载有持卡人签名的交易凭证及发卡机构与持卡人约定的其他证明文件,或经确认证明持卡人本人消费的其他依据,为该项交易完成的有效凭证,但持卡人与发卡机构另有约定的除外。持卡人应在安全的技术和商户环境下在互联网上使用信用卡,否则持卡人须对该卡在互联网上使用所导致的风险和损失自行承担责任。

第十六条　持卡人在境内消费、取现及使用其他自助设备时,须遵守国家有关法律法规,以及银联、发卡机构和收单银行有关规定;在境外消费或取现时,须遵守国家有关法律法规,并应分别按银联、维萨、万事达卡、JCB、美国运通等银行卡组织及收单银行的有关规定办理。持卡人在境内外提取现金的限额按国家相关法律法规规定执行。

第十七条　信用卡卡片的有效期限最长不超过5年,过期自动失效,但持卡人使用信用卡所发生的未清偿债权债务关系不因卡片失效而终止。发卡机构将依据国家有关规定及持卡人历史用卡记录,有权决定是否为持卡人更换新卡或标准卡和收取年费,但持卡人提出到期不续卡、不换卡、销户的除外。

(资料来源:招商银行信用卡官方网站.http://creditcard.cmbchina.com/.)

本章参考文献

[1] 高洁.国际结算案例[M].北京:对外经济贸易大学出版社,2006.

[2] (美)爱德华 G 辛克尔曼(Edward G Hinkelman).国际支付[M].周继红,等,译.北京:经济科学出版社,2002.

读者反馈表

尊敬的读者：

您好！感谢您多年来对哈尔滨工业大学出版社的支持与厚爱！为了更好地满足您的需要，提供更好的服务，希望您对本书提出宝贵意见，将下表填好后，寄回我社或登录我社网站（http://hitpress.hit.edu.cn）进行填写。谢谢！您可享有的权益：

☆ 免费获得我社的最新图书书目　　☆ 可参加不定期的促销活动
☆ 解答阅读中遇到的问题　　　　　☆ 购买此系列图书可优惠

读者信息

姓名_____　□先生　□女士　　年龄_____　学历_____
工作单位_____　职务_____
E-mail_____　邮编_____
通讯地址_____
购书名称_____　购书地点_____

1. 您对本书的评价

   内容质量　□很好　　　□较好　　　□一般　　　□较差
   封面设计　□很好　　　□一般　　　□较差
   编　排　　□利于阅读　□一般　　　□较差
   本书定价　□偏高　　　□合适　　　□偏低

2. 在您获取专业知识和专业信息的主要渠道中，排在前三位的是：
   ①_____　②_____　③_____
   A. 网络　B. 期刊　C. 图书　D. 报纸　E. 电视　F. 会议　G. 内部交流　H. 其他：_____

3. 您认为编写最好的专业图书（国内外）

书名	著作者	出版社	出版日期	定价

4. 您是否愿意与我们合作，参与编写、编译、翻译图书？
_____

5. 您还需要阅读哪些图书？
_____

网址：http://hitpress.hit.edu.cn
技术支持与课件下载：网站课件下载区
服务邮箱　wenbinzh@hit.edu.cn　duyanwell@163.com
邮购电话　0451-86281013　0451-8641876)
组稿编辑及联系方式　赵文斌(0451-86281226)　杜燕(0451-86281408)
回寄地址：黑龙江省哈尔滨市南岗区复华四道街10号　哈尔滨工业大学出版社
邮编：150006　传真 0451-86414049